Theodor Eschenburg

Spielregeln der Politik

Beiträge und Kommentare
zur
Verfassung der Republik

Deutsche Verlags-Anstalt
Stuttgart

CIP-Kurztitelaufnahme der Deutschen Bibliothek

Eschenburg, Theodor:
Spielregeln der Politik : Beitr. u.
Kommentare zur Verfassung d. Republik /
Theodor Eschenburg. –
Stuttgart : Deutsche Verlags-Anstalt, 1987.
ISBN 3-421-06347-8

Lektorat: Ulrich Volz
Satz: Setzerei Lihs, Ludwigsburg
Druck und Bindearbeit: Clausen & Bosse, Leck
Printed in Germany

Inhalt

Zur Verfassung der Republik

Anhang

Vorwort

Die Verbindung von Herrschaft und politischer Gleichheit war und ist ein zentrales Problem in der Weltverfassungsgeschichte. Politische Gleichheit kann in der Wirklichkeit nicht ohne politische Freiheit existieren. Jahrhundertelang beruhte Herrschaft auf Ungleichheit zwischen den sie Ausübenden und den ihr Unterworfenen. Wie sollte funktionierende Selbstherrschaft bei Tausenden, wenn nicht Zehntausenden und mehr überhaupt organisiert werden können?

Den Versuch unternahm am Beginn des 6. Jahrhunderts v. Chr. in Athen Solon. Ein erbitterter Interessenkampf zwischen der herrschenden Adelsminderheit und dem von ihr deklassierten und enteigneten Kleinbauerntum drohte zu dessen Aufstand zu führen. In dieser Situation wurde Solon zum unumschränkten Gesetzgeber bestellt. Bei der Institutionalisierung einer neuen Ordnung auf Dauer mußte es ihm um Wiederherstellung und Bewahrung des innerstaatlichen Friedens gehen.

Volksversammlungen mit ganz geringen Rechten hatte es schon früher gegeben. Aber nun wurde sie zur höchsten beratenden und entschließenden Staatsgewalt. Während bisher das Recht überwiegend oder ganz auf mündlicher Überlieferung beruht hatte, führte Solon das schriftlich fixierte ein. Das ausschließliche Gesetzgebungsrecht hatte nun die Volksversammlung. Sie entschied über Krieg und Frieden, über Staatsverträge und Bündnisse, über Tod und Verbannung wie über hohe Geldstrafen, über Einnahmen durch Steuern und Zölle wie über Ausgaben, über Wahl einiger hoher und Rechenschaftsablegung aller Beamter.

Aber das Gesetzgebungsrecht war eingeschränkt. Ein besonderer Gerichtshof von 500 oder 1000 Mitgliedern prüfte beschlossene Gesetze oder Anträge vor allem auf Kollisionen mit alten Gesetzen, aber auch auf Zweckmäßigkeit. Die Mitglieder wurden alljährlich aus dem Kreis der Laienrichter – und nur solche gab es, eine Rechtswissenschaft kannte man nicht – von der Volksversammlung gewählt, dazu später die zehn Strategen, die Feldherren, und die hohen Finanzbeamten. Die übrigen Träger öffentlicher Funktionen, Beamte und Richter, wurden, ebenfalls für ein Jahr, ausgelost. Dieses Verfahren schien die beste Gewähr für Gleichheit zu geben. Nur wo es um Leib und Leben sowie um die Staatsfinanzen ging, wollte man sich auf den Losentscheid nicht verlassen.

Abstimmungen und auch Mehrheitsentscheidungen kannte man schon vorher, aber ohne geregelte Verfahren, daher von Zufall und Willkür abhängig. Nunmehr verfügte die Volksversammlung über ein schriftlich fixiertes Abstimmungsrecht, aus dessen Anwendung sich klare Mehrheiten ergeben konnten. Jedes Mitglied hatte eine Stimme. Der Versammlung gehörten alle männlichen Staatsbürger (ab einer gewissen Einkommensgrenze) an, auch die Aristokraten. Die Einkommensgrenze wurde im Laufe der Zeit herabgesetzt und schließlich aufgehoben. Damit war zum erstenmal das Prinzip der politischen Gleichheit hergestellt. Die soziale Ungleichheit blieb.

Um der Versammlung von mehreren Tausend zur Beratungs- und Entscheidungsfähigkeit zu verhelfen, war ein Rat von 500 für ein Jahr ausgelosten Mitgliedern vorgeschaltet. Jeweils ein Zehntel amtierte 35 Tage lang. Dieser geschäftsführende Ausschuß bereitete die Tagung durch Vorbeschlüsse und durch Festlegung der Tagesordnung vor. Über ihn mußten die Anträge eingereicht werden. Er führte die endgültigen Beschlüsse durch, koordinierte die Verwaltung und beaufsichtigte die Beamten. Eine Regierung gab es nicht, aber der Rat hatte einige ähnliche, doch begrenzte Funktionen.

Die Beamten konnten Geldbußen erheben, gegen die eine Klage bei Gericht möglich war. Nach Ablauf ihrer Dienstzeit hatten sie der Volksversammlung Rechenschaft abzulegen und wurden gegebenenfalls vor einem Gericht angeklagt.

Jährlich wurden 6000 Richter ausgelost und wiederum durch Losentscheid auf zehn Gerichtshöfe verteilt. Der Vorsitzende war ein Beamter. Die Mitglieder hatten eine den heutigen Geschworenen ähnliche Stellung. Sie stimmten geheim ab nach den schriftlich fixierten Gesetzen über Schuld und Strafe. Auf verfehlte Anklagen, auch auf mißlungene, standen empfindliche Geldstrafen. Bei politischen Vergehen wie Hochverrat war die Volksversammlung als Volksgericht zuständig.

Zur politischen Gleichheit gehörte die Gleichheit vor dem Gesetz. Jeder Bürger hatte das Recht zu klagen. Streitfälle von öffentlichem Interesse spielten eine große Rolle. Es mehrten sich im Laufe der Zeit die Versuche, politische Entscheidungen vor dem Gericht anzufechten.

Alle öffentlichen Funktionen wurden zunächst ohne Besoldung ausgeübt, erforderten also materielle Opfer. Das hinderte die Minderbemittelten an ihrer Bewerbung und damit Beteiligung. Im Laufe der Zeit wurden, vor allem von Perikles, Diäten für Rats- und Gerichtsmitglieder sowie für Beamte eingeführt. Der Berechnung wurde das bescheidene Tageseinkommen eines Handwerkers zugrundegelegt. Damit wurden »auch die Armen zu einem realen, nicht nur nominellen Mitglied der Bürgerschaft« (Alfred Heuss).

Die Gesetze standen über der Volksversammlung, konnten aber in einem umständlichen Verfahren abgeändert werden. Aristoteles sprach vom *nomos basileus*, dem Gesetz als König. »Wo keine *nomoi* herrschen, da ist keine *politeia* (Staatsverfassung).« Das waren keine Schlagworte! Der Glaube an den *nomos*, die Ehrfurcht vor dem Gesetz war die integrierende Kraft der *polis*. »Die durch Gesetz gezogenen Grenzen wurden während Athens demokratischer Periode ziemlich konsequent respektiert« (Tuttu Tarkiainen). Der Niedergang setzte erst ein, als die Ehrfurcht schwand.

Die regelmäßige Teilnahme breiter und später breitester Bürgerschichten an der politischen Ordnung der *polis* ist das umwälzend Neuartige der athenischen Verfassung. Sie konnte sich weder an einer politischen Theorie noch an Vorbildern orientieren, wenn sie auch von früheren Erfahrungen und Vorstellungen ausgehen mochte. Christian Meier spricht mit Recht von der »griechischen Revolution der Weltgeschichte im Politischen«. Dazu gehört auch, daß »eine künstliche politische Ordnung sich von der gesellschaftlichen absetzte«.

Aus der konsequenten Anwendung des Prinzips der politischen und rechtlichen Gleichheit ergab sich in einer sozial ungleichen Gesellschaft – vor allem, wenn das oberste Staatsorgan eine große Versammlung von einigen Tausenden war – als einzig wirksames Entscheidungsverfahren das der Mehrheit. Solon ging aus von dem innerstaatlichen Friedenspostulat. Die politischen Probleme, die bis dahin zur gewaltsamen Austragung führen konnten, mußten in der Volksversammlung gewaltlos durchgespielt und die Entscheidung am Schluß von allen anerkannt werden.

Das Modell für die Konstruktion Solons mochten sportliche Wettkämpfe gewesen sein. So wie diese ist der politische Wettbewerb auf präzise Verfahrens- und Verhaltensregeln angewiesen. Sie sind die Regeln des gewaltlosen politischen »Kampfspiels«, das Gerüst einer auf politischer und rechtlicher Gleichheit beruhenden Ordnung. »Ohne das Spielelement ist am Ende überhaupt keine Verfassung zu verstehen. Und wo dieses Element entweicht, wo es radikal ernst wird, da ist es um die Verfassung und um die Freiheit geschehen« (Dolf Sternberger).

Die Konturen des politischen Wettbewerbs in Athen waren noch unscharf, was bei einer Erstkonstruktion ohne praktische Erfahrung nicht verwunderlich ist. Unvergleichlich viel klarer traten sie im englischen parlamentarischen System in Erscheinung. Seit dem 13. Jahrhundert rang dort das Parlament, die Interessenvertretung der Aristokratie, um ein Gleichgewicht der Macht mit dem König. Als 1688 der katholische Stuart-König Jakob II. nach Bürgerkrieg und Diktatur zur Flucht gezwungen wurde, schloß das Parlament seine Nachkommen als Katholiken von der Thronfolge aus. Wilhelm von Oranien, Erbstatthalter der Niederlande, und seine Frau Maria, protestantische Tochter Jakobs II., erkannten, vom Parlament berufen, dessen Recht an, über alle Steuern und die Besoldung der Armee jährlich abzustimmen (»Bill of Rights«). König und Parlament wurden aus Angst vor Bürgerkrieg und Diktatur die beiden das politische Geschehen bestimmenden Verfassungsorgane. Der König behielt seine entscheidenden Prärogativrechte, so die Ernennung und Abberufung der Mitglieder des

»Privy Council« und der Beamten sowie die Führung der Außenpolitik und die Auflösung des Parlaments. Der Privy Council beriet ihn und regierte mit seiner Zustimmung.

Nach Königin Anna, die 1712 Wilhelm III. auf den Thron gefolgt war und 1714 kinderlos starb, wurde der Kurfürst von Hannover mit Zustimmung des Parlaments zugleich König von England. Dieser war am Regieren in England uninteressiert. Er sprach nicht Englisch und nahm an den Kabinettsitzungen meist nicht teil. In dieses Vakuum stieß das Kabinett. Es regierte ohne den König aus eigenem Willen unter Führung von Sir Robert Walpole, dem ersten Lord des Schatzamts. Walpole entließ mit Duldung des Königs ungefügige Mitglieder und ersetzte sie durch willige. Er sorgte für Solidarität, also einheitliche Verantwortung auch jener, die eine Kabinettsmaßnahme nicht billigten. Zwar erkannte er die Verantwortung sowohl gegen den König wie gegenüber dem Parlament prinzipiell an, aber er stützte sich wegen der Abwesenheit des Königs auf die Mehrheit des Unterhauses. 1742 mußte Walpole aufgrund eines parlamentarischen Mißtrauensvotums zurücktreten, obwohl ihn der König gern behalten hätte. Allerdings war dieser große Wandel in der politischen Praxis nicht von Dauer. Zeitweise trat wieder das rechtlich zulässige Personalregiment des Königs in den Vordergrund.

Erst nach der Wahlrechtsreform von 1832 wurde aus der immer wieder unterbrochenen Praxis der Parlamentsherrschaft ein dauerhaftes System. Durch die Reform wurde die Mittelklasse in das Wahlrecht einbezogen und damit die Wählerzahl verdoppelt, und es erfolgte eine neue grundlegende Wahlkreiseinteilung. Das war das Ende des aristokratischen Parlaments. Nunmehr wurde zur Regel, daß der Führer der Mehrheitspartei zum Chef der Regierung wurde, deren Mitglieder er faktisch berief und entließ. Verlor dieser die Majorität im Parlament, schlug er dem Monarchen den Führer der Opposition als seinen Nachfolger vor. Die Opposition hatte ein Schattenkabinett gebildet, das nun die Verantwortung übernahm. Die Opposition war also ein Teil der Regierung, der Führer wurde auch besoldet. So wie der älteste Nachkomme des Monarchen dessen

Nachfolger wurde, so der Oppositionsführer Nachfolger des Premierministers, wenn es die neue Mehrheit wünschte.

Erst mit dem allgemeinen Wahlrecht von 1918 wurde die Verbindung von Herrschaft und Gleichheit erreicht. Nunmehr lag die letzte Entscheidung über die Regierung bei den Wählern. Sie verteilten die Wanderpreise der Politik. Die Monarchie blieb erhalten, der König behielt seine Rechte, aber übte sie selbst nicht mehr aus. Diese große Wandlung vollzog sich evolutionär, ohne Revolution und Staatsstreich, weitgehend nicht durch Gesetz, sondern durch »Parteisitte« (Julius Hatschek). Das System des regulierten Wechsels wurde durch Wettbewerb der Parteien, aber auch durch deren Konsens erreicht. Die Engländer haben den Begriff *fair play* erfunden.

England kennt keine geschriebene Verfassung, sondern einen Komplex von Gesetzen, juristischen Entscheidungen, Regeln des Parlamentsverfahrens, Konventionen und Bräuchen. Die wirkliche Verfassung ist flexibel, deren Teile jeweils wie ein einfaches Gesetz geändert werden können. Sie wird strikt eingehalten. Das Verfahren des parlamentarischen Systems erhielt sich in England von den Ansätzen unter Walpole bis heute, von der aristokratischen Oligarchie über die bürgerliche Plutokratie bis zur gegenwärtigen Demokratisierung in der Substanz 270 Jahre lang.

Das griechische Beispiel zeigt ebenso wie das englische, daß die institutionalisierte Verbindung von Herrschaft und politischer Gleichheit ein kompliziertes System mit einer entsprechenden Rechtsordnung sowie eine strikte Rechtsdisziplin erfordern. Der demokratische Rechtsstaat mit seiner unerläßlich schwerfälligen Gerichtsbarkeit ist Massenverletzungen seiner Verfassung, wozu auch der organisierte Boykott seiner Gesetze gehört, prozessual nicht gewachsen.

Tübingen, im Februar 1987 *Theodor Eschenburg*

Spielregeln der Politik

Deutsche Staatssymbole

Die Indolenz gegenüber Symbolen ist nichts anderes als ein Ausdruck für mangelndes Staatsbewußtsein und Nationalgefühl.

I

Unter den gegenwärtigen Symbolen deutscher Staatlichkeit ist der Adler das älteste. Der bewaffnete Adler war nach der antiken Mythologie als König der Tiere Symbol des Jupiter und wurde so zum römischen Staats- und Reichssymbol. Als Karl der Große im Jahre 800 zum *imperator* und *augustus* – das sind die alten römischen Kaisertitel – erhoben wurde, übernahm er den Adler als Zeichen kaiserlicher Macht und Größe. Der einköpfige schwarze Adler auf goldenem Grund, zuweilen mit roten Klauen und rotem Schnabel, wurde mit dem Aufkommen der bildergeschmückten Schilde unter den Staufern zum Kaiser- und Reichswappen. Die amtlichen Wappenfarben waren Schwarz und Gold.

Kaiser Sigismund setzte neben den einköpfigen Adler den Doppeladler, den Kaiser Friedrich II. schon benutzt hatte, und unterschied damit zwischen den deutschen Königen und den vom Papst gekrönten Kaisern des Römischen Reiches deutscher Nation. Der Doppeladler wurde zum Hauptsymbol des Reichswappens, bis 1806 Franz II. auf Verlangen Napoleons die Kaiserwürde niederlegte und damit das Reich aufhörte zu bestehen. Den Doppeladler übernahm das österreichische Kaisertum. Noch einmal trat er in der deutschen Geschichte auf, als ihn die Frankfurter Nationalversammlung zum Reichswappen bestimmte. In der Volksvorstellung wirkte aber selbst nach Einführung des Doppeladlers und über 1806 hinaus der einköpfige Adler als das eigentliche Symbol des Reiches.

Seit dem 12. Jahrhundert erschien aber auch der Adler in Siegel und Schild einer Reihe der hervorragendsten Fürsten, und ebenso übernahmen Reichsstädte den Adler oder Doppeladler in ihr Wappen, um dadurch symbolisch ihrer Reichsunmittelbarkeit Ausdruck zu geben. Kaiser Friedrich II. hatte dem Hochmeister des Deutschen Ordens, Hermann von Salza, das Recht verliehen, in seinem schwarzen Hochmeisterkreuz auf weißem Feld den schwarzen Adler zu führen. Als nach der Reformation 1525 das preußische Ordensland säkularisiert und in das Herzogtum Preußen umgewandelt wurde, verschwand das Kreuz aus dem Wappen; es blieb der Adler auf weißem Grund.

Dieser Adler wurde zum Wappen des Königreichs Preußen, nachdem Kurfürst Friedrich III. von Brandenburg – dessen Vater, der Große Kurfürst, die Souveränität über das Herzogtum Preußen erworben hatte – den Titel eines *Königs in Preußen* angenommen hatte. Je mehr Preußen an Macht gewann, desto größer war die symbolische Wirkung seines Adlers, der sich mehr an die Form des staufischen Adlers annäherte, der straffer und sehniger, künstlerisch schöner war als der pompöse Doppeladler.

Seit dem 12. Jahrhundert trat mehr und mehr die Fahne als Heerzeichen in den Vordergrund. Auf dieser erschien das Kreuz als Heilszeichen des Christentums, und zwar zunächst das goldene, später – wegen der besseren Sichtbarkeit – das weiße Kreuz auf rotem Grund. Die rot-weißen Farben zeichneten sich nicht nur durch Schönheit und Sichtbarkeit aus, sie galten, weil sie die Farben des Reichspaniers waren, wie der Adler als Ausdruck reichsunmittelbarer Stellung oder entsprechender Forderungen.

In der Mitte des 13. Jahrhunderts hatten alle Grenzmarken diese Farben in ihre Heerzeichen übernommen. Rot-Weiß waren die Farben der meisten Hansestädte, auch die der Grafen von Holstein. Brandenburg führte den roten Adler im weißen Feld. Rot-Weiß waren überwiegend die Flaggen, die deutsche Schiffe auf See führten – die der Hansestädte und Brandenburgs. Zwar waren die Grundfarben der von den Kaisern ausgestatteten Kriegs- und Handelsschiffe Schwarz-Gold, aber die Schiffahrt lag vorwiegend in den Händen der großen Landstaaten und der Reichsstädte am Meer. Eine eigentliche Flagge des alten deutschen Reiches hat es nie gegeben.

Als 1867 Bismarck den Norddeutschen Bund, den staatlichen Zusammenschluß der deutschen Staaten nördlich des Mains, errichtete, erhielt dieser neue Bundesstaat sehr schnell eine Fahne, aber zunächst kein Wappen. Zur Kaiserproklamation in Versailles am 18. Januar 1871 wurde ein auf Veranlassung des Kronprinzen Friedrich improvisierter Adler – mit dem weiß und schwarz gevierten hohenzollernschen Stammschild auf der Brust – aufgestellt. Erst im August 1871 wurde ein Reichswappen geschaffen, ein einköpfiger schwarz-roter Adler, auf dessen Brust das silberne preußische Wappen mit dem Adler lag. Über dem Haupt des Reichsadlers schwebte, wie es im kaiserlichen Erlaß hieß, die Krone Karls des Großen. Im Kaiserwappen selber hielt man an den historischen Wappenfarben fest; das Schild war golden.

Die Weimarer Republik behielt den Reichsadler in den alten Wappenfarben, aber ohne Insignien. Sie fand, ausgehend vom staufischen Adler, für ihn eine künstlerisch schöne Form. Der preußische Adler auf dem Brustschild war fortgefallen. Der neue alte Adler wurde aber in den Flaggenstreit hereingezogen, auf seiten der Rechten höhnte man über den »Pleitegeier«.

Der Freistaat Preußen hatte das Wappen (in Form des fliegenden Adlers und ebenfalls ohne Insignien) des Königreichs beibehalten. Preußens Wappen und Farben verschwanden unter Hitler. Heute tritt der preußische (stehende) Adler nur noch im goldenen Medaillon des Ordens *Pour le mérite* für Wissenschaft und Künste in Erscheinung.

Den Reichsadler in den Weimarer Formen und Farben übernahm unverändert die Bundesrepublik. Er ist zum Wappensymbol deutscher Staatlichkeit geworden. Der Adler hat seit langem seinen imperialen Charakter, wie er ihn zu Roms Zeiten und auch noch im frühen Mittelalter gehabt hat, verloren. Er ist ein aus bestimmten historischen Situationen entstandenes traditionelles Staatssymbol. Das amerikanische Adlerwappen stammt aus dem Jahre 1782. Der nach dem Zusammenbruch der Donaumächte 1918 neu gegründete Staat Österreich hat sich den Adler – allerdings mit sehr merkwürdigen Insignien, nämlich der Mauerkrone auf dem Kopf sowie Hammer und Sichel in den Klauen – als Staatswappen gewählt. Auch Ägypten (seit 1953) und Spanien (seit 1941) führen den Adler in ihrem Wappen.

Die DDR hat, um sich eindeutig von der Bundesrepublik zu unterscheiden, seit 1955 nach sowjetischem Vorbild als Wappen ein rotes Medaillon mit Hammer und Zirkel in Gold, das von einem goldenen Ährenkranz mit schwarz-rot-goldenen Bändern umschlossen ist. Der weiße Adler Polens auf rotem Feld, der seit dem 13. Jahrhundert bekannt ist, ist heute noch das amtliche polnische Wappen. (Polen ist das einzige kommunistische Land, das nach 1945 unverändert seine alten Wappen und Farben beibehalten hat.)

II

Ein weiteres Staatssymbol, das im Laufe der Zeit gesamtdeutsche Bedeutung und Geltung erfahren sollte, entstand in Preußen zu Beginn der Befreiungskriege. König Friedrich Wilhelm III. von Preußen hatte am 10. März 1813 das Eiserne Kreuz als einzige Kriegsauszeichnung unter Suspendierung aller anderen Orden (außer dem *Pour le mérite*) gestiftet. Schinkel hatte diesem Orden nach Entwürfen des Königs die endgültige Gestalt gegeben. Von Friedrich Wilhelm III. stammte auch die Idee, daß das Eiserne Kreuz in gleicher Weise an einfache Soldaten wie an Generäle verliehen werden sollte. Ähnliche Vorschriften hatte Napoleon I. für den von ihm gestifteten Orden der Ehrenlegion erlassen. Für das damalige Preußen mit seiner streng hierarchischen Ordnung war der neue Volksorden etwas Unerhörtes. Das Eiserne Kreuz wurde zum Symbol der Befreiungskriege und das begehrteste Ehrenzeichen. Als 1819 die neue preußische Dienst- und Kriegsflagge geschaffen wurde, mit dem königlichen Adler auf weißem Grund, wurde oben in der linken Ecke das Eiserne Kreuz eingefügt.

Durch die Einführung der Bundeskriegsflagge des Norddeutschen Bundes 1867, die im Kaiserreich beibehalten wurde, wurde das Eiserne Kreuz zum Reichsemblem. Die weiße rechteckige Flagge wurde durch ein schwarzes Kreuz, das an das Eiserne Kreuz erinnern sollte, in vier Felder eingeteilt; in der Mitte war ein Medaillon mit dem preußischen Adler, im oberen linken Feld waren die schwarz-weiß-roten Farben mit dem Eisernen Kreuz in der Mitte. Für diese Anordnung mag die englische Flagge als Modell gedient haben. Die Gösch der Reichsmarine entsprach der linken oberen Ecke der Kriegsflagge des Norddeutschen Bundes und des Deutschen Reiches.

Schon im siebziger Krieg, noch mehr im Ersten Weltkrieg wurde das Eiserne Kreuz faktisch zum Reichsorden, nachdem es schon vorher zum gesamtdeutschen Symbol geworden war. In der Weimarer Republik blieb das Eiserne Kreuz für den militärischen Bereich Reichsemblem. Die schwarz-weiß-rote Gösch mit dem Eisernen Kreuz in der Mitte und den schwarz-rot-goldenen Farben in der linken oberen Ecke wurde auf Anordnung des Reichspräsidenten Friedrich Ebert Reichskriegsflagge. Der Reichswehrminister führte als Standarte dic schwarz-rot-goldene Flagge mit dem Eisernen Kreuz in der Mitte. Das Erkennungszeichen der Flugzeuge und Panzerwagen der Bundeswehr ist auch innerhalb der NATO das Eiserne Kreuz. So ist es im militärischen Bereich bis zum heutigen Tage Staatssymbol geblieben.

III

Eine Flagge des alten deutschen Reiches hat es, wie erwähnt, nie gegeben. Mit dem Erwachen eines deutschen Nationalbewußtseins in breiten Volkskreisen, das während der Okkupation weiter Teile Deutschlands durch Napoleon, vor allem nach 1806, einsetzte, wurde auch der Wunsch laut, diesem Gefühl durch ein Farbensymbol Ausdruck zu geben. Die Fahnen der deutschen Territorialstaaten waren meist zweifarbig. Man suchte nun nach dem Muster der französischen Trikolore eine dreifarbige Fahne. Zwar hatten vor allem durch die Befreiungskriege die schwarz-weißen Farben Preußens an Geltungskraft und -breite stark gewonnen, sie stießen aber nach Kriegsende wegen der dann einsetzenden reaktionären Politik Berlins auf Widerstand, vor allem in Süddeutschland.

Woher aber sollte man ein Farbensymbol nehmen – und wer sollte dieses bestimmen –, das nicht nur der nationalen Sehnsucht, sondern den durch die Worte »Freiheit durch Einheit« besonders politisch akzentuierten Zielen wirksam Ausdruck zu verleihen vermochte?

Das ersehnte Farbenzeichen entstand aus einem hochschulpolitischen Symbol: In Jena hatten im Jahre 1815 Studenten unter dem Eindruck der Waffenbrüderschaft in den Befreiungskriegen die alten Landsmannschaften aufgelöst und eine Burschenschaft gegründet, in die alle Studenten eintreten konnten, »weil die Gemeinsamkeit des Vaterlandes erforderte, daß alle Studenten Mitglieder der Burschenschaft seien«. Die Gründer bestimmten Rot und Schwarz zu den Farben des Paniers, weil »bei den jugendlichen Freuden stets der Ernst des Lebens zu bedenken sei«. Um eine deutsche Volkstracht einzuführen, wählten sie zu ihrem Feierkleid einen schwarzen Waffenrock mit Aufschlägen von rotem Samt, die mit goldenen Eichenblättern verziert sein konnten. Schwarz-rote, mit Gold durchwirkte Schärpen waren für feierliche Anlässe vorgesehen.

Von den elf Stiftern hatten mindestens acht in den Lützowschen Freischaren gekämpft. Die Angehörigen dieses Freikorps trugen eine schwarze Montur – weil bei dieser Farbe die Kleidungsstücke, welche die Freiwilligen schon hatten, gefärbt weiterbenutzt werden konnten – mit gelben Knöpfen und mit roten Vorstößen am Kragen, an den Achselstücken und an der vorderen Kante des Waffenrocks. Die zurückgekehrten Freiwilligen trugen, wie es die Soldaten des Ersten und Zweiten Weltkrieges auch getan haben, im Zivilleben, vor allem auf der Universität, den Waffenrock weiter – aus Not und als Ausdruck ihrer Haltung.

Sehr nüchterne ökonomische und organisatorische Überlegungen hatten diese Farbenzusammenstellung der Uniform veranlaßt. Mit ihr verband sich aber auch eine bestimmte Vorstellung, weil die Lützower eine *deutsche* Freischar war, die zwar im preußischen Heeresverband gekämpft, aber von Anfang an als eine gesamtdeutsche vaterländische Formation gegolten hatte.

Die erste Fahne der Jenaer Burschenschaft war rot-schwarz-rot mit einem goldenen Eichenzweig. (Das schwarz-rote Burschenband wurde mit einer »Perkussion« vorwiegend aus Golddraht zusammengehalten.) Aus dem Gold der »Perkussion« und des Eichenzweiges wurde die dritte Farbe. Je mehr aber die Studenten, in erster Linie die Burschenschaften, zum Träger des Gedankens der staatlichen Einigung – der Freiheit durch Einheit – wurden, desto mehr wurden ihre Farben zu Sinnbildern einer nationalen deutschen Bewegung. Die Urburschenschaft – und nur sie – fühlte sich als Volksbewegung. Nie wieder hat die deutsche Studentenschaft mit so hoher Begeisterung und mit so starker Wirkung politische Ideale vertreten wie die Urburschenschaft in diesen Jahren.

Von den Studenten übernahmen Handwerker, Turner, ja weite Kreise des Bürgertums die Farben. Eine Reihe von Liedern, die diese Farben besangen, sorgten in der sangesfreudigen Zeit für die Verbreitung. Es ist die Zeit, in der das gesungene Wort und die wehenden Farben einen starken Einfluß auf die politische Gesinnungsbildung ausübten. Vor allem war es August von Binzers Lied »Wir hatten gebaut ein stattliches Haus« mit den Versen »Das Band ist zerschnitten, war schwarz, rot und gold« (das er aus Anlaß der Auflösung der Jenenser Burschenschaft 1819 gedichtet hatte) zu verdanken, daß sich die Farben über ganz Deutschland ausbreiteten.

Das Schwarz-Rot-Gold aus den Uniformfarben der Lützowschen Freischaren, und zwar zunächst als hochschulpolitisches Symbol, wich mehr und mehr aus dem Bewußtsein in den Hintergrund; um so stärker wirkte eine Begründung, die erst nach der Errichtung der Jenaer Burschenschaft gefunden war: die Ableitung der Farben von den Farben des alten Reiches, die es in diesem Sinn nie gegeben hatte. Man sprach von dem »ehrwürdigen Banner des deutschen Reiches«.

So entstand, wenn auch auf legendärer Grundlage, in breiten Schichten des Volkes sehr bald eine »schwarz-rot-goldene Überlieferung«. Für die konservativen Mächte in den Territorialstaaten wurden diese Farben zu einem revolutionären Symbol. Die Frankfurter Nationalversammlung führte 1848 Schwarz-Rot-Gold als Reichsfarben ein. Die Fahne einer immer mehr wachsenden Volksbewegung, die für eine liberal-demokratische deutsche Staatlichkeit kämpfte, sollte zum Staatssymbol werden. Mit dem Scheitern der Nationalversammlung am Widerstand Friedrich Wilhelms IV. von Preußen aber verloren die von ihr proklamierten Reichsfarben an Nimbus.

Zwar hätte Bismarck 1867 bei der Gründung des Norddeutschen Bundes unter Umständen, wenn die Staatsinteressen es dringend verlangt hätten, die Trikolore von 1848 hingenommen, obwohl er 1850 im Erfurter Parlament Schwarz-Rot-Gold als die Farben des Aufruhrs und der Barrikaden bezeichnet hatte. Entscheidend jedoch war der Widerwille Wilhelms I., der vor diesen Fahnen 1848 aus Berlin hatte fliehen müssen. Im Kriege 1866 hatte auch ein Armeekorps mit schwarz-rot-goldenen Zeichen gegen preußische Truppen gekämpft. Hinzu kamen außenpolitische Überlegungen. 1867 hätten Napoleon III. und der österreichische Kaiser in der Proklamierung von Schwarz-Rot-Gold als den Farben des Norddeutschen Bundes mit seiner Maingrenze eine Herausforderung sehen können. Bismarck schlug daher für die Handelsflagge eine künftige neutrale Zusammenstellung, ohne Ansprüche und Verpflichtungen, vor; die Verbindung der preußischen Farben Schwarz-Weiß mit dem Rot-Weiß der Hansestädte und Holsteins. Das waren die Farben, unter denen die deutschen Schiffe auf den Weltmeeren am meisten bekannt waren.

Bismarck dachte sehr nüchtern in dieser Frage. Noch in den Septembertagen 1870 sagte er: »Sonst ist mir das Farbenspiel ganz einerlei, meinethalben grün und gelb und Tanzvergnügen oder auch die Fahne von Mecklenburg-Strelitz, nur will der preußische Troupier nichts von Schwarz-Rot-Gold wissen.«

Zwar hat es nicht an Bemühungen gefehlt – vor allem 1870 von süddeutscher Seite –, Schwarz-Rot-Gold oder, entsprechend der Wappenfarbenregelung, Schwarz-Gold-Rot als die alten deutschen Waffenfarben einzuführen. Aber diese Bemühungen fielen nicht ins Gewicht. Von einem Farbenstreit zwischen Schwarz-Weiß-Rot und Schwarz-Rot-Gold war in den Jahren der Reichsgründung nicht die Rede. Wohl aber brauchten die Reichsfarben fast drei Jahrzehnte, um sich gegenüber den Landesfarben durchzusetzen: Die Hansestädte, vor allem Hamburg, hatten sich mit großer Energie zunächst gegen die Preisgabe ihrer alten angesehenen Farben auf den Weltmeeren gewehrt. In Süddeutschland fanden die neuen Farben wenig Anklang. Schwarz-Rot-Gold hielt sich noch als Vereinsfahne. Dies waren auch im Anfang die Farben der süddeutschen Liberalen. Volkstümliche Geltung verschuf den neuen Farben Schwarz-Weiß-Rot vor allem das Auslandsdeutschtum, das voller Begeisterung zu dem neuen Symbol griff. Auch für die Marine wurden sie alsbald der lebendige Ausdruck deutschen Staatsbewußtseins.

Schwarz-Weiß-Rot war aber nicht das Sinnbild der nationalen Einheit allein. Es wurde, je mehr sich die Zeit mit ihrem prahlerischen Patriotismus von Bismarck entfernte, in Kreisen des Bürgertums auch zum Sinnbild des deutschen Weltmachtanspruchs, und zwar sehr viel mehr als das Hoheitszeichen des Adlers.

Die deutsche Sozialdemokratie lehnte die Farben des preußischen deutschen Obrigkeitsstaates ab. Ihre Farbe war Rot, nur gelegentlich benutzte sie auch schwarz-rot-goldene Bänder. Dennoch wurde Schwarz-Weiß-Rot im Ersten Weltkrieg zur unumstrittenen Reichsfahne. Mit dem verlorenen Krieg aber, dem Untergang der Monarchie, büßten diese Farben auch einen Teil ihres Nimbus ein, wie das Schwarz-Rot-Gold nach dem Scheitern der Nationalversammlung 1848.

Erst 1919 entstand der Flaggenstreit. In Österreich hatte sich nach 1871 in Kreisen der großdeutsch eingestellten Bevölkerung Schwarz-Rot-Gold noch erhalten. Man glaubte den Österreichern, die sich an das Reich 1918/19 anschließen wollten, die kleindeutschen Farben, deren Einführung der Ausschluß Österreichs von einem gesamtdeutschen Staat vorangegangen war, nicht zumuten zu können. Aber dies Argument verlor an Geltungskraft, seitdem durch den Versailler Vertrag Österreich und Deutschland der Zusammenschluß verboten war. Für Schwarz-Rot-Gold wurde geltend gemacht, daß die Weimarer Republik die verfassungspolitische Grundkonzeption der Frankfurter Nationalversammlung übernommen habe, ihre Tradition fortsetzen wolle. Es bestand aber auch die Sorge, ob man die sozialdemokratische Arbeiterschaft mit ihrer tiefen Abneigung gegen Schwarz-Weiß-Rot für den neuen Staat gewinnen könnte, würde man die alten Farben beibehalten. Die Unabhängige Sozialdemokratische Partei war für Rot als Reichsfahne eingetreten. Für Schwarz-Weiß-Rot wurde angeführt, daß sie die Farben der mühsam gewonnenen Reichseinheit seien, daß gerade nach den demütigenden Friedensbedingungen jene Fahne, unter der Millionen im Kriege gestorben seien, nicht gewechselt werden dürfe.

Bei dem Flaggenstreit ging es – in seiner ersten Etappe während der Beratung der Nationalversammlung – um ein im Grunde irrationales Problem; die ideellen Argumente *pro et contra* standen einander gleichwertig gegenüber. Selbst innerhalb der Regierungskoalition (katholisches Zentrum, Deutsche Demokratische Partei und Sozialdemokratische Partei) bestand in dieser Frage keine Einigkeit: Das Zentrum trat mit der Rechten für Schwarz-Weiß-Rot ein. Die Demokraten waren gespalten; die Mehrheit ihrer preußischen und hansischen Mitglieder wollte die alten Reichsfarben beibehalten, die süddeutschen hatten sich zusammen mit der Sozialdemokratie für Schwarz-Rot-Gold entschieden.

Die Nationalversammlung schuf eine Kompromißregelung; sie stellte beide Farben nebeneinander. Schwarz-Rot-Gold wurden die Nationalfarben, Schwarz-Weiß-Rot mit den neuen Reichsfarben in der inneren oberen Ecke (Gösch) die Handelsflagge. Man hätte denken können, daß die mannigfaltige deutsche Tradition kaum besser hätte gewahrt werden können als mit dem Nebeneinanderstellen dieser beiden Symbole. Tatsächlich aber wurden mit diesem Kompromiß die institutionellen Voraussetzungen für einen unseligen Flaggenstreit geschaffen, der auf das heftigste zum ersten Mal entbrannte, als der Kapp-Putsch unter schwarz-weiß-roter Fahne die gerade aufgerichtete Republik zu stürzen versuchte.

Aus den zwei Farbensymbolen des republikanischen Reichs wurden Kampfflaggen der in scharfem Gegensatz zueinander stehenden Blöcke. Anstelle der *einen* Nationalflagge, die als ein staatliches Friedenssymbol über allen wehen sollte, gab es deren zwei, die zu Symbolen des innerstaatlichen Streits wurden. Es ging im Grunde nicht so sehr um die Symbole. Sie waren vielmehr Sinnbilder entgegengesetzter politischer Vorstellungen und Richtungen. Dadurch, daß die Rechte unter schwarz-weiß-roten Fahnen die Verfassung, aber auch die Außenpolitik der Regierung bekämpfte, wurde für die Gegenseite Schwarz-Rot-Gold zur Kampffahne gegen die Rechte. Vergeblich bemühte sich Stresemann um einen Burgfrieden durch die Anerkennung der Gleichwertigkeit beider Flaggen. Die Rechte mißachtete Schwarz-Rot-Gold und mißbrauchte Schwarz-Weiß-Rot. Die extremen Anhänger des schwarz-weiß-roten Blocks erwiesen ihrer Fahne einen schlechten Dienst, da sie sie immer mehr in das Streitgetümmel hineinrissen und ihr dadurch ihre traditionellen Werte nahmen. Das Neben- und Gegeneinander beider Staats- und Nationalzeichen symbolisierte die Labilität deutscher Staatlichkeit nach 1919.

Im Jahre 1930 stritten vier Fahnen um den Rang der Nationalfahne: Neben Schwarz-Rot-Gold und Schwarz-Weiß-Rot die Hakenkreuzfahne der Nationalsozialisten und die kommunistische rote Fahne mit Hammer und Sichel. In dieser bürgerkriegsähnlichen Auseinandersetzung siegte das Hakenkreuz – dank der Hilfe von Schwarz-Weiß-Rot. Hitler holte die schwarz-weiß-rote Trikolore herunter und degradierte Adler und Eisernes Kreuz in seinen Flaggen und Wappen zu ornamentalen Nebenfiguren unter dem alles beherrschenden traditionslosen Zeichen des Hakenkreuzes.

Nach dem totalen Zusammenbruch und der Kapitulation hatte das in Besatzungszonen aufgeteilte Deutschland keine Flagge mehr. Durch Kontrollratsgesetz wurde als Erkennungszeichen für die deutschen Schiffe die Signalflagge C mit den

Farben Blau-Weiß-Rot-Weiß-Blau eingeführt. Diese Flagge, die dem internationalen Signalflaggenkatalog entnommen war, symbolisierte den damaligen deutschen Staatszustand.

Einige deutsche Länder verhalfen dann Schwarz-Rot-Gold wieder zur Geltung, indem sie diese Farben als ihre Landesfarben gesetzlich festlegten. Im Parlamentarischen Rat bestand über die Wiedereinführung dieser Farben Einmütigkeit; nur über ihre Anordnung gab es Meinungsverschiedenheiten. Die Freien Demokraten und die Sozialdemokraten verlangten die schwarz-rot-goldene Trikolore als Bundesfarben. Teile der CDU setzten sich für eine Bundesflagge ein, die auf rotem Grund ein schwarzes, liegendes Kreuz, auf dieses aufgelegt ein goldenes Kreuz zeigen sollte. Über diese Frage aber wurde nicht hart gestritten. Man einigte sich schnell auf die Wiedereinführung der alten Farben von Frankfurt und Weimar.

Bis 1958 war die Handels- und Nationalflagge der DDR die gleiche wie in der Bundesrepublik. Seitdem trägt sie in der Mitte das Staatswappen mit Hammer und Zirkel; damit gibt die DDR ihrer Vorstellung von zwei deutschen Staaten auch symbolisch Ausdruck.

Auf Vorschlag der Bundesregierung wurde durch Anordnung des Bundespräsidenten 1950 die Standarte des Reichspräsidenten (der schwarze Adler auf gelbem Feld mit rotem Rand) für den Bundespräsidenten, die Dienstflagge der Reichsbehörden (die schwarz-rot-goldene Flagge mit dem Adlerschild) für die Bundesbehörden und die Postflagge übernommen. Eine Bundeskriegsflagge wurde nach Einführung der Wehrpflicht nicht wieder geschaffen; die Dienstflagge ist nach dem Vorbild einer Reihe von Ländern auch die Flagge der Streitkräfte. Lediglich für die Seestreitkräfte ist – um sie von den Handelsschiffen zu unterscheiden – die Bundesdienstflagge in der Form eines Doppelstanders bestimmt. Die Flagge ist an der Außenseite, ebenso wie die alte preußische Dienstflagge und wie die Marineflagge einiger fremder Staaten, gezackt.

Heute sind die Farben Schwarz-Rot-Gold die unumstrittenen Farben der Bundesrepublik. Nach grauenvollen Katastrophen ist endlich der Flaggenfriede eingetreten.

IV

Weniger umstritten als die Farben Schwarz-Rot-Gold war die Nationalhymne in der Weimarer Zeit. Auf der Verfassungsfeier am 11. August 1922 hatte Reichspräsident Friedrich Ebert »Deutschland, Deutschland über alles« zur Nationalhymne proklamiert.

Bis 1918 war die offizielle deutsche Nationalhymne »Heil dir im Siegerkranz« gewesen. Sie war im Grunde nichts anderes als eine Umwandlung der englischen Nationalhymne »God save the King«, die in der Mitte des 18. Jahrhunderts entstand, und wurde nach der gleichen Melodie gesungen. Diese Melodie breitete sich sehr schnell auf dem Kontinent aus. 1790 verfaßte ein Theologiestudent in Flensburg darauf ein Lied zum Geburtstag des dänischen Königs: »Heil Dir, dem liebenden Herrscher des Vaterlandes, Heil Christian Dir«. Dieser Text erschien 1793 mit einer leicht veränderten, den preußischen Verhältnissen angepaßten Fassung in einer Berliner Zeitung: »Heil Dir im Siegerkranz, Herrscher des Vaterlands«. Das Lied wurde 1795 bei Aufführung eines patriotischen Schauspiels im preußischen Nationaltheater als Zwischenaktmusik gespielt und vom Publikum begeistert aufgenommen. Als König Friedrich Wilhelm II. das Theater besuchte, um sich das Schauspiel anzusehen, wurde er vom Publikum enthusiastisch mit diesem Lied empfangen. Eine Reihe von deutschen Staaten übernahm sehr bald als Herrscherhymne diesen Text oder den von »God save the King«, jeweils in etwas veränderter Fassung, aber stets mit der gleichen Melodie.

Drei Jahre vorher – 1792 – war in Straßburg die Marseillaise entstanden, die dann 1795 zur französischen Nationalhymne erklärt wurde. Gleichsam eine Gegenhymne der Marseillaise war das österreichische Lied »Gott erhalte Franz den Kaiser« mit der Melodie aus Haydns Kaiserquartett. Die Anregung zu diesem Text soll auch von Haydn ausgegangen sein. Er hatte in England gerade vorher mit Begeisterung »God save the King« gehört und wollte für sein bedrängtes Vaterland ein ähnliches Lied schaffen, um die bedrückte Stimmung zu heben. Das Lied wurde 1797 bei einer Theateraufführung an Kaisers Geburtstag zum erstenmal gesungen und gewann in der habsburgischen Monarchie rasch an Popularität. Die Volkstümlichkeit des Liedes, noch mehr der Melodie, war so groß, daß sie für eine Reihe von anderen Texten auch in Anspruch genommen wurde.

»Heil Dir im Siegerkranz« wurde zur offiziellen deutschen Nationalhymne im Kaiserreich, wurde jedoch nur bei offiziellen Gelegenheiten gesungen. Eine Volkshymne ist das Lied nie gewesen. Bis 1876/78 galt den Vorkämpfern und Anhängern der staatlichen Einigung Ernst Moritz Arndts 1813 verfaßtes Lied »Was ist des Deutschen Vaterland?« am ehesten als Hymne. Diese Frage freilich erschien vielen nach der Reichsgründung als überholt. Hoffmann von Fallerslebens »Deutschland, Deutschland über alles« wurde danach zu einem der meistgesungenen Lieder.

Das »Deutschlandlied« ist im August 1841 auf Helgoland entstanden. Hoffmann von Fallersleben, Professor für Germanistik an der Universität Breslau, Großdeutscher und Demokrat, aus Hannover und Preußen ausgewiesen, hatte im August einige Tage auf dem damals noch englischen Helgoland mit gleichgesinnten Hannoveranern zugebracht. Bei Mittag- und Abendessen wurden munter in schwarz-rot-goldenem Geist Lieder gesungen und Trinksprüche gehalten. Am 23. August reisten die Hannoveraner ab. Hoffmann von Fallersleben blieb allein zurück.

»Den ersten Augenblick«, so schreibt er in seinen Erinnerungen, »schien Helgoland wie ausgestorben, ich fühlte mich sehr verwaist. Und doch tat mir bald die Einsamkeit sehr wohl; ich freute mich, daß ich nach den unruhigen Tagen wieder einmal auch mir gehören durfte. Wenn ich dann so wandelte einsam auf der Klippe, nichts als Meer um mich sah, da ward mir so eigen zu Mute, ich mußte dichten, und wenn ich auch nicht gewollt hätte.« So entstand am 26. August 1841 das Lied »Deutschland, Deutschland über alles«. Der Dichter hatte, wie er selbst sagt, bei der Abfassung des Gedichtes die Haydnsche Melodie im Ohr gehabt. Der Verleger Campe in Hamburg veröffentlichte das Lied wenige Tage nach dem 26. August mit den

Noten der Haydnschen Melodie. Dennoch hat es bis 1872 dann 58 verschiedene Vertonungen erfahren.

Hoffmann von Fallersleben war ein sehr guter Kenner der Lieder Walthers von der Vogelweide, des ältesten deutschen Dichters vaterländischer Lieder; die meisten dieser Lieder konnte er aus dem Kopf hersagen. In dem Gedicht Walthers »Ihr sult sprechen willekomen« beginnt die dritte Strophe mit den Worten

»Ich hân lande vil gesehen
unde nam der besten gerne war«

und schließt:

»tiuschiu (deutsche) zuht gât vor in allen«;

nach einer anderen Version:

»tiuschiu zuht gefallet mir vor allem«.

In der vierten Strophe heißt es:

»Von der Elbe unz an den Rîn
und her wider unz an Ungerlant
mugen wol die besten sîn
die ich in der werlte hân erkant«.

Die Verse »Deutschland, Deutschland über alles« ... »von der Maas bis an die Memel, von der Etsch bis an den Belt« klingen an die Walthers von der Vogelweide an.

Hoffmann von Fallersleben hätte ebensogut »Deutschland, Deutschland über allem« sagen können, ohne deswegen in Reimnöte zu geraten. Wenn er indessen statt des Dativs den Akkusativ gewählt hat, so deshalb, weil »über alles« »mehr als alles« bedeutet: Der Dichter setzte in seiner Wertvorstellung Deutschland über alles, er meint nicht, daß Deutschland über allem stehe. Seine – des Dichters – Beziehung zu Deutschland kommt hier zum Ausdruck, nicht die Deutschlands zur Welt. Nationalistische Vorstellungen lagen ihm fern. Was er sagen wollte, war: Deutschland ist für mich mehr als alles andere in der Welt, was auch Walther von der Vogelweide ausgesprochen hat: Deutsches Volk gefällt mir vor allem. Es ist ein Lied der patriotischen Sehnsucht und Innigkeit.

Die Worte »Schutz und Trutz«, deren Voraussetzung das

brüderliche Zusammenhalten ist, sind rein defensiv gemeint. Auch für diese Verse (»wenn es stets zum Schutz und Trutze brüderlich zusammenhält«) mag Hoffmann bei Walther von der Vogelweide eine Anregung gefunden haben. In einem 1212 dem Kaiser Otto IV. gewidmeten Gedicht heißt es: »Herr Kaiser, wenn Ihr den Deutschen mit strengem Gericht Frieden geschaffen habt, so werden Euch auch die fremden Völker anerkennen. Diese Anerkennung fällt Euch ohne Anstrengung zu.«

Hoffmann von Fallersleben nimmt diesen Gedanken auf, aber ohne dessen mittelalterlich imperialen Sinngehalt. 1840 bestand die Gefahr eines europäischen Krieges. Die Sorge, die Franzosen könnten bei irgendeiner Gelegenheit bis zum Rhein und darüber hinaus vorstoßen, war zu jener Zeit durchaus vorhanden. Max Schneckenburger hatte gerade die »Wacht am Rhein« gedichtet und damit sofort starken Anklang gefunden. Die Herzogtümer Schleswig und Holstein, die beide zum Deutschen Bund gehörten, waren von dänischer Seite gefährdet. Nur eine staatliche Einigung konnte Schutz vor territorialen Verlusten bieten.

Man hat sich auch an den geographischen Bezeichnungen in diesem Lied gestoßen. »Memel« war die deutsche Bezeichnung für den Teil des Niemen, der bis 1918 auf preußisch-deutschem Gebiet lag. Die »Etsch« ist der Hauptfluß Südtirols, das damals – bis 1919 – ebenfalls zu Österreich gehörte. Die Meerenge des »Kleinen Belt« war die natürliche Grenze des nördlichen, erst seit 1918 dänischen Teils Schleswigs nach Osten; die nördliche Grenze, auf die es angekommen wäre, bildete ein Fluß mit dem dreisilbigen Namen Königsau, der aus Gründen des Reimes und des Rhythmus in diesem Lied nicht verwandt werden konnte. Als gewagt mochte es freilich erscheinen, daß die »Maas« zur Markierung der Westgrenze genannt wurde, da sie nur auf einer relativ kurzen Strecke auf holländischem Gebiet in der Nähe der deutschen Grenze fließt. Jedoch handelt es sich bei dem Lied nicht um eine exakte Grenzbeschreibung; in dichterischer Freiheit sollte vielmehr durch in der Volksvorstellung bekannte Markierungslinien das Gebiet der ersehnten staatlichen Einigung umrissen werden.

Man hat sich über die Landkarte Hoffmann von Fallerslebens im Ausland bis 1919 auch kaum aufgeregt, wohl aber über die Worte »Deutschland über alles«. Sie wurden vielfach mißverstanden im Sinne des Anspruchs Deutschlands auf die Herrschaft über die ganze Welt. 1867 zitierte ein Deputierter im französischen Parlament diese Verse und fügte hinzu, eine Nation, die solch ein Lied singen könne, zeige einen Mangel an Bescheidenheit. 1915, im Ersten Weltkrieg, gab der bedeutende Soziologe Émile Durkheim eine Schrift heraus mit dem Titel »L'Allemagne au dessus de tout, la mentalité allemande et la guerre«. Die französische Sprache kennt in der Ortsbestimmung nicht die Unterscheidung zwischen Ruhe und Bewegung, zwischen »wo« und »wohin«. »Au dessus de tout« kann also sowohl statisch wie auch dynamisch verstanden werden, also in diesem Fall »über alles« und ebenso »über allem« bedeuten. Auch in England (Bernard Shaw 1914) und Italien hat dieser erste Vers eine polemische Literatur hervorgerufen.

An dieser Fehlinterpretation waren die Deutschen aber – vor allem nach 1890 – nicht ganz unschuldig. Die »Alldeutschen«, eine nationalistische Bewegung, die 1891 entstanden war, im Ersten Weltkrieg umfangreiche Annexionen gefordert und auch noch in der Weimarer Zeit mit Entschiedenheit den deutschen Weltmachtanspruch vertreten hatte, sangen diese Verse ganz bewußt im Sinne der falschen Auslegung. Für die Vertreter eines deutschen Imperialismus reichte die »Wacht am Rhein« als Kampflied nicht mehr aus; das Deutschlandlied wurde zu einer Art Gegenlied zu der 1740 entstandenen englischen Weltmachthymne »Rule Britannia, rule the waves«. Unter denjenigen, die im Kaiserreich oder in der Weimarer Republik zur Schule gegangen sind, wird es manche geben, die die sinnentstellende Interpretation gelernt haben.

Reichspräsident Friedrich Ebert hat dann in seiner Kundgebung vom 11. August 1922, die betont den Anfangsvers der dritten Strophe »Einigkeit und Recht und Freiheit« herausstellte, vom Deutschlandlied gesagt: »Es soll auch nicht dienen als Ausdruck nationalistischer Überhebung. Aber so, wie einst der Dichter, so lieben wir heute ›Deutschland über alles‹.«

Es war schwer, in einer Zeit, da der Flaggenstreit heftig entbrannt war, ein Lied zu finden, das weithin auch als Nationalhymne empfunden werden konnte. Nun war »Deutschland, Deutschland über alles« schon im Kaiserreich eines der meistgesungenen Lieder gewesen. Im November 1914 hatte es dann seine nationale Weihe erfahren: als bei Langemarck in Flandern Regimenter junger Kriegsfreiwilliger die englischen Linien durchbrachen, das Deutschlandlied auf den Lippen, und sehr schwere Verluste erlitten. Diese Meldung des Heeresberichts war auch nach Kriegsende nicht vergessen worden – wenn auch der weniger pathetische Anlaß für den Gesang des Liedes in Vergessenheit geraten war. Der Nebel auf dem Schlachtfeld war nämlich so dicht gewesen, daß man Freund und Feind nicht unterscheiden konnte; blitzschnell mußten die Deutschen sich über ein akustisches Erkennungszeichen verständigen. Da die deutsche Nationalhymne »Heil Dir im Siegerkranz« und das englische »God save the King« die gleiche Melodie hatten, wählten die Freiwilligen das Deutschlandlied. Mögen auch im Unterbewußtsein noch andere Motive mitgesprochen haben, das Interesse an der akustischen Unterscheidung war im Augenblick maßgebend. Aber die ohnehin beliebte Volkshymne erhielt so den Glanz des besonderen nationalen Pathos.

Das Deutschlandlied war in der Weimarer Zeit das einzige unumstrittene Reichssymbol. Gewiß wurde das Lied auf der Rechten durch nationalistische und antidemokratische Gesänge zurückgedrängt und in radikalen Bereichen der Linken nicht gesungen, doch wurde es respektiert, zumindest nicht beschimpft oder verhöhnt. Der Schmerz über die durch den Versailler Vertrag abgetrennten Gebiete und die Hoffnung auf deren Rückerwerb (mit Ausnahme Elsaß-Lothringens und Nordschleswigs, das aufgrund einer Volksabstimmung an Dänemark abgetreten worden war) war einmütig. Diese Gefühle ließen in Deutschland die Flußnamen von Memel (das Memelland wurde 1919 an die Alliierten abgetreten und 1929 von Litauen annektiert) und Etsch (das österreichische Südtirol wurde 1919 an Italien abgetreten) anklingen. Aber vielleicht war das Lied auch wegen der Möglichkeit der doppelten Sinndeutung unumstritten; jeder konnte es auf seine Weise auslegen.

Weil aber das Deutschlandlied weithin respektiert wurde, hat es Hitler wohl nicht gewagt, es ganz abzusetzen: Es wurde zur zweiten Nationalhymne neben dem »dichterisch und musikalisch minderwertigen Horst-Wessel-Lied, dessen banale Melodie den Marschtakt in ein Volksverderben gab« (Theodor Heuss). Im übrigen sollte es nunmehr eindeutig im Hitlerschen Sinne den deutschen Weltmachtsanspruch zum Ausdruck bringen. Für viele blieb es dennoch im Sinne des Dichters als letztes traditionelles Symbol eines innigen Patriotismus, ein erlaubter Kampfgesang gegen die imperialistische Diktatur des Nationalsozialismus.

Durch den nationalen Zusammenbruch von 1945 verlor Deutschland auch diese Nationalhymne. Jetzt war es allerdings viel schwieriger als 1922, ein Lied zu finden, dessen Text nicht der Mißdeutung ausgesetzt war und doch als Symbol Anerkennung fand. Mit Phantasie, Umsicht und Behutsamkeit versuchte Theodor Heuss, einem von Rudolf Alexander Schröder verfaßten und als Nationalhymne gedachten Lied den Weg zu bereiten. Heuss glaubte damals, »daß der tiefe Einschnitt«, wie er selbst 1952 schrieb, »in unserer Volks- und Staatengeschichte einer neuen Symbolgebung bedürftig sei...«

»Ich weiß heute, daß ich mich täuschte.« Diese Worte finden sich in Heuss' Antwort vom 2. Mai 1952 auf das Schreiben Adenauers vom 29. April, in dem erneut die Bitte der Bundesregierung ausgesprochen war, »...das Hoffmann-Haydnsche Lied als Nationalhymne anzuerkennen. Bei staatlichen Veranstaltungen soll die dritte Strophe gesungen werden.« Heuss entsprach dem Wunsch der Bundesregierung, gegen den er sich zunächst gewehrt hatte – wie er sagte: »in der Anerkennung des Tatbestandes«.

Seit diesem Briefwechsel zwischen Bundespräsident und Bundeskanzler ist das Deutschlandlied als Ganzes Bundeshymne. Üblicherweise wird aber bei den meisten Veranstaltungen nur eine Strophe der Nationalhymne gesungen, und das soll bei offiziellen – nur für sie kann die Regierung Vorschriften erlassen – die dritte Strophe sein. Diese dritte Strophe war faktisch im Dritten Reich verpönt. Kein anderes Lied vermag treffender und eindringlicher Lage und Sehnsucht unseres Staates und Volkes auszudrücken als gerade diese Strophe. Sie bietet zudem keinen Anlaß zur Mißdeutung, zu Streit und Ärger mit fremden Staaten: sie ist ein Ausdruck des nationalen Friedens und kann von jedermann ohne Unbehagen und Bedenken gesungen werden. Die Bundesregierung hätte in edelster Absicht jedenfalls das Deutschlandlied diskriminiert, wenn sie nur die dritte Strophe als Nationalhymne proklamiert hätte. Aber mit ihrer Vorschrift für die staatlichen Veranstaltungen appellierte sie an den politischen Takt und die Disziplin der Bürger.

Die Nationalhymne in der DDR, von Johannes R. Becher 1942 verfaßt, beginnt mit den Worten: »Auferstanden aus Ruinen und der Zukunft zugewandt, Deutschland einig Vaterland«. Im zweiten Vers heißt es: »Wenn wir brüderlich uns einen, schlagen wir des Volkes Feinde«. So hat die DDR dafür gesorgt, daß ihre Symbole mit denen der Bundesrepublik nicht verwechselt werden können. Hatte die Bundesrepublik ein altes Symbol neu eingeführt, so folgte ihr die DDR mit einem entsprechenden Gegensymbol, um auch auf diese Weise die von ihr gewollte staatliche Trennung zu manifestieren.

V

Die Symbole der Bundesrepublik sind repräsentative Zeichen deutscher Geschichte. Jedes dieser Zeichen hat durch Umstände oder Ereignisse als Symbol breite Anerkennung gefunden. Zwar vermögen Symbole allein weder Nationalgefühl noch Staatsbewußtsein zu wecken; auch die propagandistische Mobilisierung der Symbole vermag in demokratischen Ländern in diesem Sinne nicht viel auszurichten. Wo aber irrationale Beziehungen sich neu bilden, können aus diesen Beziehungen erwachsene Sinnbilder deren Intensität steigern und sie so veranschaulichen, daß sie haltungsformend und gesinnungsbildend wirken.

Die leidenschaftliche Hingabe an Symbole, deren Kehrseite die fanatische Gegnerschaft gegen bestimmte Symbole ist, liegt unserer Zeit nicht mehr. Und doch kann sie ihrer nicht entbehren. Die Indolenz gegenüber Symbolen tritt zwar in der Bundesrepublik besonders stark in Erscheinung, zeigt sich aber auch in vielen anderen westlichen Staaten; im übrigen ist sie nichts anderes als ein Ausdruck für mangelndes Staatsbewußtsein und Nationalgefühl.

Daß die ältere deutsche Generation bei dem Wechsel an Symbolen, den sie erlebt hat, eine gewisse Symbolscheu und Skepsis hat, ist nicht verwunderlich. Ebenso ist die Symbolskepsis der Jugend aus ihrer tiefen Abneigung gegen politische Propaganda verständlich. Je längere Dauer jedoch unseren Symbolen beschieden ist, je mehr sie innerstaatliches Friedenszeichen bleiben, desto stärker wird auch ihre Wirkungskraft werden.

Unserer Zeit fehlt aber auch die schöpferische Begabung für neue Symbole. Wir haben kein Berlinlied und kein Wiedervereinigungslied. Hierfür scheinen gegenwärtig die musikalischen und dichterischen Voraussetzungen zu fehlen. Auch die abstrakte Bildende Kunst vermag wahrscheinlich keine Symbole, keine konkreten Sinnbilder für ebenfalls abstrakte Ideen hervorzubringen. Gerade deswegen sollten wir mit unseren alten neuen Symbolen behutsam verfahren und zu erfassen suchen, warum sie gelten und wie sie zu dem geworden sind, was sie heute bedeuten sollen. *(1962)*

Demokratie im Wahlkampf

Für die Wirtschaft gibt es ein Gesetz gegen unlauteren Wettbewerb. Ein solches Gesetz kann es für die Politik nicht geben, wenigstens möchte ich es nicht zu formulieren haben.

Von dem konservativen Staatsphilosophen Friedrich Julius Stahl stammt das Wort »Autorität, nicht Majorität«. Das war bis 1933 eines der am meisten zitierten politischen Schlagworte. So hat er es aber nie gesagt. Es handelt sich vielmehr um die lapidare Zusammenfassung einer Parlamentsrede aus dem Jahr 1850: »Wie können vollends die Anhänger jenes Systems mit solcher Zuversicht jetzt vor uns hintreten nach den Erfahrungen des Jahres 1848? Standen sie da der entfesselten Bewegung nicht ebenso gegenüber wie jener Zauberlehrling den Gewässern, welche er heraufbeschworen hatte und nicht mehr zu bannen vermochte? Sie hatten den Spruch vergessen, sie zu bannen, oder vielmehr dieser Spruch stand nicht in ihrem Lexikon, denn dieser Spruch heißt *Autorität.* Da wollten sie die Gewässer besprechen mit dem Zauberspruch ihres Systems: Majorität, Majorität...«

Eine Autorität, so sagte er, die sich vom Willen der Gehorchenden ableitet, sei eben keine Autorität. Für ihn gab es nur die natürliche, auf Erbfolge beruhende Autorität im Gegensatz zur gemachten, zur künstlichen durch Wahlen. Nur der erbliche Monarch könne Garant der Einheit, der sittlichen Ordnung und der Funktionsfähigkeit des Staates sein. Die Landesvertretung, die sich in zwei Kammern gliedert, sollte konsultiert werden können, das Recht der Kontrolle sowie der Mitwirkung bei der Gesetzgebung haben. Für diese würde nur der Monarch ein Initiativrecht haben. Die Wahl sollte über Kreis- und Provinzstände erfolgen. Stahl sprach von »echter Aristokratie ... sie beschränkt sich nicht auf Grafen und Barone, sie geht durch die ganze menschliche Gesellschaft: Der Bauer vor dem Büdner, der Meister vor dem Gesellen, der Bürger vor dem Stadtbewohner, der Geistliche vor dem Gemeindemitglied.« Immer wieder zeigt sich in seinen Schriften die Angst vor dem Risiko von Volkswahlen und Parteiabstimmungen. Der Staat, der von Gott eingesetzte, wie Stahl ihn sich vorstellte, muß vor Revolution gesichert sein. Das parlamentarische System, wie es in Frankreich bestand, war für ihn eine »halbe Revolution«. Denn dieses System konnte von der Volksvertretung über das Budget erzwungen werden. England mit den beiden Parteien »der großen Familien«, einem aristokratischen Parlamentarismus, nahm Stahl aus. Aber daß er die Mitentscheidung einer Volksvertretung über den Staatshaushalt verwarf, war für ihn gleichsam ein *principiis obsta.*

Achtzig Jahre später, zu Ende des Ersten Weltkriegs im November 1918, hatte Matthias Erzberger vom linken Flügel der katholischen Zentrumspartei – im Kabinett des letzten kaiserlichen Reichskanzlers, Prinz Max von Baden, Staatssekretär, was damals der Stellung eines Ministers entsprach – sich mit aller Energie der Abdankung oder Absetzung des Kaisers widersetzt. Die Krone wäre der Garant der Einheit des Reichs. Die Republik könnte hingegen zu dessen Auflösung führen. Erzberger, schwäbischer Volksschullehrer, war in der Haltung und dem Bekenntnis nach Demokrat, in der politischen Praxis der entschiedenste Vorkämpfer für den Parlamentarismus. Er hat sicherlich nicht die Theorien des protestantischen konservativen Juden Friedrich Julius Stahl gelesen, aber er hatte auch diese Sorge vor der Revolution, vor allem nachdem er gerade die russische erlebt hatte. Die »halbe Revolution« hatte er gewagt, aber deswegen wollte er die institutionelle Autorität einer von Wahlen unabhängigen Persönlichkeit nicht entbehren.

Mit virtuoser Überlegenheit und äußersten Anstrengungen hat Erzberger, von Haus aus und der Partei nach Föderalist, 1920 die große Reichsfinanzreform mit einer Vereinheitlichung des bisher überwiegend föderalistischen Steuerrechts durchgesetzt. Er hat sie damit begründet, daß, nachdem die Monarchie zusammengebrochen war, die Verfassung und eine einheitliche Finanzordnung als Voraussetzung für eine gleiche Wirtschafts- und Sozialpolitik die Klammer des Reichs sein würden. Die Parteien waren auf die Finanzreform nicht vorbereitet, noch weniger die Öffentlichkeit. Erzberger rechnete damit, daß die Parteien eine Änderung der neuen Finanzordnung nicht so leicht wagen würden. Damit wäre sie wahl-abhängigen Entscheidungen entzogen.

Nach dem Kapp-Putsch wurde 1920 eine neue Reichsregierung unter dem Sozialdemokraten Hermann Müller gebildet. Der Fraktionsvorsitzende der Deutschen Demokratischen Partei, Friedrich von Payer, Linksliberaler, wie Erzberger überzeugter schwäbischer Demokrat, teilte seinem Parteifreund Otto Geßler, dem bisherigen Reichsminister für Wiederaufbau und früheren Oberbürgermeister von Nürnberg, überraschend mit, daß dieser Reichswehrminister werden solle. So hätte die Koalitionsführung beschlossen. Geßler lehnte rundweg ab. Da sagte ihm Payer, die Ernennungsurkunde wäre vom Reichspräsidenten und vom Reichskanzler schon unterschrieben. Er fügte hinzu: »Demokratie ist nur für den Sonntag.« Payer war ein schlitzohriger Demokrat, aber kein Zyniker. Ich fragte Geßler, der mir 1948 diese Geschichte erzählte, was Payer wohl gemeint hätte. Demokratisch werde gewählt, sagte Geßler, dann habe die entsprechend dem Wahlergebnis gebildete Obrigkeit bis zu den nächsten Wahlen zu regieren. Das wäre im Prinzip auch seine eigene Auffassung.

Die Vorstellung von einem demokratisch organisierten Obrigkeitsstaat war unter den führenden Politikern der verfassungstreuen Parteien nicht selten. Erzberger habe ich schon genannt, gleiches gilt für den Reichspräsidenten Friedrich Ebert und für Otto Braun, den preußischen Ministerpräsidenten – beide Sozialdemokraten –, aber auch für den Demokraten Erich Koch-Weser, um nur wenige Beispiele zu nennen. 1925 erschien ein aufsehenerregendes Buch des Heidelberger Soziologen Alfred Weber »Die Krise des modernen Staatsgedankens in Europa«. Weber sprach hier von »Führerdemokratie … mit weitgehend selbständiger Entscheidung und Willensbildung der ausgelesenen Führerspitze ... Da jede rationalisierte Massenformation zentralisierte und erfahrene Leitung fordert, die besonderes technisches Können und Erfahrung voraussetzt und also eine besondere, von den Massen abgehobene leitende Oberschicht nötig macht, ist auch jede Entoligarchisierung moderner Demokratie ein Unding.«

Wenn der Reichspräsident durch die Weimarer Nationalversammlung sehr weitgehende Befugnisse erhielt, so nicht etwa aus monarchischer Pietät. Vielmehr setzten sich die Demokratische Partei und das katholische Zentrum, gerade auch auf Drängen Eberts, aus Sorge vor Staatskrisen (inneren wie von außen aufgezwungenen) und vor dem Versagen der Parteien durch. Es sollte eine prophylaktische Maßnahme auch gegenüber dem Risiko von Wahlen sein. Man wollte über monarchische Ersatzelemente verfügen können. Der Reichspräsident war damals ein *deus ex machina* für Krisenzeiten. Das hat sich 1923 auch bewährt, als in erster Linie Ebert und Stresemann, der rechtsliberale Kanzler, das Reich vor erneut drohender Auflösung bewahrten. Aber was die Nationalversammlung nicht einkalkulierte, war das Risiko der Präsidentenwahl, wie es sich 1925 und im gewaltigen Ausmaß 1932 zeigte.

Doch auch das Risiko von Parlamentswahlen wurde 1930 und 1932 demonstriert. Die beiden radikalen Parteien, Nationalsozialisten wie Kommunisten, absolute Gegner jeglichen konstitutionellen Systems, Anhänger einer totalitären Einparteiendiktatur wenn auch diametral entgegengesetzter Richtung, errangen zunehmend beängstigend größere Wahlerfolge. Der Staatsrechtslehrer Richard Thoma hat in den zwanziger Jahren »Demokratie als ein staatliches Gebilde, das auf dem allgemeinen Wahlrecht beruhte«, genannt. Jetzt zeigte sich, daß das Wahlrecht auch die Achillesferse der Demokratie sein konnte. Die beiden radikalen Parteien benutzten die demokratische Institution damals zum Sturz der Demokratie. Das ist ihnen gelungen. Reichspräsident v. Hindenburg, der die Verfassung wie eine Felddienstordnung las und befolgte, ernannte den Vorsitzenden der größten Partei, Adolf Hitler, formal verfassungsgemäß zum Reichskanzler. Hat er politisch versagt, weil er von den Kompetenzen, die die Nationalversammlung ihm gegeben hatte, keinen geeigneten Gebrauch gemacht hat? Dem Historiker ist es methodisch nicht erlaubt zu fragen, wie ein anderer von der Art Eberts oder Stresemanns entschieden hätte. In den Wahlkämpfen von 1930 und 1932 wurde nicht mehr um den Vorrang von verfassungsgemäßen Zielen der Parteien, sondern um die Existenz der Demokratie gerungen. Eine solche Gefahr besteht in der Bundesrepublik zur Zeit, dank einer verfassungsbejahenden Allianz der Parlamentsparteien, nicht. In Frankreich und Italien liegen heute die Verhältnisse wesentlich anders. Nun bestehen zwischen den orthodoxen kommunistischen Parteien, zu denen die SED gehört, und jenen der lateineuropäischen Länder nicht nur graduelle, sondern auch prinzipielle Unterschiede. Ob diese Unterschiede, falls die französischen oder italienischen Kommunisten wesentlich an einer Regierung beteiligt sein würden, aufrechterhalten bleiben, ist zumindest zweifelhaft.

Der große Vorzug der bundesrepublikanischen Allianz ist, daß alle Parteien vom Standpunkt der Verfassung bei der Regierungsbildung prinzipiell auswechselbar und untereinander koalitionsfähig sind. Dabei sollte man sich im klaren sein, daß, um nur ein Beispiel zu nennen, das Grundgesetz das gegenwärtig vorwiegend auf privatem Eigentum beruhende Wirtschaftssystem und die vorwiegend freie Marktwirtschaft rechtlich nicht garantiert. Das Grundgesetz erschwert nur deren Wandlung, aber verbietet sie nicht schlechthin. Es kann verfassungsrechtlich zulässige Möglichkeiten in der Einschränkung privater Eigentumsmacht geben, wie etwa die Mitbestimmung in bestimmten Grenzen. So schwer eine praktikable und effektive Realisierung staatlicher Kontrolle der Investitionspolitik von Großunternehmungen und generell multinationaler Konzerne im Bereich der Bundesrepublik sich vorstellen läßt: es gibt hier rechtliche Möglichkeiten staatlichen Eingreifens, die nicht verfassungswidrig sind. Das wird auch der anerkennen müssen, der Gegner von solchen Einschränkungen ist. Man sollte mit dem Wort Verfassungsauftrag äußerst vorsichtig umgehen. Es gibt nur ganz wenige solcher praktisch gefaßten, eindeutigen *Aufträge*. Der frühere Bundespräsident Heinemann hat viel besser von *Angeboten* des Grundgesetzes gesprochen. Von diesen kann in verschiedener Richtung Gebrauch gemacht werden.

Die Allianz zur Wahrung des Verfassungssystems setzt der Aktionsfreiheit der Parteien in doppelter Hinsicht Grenzen. Einmal müssen die Grenzen des Verfassungsrahmens ernsthaft respektiert werden – auch verbal. Das geschieht beispielsweise nicht, wenn der jetzige Landesvorsitzende der niedersächsischen SPD von Oertzen vor einigen Jahren in einem Aufsatz das Rätesystem, wenn auch in ganz bestimmter Beschränkung, und das imperative Mandat mit dem Grundgesetz für vereinbar gehalten hat. Zum anderen dürfen die drei Parteien ihre prinzipielle Verfassungstreue nicht gegenseitig anzweifeln, es sei denn, daß ein begründeter, gewichtiger Anlaß besteht. Das ist auch und gerade im Wahlkampf nicht erlaubt. Dagegen verstößt die Wahlplattform der baden-württembergischen CDU mit der Parole: »Demokratie oder sozialistische Gesellschaft«. Sozialistische Gesellschaften gibt es nur in kommunistischen Staaten.

Wenn das Bundesverfassungsgericht über Maßnahmen oder Gesetze wegen Verfassungswidrigkeit entschieden hat, daß sie nicht im Widerspruch zum Grundgesetz stehen, dann braucht die Diskussion über die politische Zweckmäßigkeit nicht aufzuhören; wohl aber muß mit der verfassungsrechtlichen Anzweiflung Schluß gemacht werden. Aus dem Urteil über die Regelung der Einstellung von Extremisten im öffentlichen Dienst ergibt sich, daß, wenn man von der Frage der Einstellung Radikaler im Ausbildungsdienst absieht, sowohl der Koalitionsentwurf wie der der CDU/CSU-Länder im Bundesrat nicht verfassungswidrig sind. Man kann an dem Urteil Kritik üben, aber die letzte verfassungsrechtliche Entscheidung ist damit gefallen im Sinne des augusteischen Wortes *Roma locuta, causa finita*. Das Bundesverfassungsgericht ist nach Position und Funktion im Staatsgefüge auch eine friedenstiftende Institution.

Für den Wahlkampf bleiben noch genügend Gegensätze zwischen den Parteien. Man braucht das Grundgesetz nicht in die streitende Wahlreklame hineinzuzerren und soll es nicht. Es gibt auch Anlaß zur persönlichen und kollektiven Diffamierung, nur daß die Verfassung als Diffamierungsmittel entbehrt werden kann. Deren Gebrauch ist staatspolitisch – ich brauche dies Wort ganz bewußt – schädlich. Ich will und kann hier nicht demokratischer Idylle das Wort reden, aber diese essentielle Gemeinsamkeit der Parteien muß selbst im Wahlkampf in Erscheinung treten und darf nicht während dieser Zeit untertauchen.

Aber auch die persönliche Diffamierung und vor allem Kriminalisierung ist widerwärtig, bestimmt aber überflüssig. Um nur ein ganz simples Beispiel anzuführen: Von den Kanzlern und Außenministern des Weimarer Reiches und der Bundesrepublik habe ich bei manchem an dessen Befähigung gezweifelt, bei keinem an dessen nationaler Gesinnung. Ich habe Hemmungen beim Wort »national«, es paßt für die Bundesrepublik im geteilten Deutschland nicht mehr.

Im Bundestagswahlkampf 1949 hatte Ludwig Erhard in einer öffentlichen Rede die Kritik der Sozialdemokraten an der sozialen Marktwirtschaft als verbrecherisch bezeichnet. Ich schrieb ihm: Die Vokabel, in der Weimarer Republik durchaus gebräuchlich, darf es jetzt im Verkehr zwischen den Parteien auch im Wahlkampf nicht mehr geben. Er sagte mir ein paar Tage später, daß das wissenschaftlich gemeint wäre. Worauf ich erwiderte, Wahlkampf wäre kein Gelehrtenstreit und umgekehrt. Heute würde ich diesen Brief nicht mehr schreiben können. Die Behauptung, die Diffamierung ergebe sich aus der Dynamik des Parteienkampfes um die Wahl, kann mit dem Hinweis entkräftet werden, daß es in allen Parteien eine Reihe prominenter Abgeordneter gibt, die wirksam und zugleich nobel den politischen Kampf zu führen vermögen.

Andererseits verhalten sich Parteien im Wahlkampf vielfach wie Individuen vor Examina. Übereifer verbindet sich mit hochgradiger Nervosität, und das soll vieles entschuldigen. Nun sind Wahlen nicht Examina, dazu reicht die Gedächtniskapazität der meisten Wähler nicht aus. Eine Vergleichsmöglichkeit allerdings bietet sich an: daß bei Prüfungen ebenso Manipulationen versucht werden wie bei Wahlkämpfen; aber bei diesen in einem unvergleichlich größeren und gröberen Ausmaß. Doch ist die Wahl im demokratischen System ein Staatsakt von entscheidender Bedeutung. Das Wahlrecht ist ebenso institutionelle Autorität, wie es die monarchische Erbfolge gewesen ist. Zu diesem Akt paßt der Jahrmarktsrummel des Wahlkampfes, um es milde auszudrücken, nicht. Er steht auch im eklatanten Widerspruch zum Begriff des mündigen Menschen, von dem heute wieder so viel die Rede ist. Eines von beiden, die politische Mündigkeit oder die Wahlkampfshow, mit der manche Schmierentheater konkurrieren können, ist Schwindel. Die Massengesellschaft entschuldigt nicht den Klamauk, die Gags, Tricks und Mätzchen. Denn die Masse als politischer Begriff wird von Progressiven geleugnet, wenn nicht schlechthin verworfen.

Für die Wirtschaft gibt es ein Gesetz gegen unlauteren Wettbewerb. Ein solches Gesetz kann es für die Politik nicht geben, wenigstens möchte ich es nicht zu formulieren haben. Würde sich das Wahlergebnis wirklich wesentlich ändern, wenn der Wahlkampf, um es drastisch zu sagen, manierlicher geführt würde? Ansätze sind vorhanden. Ich habe die Wahlkämpfe der Weimarer Zeit erlebt, sie waren unvergleichlich haßerfüllter als die in der Bundesrepublik. Wenn dieser graduelle Unterschied schon besteht, so müßten weitere, graduell stärkere möglich sein. Noch scheinen die Parteien den Sinn von Wahlen nicht ernst genug zu nehmen. Das ist ein demokratisches Manko, wenn es auch in anderen Ländern ebenso vorkommt. Die Wahlen schaffen die Voraussetzungen für eine parteipolitische Akzentuierung von Staatsentscheidungen, und dieser Aufgabe entspricht keineswegs die Wahlvorbereitung.

Doch soll man Wahlen auch nicht überschätzen. Gewiß ist die Bundesrepublik heute ein föderalistischer Parteienstaat, besser noch Parteien- und Verbändestaat, aber dieser Begriff erfaßt nicht alles. Es gibt in erster Linie für die Regierung, aber bis zu einem gewissen Grad auch für die Fraktionen, die Fraktionsvorstände und gerade die Fraktionsvorsitzenden einen freien Ermessensraum, der nicht durch Parteiprogramme und Parteitagsbeschlüsse gedeckt werden kann. Willy Brandt hat als Bundeskanzler auf dem vorletzten sozialdemokratischen Parteitag gesagt, daß Parteitagsbeschlüsse ihn seiner Regierungsverantwortung nicht entheben können. Der Staat mit seiner Eigengesetzlichkeit und seinen eigenständigen Bedürfnissen ist nicht einfach eine Domäne wechselnder Regierungsmehrheiten, und diese dürfen sich nicht als jeweilige Domänenpächter aufführen. Das Reich wäre 1923 in eine existentielle Gefahr geraten, wenn damals der sozialdemokratische Reichspräsident Ebert und der rechtsliberale Reichskanzler Stresemann nach Vorstellungen ihrer Parteien regiert hätten.

Der Staatsbegriff hat sich seit 1945 stark gewandelt, vor allem im letzten Jahrzehnt. Aber die Parteien sind auch heute noch kollektive Staatsdiener, die direkt und indirekt an den Herrschaftsfunktionen teilhaben. Jede Partei hat Eigeninteressen, die sich aus ihren jeweiligen Positionen und Zukunftsaspekten ergeben, nämlich in erster Linie ihre numerische Stärke zu erhalten und möglichst zu steigern. Diese Eigeninteressen sind meist taktisch bedingt, denn jede Partei befindet sich mehr oder minder, vor allem während der Wahlen, in einem Kriegszustand mit den anderen, der nur durch gelegentliche Allianzen, also Koalitionen, abgelöst wird. Aber auch dann bestehen zwischen den Partnern noch Spannungen. Doch hat es nicht taktische Interessen und Konflikte im Ringen um die Gunst der Fürsten in der feudalistischen Monarchie des Mittelalters, im Absolutismus und in der konstitutionellen Monarchie gegeben? Das streitfreie politische Gemeinwesen hat nie existiert. Aber diese Eigeninteressen der Parteien, die sich vielfach mit deren Zielvorstellungen nicht decken, dürfen nicht den Vorrang haben vor dem Dienst am Staat, so vielfach auch die darauf bezogenen Vorstellungen sein mögen. Das Wort »Staatsdiener« mag reichlich pathetisch klingen und daher befremdend wirken. Um es anders zu sagen: die Parteien haben dem Gemeinwohl zu dienen, wenn es auch in der pluralistischen Gesellschaft mannigfaltige, oft rivalisierende, ja gegensätzliche

Gemeinwohlvorstellungen gibt. Daß Gemeinden und Kreise aus administrativen, strukturellen oder ähnlich begründeten Reformplänen zusammengelegt oder getrennt werden – ein Eingriff, der vielfach das politische Bewußtsein der betroffenen Bevölkerung mehr erregt, als man angenommen hat –, das mag dem Gemeinwohl dienen können. Wenn aber diese Operationen erfolgen, damit eine Partei in einem Bezirk für zukünftige Wahlen sich günstigere Mehrheitsverhältnisse schafft, dann kann von Gemeinwohl nicht mehr die Rede sein.

Es gibt eine Reihe prominenter Politiker aus der kaiserlichen und Weimarer Zeit wie jetzt in der Bundesrepublik, die nicht zuletzt dadurch bedeutend geworden sind, daß sie von den Vorstellungen ihrer Parteien abgewichen oder sich sogar zu diesen in Gegensatz gestellt und sich trotzdem durchgesetzt haben. Das kann ein großes Risiko sein und erfordert Format, dazu die Kunst des Begründens. Ebert und Stresemann habe ich schon genannt. Dazu gehören auch Erzberger und Otto Braun; in der Bundesrepublik Adenauer und Fritz Schäffer, Reinhold Maier, Carlo Schmid, die drei Bürgermeister Ernst Reuter, Brauer und Kaisen, ebenso Fritz Erler.

Diese Art von Politikern kann sich nicht einfach einem Verband oder einer Region ergeben. Ein solcher Politiker muß eine gesamtpolitische Konzeption haben. Diese erlaubt ihm nicht partikulare Übersteigerungen. Ich meine nicht den Querulanten in der Partei, der Bagatellen groß aufmacht, um sich damit zu brüsten; und erst recht nicht Typen wie die niedersächsischen Dunkelmänner (Ministerpräsidentenwahlen im Februar 1976). Der Politiker von Rang in erster Linie steht ständig in der Spannung zwischen kollektiver Solidarität, ohne die eine Partei nicht bestehen kann, und individueller Verantwortung, ohne die ein Politiker subaltern bleibt. Man weiß aus persönlicher Erkenntnis, aus zeitgenössischem Erleben und Erfahrungen, aber auch aus Biographien und Memoiren, daß der Politiker von Niveau auf eine wenn auch begrenzte Distanz zu seiner eigenen Partei hält, er darf sich ihr nicht mit Haut und Haaren verschreiben, nicht völlig in ihr aufgehen. Auch muß man bedenken, daß Ausgangspunkt für jede neue, aus der bisherigen

Opposition hervorgegangene Regierung in der Regel nur die Politik der früheren sein kann. Sie muß ihrerseits erst die Kurve der Schwenkung finden. Auch das erfordert Ermessensspielraum. Den Kurs kann sie nicht um 90 Grad drehen. Brüning hat 1947 in einer Chicagoer Vorlesung die Politik mit einem nie endenden Schachspiel verglichen, »in dem verschiedene Spieler aufeinander folgen, von dem jeder das Spiel da aufnehmen muß, wo er es vorgefunden hat«.

Wahlen und Werbung stehen in einem unlösbaren Zusammenhang, wenn es auch für die Werbung andere Möglichkeiten geben könnte als die gegenwärtigen. Die Folge ist, daß die Parteien während der Legislaturperiode desto stärker, je näher die Wahlen bevorstehen, ihre Entscheidungen an der für sie positiven oder negativen Wahlwerbewirkung messen, eben diese einkalkulieren. Das nimmt man im großen und ganzen hin, obwohl das Staatsinteresse, das es immer noch gibt, Schaden erleiden kann. Wenn beispielsweise bei einer Erhöhung der Einkommensteuer zahllose Ausnahmen aus Wahlwerbungsmotiven durchgesetzt werden, dann kann das eine kostspielige Mehrbelastung für die veranlagenden Finanzbehörden und eine erhebliche Effektivitätsminderung dieser Steuerregelung bedeuten.

Ich will hier einen eklatanten eindeutigen Fall nennen, der längst vergessen ist, obwohl er unvergeßlich sein sollte. Die Weimarer Nationalversammlung hatte am 22. Juni 1919 die Annahme des Versailler Friedensvertrages mit zwei Vorbehalten beschlossen. Aber die Ententemächte lehnten die bedingte Annahme ab und verlangten die bedingungslose Zustimmung binnen 24 Stunden, andernfalls würden sie einmarschieren. Dann wäre es um die Reichseinheit geschehen gewesen. (Frankreich würde mit seinen Truppen in die süddeutschen Länder einmarschiert sein und sie vom Reich abgetrennt haben.) Die katholische Zentrumsfraktion, die den Ausschlag gab und bis dahin zur Annahme bereit war, entschied sich nunmehr mit überwiegender Mehrheit für Ablehnung. Über diesen Beschluß waren auch die Ablehnungsparteien bestürzt. Sie wünschten im

Grunde die Annahme; aber sie wollten sich nicht mit der Schmach der Zustimmung besudeln, vielmehr ihre eigene Ablehnungshaltung im Hinblick auf die demnächst zu erwartenden Wahlen demonstrieren können. Deshalb bestürmten einige ihrer Abgeordneten das Zentrum, für die Annahme zu stimmen. Vier Stunden vor Ablauf des Ultimatums wurde am 23. Juni die Reichsregierung von der Nationalversammlung zur Unterzeichnung ermächtigt. Der Reichstagspräsident Konstantin Fehrenbach, badischer Rechtsanwalt, dessen Land als erstes von dem Einmarsch bedroht war, erfahrener Landtagspräsident und geschulter Vorsitzender zahlreicher Gesangsvereine, verhinderte geistesgegenwärtig durch Überrumpelung des Plenums eine namentliche Abstimmung. Das widersprach der Geschäftsordnung und Übung. Bei namentlichen Abstimmungen wurde und wird noch heute dem gedruckten, jedermann zugänglichen Sitzungsprotokoll eine Namensliste der Abgeordneten beigefügt, wie diese abgestimmt haben. Fehrenbach überschätzte die Zivilcourage der Abgeordneten nicht. Er ließ deshalb durch Aufstehen von den Plätzen abstimmen. So war mit einem Geschäftsordnungstrick im letzten Augenblick die Ablehnung verhindert worden. Das war die wichtigste Entscheidung seit der Annahme der Reichsverfassung im Jahre 1867.

Die ablehnende Rechte – Nationalsozialisten gab es damals noch nicht – hatte erreicht, was sie wollte: Die Annahme war erfolgt, und sie hatte sie nicht zu verantworten, sondern schuld waren die andern. Das hat sich für die Rechte gelohnt. Für viele Wahlen hatte sie damit eine zugkräftige Parole. Diese war eines der wirksamsten Reklamemittel der Nationalsozialisten. Hier kann einen das Grauen ankommen. Doch darf man nicht übersehen: daß diese Entscheidung getroffen wurde, ist letztlich vier Männern zu verdanken: Reichspräsident Ebert, Reichsminister Erzberger, General Groener, der Vertreter Hindenburgs in der obersten Heeresleitung war, und auch Fehrenbach.

Eine Ratio periodisch wiederkehrender Wahlen unter mehreren ist, daß sich Parlament und Regierung dem Urteil des Volkes unterstellen müssen, worauf auch jetzt noch immer wieder hingewiesen wird. Daß die Urteilsfindung äußerst schwierig ist, bedarf keiner weiteren Begründung. Gehen wir einmal vom mündigen Menschen aus: Jeder müßte sich vier Jahre lang ein Archiv von Zeitungsausschnitten anlegen. Das ist ebenso mühevoll und auch zeitraubend wie die Gesamtauswertung des angesammelten voluminösen Materials kurz vor den Wahlen. Selbst das würde nicht ausreichen. Man müßte Gesetze, Kommentare und Monographien wälzen. Die Parteien suchen durch eine spektakuläre Wahlkampagne den Wählern zu helfen – in ihrem Interesse. So forciert die Opposition beispielsweise gerne Ablehnung von Gesetzen und Verträgen, die sie vielleicht zwei Jahre früher hätte passieren lassen, um Werbestoff zu haben. Die Regierungen und ihre Mehrheiten nehmen einige Zeit vor dem Wahltermin – drei, sechs oder auch neun Monate – eine Beflissenheits- und Gefälligkeitsattitüde an wie Kinder vor Weihnachten oder vor der Versetzung. Sie suchen die Erregung von Kummer und Ärger zu meiden, vielmehr Wohlwollen zu wecken in der Hoffnung, daß dies ihnen bei den Wahlen gelohnt werde.

Carlo Schmid hat einmal gesagt: Die Aufgabe der Politik wäre, das sachlich Notwendige möglich zu machen. Die Vorstellungen der Parteien und auch innerhalb der Parteien sind unterschiedlich. Aber das Kriterium ist das sachlich Notwendige. Doch dieses Postulat wird in der Wahlvorzeit vernachlässigt zugunsten der Werbeeffektivität. Wenn man bedenkt, daß der Bundestag mindestens drei Monate braucht, um seine Tätigkeit voll aufzunehmen, sind ein Fünftel oder ein Sechstel der Legislaturperiode durch weitgehende Lähmung der Regierungstätigkeit und durch Gewährung von Wahlgeschenken blockiert. Das kann eine reichlich sterile und ebenso kostspielige Phase sein.

Diese Anfälligkeit und deren Termine kennen Verbände sehr genau und nutzen sie weidlich aus. Vor den Wahlen 1961 übten die kassenärztliche Vereinigung und die Bundesärztekammer durch eine aufreizende Propaganda in den Wartezimmern – man kann sie Vorwahlpropaganda nennen – auf Bundeskanzler Adenauer einen so massiven Druck aus, daß dieser den damaligen Bundesarbeitsminister Blank zwang, seine

Krankenkassenreform, weil sie den Ärzten nicht paßte, zurückzunehmen. 1960 hatte die Bundesbahnverwaltung für die Hamburger Stadtbahntarife eine Erhöhung beantragt, die Minister Seebohm erst ein Jahr später nach den Wahlen 1961 genehmigte. Hier leiden also der Staat und seine Institutionen unter den Wahlen. Die Bundesbahn trug durch ihre Verluste in Hamburg zu den Wahlkampfaufwendungen Seebohms bei.

Nach den Bundestagswahlen 1961 suchten die Vorsitzenden einiger Spitzenverbände der Wirtschaft Bundeskanzler Adenauer auf. Dieser empfing sie mit den Worten: Ich bin mit Ihnen nicht zufrieden, meine Herren. Darauf erwiderte der Präsident des Bundesverbandes Deutscher Arbeitgeberverbände: Beruht das nicht auf Gegenseitigkeit? Adenauer wußte sofort, was gemeint war: die Bundeshilfe für den Kohlenbergbau. Er sagte: Wollten Sie etwa nicht die Wahlen gewinnen, das war eine gute Sache.

Üppigste Wahlgeschenke verteilte Bundeskanzler Erhard vor den Wahlen 1965. Das belastete den Etat so sehr, daß die Regierung sogleich nach den Wahlen einen erheblichen Teil durch das Haushaltssicherungsgesetz wieder zurückziehen mußte. Von einem eindeutigen Täuschungsmanöver zu sprechen ist keine Übertreibung. Was kosten Wahlen? Berechnungen gibt es schon, aber in ihnen fehlen die Kosten durch Wahlgeschenke und durch Verzicht auf notwendige finanzielle Maßnahmen aus Anlaß von Wahlen.

Ich habe hier weder für noch gegen die Bundesregierung zu reden. Man mag zu ihr stehen, wie man will: Sie hat den Mut gehabt, die Beiträge für die Arbeitslosenversicherung zum 1. Januar 1976, die Mehrwertsteuer zum 1. Januar 1977 zu erhöhen. Das gleiche gilt für den Plan des Bundesverkehrsministeriums, Strecken der Bundesbahn einzusparen, und für die Erhöhung der Telefongebühren, wie immer man sie beurteilen mag. Das alles reicht wahrscheinlich noch nicht aus, aber ein Schritt weg von der bisherigen peinlichen Usance scheint getan zu sein.

Es geht aber nicht nur um die Bundestagswahlen. Beachtliche Lähmungs- und Gefälligkeitserscheinungen zeigen sich jeweils auch vor den Landtagswahlen. Sie treten nicht nur bei den einzelnen Ländern, sondern vor allem vielfach noch stärker im Bund auf. Allein aus diesem Grunde hat Bundesfinanzminister Schäffer nach den zweiten Bundestagswahlen eine Zusammenlegung aller Landtagswahltermine, möglichst sogar noch mit denen der Bundestagswahlen, nachdrücklich gefordert. Vor jeder Landtagswahl, so sagte Schäffer, beschwörten ihn Regierungschefs, Minister, Fraktionsvorsitzende des betreffenden Landes, aber auch Bundesminister und Bundestagsabgeordnete aus diesem Lande, überwiegend Angehörige der CDU/CSU, bestimmte vorgesehene Maßnahmen, Gesetze, Verordnungen, Erlasse, aber auch einzelne Verwaltungsakte zu unterlassen oder nichtgeplante sofort durchzuführen, um die Chancen der betreffenden Partei bei den Wahlen zu steigern oder deren Risiko zu mindern. Vielfach hätte sich auch Adenauer selbst, ähnlich bedrängt wie Schäffer, eingeschaltet. Für die Finanzpolitik im allgemeinen und die Staatskasse im besonderen entstünde dadurch im Laufe der Zeit immenser Schaden.

Wir wissen heute ziemlich genau, daß die zeitliche Koordinierung von Wahlen aus verfassungsrechtlichen und verfassungspolitischen Gründen nicht möglich ist. Willy Brandt hatte noch als Kanzler vorgeschlagen, im Fall einer Auflösung des Bundestages oder eines Landtages nach Bedarf für diesen Fall die Legislaturperiode in Bund und Ländern unterschiedlich zu verkürzen oder zu verlängern, um so einen einheitlichen Wahltermin aufrecht zu erhalten. Das läßt sich nicht durchführen und würde voraussichtlich auf starken Widerstand einer Reihe von Ländern im Bundesrat stoßen. Auch dieser Vorschlag würde eine Verfassungsänderung in Bund und Ländern verlangen, was nur mit Zweidrittelmehrheit möglich wäre. Trotzdem wird die Forderung als solche in fast regelmäßigen Abständen von maßgeblichen Politikern wiederholt, ohne daß sie in der Regel neue Vorschläge zu machen in der Lage sind. Haben sich ihre persönlichen Referenten und Assistenten in den einschlägigen Publikationen nicht vorher informiert? Die Bundestagsbibliothek macht es ihnen doch leicht.

Sicherlich würde die zeitliche Koordinierung das offenkundige Übel mindern, aber nicht beseitigen. Schlimmer noch als dieses Übel selber scheint, daß die meisten sich mit ihm abgefunden haben. Ebenso spektakuläre Wahlpropaganda wie vorzeitig auf Wahlwerbung ausgerichtete Regierungspolitik des Unterlassens oder Handelns scheinen der Demokratie immanent zu sein, so wird argumentiert. »Und die Gewohnheit nennt er seine Amme«, meint Schiller. Das Wort hat er von Cicero gelernt: *Consuetudo est altera natura.*

Systeme haben ihre Kehrseiten und damit ihre Fehler und Mängel. Aber man sollte sie und kann sie vielfach auch erkennen. Es gibt manche historischen Erfahrungen, daß man ihre Wirkungen teilweise oder ganz reduzieren, sogar beseitigen kann. Man denke nur an die preußischen Reformen von Stein, Humboldt und Scharnhorst nach 1806 zur Überwindung des Absolutismus. Ein treffendes Beispiel ist die tiefgreifende Beamtenreform in England in der Mitte des vorigen Jahrhunderts zur Beseitigung des Ämterhandels und der Korruption im öffentlichen Dienst. Sie ist so gut gelungen, daß sie heute noch gilt und wirkt.

Was sind letztlich die Triebkräfte, die zu den gerade angedeuteten Erscheinungen geführt haben? Grob gesagt: Durch die Einführung des parlamentarischen Systems hat sich die Regierbarkeit des Volkes im Verhältnis zum System der konstitutionellen Monarchie erheblich erschwert. Um diese Hemmungen zu mildern, hat man sich in der Praxis nach Kompensationen umgesehen, die rechtlich nicht gerade, wohl aber in ihrer Wirkung nicht systemgemäß sind – und ihrer bedient man sich in reichlichem Maße.

Vom Standpunkt ernstgemeinter Demokratisierung müssen beide Erscheinungen im eklatanten Widerspruch zu ihr stehen. Aber darum kümmern sich zahllose Gruppen dieser Bewegung nicht. Statt dessen suchen sie mehr oder minder, wo es irgend möglich ist, nach kompensierenden Taktiken oder Tricks, um dadurch ihre Errungenschaften erst praktikabel machen zu können. Das ist nur ein Beispiel unter vielen, wäre aber auch ein neues Thema. Ist es ein utopisches Verlangen, die Wahlvorbereitungen der skizzierten Art auch uninstitutionell von

Manipulationen, die getarnt als Ersatzobrigkeit wirken, zu befreien?

Was ich hier gesagt habe, sind Binsenweisheiten. Binsen, Halme zur Reinigung von langen Pfeifen mit Porzellanköpfen, verkaufte in den vierziger Jahren des vorigen Jahrhunderts in Heidelberg ein Mann, der ein kretinartiges Aussehen hatte. Die Studenten hielten ihn für geistig reichlich beschränkt. Für sie waren »Binsenweisheiten« eben jene, die der Binsenhändler noch verstehen konnte. So streng wird das Wort heute nicht mehr angewandt. Binsenweisheiten sind das, was jedermann weiß. Folglich braucht darüber nicht mehr geredet zu werden, man kann auch sagen: Selbstverständlichkeiten. Aus denen können in der Vorstellung leicht Zwangsläufigkeiten werden. Daß diese Wahlkampferscheinungen keine Zwangsläufigkeiten sein müssen, wie viele meinen, das habe ich in Erinnerung zu bringen versucht. *(1976)*

Die Bombe der Bischöfe

Juristisch ist den Bischöfen nicht am Zeug zu flicken. Eine ganz andere Frage ist es, ob die Hirtenbriefe dem politischen Takt entsprechen.

Ein Hirtenbrief der katholischen Bischöfe zur Bundestagswahl 1980 hat zu empörten Reaktionen der Regierungsparteien geführt. Am 21. September sollte er von allen Kanzeln verlesen werden. Die Katholiken wurden darin verdeckt, aber unschwer erkennbar aufgefordert, der CDU/CSU ihre Stimme zu geben. An der Koalition wurde – angepaßt an die Wahlkampfthematik der Union – scharfe Kritik geübt.

Hirtenbriefe sind Rundschreiben eines Bischofs oder einer Bischofskonferenz, die im Gottesdienst von der Kanzel verlesen und in den Kirchenblättern abgedruckt werden – Stellungnahmen zu seelsorgerischen und kirchenpolitischen Fragen. Sie haben nicht erst 1980 zu Streitigkeiten geführt, sondern schon seit der Reichsgründung im Jahre 1871.

Damals gab es das schnell anwachsende Zentrum, eine katholische Defensivpartei gegen die protestantischen Preußen. Ihre Angriffe und die der Hirtenbriefe richteten sich in erster Linie gegen die Politik Bismarcks. Unter ihm wurde schon 1871 den Religionsdienern verboten, Staatsangelegenheiten in »einer den öffentlichen Frieden gefährdenden Weise« zu erörtern (Kanzelparagraph). Das war der Anfang vom »Kulturkampf« zwischen preußischer Regierung und katholischer Kirche (1871–1887). Geistliche kamen ins Gefängnis, Bischöfe wurden verbannt.

Den Kanzelparagraphen gibt es längst nicht mehr; die Hirtenbriefe sind geblieben. Sie warben vor den Wahlen für die Zentrumspartei. In der Weimarer Republik richteten sie sich nicht allein, aber in starkem Maße gegen die Sozialdemokraten.

Noch 1931 war es nach päpstlichen Enzykliken unvereinbar, ein »guter Katholik und ein wirklicher Sozialist« zu sein. Also durfte ein Katholik der Sozialdemokratie bei Wahlen nicht seine Stimme geben.

Als 1945 die überkonfessionelle CDU/CSU gegründet wurde, entstand auch das katholische Zentrum wieder; es hat sich aber nur wenige Jahre als kleine Partei gehalten. Die Kirche ließ es fallen. Der CDU ging es sehr darum, den Segen beider Kirchen zu erhalten. Die katholische Bischofskonferenz gewährte ihn; in Hirtenbriefen bot sie Unterstützung. Die protestantische Kirche erklärte zwar zurückhaltend ihr Wohlwollen, bestand jedoch bald auf ihrer Neutralität gegenüber den Parteien.

Dürfen Kirchen rechtlich Wahlbeeinflussung ausüben? Juristisch sind sie Körperschaften des öffentlichen Rechts, aber sie unterstehen faktisch keiner Staatsaufsicht. Überdies ragt die Kirchenpolitik weit in den weltlichen Bereich hinein – siehe Bekenntnisschule oder Abtreibung. Wo verläuft die Grenze?

Mit der Frage, ob die Kirche Wahlbeeinflussung ausüben darf, haben sich Anfang der sechziger Jahre die Gerichte befaßt. Damals war in einer kleinen Gemeinde Nordrhein-Westfalens vor der Kommunalwahl, wie an anderen Orten auch, das »gemeinsame Hirtenwort der Bischöfe« des Landes von der Kanzel verlesen worden. »Wir rufen alle Gläubigen auf … ihre Stimmen nur solchen Männern und Frauen zu geben, die bereit sind, nicht nur nach christlichen Grundsätzen zu leben, sondern sich auch bemühen, christliche Ordnungen zu verwirklichen.« Wegen dieses Hirtenbriefes focht der Vertrauensmann der SPD-Wahlliste die Wahl an. Alle drei verwaltungsgerichtlichen Instanzen wiesen die Klage ab.

Das Oberverwaltungsgericht meinte in seinem Urteil, daß »die Wahl eines sozialdemokratischen Bewerbers keine beichtpflichtige Sünde« sei. Dazu sagte das Bundesverwaltungsgericht: »Was nach katholischer Lehre eine Sünde ist, kann das weltliche Gericht nicht entscheiden.« Der Kernsatz in diesem Urteil war: »Die Verlesung der Hirtenbriefe … hat die Wahl nicht in einer gegen das Grundgesetz oder anderes Bundesrecht verstoßenden Weise beeinflußt.« Juristisch ist den Bischöfen nicht am Zeug zu flicken.

Eine ganz andere Frage ist es, ob die Hirtenbriefe dem politischen Takt entsprechen. In einer pluralistischen Gesellschaft ist das umstritten. Das zeigen in den letzten Tagen schon die gegensätzlichen Reaktionen des Bundeskanzlers und des Bundesjustizministers einerseits, der evangelischen CDU-Ministerpräsidenten andererseits. Wenn katholische CDU-Politiker wie Norbert Blüm vorbringen, daß doch auch katholische Kapläne und evangelische Pastoren »für die SPD Reklame gemacht« hätten, so werfen sie allerdings sehr verschiedene Dinge in einen Topf. Das katholische Kirchenrecht unterscheidet zwischen Äußerungen *ex cathedra* und solchen *ex confessione* – offiziellen Äußerungen von der Kanzel also und persönlichen Gewissensbekenntnissen. Die Hirtenbriefe werden *ex cathedra* verlesen. Die »Reklame für die SPD« ist *ex confessione* erfolgt.

Gegen die Kritik an dem jüngsten Hirtenbrief wird nun eingewandt, die evangelische Kirche habe doch auch 1965 eine »Ost-Denkschrift« herausgegeben – ein brisantes Dokument, das um des Friedens willen für die Hinnahme des Verlustes der deutschen Gebiete östlich der Oder-Neiße-Linie eintrat. Aber dieser Einwand zieht nicht. Zum einen war die Ost-Denkschrift nicht vor Wahlen erschienen und nahm nicht eindeutig für oder gegen Parteien Stellung. Zum anderen begründete sie ihr Anliegen und brachte es nicht in Pamphletform vor. Zum dritten muß diese Denkschrift im Zusammenhang mit der Stuttgarter Erklärung der evangelischen Kirche von 1945 gesehen werden, die damals die Kirche mit dem deutschen Volk in die gemeinsame Verantwortung für Verbrechen der Nation stellte.

Bleibt als letztes zu fragen, ob eigentlich der Einsatz bischöflicher Autorität im Wahlkampf taktisch klug war. Die Antwort ist zweifelhaft. Trotz der Hirtenbriefe sind der Sozialdemokratie bei einigen Wahlen starke Einbrüche in die katholische Wählerschaft gelungen. Gilt die bischöfliche Autorität heute noch für Wahlentscheidungen so wie vor sechzig Jahren? Zeigt sich nicht vielmehr im politischen Bereich ein Entautorisierungsprozeß der Kirche? Sind die Bischöfe nicht das Risiko eingegangen, daß dieser Prozeß anhält oder sich gar steigert? Dazu kann es leicht kommen – auch wenn die Äußerungen des Bundeskanzlers, des Bundesjustizministers und anderer zu den Hirtenbriefen das Bischofswort aufgewertet haben, was sicherlich nicht ihre Absicht war. *(1980)*

Öffentliches Amt und private Moral

Unsere gesellschaftlichen und damit auch unsere Tugendvorstellungen haben sich generell gewandelt. Effi Briest ist tot.

Die Dynastie ist von Verfassungs wegen die erste Familie in der Monarchie, weil aus ihr der Herrscher und dessen erblicher Nachfolger hervorgehen. Der Ehepartner des Monarchen – die Königin oder der Prinzgemahl – wie ihre Nachkommen, und zum Teil ihre Geschwister, vermögen mit dem Monarchen oder an seiner Stelle den Staat zu repräsentieren. Oft sind sie sogar befugt, den Herrscher in Staatsgeschäften zu vertreten. Von ihnen wird daher verlangt, daß sie repräsentieren können.

Zum Repräsentieren werden Prinzen und Prinzessinnen von Kindheit an erzogen. Deshalb sind den Angehörigen von Dynastien bei der Auswahl ihrer Ehepartner oft durch Staats- und Familiengesetz oder auch durch Gewohnheitsrecht Grenzen gesetzt. So soll die institutionelle Autorität in der Dynastie geschützt werden. Wer diese Grenzen durchbricht, verliert – wie der Herzog von Windsor – seine dynastischen Rechte.

Anders liegen die Verhältnisse in der Republik. Das zeigt schon die vielgebrauchte Bezeichnung »First Lady«. Nach Websters »Dictionary« (1953) ist sie »die Ehegattin des Präsidenten der Vereinigten Staaten oder, wenn er keine Ehefrau hat, diejenige Frau, die er auswählt, um als Gastgeberin im Weißen Haus zu fungieren« (»to act as a hostess«). Diese Bezeichnung soll darauf zurückzuführen sein, daß sich Ehefrauen prominenter Amerikaner auch noch im 19. Jahrhundert gern mit Lady anreden ließen – Lady Washington, Lady Jackson. Später wurde diese Bezeichnung auch auf die Frau des *governors* in den Bundesstaaten übertragen. Wollte man eine deutsche Übersetzung wagen – was glücklicherweise unterblieben ist –, so könnte man nur von der »ersten gnädigen Frau« sprechen.

Die First Lady als Gastgeberin im Weißen Haus hat im Gegensatz zum monarchischen Ehepartner nur einen gesellschaftlichen, nicht einen offiziellen Rang. Aus den ungeschriebenen Regeln der internationalen Courtoisie und des politischen Taktes ergibt sich freilich, daß der Frau des republikanischen Staatsoberhauptes als der Gattin des ranghöchsten Gastgebers oder auch Gastes gesellschaftlich mit dem Respekt begegnet wird, welcher der Stellung des Mannes gebührt. Der Mann hat Autorität durch sein Amt, sie hat das entsprechende Prestige, das sie je nach Veranlagung oder Verhalten steigern oder mindern kann. Man muß zwischen amtlicher und gesellschaftlicher Repräsentation unterscheiden, wenn auch die Grenze nicht immer eindeutig zu bestimmen ist und Überschneidungen möglich sind.

Ähnliches gilt für die Regierungsmitglieder und ihre Frauen. Praktisch gilt noch heute die alte preußische Hofrangordnung. Mit zeitgemäßen Abwandlungen wird sie insoweit beachtet, als sich bei der Tischordnung der Rang der verheirateten Damen nach dem ihrer Männer richtet. Ohne diesen Standardmaßstab könnte kein Protokollbeamter das Plazierungsproblem meistern. Die gesellschaftliche Repräsentation von Amts wegen ist ein schwer bestimmbares Grenzgebiet zwischen Amt und Privatleben; entsprechend schwer fällt es, die Position der Frau dabei zu definieren. Auf gesellschaftliche Repräsentation kann ja kaum ein Staat verzichten. Aber sie entzieht sich einer allgemeinverbindlichen Regelung. Nur eines steht fest: Der Staat zahlt und fordert daher auch Rechenschaft für die Aufwendungen.

Immerhin gibt es die Möglichkeit der Orientierung an gewissen Richtlinien, die allerdings nach Ländern und Zeiten verschieden sind. So nehmen die Frauen der Repräsentierenden dann an Veranstaltungen teil, wenn sie in erster Linie einer Frau gelten – oder einem verheirateten Mann, der mit seiner Ehefrau kommt. Nicht jeder Ehegattin liegt die gesellschaftliche Repräsentation. Da sie keine Amtsperson ist, ist sie auch nicht dazu verpflichtet. Aber sie muß sich grundsätzlich entscheiden und kann nicht nach Laune auf der einen Veranstaltung erscheinen und anderen fernbleiben. Ebensowenig kann der Mann seine Frau nach Belieben einmal vorzeigen und das andere Mal verstecken. Darin käme eine unterschiedliche persönliche Bewertung von Gästen oder Gastgebern zum Ausdruck, die das amtliche Wirken des Mannes stören könnte. Gesellschaftliche Repräsentation von Amts wegen soll das politische Geschäft erleichtern und nicht erschweren. Nur so lassen sich die Staatsaufwendungen für diese Zwecke rechtfertigen.

Wenn sich also die Ehefrau für die Wahrnehmung der Aufgaben entscheidet, so muß sie sich repräsentationsgemäß verhalten und in dieser Beziehung trotz der Gleichberechtigung dem Mann das letzte Wort lassen. Zwar gibt es Frauen, die ihrem Mann an Takt und Geschmack der gesellschaftlichen Repräsentation überlegen sind, das gilt aber nicht von allen. Der Mann andererseits wird den Rat des erfahrenen Protokollbeamten, sofern dieser Courage hat, auch bezüglich seiner Frau in diesen Fragen nicht unbeachtet lassen können.

Der Träger eines hohen Amtes ist Repräsentant, seine Frau ist eine Repräsentationsgehilfin im gesellschaftlichen Bereich. Sie hat keine institutionellen Pflichten und demgemäß auch keine institutionellen Rechte. Sie ist ihrem Mann gleichsam institutionell attachiert. Steht die Ehefrau im Einzelfalle nicht zur Verfügung, so tritt ohne weiteres die Frau des Rangnächsten an ihre Stelle.

Wer unverheiratet, verwitwet oder als Geschiedener ein hohes Amt bekleidet, kann, wenn er will und dazu in der Lage ist, zur Erfüllung seiner gesellschaftlichen Repräsentationsverpflichtungen eine nahe Verwandte, nicht aber ohne weiteres eine andere Frau seiner Wahl heranziehen. Der Getrenntlebende kann sich nicht mit einer fremden Frau bei offiziellen Veranstaltungen oder in öffentlichen Gebäuden auf ihm vorbehaltenen Plätzen zeigen. Diese Diskretion verlangt das Amt. Die nichteheliche und nichtverwandtschaftliche Beziehung ist nicht repräsentationsfähig. Dadurch kann ein Geschiedener oder ein Getrenntlebender, der in dem Konflikt zwischen dem Respekt vor seiner Institution und vor der anderen Frau steht, in sehr schwierige Situationen geraten.

Daß Ehepartner geschieden sind oder getrennt leben, ist noch nicht ohne weiteres ein Grund, dem Betreffenden die Ministereignung abzusprechen. Man würde in der internationalen Courtoisie zu weit gehen, wollte man hier auf die anders gearteten Vorstellungen eines ausländischen Gastes Rücksicht nehmen. Maßgebend sind die Vorstellungen des eigenen Landes. Wohl aber können Bedenken bestehen gegen die Kandidatur eines Getrenntlebenden für das Amt des Bundespräsidenten.

Die Auswahl der Kandidaten für das Amt des Bundespräsidenten und für die Regierungsämter wird heute ebensowenig wie deren Bestellung davon abhängig gemacht, ob und welche Ehefrau einer hat. Auch der rechtliche und tatsächliche Familienstatus dürfte, zumindest was die Regierungsmitglieder angeht, kaum von Bedeutung sein, sofern es sich nicht um Extremfälle handelt. Vielleicht – vielleicht – gehen die Autoritätsansprüche an das Amt des Bundespräsidenten weiter als an die Regierungsämter.

Wir sind weitherziger geworden vor allem im Vergleich zu der Zeit vor dem Ersten Weltkrieg. Aber nicht nur gegenüber den Politikern, sondern im allgemeinen. Unsere gesellschaftlichen und damit auch unsere Tugendvorstellungen haben sich generell gewandelt. Effi Briest ist tot.

Eines hat sich auch im Verhältnis zur Weimarer Zeit geändert: daß im allgemeinen die öffentliche Anprangerung der privaten Moral eines Politikers aus politischer Animosität nur noch wenig Resonanz im Publikum findet. Die Moral ist, gemessen an den Vorstellungen der kaiserlichen und Weimarer Zeit, nicht besser geworden, wohl aber – von einigen Ausnahmen abgesehen – der publizistische Takt in dieser Beziehung. Andererseits ist auch der publizistische Marktwert von sensationellen Enthüllungen des Privatlebens eines Politikers stark gesunken. Es ist mancherlei in der Bundesrepublik passiert, wovon die Presse keine Notiz genommen hat. Indes ist auf ihre Diskretion auch nicht unbedingt Verlaß, wie einige seltene Beispiele zeigen.

Wenn aber die Maßstäbe auch weniger rigoros geworden sind, so haben sie doch nicht zu bestehen aufgehört. *Ein* Kriterium für die Qualifikation zum Minister muß auch heute noch die private Lebensführung sein. Maßstab ist, ob diese die Amtsautorität gefährdet oder stark beeinträchtigt, sie um deren Wirkung bringt. Ein mehrfach schuldig geschiedener Ehepartner kann nicht das Familienministerium leiten. Hier müßte dem Bundespräsidenten das sonst so umstrittene Recht der Ernennungsverweigerung zugebilligt werden – und ebenso bei der Bestellung eines Finanzministers, der sich persönlich schwerer Steuerhinterziehungen schuldig gemacht hat. Das Beamtengesetz verlangt, daß das Verhalten der Beamten »innerhalb und außerhalb des Dienstes der Achtung und dem Vertrauen gerecht werden muß, die sein Beruf fordert«. Das gilt im Prinzip auch für den Minister.

Wer gewärtig sein muß, daß seinen Weisungen und Richtungsbestimmungen von Partnern und Untergebenen wegen offenkundiger und eklatanter Verstöße auch in der privaten Lebensführung Widerstand entgegengesetzt wird, der ist als Minister nicht geeignet. Das Kriterium ist dabei sehr oft, wenn man wiederum von extremen Fällen absieht, nicht das Geschehen, sondern das Bekanntwerden. Das beliebte Wort von der konventionellen Heuchelei trifft ebensowenig das Problem wie das Schüler- und Rekrutengebot »Laß' dich nicht erwischen!«

Es geht um die Diskretion als Haltung, um das persönlich höchst diskrete Verhalten – weniger aus Angst als aus Respekt vor den anderen und vor den Institutionen. Wer eine Intimsphäre für sich beansprucht, der muß die Intimität wahren können und sich des Risikos bewußt sein. Wer keine Hemmungen hat, sich bloßzustellen oder auch nur Blößen zu geben, der Frivole also – er hat keinen Sinn für Ansehen und damit keine Chance, es zu erwerben und zu besitzen.

Ein weiteres Kriterium für ministrale Disqualifikation ist die Abhängigkeit durch seine private Lebensführung, von der sich ein Kandidat bei seinen amtlichen Entscheidungen leiten lassen müßte. Das gleiche gilt für die Angst vor den Drohungen, an der sich Handeln und Unterlassen orientieren könnte. Daß in unserer Zeit Geheimdienste eingeschaltet sind, ist unvermeidlich, und leider ist dadurch die Möglichkeit der mißbräuchlichen Auswertung geheimer Informationen über das Privatleben aus politischem Interesse gegeben. Andererseits ist der untadelige, brave Lebenswandel als solcher noch keine ausreichende Qualifikation für einen Minister.

Regeln für private Lebensführung können durch Gesetze, soweit sie nicht schon im Strafrecht bestehen, und Geschäftsordnungen nicht aufgestellt werden; Ehrengerichte können auch nicht eingesetzt werden. Wer wäre dann der Zensor? Die Regierung oder der Regierungschef, sofern dieser nicht selber betroffen ist? Gegebenenfalls auch das Staatsoberhaupt, aber nur in Form der nachdrücklichen Empfehlung, wenn es nicht gerade um eine Ernennung geht. Es bleibt eine peinliche Prozedur, die jeder scheut, aber der nicht ausgewichen werden kann. Unebenheiten und Abweichungen im Einzelfall können unter Umständen durch ein mahnendes Wort behoben werden, ohne daß man deswegen großes Aufheben macht. Die Unterlassung einer Warnung aus vermeintlichem Takt zur rechten Zeit kann größeres Übel bewirken. In jedem Fall können nur geschickte und sichere Hände Peinlichkeiten so oder so ausräumen. Es kommt auch jeweils auf die Gesamtpersönlichkeit und ihre gesamtpolitische Qualifikation an.

Die Partei, die über das Kandidatenangebot entscheidet und Mitglieder ausschließen kann, kann die Macht des Zensors ausüben. Sie vermag sogar, mit Hilfe entsprechender Androhungen Auflagen zu erteilen: nämlich die Scheidung zu unterlassen oder die Trennung aufzuheben. Man kann diese Kompetenz bezweifeln oder gar ablehnen. Aber wer wäre imstande, eine Partei daran zu hindern? Das Prekäre ist, daß der Maßstab für ihre Entschlüsse weniger die Amtsautorität eines Mannes ist, um die es ja allein geht, als vielmehr das Wahlprestige der Partei.

Auch für den Politiker, vor allem den Politiker im Amt, gelten moralische Konventionen. Sie sollten strenger sein als jene, die Allgemeinvorstellungen entsprechen. Aber übertriebene Strenge könnte leicht zur Farce werden oder zur Heuchelei reizen. *(1965)*

Machtlos gegen die Korruption?

Korruptionsinitiative kann sowohl von der Regierungsseite als auch von der Opposition ausgehen.

Viscontis Film »Ludwig II.« erinnert – historisch richtig – daran, daß der bayerische König 1870, damals noch bei Sinnen, von Bismarck durch eine Rente bestochen wurde, damit er in einem Schreiben namens der deutschen Fürsten König Wilhelm I. von Preußen die Kaiserkrone anbot. Der Tatbestand der aktiven und passiven Bestechung, wenn auch nicht rechtlich erfaßt, war eindeutig gegeben. Aber für Bismarck war die Reichsgründung diese Sünde wert. Es handelte sich um eine außerparlamentarische Korruption, die Mächtigen waren damals nicht im Parlament.

In der Bundesrepublik ist politische Korruption vorwiegend im Parlamentsbereich anzutreffen. Um sich durch diesen Dschungel parlamentarischer Korruption hindurchzufinden, mag eine ganz grobe Einteilung helfen.

Da ist einmal der Interessent – eine Person, eine Gruppe oder ein Unternehmen –, der für sich »Amtshilfe« von einem Abgeordneten, bei einem Minister, einer Behörde oder einem Parlamentsausschuß erwartet, gegen Entgelt in sehr verschiedener Form, also durch Bestechung. Ein typischer Fall ist die bayerische Spielbanken-Affäre von 1955/56.

Zum andern kann politische Korruption ein Kampfmittel rivalisierender Parteien in der Auseinandersetzung um die Macht sein. Man braucht nur an die Affäre Geldner aus dem Jahre 1970 zu denken. In diese Kategorie scheint auch der Fall Steiner zu gehören. Bei derartigen vermuteten oder tatsächlichen Fällen von Mandat- und Stimmenkauf kann die Gegenseite in die Versuchung der Abwehrkorruption geraten – Korruption aus Notwehr.

Warum hat es im Kaiserreich 1871 bis 1918 kaum parlamentarische Korruptionsfälle, in der Weimarer Republik 1918 bis 1933 sehr viel weniger als heute gegeben? War es die bessere Moral? Ein Grund ist, daß bis 1908 nicht einmal Diäten gezahlt wurden und daß sie auch nach 1918 relativ niedrig waren. Von Abgeordnetenpensionen war überhaupt nicht die Rede. Der heute überwiegende Typ des Berufspolitikers hingegen verlangt und erhält unvergleichlich viel mehr Geld als sein Vorgänger vor 1933. Die Kehrseite dieser an sich berechtigten Diäten- und Pensionsregelung ist, daß sich bei labilen Naturen auch ein Verlangen nach Versicherungen gegen Mandatsverlust und nach Entschädigungen für diesen Verlust einschleichen kann. Solche Sicherheit zu bekommen ist ohne Korruption nicht möglich.

Nun gibt es Haussen und Baissen der Korruptionsanfälligkeit. Je mehr sich die Stimmenanteile von Regierung und Opposition einander nähern, je weniger Stimmen den Ausschlag geben können, desto höher steigt der Kurswert der einzelnen Stimmen. Abwerbungskorruption der einen Seite treibt die andere zu Defensivkorruption. So kann die Gefahr einer allgemeinen Parlamentskorrumpierung entstehen.

Korruptionsinitiative kann sowohl von der Regierungsseite als auch von der Opposition ausgehen. Was ist, wenn eine Regierungspartei oder -koalition einen ihr unbequemen Abgeordneten, ohne daß man Mandatswechsel oder eine Stimmabweichung zu befürchten braucht, auf einen lukrativen Posten abschiebt? Oder wenn man sich eines hinsichtlich Mandatsverlusts oder Stimmenabweichung unsicheren Kandidaten auf gleiche Weise zu versichern sucht? Das ist auch durch diskrete Kreditbegünstigung möglich. Mandat- oder Stimmenkauf mit barem Geld gilt als schamlos. Aber zwischen dieser Art und anderen Arten der Begünstigung zu gleichen Zwecken dürfte nur ein gradueller Unterschied bestehen.

Hier soll nicht entschuldigt, nicht einmal auf mildernde Umstände plädiert, hier sollen nur beispielhaft einige Motivationen und Anlässe von Machtkorruption angedeutet werden. Wie kann eine feste, nach allen Seiten wirkende Barriere gegen politische Korruption geschaffen werden? Abgeordnetendiäten lassen sich nicht mehr herabsetzen, Pensionen nicht abschaffen. Eine Sicherung vor Pattsituationen gibt es nicht. Abgesehen davon können morgen andere Anlässe auftreten.

Das deutsche Strafrecht schützt nur die »Unkäuflichkeit der Amtshandlung«. Der Bestochene muß ein öffentlicher Bediensteter im weitesten Sinne sein. Aber unter diese Kategorie fällt der Abgeordnete nicht. Man hat in der Weimarer Demokratie und in der Bundesrepublik trotz beachtlicher Anstrengungen noch keine Lösung gefunden. Den Tatbestand der Bestechung von Abgeordneten ebenso oder ähnlich wie den der Beamtenbestechung rechtlich zu fixieren ist äußerst schwierig, fast unmöglich. Der Beamte hat in der Regel nur einen unter Kontrolle einer Behörde bestehenden Tätigkeitsbereich. Die gesetzlichen und außergesetzlichen Funktionen des Abgeordneten hingegen, innerhalb und außerhalb des Parlaments, können äußerst mannigfaltig sein.

Dazu kommt, daß Abgeordnete wie Kandidaten Parteispenden entgegennehmen dürfen, die auch ihrer eigenen Wahlwerbung und der Organisation ihrer politischen Arbeit dienen können. Eine klare rechtliche Abgrenzung zwischen Parteispenden und Bestechung ist oft versucht worden, hat sich aber bisher als unmöglich erwiesen. Dem Abgeordneten jedoch die Annahme von Spenden zu untersagen würde zur weiteren Steigerung der Abgeordnetenabhängigkeit von der Partei führen.

Gewiß, es besteht nach den »Verhaltensregeln für Mitglieder des Deutschen Bundestages« vom Oktober 1972 eine umfassende Meldepflicht über deren Einkünfte verschiedener Art, auch aus Spenden. Sicherlich können die »Verhaltensregeln für Abgeordnete« als ein erster institutioneller Versuch zur Besserung der Abgeordnetenmoral angesehen werden, aber doch nur für begrenzte Fälle. Eine reine Bestechung, wie bei Steiner vermutet, wird wohl kaum gemäß diesen Regeln dem Bundestagspräsidium gemeldet werden.

Was können die parlamentarischen Untersuchungsausschüsse gegen Abgeordnetenbestechung ausrichten? Die bisherigen Ergebnisse seit 1945 geben keinen Anlaß zu großen

Erwartungen. Die Affären und Skandale der letzten Jahre haben gezeigt, daß man sich zumindest bei manchen Abgeordneten auf die Respektierung öffentlicher Moral keineswegs verlassen kann. Ungeahndete Korruption aber erzeugt weitere und steigert sie, Korruption kann heute nur noch gebändigt werden, wenn Angst vor den Folgen ihrer Aufdeckung besteht.

Es ist immer wieder von Ehrenordnung und Ehrengerichtsbarkeit des Parlaments die Rede gewesen. Alle Versuche aber sind bisher daran gescheitert, klar abgrenzbare Tatbestände zu finden. Was jedoch möglich sein sollte, wäre die Festlegung von grundlegenden Merkmalen mandatwidrigen Verhaltens. Dazu müßte beispielsweise auch die Übernahme ausländischer Agententätigkeit in irgendeiner Form gehören. Durch Erlaß könnte deutschen Verfassungsschutzämtern untersagt werden, sich Abgeordneter des Bundes und der Länder gegen Entgelt zu bedienen. Dazu bedarf es nicht eines Gesetzes, wie es einige FDP-Abgeordnete verlangt haben. Auf diese Weise würde sich eine so absurde Forderung erübrigen, die Verfassungsschutzämter sollten die von ihnen als Agenten in Anspruch genommenen Parlamentarier der zuständigen Fraktion melden.

Erst wenn der Kern eines solchen Ehrenkodexes geschaffen wäre, könnte eine Ehrengerichtsbarkeit institutionalisiert werden. Von Abgeordneten rivalisierender Parteifraktionen kann freilich ein auch nur einigermaßen gerechtes Urteil über Fraktionsangehörige kaum erwartet werden. Ein ordentliches Gericht kommt ebenfalls nicht in Betracht, da es sich vielfach um Verhaltensweisen handelt, die strafrechtlich nicht erfaßt und auch nicht erfaßbar sind. Man könnte jedoch an ein besonders zu schaffendes Gericht außerhalb des Parlaments denken, das aber vom Parlament oder einem Ausschuß bestellt würde.

Das Ehrengericht hätte lediglich ein begründetes Votum anhand der Richtlinien abzugeben. Das wäre jedoch nur sinnvoll, wenn aus dem Votum, falls erforderlich, Sanktionsfolgerungen gezogen werden könnten, beispielsweise die Aberkennung des Mandats- oder des Pensionsanspruchs. Für diese Entscheidung kämen eventuell das Parlament, ein besonderer Ausschuß oder die zuständigen Fraktionen in Betracht. Eine Berufungsinstanz einzuschalten wäre aus zeitlichen Gründen sehr bedenklich. Eine schnelle Entscheidung ist gerade in diesen Fällen erforderlich. Die Mandatssuspension, entsprechend der Suspendierung der Beamten vom Dienst in der Verwaltungsgerichtsbarkeit, gibt es nicht. Sie ist wegen der höchst schwierigen Nachfolgeregelung auch gar nicht möglich. Der beschuldigte Abgeordnete, um ihn einmal so zu kennzeichnen, müßte einen Anwalt haben. Dem müßte auf der Gegenseite ein Vertreter des Parlamentsinteresses, also eine dem Staatsanwalt ähnliche Figur, gegenübergestellt sein.

Ein solches Ehrengericht ist sicherlich kein Allheilmittel gegen politische Korruption, aber es könnte immerhin die Möglichkeit schaffen, parlamentarische Skandale und Affären effektiver als bisher einzuschränken. Allein die Existenz eines solchen Gerichts könnte korruptionshemmende Wirkung haben. *(1973)*

Todsünde wider die Transparenz

Wenn andere in der Politik die Möglichkeit des »corriger la fortune« mit Geldes Hilfe haben, so kann man das der Regierung kaum verwehren.

Unter Geheimfonds, von denen bei den Verhandlungen vor dem »Steiner/Wienand-Untersuchungsausschuß« (der die Vorgänge um das Stimmverhalten des Abgeordneten Julius Steiner beim Konstruktiven Mißtrauensvotum gegen Bundeskanzler Brandt klären sollte) die Rede war, versteht man im Haushaltsplan ausgewiesene Mittel, »deren Verwendung geheimzuhalten ist«, wie es in der Bundeshaushaltsordnung heißt. Sie mögen als Relikt des Absolutismus erscheinen. Aber in absolutistischen Staaten war der gesamte Etat geheim – wie heute noch vielfach in Diktaturen. Besondere Geheimfonds gibt es erst in Verfassungsstaaten, wo die Volksvertretung ein Entscheidungsrecht über die Aufstellung des Haushaltsplans und einen Anspruch auf Kontrolle hat.

Das Bedürfnis, aus öffentlichen Haushaltsmitteln geheime Zahlungen zu leisten, ist mehr oder minder in allen konstitutionellen Staaten geblieben. Wenn andere in der Politik die Möglichkeit des *corriger la fortune* mit Geldes Hilfe haben, so kann man das der Regierung kaum verwehren. Trotzdem wird auf die Kontrolle nicht ganz verzichtet. Der Fonds des Bundeskanzlers – »zur Verfügung des Bundeskanzlers für allgemeine Zwecke«, wie der Titel im Haushaltsplan lautet – darf jedoch nur vom amtierenden Präsidenten des Bundesrechnungshofes persönlich geprüft werden. Etwaige Bemerkungen zu geheimzuhaltenden Angelegenheiten werden nur den beiden Präsidenten des Bundestages und des Bundesrates, dem Bundeskanzler und dem Bundesfinanzminister mitgeteilt. Nach Abschluß der Prüfung werden die Unterlagen vernichtet.

Nun werden aus dem Fonds nicht nur unbedingt geheimhaltungsbedürftige Ausgaben geleistet. Manche könnten sich durchaus sehen lassen. Aber um die Geheimhaltung im ganzen zu wahren, wird in der Regel auch die Bekanntgabe von Einzelfällen vermieden.

Als Konrad Adenauer und seine Regierung im Juli 1960 überraschend die Deutschland-Fernsehen GmbH mit Bundesgeldern errichteten, fragte ein FDP-Abgeordneter den damaligen Bundesinnenminister Schröder im Bundestag, aus welchen Etat-Titeln die Gründung bezahlt worden sei. Schröder antwortete ausweichend; er wollte und durfte nicht sagen, daß der Geheimfonds des Bundeskanzlers oder des – dem Kanzler unterstellten – Presse- und Informationsamtes in Anspruch genommen worden sei.

Bei den unbedingt geheimhaltungsbedürftigen Zahlungen geht es nicht nur um anstößige Fälle. Es gibt auch Nichtehrenrühriges, wo weder der Geber noch der Empfänger in irgendeiner Weise in Erscheinung treten wollen. Deshalb werden nicht selten, obwohl sich inzwischen allgemein der bargeldlose Verkehr eingebürgert hat, Zahlungen in bar geleistet. In solchen Fällen müssen naturgemäß die Unterlagen spärlich sein, Quittungen entbehrt werden; umschreibende Notizen müssen genügen. Das Geschäft wird auf der Basis gegenseitiger strikter Diskretion abgeschlossen. Würde einer der Namen eines solchen Empfängers bekannt, dann würden künftige scheu gemacht.

Durch diesen Zwang zur Geheimhaltung ist die Prüfung mehr oder weniger eingeengt. Wenn aber *Die Welt* die Prüfung des Rechnungshof-Präsidenten als »pure Augenwischerei« bezeichnet, dann sollte sie für Aufhebung der Geheimhaltungsbestimmungen plädieren, für deren Beibehaltung sie während der Regierungen Adenauer und Erhard immer eingetreten ist.

Die *Frankfurter Allgemeine Zeitung* will auf jede Kontrolle bei Geheimtiteln verzichten. Aber eine geringe Kontrolle ist besser als gar keine. Man sollte einen verwaltungsversierten, kontrollerfahrenen Rechnungshof-Präsidenten nicht unterschätzen.

Die strikte Geheimhaltung ist bisher vom Parlament respektiert worden. Als 1960 der Bundesminister Oberländer wegen seiner Tätigkeit im Kriege zurücktreten mußte, organisierten seine Anhänger einen internationalen Untersuchungsausschuß zu seiner Verteidigung. Ein FDP-Abgeordneter fragte damals im Bundestag, ob der ausländische Sekretär dieses Ausschusses 5000 D-Mark aus Haushaltsmitteln erhalten habe. Vizekanzler Erhard erwiderte: »Über Leistungen aus den Etatmitteln zur Verfügung des Bundeskanzlers zur Förderung des Informationswesens« bedauere die Bundesregierung, »aus grundsätzlichen Erwägungen keine Auskunft zu geben«. Damit war die Angelegenheit im Parlament erledigt.

Horst Ehmke, bis zur Bildung der zweiten Regierung Brandt im Dezember 1972 Chef des Bundeskanzleramtes, hätte sich vor dem Untersuchungsausschuß wegen der Abhebung von 50000 D-Mark aus dem Geheimfonds kurz vor der Abstimmung über das Mißtrauensvotum genauso verhalten dürfen wie Ludwig Erhard zu jener Zeit vor dem Plenum. Aber durch Schweigen hätte Ehmke die Anklage auf sich und den Bundeskanzler gezogen. Deshalb sagte er aus – und ging dabei wahrscheinlich über das Zulässige hinaus, jedenfalls bis an dessen alleräußerste Grenze. Was er vortrug, klang im übrigen plausibel: Er mußte sich, zur Vorsorge verpflichtet, für einen etwaigen Sturz des Bundeskanzlers bereit halten; ein Kanzlernachfolger haftet nicht für die Zusagen seines Vorgängers aus dem Geheimfonds.

Ohnehin: Was hätte der Präsident des Rechnungshofes getan, wenn Ehmke ihm bei der Prüfung gesagt hätte: Die Regierung wußte kurz vor der entscheidenden Abstimmung zuverlässig, daß die Opposition aus Mitteln ihrer Fraktions- oder Parteikasse – die ja öffentliche Zuwendungen erhalten – einen Abgeordneten seiner Koalition zu sich herübergezogen habe; daraufhin habe er aus Mitteln des Geheimfonds einen Oppositionsabgeordneten für die Koalition gewonnen? Der aggressiven Korruption sei er mit defensiver begegnet – aus Notwehr? (»Notwehr ist diejenige Verteidigung, welche erforderlich ist, um einen gegenwärtigen rechtswidrigen Angriff von sich oder einem anderen abzuwenden«, Paragraph 227 des Bürgerlichen Gesetzbuches).

Wo alle Welt heute Transparenz verlangt, erscheinen Geheimfonds als Todsünde. Aber bisher hat es keine Partei gegeben, die sie abschaffen wollte, und auf absehbare Zeit werden sie wohl unentbehrlich bleiben. *(1973)*

Die deutschen Kanzler und die Kultur

Offener Brief an Helmut Schmidt

Der Irrealis ist in der Historie verboten,
aber gerade das bringt Spaß.

25. August 1980

Sehr verehrter Herr Bundeskanzler,

kann man sich ein Gespräch, wie Sie es mit Grass, Lenz und Raddatz geführt haben, von Bismarck – selbstverständlich in der Mentalität damaliger Verhältnisse – vorstellen? Der Irrealis ist in der Historie verboten, aber gerade das bringt Spaß. Fontane wäre bereit gewesen, Geibel hätte sich aufgedrängt, doch Bismarck hätte abgewinkt. Er kannte von Jugend an kaum die zeitgenössische Literatur. Wilhelm Busch, den er gern gelesen hatte, reichte nicht aus.

Bülow hätte nur zu gern geglänzt mit seinen reich gemixten Saucen aus Zitaten, die er täglich bei der Morgentoilette auswendig gelernt hat. Aber seine Frau, die Principessa Minghetti, die klüger war als er, hätte es nicht erlaubt. Wedekind wäre nicht gekommen und hätte nicht kommen dürfen, vielleicht Sudermann; aber mit so etwas gaben sich Durchlaucht nicht ab.

Unter den Kanzlern der Weimarer Zeit hätte Stresemann ein solches Gespräch sich wohl kaum entgehen lassen. Er war sehr belesen, aber es reichte wohl nur bis Spielhagen. Ob Fontane noch dazugehört hat, weiß ich nicht. Und wer hätte sein Partner sein können? Vielleicht Thomas Mann? Dieser war sehr anpassungsfähig. Emil Ludwig und Stresemann kannten sich, aber das hätte nichts gebracht. Döblins Alexanderplatz hätte Stresemann nicht mehr lesen können, und ebensowenig wohl Brechts Dreigroschenoper. Wenn er überhaupt Heinrich Manns Untertan gelesen hätte, dann sicherlich mit Abscheu.

Noch andere Namen können genannt werden, so vielleicht

Binding und Carossa. Aber wäre es ergiebig gewesen? Stresemann faszinierte das Theater und die es trieben. Deshalb war er auch in Shaw fast vernarrt. Den hätte er gern dabeigehabt. Aber das Thema hätte deutsche Kultur sein müssen. In der Bundesrepublik hätte gern Kiesinger die Gelegenheit gehabt und genutzt. Aber mit wem? Mag sein mit Nossack, sicherlich nicht mit dem Landsmann Martin Walser. Kiesingers Antworten hätten zu viel Eleganz gehabt, mit Zuckerguß, mit Käseüberbackenem wären die Probleme verdeckt. Reich-Ranicki hätte an dieser Eleganz seine grimmige Freude ausgetobt. Brandts Kanzlerschaft ragt schon in die Zeitgeschichte hinein. Das ist Historie, aber nicht mehr Gegenwart, mit einem Wort: zu nahe.

Genug des Spintisierens. Mich hat es amüsiert und ein wenig orientiert. Allerdings mit Abstrichen. Allein der Stellenwert von Kultur hat sich in mehr als einem Jahrhundert mehrfach und wesentlich gewandelt. Diese Frage war jahrzehntelang nicht spruchreif. Ihr Gespräch hingegen ist von heute. Wegen der gegenwärtigen Interview-Inflation lese ich nur noch ungern und ganz selten diese Art von Presseprodukten. Sie dienen der Vernebelung und stören die Aufklärung. Man hat nichts mehr davon. Eine Ausnahme sind Ihre Interviews, Herr Bundeskanzler, bis zu einem gewissen Grad. In Ihrem Amt vermögen Sie sich der Pflichtreferenz gegenüber Ihren Majestäten den Massenmedien nicht zu entziehen.

Als ich das Riesenintерview sah, scheute ich. Dann fing ich an zu spicken. Erst jetzt las ich es ganz und noch einmal. Das war ein Interview von Rang. Gespräch und Aufzeichnung haben sich gelohnt und ebenso die Lektüre. Allein Ihre Informationssubstanz ist viel wert, imponierend Ihre Ehrlichkeit, ohne Beichte, Reue und gegen Behauptungen provozierender Entschuldigungen, für sich selbst, nicht konventionelle Courtoisie im Formulieren und Verschweigen, aber klar und vornehm im Widerspruch; keine Eigencharakterisierung, aber was Sie sagen, wirkt als Charakteristik Ihrer Person.

Mit Grüßen in Respekt

Ihr sehr ergebener
Eschenburg

Kurze Historie der Tischordnungsetikette

»Mich können Sie hinsetzen, wo es Ihrer Majestät beliebt. Wo ich sitze, ist immer oben« (Bismarck).

Das Setzen der Gäste beim Festschmaus nach Rang, Stand oder Alter, nach Merkmalen von Würdigkeit oder Prestige ist ein leidiges, äußerst mühsames Geschäft für den Gastgeber und für dessen Gehilfen. Tischordnungen sind häufig auch Anlaß zu Zank und Hader gewesen. Ihretwegen sind persönliche Feindschaften und diplomatische Konflikte entstanden. Nach einem Wort Oscar Wildes ärgere die Menschen nichts so sehr, als wenn sie bei einer Einladung übergangen werden. Vielleicht ist als nächstfolgende Stufe der Verärgerung der Fall falscher Plazierung anzusetzen.

Schon Homer kannte die Sitzordnung bei Gastmählern. Wer den besten Platz hatte, erhielt den edelsten Wein, die größten und zartesten Fleischstücke. Mit der Ehre waren also materielle Vorteile verbunden. Die Athener erfanden, um den Egoismus der Gäste zu dämpfen, die Usance, daß jeder Gast nicht den eigenen Teller, sondern den eines anderen füllte. Sehr bald aber wurde eine Umgehungsmöglichkeit entdeckt. Zwei Gäste verständigten sich miteinander, die Teller auszutauschen.

Die Anordnung der Gastmähler besorgten Trinkmeister. Das waren meist vom Gastgeber beauftragte Freunde, die für eine angemessene Zuteilung an Speisen und Getränken, aber auch für eine gute Unterhaltung zu sorgen hatten. Sie waren Butler und Conférencier zugleich, aber im Rang eines Gastes, nicht in der Stellung eines Bediensteten. Ihnen oblag auch die Plazierung der Gäste. Diese konnten sich beim Gastgeber über den Trinkmeister beschweren.

In Rom ist die Tischordnung nach Vornehmheit und Charakter, nach Begabung und Interesse zu einer Kunstfertigkeit entwickelt worden. Von dem römischen Feldherrn Aemilius Paullus, der 168 v. Chr. bei Pythna die Mazedonier besiegt hatte, heißt es, daß er bei Gastmählern die »genaueste und bewundernswerteste Ordnung beobachtet habe«. Er soll von sich selbst gesagt haben, die furchtbarste Schlachtenreihe aufzustellen und das froheste Gastmahl zu veranstalten käme ein und demselben Mann zu, denn beides beruhe auf dem Prinzip guter Ordnung.

Plutarch (50–120 n. Chr.) war der erste antike Schriftsteller, der sich grundsätzlich mit der Frage der Sitzordnung bei Gastmählern befaßt hat. In seinen Tischgesprächen *(Symposiaka)*, einem Teil seines Werkes »Moralia«, die auch eine Art Geselligkeitslehre enthalten, stellt er die Frage: »Soll der Wirt seinen Gästen ihren Platz anweisen oder ihnen hier freie Wahl lassen?« Er selbst meint, daß auch das köstlichste Mahl, wenn keine Ordnung dabei herrsche, gar nichts Reizvolles und Angenehmes habe. Deshalb wäre es lächerlich, diejenigen, die hierzu eingeladen wurden, sich aufs Geratewohl, wie es sich eben trifft, setzen zu lassen. Man dürfe daher auch nicht bei Anweisungen der Sitze den Unterschied der Personen außer acht lassen, weil sonst gleich am Anfang aus dem Gastmahl ein Chaos werde. Plutarchs Bruder Timon hingegen bezeichnete es als eine Torheit, wenn sich der Gastgeber zum »Richter und Beurteiler seiner Gäste« aufwerfe, die ihn gar nicht dazu auffordern, ja gar nicht darüber streiten, wer unter ihnen vornehmer oder geringer sei. »Denn sie kommen nicht zu einem Wettstreit, sondern zum Essen.« Man müsse, meint Timon, bei einer Sitzordnung gerade wissenschaftlich vorgehen. Und doch würde man dadurch nicht den geringsten Nutzen stiften, sondern nur Eitelkeit und Ichsucht von dem Markt und aus den Theatern in die Speisesäle hinüberführen. Dadurch würde man den Stolz nur noch mehr fördern, »ein Laster, welches von der Seele weit sorgfältiger als der Schmutz von den Füßen abgewaschen werden« müsse. Plutarch begnügte sich mit der Gegenüberstellung beider Auffassungen.

Der byzantinische Kaiser Konstantin VII. Porphyrogennetos (905–959), ein schwächlicher, aber sehr gebildeter Monarch, kodifizierte und kommentierte achthundert Jahre später mit Hilfe einiger Gelehrter die Verhaltensregel bei Hofe in einer Schrift »De ceremoniis aulae byzantinae« (Die Zeremonienordnung am byzantinischen Hof). Er rechtfertigte die Tischordnung theologisch: Da Gott die Rangunterschiede unter den Menschen und auch die unter den Vornehmen geschaffen habe, so müsse es ihm wohlgefällig sein, wenn man die Unterschiede einhalte und festlege, wer wem vorangehe, wer hinter wem einhergehe, wer über wem zu Tische sitze und wer sich untenan setze, ja wer überhaupt zu Tische sitze und wer dabei stehe.

Hatte man in der Antike vor kleinen Tischen gelegen, so saß man im Mittelalter an Tischen, was bis dahin nur arme Leute getan hatten. Die Rangordnung der Tafel wurde jetzt noch strenger beachtet. Bei großen Banketten saßen die Gäste nach Ständen getrennt, entweder an verschiedenen Tafeln oder in verschiedenen Sälen. Kein Stand konnte auf den Teller und in den Becher des anderen schauen.

Daß aber die Tischordnung zeitweise in Vergessenheit und Verfall geraten war, sieht man aus einer Briefnotiz von Aeneas Sylvius Piccolomini, dem späteren Papst Pius II. (1458–1464). Er hatte als Sekretär in der Reichskanzlei Kaiser Friedrich III. auf Reisen begleitet und schrieb über einen Besuch beim Bischof in Passau einem Freund in Italien: »Und denke Dir, wie er uns zur Tafel setzte: erst den Herrn Kanzler, dann sich, dann den Herrn Grafen von Ortenburg. Und auch mir, um es mit Bescheidenheit zu sagen, hat er einen nicht geringen Platz angewiesen. Wahrhaft, dieser Kirchenfürst verdient, in Italien bekannt zu werden.«

Je größer im Zeitalter des Absolutismus die fürstlichen Höfe, allein durch die Vermehrung der Hofchargen, wurden, desto differenzierter und strenger wurde die Hofordnung. Friedrich Karl Reichsfreiherr von Moser, Sohn des bekannten Tübinger Staatsrechtslehrers Johann Jakob Moser, Gesandter und Minister des Landgrafen von Hessen-Darmstadt, zeitweise kaiserlicher Reichshofrat in Wien, aber auch vielseitiger politischer Publizist, veröffentlichte 1755 ein Buch unter dem Titel »Deutsches Hofrecht«. Dieses enthielt bis ins einzelne gehende Tischordnungsregeln mit vielen paradigmatischen Zeichnungen. Moser war so, wie es Timon, der Bruder Plutarchs, gemeint hatte, wissenschaftlich vorgegangen.

Besuchten sich Monarchen gegenseitig, so gingen umfangreiche Verhandlungen über die Sitzordnung voraus. In dem Briefwechsel der Kurfürstin Sophie von Hannover mit ihrer Nichte Liselotte von der Pfalz (1652–1722), der Gattin des Herzogs von Orléans, spielte bei der Planung einer Reise der Kurfürstin nach Paris die Sorge eine sehr große Rolle, daß die Kurfürstin sich in ihrem Rang als mögliche künftige Königin von England – sie stammte mütterlicherseits aus dem Hause Stuart und war eine Enkelin Jakobs I. – gegenüber der Gattin Ludwigs XIV. nichts vergebe. Sämtliche Möglichkeiten der Etikette wurden durchgesprochen. Von besonderer Bedeutung waren die nach Rangunterschieden gestalteten Stühle, nämlich die mit Rücken- und Armlehnen, die nur mit Rücken-, die nur mit Armlehnen und schließlich die ohne beide Lehnen. Eine Verständigung darüber, welche Stuhlart jeder der beiden hohen Damen zukam, gelang nicht. Sie konnten sich daher nur im Stehen begegnen.

Susanne von Klettenberg, die pietistisch-fromme Freundin der Mutter Goethes, der dieser in den »Bekenntnissen einer schönen Seele« in »Wilhelm Meisters Lehrjahren« ein Denkmal gesetzt hat, später auch mit dem Etikettespezialisten Freiherrn von Moser befreundet, rechtfertigt religiös ihre eigene Tischordnung, ohne daß sie wahrscheinlich das Werk Kaiser Konstantins Porphyrogennetos gekannt hätte. So schreibt sie in einem Brief an eine andere Frankfurter Patrizierin über die Berechtigung einer sehr ausgeklügelten Tischordnung: »Und weilen der liebe Herr Jesus auch sagt ›Freund rücke hinauf, so wirst Du Ehre haben vor denen, die mit Dir zu Tische sitzen‹, so ist es meine denen Theologen zwar ohnvorgleichliche Meynung, ich dörffe auch anordnen, wie wir um unser Tischgen sitzen werden.«

Aber je mehr die alte ständische Ordnung mit ihren strengen Gliederungen zerfiel, desto schwerer war es, die alte Tischordnungsregelung, wie sie Moser kodifiziert hatte, aufrechtzuerhalten. Gewiß war es nicht leicht gewesen, diese Regelungen, die sich im Laufe der Zeit gebildet hatten, zu fixieren. Aber ihre Anwendung hatte keine großen Schwierigkeiten bereitet, denn die Tischordnung brauchte ja nur der ebenso klaren wie dauerhaften gesellschaftlichen Rangordnung zu entsprechen.

Das änderte sich mit dem Beginn der konstitutionellen Monarchie. Politische und ständische Ordnung deckten sich nicht mehr miteinander. Der erste Einbruch kam vom Wiener Kongreß, allerdings aus ganz unkonstitutionellen Gründen. Zwar gab es schon mehr als drei Jahrhunderte Diplomaten, aber keine international anerkannte hierarchische Ordnung der Diplomatie. Das Reglement vom 19. März 1815 schuf vier Rangklassen. In jeder Kategorie richtete sich der Vorrang nicht nach der Größe des Staates oder der Bedeutung des Herrschers, sondern er konnte genau abgelesen werden am Termin der Ernennung in dem Staat, in dem der Missionschef akkreditiert war. Diese Friedensregelung von überstaatlicher Geltung setzte dem physischen und unlauteren Kampf um die Vorzugsstellung ein Ende.

Das Reglement bedeutete aber einen Einbruch in die alte höfische Ordnung. Der Botschafter bürgerlicher Herkunft hatte nunmehr den Vorrang vor einem im Fürsten- oder Grafenstand befindlichen Gesandten. Wie sollte aber mangels eines entsprechenden innerstaatlichen Reglements ein bürgerlicher Minister oder General oder gar dessen Frau an der Tafel bei Hof, zu der auch Standesherren oder Grafen geladen waren, plaziert werden? Eines der auch heute noch bekanntesten Zitate Bismarcks, der 1862 zum preußischen Ministerpräsidenten ernannt, 1865 in den Grafenstand und 1871 in den Fürstenstand erhoben worden war, ist sein Wort über die Tischordnung. Die Königin Augusta, die Gemahlin Wilhelms I. – sie konnte Bismarck nicht leiden –, hatte beanstandet, daß die Frauen der Minister, vor allem Bismarcks Gattin, an der Hoftafel weiter oben saßen, als ihrem Rang gebühre. Als Bismarck über diese Beanstandung unterrichtet wurde, soll er erwidert haben: »Meine Frau gehört zu mir und darf nicht schlechter plaziert werden als ich. Mich aber können Sie hinsetzen, wo es Ihrer Majestät beliebt. Wo ich sitze, ist immer oben.« Eine ähnliche Äußerung wird auch vom Philosophen Aristipp (geb. um 435 v. Chr.), einem Schüler Sokrates', berichtet, und Metternich soll sich ähnlich geäußert haben. Starken Persönlichkeiten kann eben schlechte Plazierung nichts anhaben.

Im privaten Bereich wurden im allgemeinen die Regeln der Tischordnung nicht so streng beachtet wie bei Hofe. Aber zur Orientierung wurden sie auch in der bürgerlichen Geselligkeit wahrgenommen, die sich mit dem Aufschwung des Bürgertums zu Beginn des 19. Jahrhunderts immer mehr ausbreitete. Tischordnungen gab es auf den Festen der Buddenbrooks, aber auch auf den Familienfeiern der Geberts in Georg Hermanns »Jettchen Gebert«. Selbst Frau Wilhelmine aus den köstlichen Romanen Julius Stindes über die Berliner Kleinbürgerfamilie Buchholz aus den achtziger Jahren verwandte auf die Aufstellung der Tischordnung bei Verlobungs- und Hochzeitsfeiern nicht weniger Mühe als auf den Kalbsbraten und übte unnachsichtige Kritik an der Tischordnung anderer, bei denen sie und ihr Mann eingeladen waren. Gewiß ging es da kaum um Rang und Stand, es sei denn, daß ein Herr Doktor zu Gast war. Aber die Reputation spielte bei der Plazierung eine große Rolle. Und in diesen Kreisen wurde über die Tischordnung genausoviel gehechelt wie über die Qualität des Bratens. Man übernahm in bürgerlichen Schichten die adeligen und höfischen Tischordnungssitten nicht nur, weil es vornehm war, sondern man erkannte sehr schnell das Sinnvolle der Regelung. Es gab kein Gedränge und keinen Streit um die Plätze. Man konnte aber auch auf diese Weise, wie schon zu Homers Zeiten, sparen. Was in den unteren Regionen serviert und kredenzt wurde, war billiger als das, was oben geboten wurde.

Der maßgebliche Etikette-Leitfaden im Kaiserreich war das »Zeremonialbuch für den königlich-preußischen Hof«, von Graf Stillfried herausgegeben, das zwischen 1871 und 1905 in zehn Ausgaben erschienen ist. Dieses Buch enthält eine Tabelle von unschätzbarem Wert. Jedermann, der für eine Tischordnung verantwortlich war, konnte sich auf sie berufen. Das war die Hofrangordnung mit 62 Stufen, die auch für die Plazierung bei der königlichen Tafel galt. In dieser waren die Mitglieder der regierenden Fürstenhäuser nicht aufgeführt, weil sie ohnehin vor allen anderen den Vorrang hatten. An erster Stelle stand der Reichskanzler, vor dem Oberstkämmerer und den Generalfeldmarschällen. Hinter den kommandierenden Generälen kamen die Minister und nach ihnen die Parlamentspräsidenten. An 47. Stelle, hinter Oberhof- und Dompredigern, standen die Rektoren der Universitäten. Den 55. Platz hatten die Räte IV. Klasse neben den Majoren inne. Die Abgeordneten rangierten an 58. Stelle, hinter den bei Hof vorgestellten Herren (man durfte sich nur auf besondere Aufforderung vorstellen lassen). Die beiden letzten Plätze nahmen die Oberleutnants und Leutnants hinter den Kammerjunkern und Hofjagdjunkern ein. Der Rang der »hoffähigen verheirateten« Damen richtete sich nach dem Rang ihrer Männer. Nur ging die Oberhofmeisterin der Kaiserin allen Damen vor. »Die Palastdamen der Kaiserin und die Inhaberin des Luisen-Ordens I. Klasse II. Abteilung mit goldener Krone rangieren mit, die mit silberner Krone sowie die Oberhofmeisterin der Kronprinzessin und die Hofdame der Kaiserin unmittelbar nach den Exzellenzen.«

Jeweils mehrere Rangstufen waren in Gruppen zusammengefaßt, für die es besondere, nach Buchstaben oder Nummern bezeichnete Eingänge im Schloß gab, meist sieben bis acht. Nach diesem Prinzip wird übrigens auch jetzt noch in unserem unhöfischen Zeitalter bei manchen großen offiziellen Veranstaltungen verfahren. Ebenso geschieht es heute, daß sich die Gäste nach Ranggruppen gegliedert zunächst in verschiedenen voneinander getrennten Sälen versammeln. Man hat vom Hofe gelernt, doch wohl nur aus Gründen der Zweckmäßigkeit.

Aber auch diese mit unendlichem Fleiß aufgestellte, vielfältig in allen Stufen der Hofhierarchie korrigierte Skala reichte nicht aus, vor allem nicht für offizielle, nichthöfische Veranstaltungen, besonders in der Provinz. Konnte man doch der Tabelle nicht entnehmen, wie man die Vertreter der freien Berufe, Anwälte und Architekten, Journalisten und Ärzte, Fabrikanten und Kaufleute, setzen sollte, ganz abgesehen von den vielen nicht in ihr aufgeführten Rangstufen, sofern man diese nicht auf dem Wege des Vergleichs einzuordnen vermochte. Es gab aber ein Hilfsmittel zu angemessener Plazierung, dessen man sich bei denjenigen, die einen Orden (je nach Klasse), einen Titel (z.B. Kommerzienrat) hatten oder einen Reserveoffiziersrang bekleideten, bedienen konnte. Fast in jeder Stadt, zumindest in Preußen, fand zu Kaisers Geburtstag ein großes Festbankett – vielfach von mehreren hundert Personen, allerdings ohne Damen – statt. Uniform oder – nur für die, die keine hatten – Frack waren vorgeschrieben. Ein Honoratiorenkomitee lud ein, aber jeder mußte selbst zahlen und sich der vom Komitee aufgestellten Tischordnung, für die die Genehmigung des jeweils höchsten Amtsträgers eingeholt wurde, unterwerfen. Das war das große alljährliche Panorama der gesellschaftlichen Hierarchie in dem betreffenden Ort oder Landkreis. Jeder Teilnehmer konnte anhand der Tischordnung seine Position in dieser Hierarchie ablesen. Von diesem Platz hing ein guter Teil der Reputation des ganzen nächsten Jahres ab. Orden und Titel waren deshalb in jener Zeit hochbegehrt.

Diese Ordnung, die den Vorzug hatte, daß sie weitgehend allgemeinverbindlich war, geriet im Ersten Weltkrieg aus den Fugen und war durch die Republik überholt. In Weimar, wo in der ersten Hälfte des Jahres 1919 die Nationalversammlung tagte, der Reichspräsident und die Regierung ihren Sitz hatten, glaubte man auf all diese höfischen »Mätzchen« verzichten zu können. Sehr bald aber sah man ein, daß es ohne jegliche Ordnung nicht ging. Denn ohne hierarchische Kriterien, wenn sie auch flexibler und anders waren als die des Kaiserreichs, kam man nicht aus. Wieder schufteten die Beamten des Protokolls und rangen um neue Maßstäbe. Aber eine Tabelle, wie sie in der Monarchie geschaffen war, konnte man nicht veröffentlichen. Dazu war die Autorität zu gering. Das hätten auch die gesellschaftlichen Vorstellungen nicht mehr zugelassen. Es kam zu erbitterten Auseinandersetzungen, peinlichen Auftritten und einigen regelrechten Skandalen. Kein Wunder in einer Zeit, in der alte Konventionsvorstellungen, die noch nicht vergessen waren, und neue, die sich noch nicht eingefügt hatten, hart aufeinanderprallten. Es gab Minister, Parlamentspräsidenten, Oberbürgermeister und reputierliche Private – und diese gibt es nicht minder heute –, welche eher eine Niederlage ertragen konnten als eine falsche Plazierung. Damals war die aristokratische Atmosphäre der alten Gesellschaft noch nicht ganz verweht. Man hatte noch mehr Hemmungen als heute, die eigene Eitelkeit zur Schau zu tragen, und scheute daher die Beschwerde. Aber man sann nach Rache, und diese war gefürchtet.

Jedoch auch Prestige verpflichtet. Der ehrenvollste Platz ist nicht immer gleichzeitig der amüsanteste. Als Stresemann, von 1923 bis 1929 Reichsminister des Auswärtigen, und der Nuntius Pacelli, der spätere Papst Pius XII., damals Doyen des Diplomatischen Korps in Berlin, sich in einer Woche zum sechstenmal als Tischnachbarn trafen, nachdem sie sich ohnehin gesellschaftlich sehr häufig gesehen hatten – sie waren auf den diplomatischen Essen, an denen sie teilnahmen, meist die Ranghöchsten –, war der Gesprächsstoff völlig ausgeschöpft. Stresemann will das Schweigen unterbrochen und zu Pacelli gesagt haben: »Wir sind das Opfer unserer hohen Stellung.«

Der Reichspräsident Generalfeldmarschall von Hindenburg hatte zwei Tischordnungen, eine republikanische und eine kaiserliche. Jeweils richtete sich die Tischordnung nach Art der Gäste, der von Amts wegen oder der aus traditioneller Pietät, zwischen denen fein säuberlich geschieden wurde. Walther Rathenau, Chef einer der größten deutschen Unternehmungen, der AEG, aber auch Schriftsteller, hochgebildet und geistvoll, von starker philosophischer Begabung, 1921/22 Reichsminister, hatte oft in seiner Villa im Grunewald Diplomaten und Minister, Künstler und Gelehrte, Industrielle und Bankiers zu Gast. Um einer Rangabstufung bei der Tischordnung enthoben zu sein, hatte er einen großen runden Eßtisch anfertigen lassen – er soll der größte dieser Art in Berlin, ja sogar im Reich gewesen sein.

In unserer volldemokratisierten Wohlstandsgesellschaft seit Beginn der fünfziger Jahre hat die offizielle Geselligkeit nach Umfang und Häufigkeit gegenüber der Zeit vor 1933 gewaltig zugenommen. Die private Geselligkeit, soweit sie mit Mahlzeiten verbunden ist, ist dagegen infolge der Raumenge und wegen des Mangels an Bedienungspersonal in nicht minder starkem Maße zurückgegangen. Ein noch so belangloses Gebäude kann heute nicht eingeweiht werden, ohne daß sich festliches Essen und Trinken anschließen. Mag es im Durchschnitt an der Üppigkeit des Kaiserreichs und bis zu einem gewissen Grad der Weimarer Zeit, was Qualität und Zahl von Gängen und Weinen angeht, fehlen, so hat das Volumen der auf öffentliche Kosten bewirteten Gäste bei weitem mehr zugenommen als die Üppigkeit nachgelassen hat. Dazu kommen noch die zahllosen Firmen- und Verbandsfeste, die ja unmittelbar zu einem erheblichen Teil auch aus öffentlichen Mitteln bestritten werden. So hat der offizielle Gastgeber, eben jener, der zu Lasten Dritter, meist des Fiskus, einlädt, den privaten stark zurückgedrängt. Auch dadurch hat der Respekt des Gastes vor dem Gastgeber nachgelassen – dieser zahlt es ja nicht selbst. Viele, die im öffentlichen Leben stehen – noch mehr ihre Ehefrauen –, glauben, kraft ihrer Position und dank ihres Wirkens einen begründeten Anspruch auf Einladung zu haben und damit auch auf Kritik am Mahl und allem, was damit zusammenhängt, einschließlich des Plazierens. Früher erlabte man sich lediglich diskret an dem giftgeladenen Rückblick auf das Genossene. Das tut man auch heute noch, aber man beschwert sich außerdem mehr oder minder offiziell. Es gibt ja wieder besondere Objekte der Beschwerden, wie es die Trinkmeister in Athen waren. Sie brauchen ja den Gastgeber nicht unmittelbar zu treffen. Mindestens jede mittlere Stadt hat heute einen Beamten, der die zeremoniellen Angelegenheiten, auch bei Gastlichkeiten, zu bearbeiten hat, gar nicht zu reden von den Protokollbeamten im Bund und in den Ländern.

Früher fragte der Leutnant bescheiden nach dem Namen seiner präsumtiven Tischdame, damit er sich, deren Interessen abschätzend, mit Hilfe eines Konversationslexikons für das Tischgespräch präparieren konnte. Wer sich heute – meist über die Sekretärin bei der Sekretärin – nach seinem Tischplatz erkundigt, will wissen, ob es sich lohnt, überhaupt zu kommen, und die Möglichkeit haben, die vorgesehene Plazierung nach seinem Belieben zu korrigieren. Auf die Gesamtkonzeption der Tischordnung nimmt er nicht Rücksicht – ihn interessiert nur sein eigener Platz. Die Gäste fordern und befehlen, denn die Adressaten sind ja Beamte und Angestellte. Über sie wird der Gastgeber dirigiert. Nicht minder hart wird mit den Bundes-, Landes-, Stadt- und sonstigen Trinkmeistern nach dem Festmahl umgegangen. Sie sind schuld; entweder haben sie den Chefgastgeber falsch beraten, oder sie haben ihr Anordnen selbst zu verantworten. Letzteres wird meist unterstellt, um so unbefangener kann man seine Klage beim Gastgeber loswerden. Man kann sich aber auch über den Gastgeber beim Zeremonienmeister beschweren, aber diesen meinen.

Die eigentlichen beamteten und angestellten Veranstalter müssen viel aushalten. Da bleiben plötzlich unabgemeldet Gäste fern, die zugesagt hatten, und lassen die Plätze am Prominententisch leer. Da bringt ein Gast statt seiner Frau, ohne vorher zu fragen, seine Stiefnichte oder Sekretärin mit, stört dadurch die sorgfältig bedachte Plazierung und erregt den Neid anderer Gäste, die gern ihre Tochter mitgebracht hätten und über die ihnen so angetane Ungerechtigkeit empört sind. Da kommt überraschend ein Hochgestellter, der abgesagt hatte, und erwartet dennoch einen angemessenen Platz am vollbesetzten Prominententisch. Nichtgebetene erscheinen unerwartet im Bewußtsein ihres Anspruchs auf Einladung. Wozu zimperlich sein, Hauptsache ist, daß man dabei ist! Kecke benutzen eine günstige Gelegenheit, um Tischkarten im eigenen Interesse kurz vor Beginn der Mahlzeit auszutauschen. Die Rücksichtslosigkeit dieser Sorte von Gästen wird nur noch durch die mancher Autofahrer übertroffen. Im 19. Jahrhundert hätte man sich solche Eskapaden nicht leisten können, man wäre eben nicht wieder eingeladen worden. Die Geselligkeit von heute hat sich dieser Erziehungsinstrumente begeben. Sie toleriert im Grunde alles, was aus politischen – sprich machtgerechten – Rücksichten verlangt wird, also wo Vergeltung zu erwarten ist. Die Rücksichtnahme hört erst an der Grenze auf, wo die konventionelle, die politische Wehrlosigkeit einsetzt.

Die moderne egalitäre Gesellschaft ist in ihrem Drang nach ständiger Statusverbesserung von einem robusten Geltungsbedürfnis, auch oder gerade in ihrer Geselligkeit, und sie ist gleichzeitig aus Angst vor dem geringsten Symptom einer Statusverschlechterung in höchstem Maße prestigeempfindlich. Wenn es auf den Festen mancher hohen Würdenträger heute höfischer zugeht als am echten Hof ihrer Vorgänger, so vielleicht auch deswegen, weil sie sich nicht anders der mannigfaltigen rüden Ausdrucksformen der Prestigesucht erwehren zu können glauben.

Bis zum Ersten Weltkrieg, ja zum Teil darüber hinaus, galt die Tischplazierung, soweit sie nicht durch höfisches Zeremoniell vorgeschrieben war, als eine Kunstfertigkeit, als ein *nobile officium* des Gastgebers persönlich. Heute ist die organisierte Plazierung weitgehend zu einer amtlichen Funktion oder zu einem Gewerbe geworden.

Frau Erica Pappritz, Vortragende Legationsrätin a.D., die vielgenannte Mitverfasserin des Buches der Etikette, das ungewollt den Zerfall der alten Geselligkeit und ihrer Konventionen illustriert, lieferte auf Bestellung Tischordnungen *en gros* und *en détail.* Früher konnte man in Berlin in den Häusern mit den kleinen Vorgärten auf der rechten Seite der Kleiststraße zwischen Nollendorf- und Wittenbergplatz Festreden, Jubiläumsglückwünsche, Kondolenzbriefe und Hochzeitsgedichte nach Muster oder auf besondere Bestellung kaufen, aber keine Tischordnungen. Heute sind diese Dichter- und Rhetorenbüros eingegangen. Aber es besteht ein Bedürfnis nach einem Tischordnungsgewerbe.

Neue Tischordnungsprobleme sind aufgetaucht, die auch von der Pappritz nicht gelöst worden sind. Nach dem Zeremonialbuch für den Preußischen Hof wurden die verheirateten Damen entsprechend dem Rang ihrer Männer gesetzt. Wie plaziert man aber heute den Ehemann einer amtierenden Ministerin oder Staatssekretärin, der Studienrat oder Zahlmeister ist?

Den Gästen den Platz an der Tafel vorzuschreiben entspricht einem von Zeit, Staatsform und Gesellschaftsstruktur unabhängigen Bedürfnis. Das Problem der richtigen Plazierung stellt sich immer von neuem, und dabei ergeben sich heute wie ehedem gerade bei offiziellen Veranstaltungen Ärgernis und Streitereien, von denen die Öffentlichkeit selten etwas erfährt, obwohl sie manchmal politische Auswirkungen haben. Es gibt kein Patentrezept. Die moderne Gesellschaft versucht, dem Prestigeproblem durch die von den Amerikanern erfundene Cocktailparty auszuweichen, bei der sich die Gäste, wie einstmals die Kurfürstin von Hannover und die Königin von Frankreich, stehend begegnen. Vielleicht ist das die angemessene Form einer egalitären demokratischen Geselligkeit, allerdings eine höchst ungesellige. *(1964)*

Historische Schlaglichter

Die *Daily-Telegraph*-Affäre

Reichskanzler Bülow war fleißig, aber nicht der Mann, der Tag und Nacht arbeitete... Dinge auf die leichte Schulter zu nehmen, entsprach ganz seiner Charakterveranlagung.

Kein Ereignis in der inneren Politik des Reiches unter Wilhelm II. beleuchtet so schlaglichtartig die maßgebenden politischen Faktoren jener Zeit wie die *Daily-Telegraph*-Affäre mit ihren Folgen. Plötzlich und unvorhergesehen wird durch die Publizierung des kaiserlichen Interviews und den darauf folgenden Aufruhr der öffentlichen Meinung der Schleier hinweggezogen, der bis dahin im einzelnen mehr oder minder eine Beurteilung des Kaisers, der Politik des Kanzlers und der Stellung des Reichstages nicht zuließ, und im entscheidenden Moment wird das politische Handeln dieser Faktoren allen sichtbar.

Gerade Ereignisse, die ein Volk wie den einzelnen Menschen unvorbereitet treffen, sind für den Historiker vor allem aufschlußreich und bieten für die Bewertung einer Zeit und ihrer Männer Anhaltspunkte, weil sie in vollem Maße den Charakter und die politischen Fähigkeiten, die politische Willensbildung, die Staatsauffassung der führenden Persönlichkeiten oder eines die Entscheidungen mittragenden Kollektivs sichtbar in Erscheinung treten lassen.

Nach seinem Besuch bei König Eduard VII. im Spätherbst 1907 begab sich der Kaiser für vier Wochen zur Erholung nach Highcliffe Castle auf der Insel Wight. Mit dessen Besitzer, dem englischen Oberst a.D. Stuart Worthley, führte er dort Gespräche über das Verhältnis zwischen Deutschland und England, die in einer Unterredung während der elsässischen Kaisermanöver fortgesetzt wurden. Höchstwahrscheinlich hat er damals dem englischen Oberst die Anregung und die Erlaubnis gegeben, die Gedankengänge und das Ergebnis der Unterhaltung, die bisher vertraulich geführt war, zu veröffentlichen.

Die englische Mißstimmung über die Burenpolitik der kaiserlichen Regierung war wohl im Schwinden begriffen, dafür hatte aber die Schwenkung der englischen Politik seit der Ablehnung ihres Bündnisangebotes seitens Deutschlands, die Annäherung an Frankreich, das Bündnis mit Japan und die Verständigung mit Rußland die deutschfeindliche Haltung der englischen öffentlichen Meinung verschärft. Hinzu kam die wirtschaftliche Rivalität zwischen den beiden Völkern, endlich vor allem auf englischer Seite die Furcht vor der deutschen Flotte, die durch die laute, gegen das Inselreich gerichtete Propaganda der für die Förderung der deutschen Seestreitkräfte eintretenden Vereine nur noch gewachsen war. Vergeblich hatte die englische liberale Regierung sich um ein Abkommen mit Deutschland über Einschränkung und Tempoverlangsamung des Flottenbaues bemüht. Alle Vorschläge waren an dem hartnäckigen Widerstand des Kaisers und des Großadmirals von Tirpitz gescheitert. In dieser Lage glaubte der Kaiser, durch eine persönliche Kundgebung versöhnlich auf die Stimmung des englischen Volkes wirken zu können. Oberst Stuart Worthley, ebenfalls von dem ehrlichen Willen beseelt, der Verständigung der beiden Völker zu dienen, nahm die kaiserliche Anregung auf und verarbeitete zusammen mit dem Journalisten Harold Spender von der Redaktion des *Daily Telegraph* die Mitteilungen Wilhelms II. zu einem Artikel und übersandte diesen am 23. September 1908 mit einem Begleitschreiben an den Kaiser, der sich damals zur Jagd in Rominten aufhielt.

Der Inhalt des Interviews, das hier als eine einzige Unterredung des deutschen Kaisers mit einem früheren englischen Diplomaten dargestellt wird, ist etwa folgender: Der Kaiser beklagt sich bitter über die deutschfeindliche Haltung der englischen Presse und des englischen Volkes. Er bezeichnet sich als einen aufrichtigen Freund Englands und verweist auf seine vielen Freundschaftsbezeugungen, zuletzt bei seiner Rede in der

»Guildhall« in London. Daher empfindet er die gehässigen Äußerungen der englischen Zeitungen als Beleidigung, die seinem aufrichtigen Friedenswillen mißtrauen und seine Freundschaftsangebote zurückweisen. Eine solche Einstellung bedeute eine starke Belastung seiner Geduld, und seine Lage werde um so mehr erschwert, als das in weiten Kreisen der mittleren und unteren Klassen des deutschen Volkes vorherrschende Gefühl kein für England freundschaftliches sei. So befinde er sich sozusagen in der Minderheit in seinem eigenen Land, aber diese sei eine aus den besten Elementen, gerade so wie es in England hinsichtlich der deutschfreundlichen Haltung der Fall sei. »Ich bemühe mich«, sagte er wörtlich, »fortgesetzt die Beziehungen zu verbessern, und Ihr erwidert, daß ich Euer Erzfeind sei.«

Die öffentliche Meinung Deutschlands sei im Gegensatz zur offiziellen Haltung des Reiches während des Burenkrieges englandfeindlich gewesen. Als die Abgesandten der Buren eine Intervention Europas anstrebten und in Frankreich und Holland gefeiert wurden, habe er, der Kaiser, abgelehnt, sie zu empfangen. Dadurch sei die Agitation zum Schweigen gebracht worden, die Burengesandten seien mit leeren Händen heimgegangen. »War das die Handlung eines heimlichen Feindes?« – so schließt der Kaiser diesen Abschnitt und fährt dann fort: Als der Burenkrieg auf seinem Höhepunkt gestanden habe, seien Rußland und Frankreich an Deutschland herangetreten, um mit diesem gemeinsam einen Druck auf England zur Beendigung dieses Krieges auszuüben. Beide Staaten hätten nicht nur die Burenrepublik zu retten, sondern England bis in den Staub zu demütigen beabsichtigt. Wilhelm II. habe darauf erwidert, daß Deutschland stets eine Politik von sich weisen würde, die es mit einer Seemacht wie England in Verwicklungen bringen könne. Er habe damals Eduard VII., seinem Onkel, der zu der Zeit noch »Prince of Wales« war, von seiner, des Kaisers, Antwort an die Großmächte sofort benachrichtigt. »Die Engländer, die mich heute beleidigen, indem sie an meinen Worten Zweifel hegen, sollten hieran erkennen, was meine Tat im Augenblick ihrer Niederlage für sie bedeutete.«

Als stärksten Beweis seiner Freundschaft für England führt

er dann an, daß er in den dunklen Unglückswochen des Burenkrieges im Dezember 1899 auf einen Brief voller Klagen und Sorgen seiner Großmutter, der Königin Viktoria, ihr einen neuen Feldzugsplan übersandt habe, den er nach dem Situationsplan eines von ihm zum Kriegsschauplatz entsandten Offiziers ausgearbeitet und seinem Generalstab zur Kritik unterbreitet habe. Ein merkwürdiges Zusammentreffen sei es gewesen, daß der Plan, den er als den besten ausgewählt habe, von Lord Roberts angenommen und glücklich von ihm ausgeführt worden sei. »Nur diejenigen«, so schloß der Kaiser das Interview, »werden mit Respekt gehört werden, die über eine starke Flotte verfügen, wenn über die Zukunft des Pazifischen Ozeans entschieden werden soll. Allein aus diesem Grunde muß Deutschland eine starke Flotte haben. England wird selbst vielleicht glücklich sein, wenn beide Länder gemeinsam auf derselben Seite ihre Stimmen erheben werden in den großen Debatten der Zukunft.«

Der Kaiser war hocherfreut nach dem Empfang der Sendung Worthleys über die schnelle Verwirklichung seiner Anregung und fand den Artikel gut geschrieben und dessen Wortlaut wahrheitsgetreu wiedergegeben. Konnte man schon bei der Durchsicht des Entwurfes der Vermutung Raum geben, daß die Gespräche des Kaisers teilweise wörtlich wiedergegeben seien – so sehr ähnelten sie in ihrer Formulierung anderen von ihm bisher bekannten Redewendungen –, so hat er durch die volle Billigung des Entwurfes, ohne daß er diesen an einer einzigen Stelle korrigiert hat, als Mensch materiell die volle Verantwortung übernommen.

Wie ein junger Mensch, der den anderen auf anständige Art im persönlichen Gespräch versöhnen will, indem er ihn auf seine ihm einst geleisteten Dienste hinweist und ihn rein gefühlsmäßig, ohne bestimmte Zusicherung zu geben, für die Freundschaft zu gewinnen trachtet, so spricht der »junge Kaiser«, wie er noch als Fünfzigjähriger bis zum Kriege genannt wurde, zum britischen Volk: »Ihr Engländer seid verrückt – ich bin Euer Freund.« Die häufigen und stark aufgetragenen Freundschaftsbezeugungen und dieser Ausdruck des Gekränktseins haben in der Kundgebung des Herrschers einer großen Nation gewiß keinen Platz. Dazu fehlt es in dem Interview nicht an Übertreibungen und an Darstellungen, die der Wahrheit nicht entsprechen; auch die wenigen Änderungen, die Geheimrat Klehmet vorgenommen hat, um die gröbsten Entgleisungen zu beseitigen, haben daran nichts geändert. Jegliche konkrete Andeutung eines Zusammengehens in Zukunft fehlt, und in dem einzigen Punkt, der dem Interview Gehalt hätte geben können, in der Flottenfrage, schweigt der Kaiser. Mit Recht hielt Sir Edward Grey, der damalige Staatssekretär des Auswärtigen, dem entgegen, »das Zusammenwirken in einer gegebenen Frage mache mehr Eindruck als allgemeine Versicherungen, die bald wieder vergessen sind«, womit er keineswegs nur die Flottenfrage meinte.

Des Kaisers Mitteilung von der beabsichtigten Intervention der beiden Großmächte Rußland und Frankreich während des Burenkrieges und der Haltung Deutschlands zu deren Vorschlägen mußte auf die öffentliche Meinung, die das Interview im allgemeinen mit Spott und Hohn aufnahm, ihre Wirkung verfehlen, in Rußland und Frankreich, aber auch bei den anderen, den Eindruck der Unzuverlässigkeit der deutschen Politik erwecken. Zwar war die Haltung der deutschen Regierung in dieser Frage schon seit längerem durch die Veröffentlichung eines von I. L. Bashford gezeichneten Aufsatzes über kaiserliche Äußerungen in der englischen illustrierten Zeitschrift *The Strand Magazin* und durch einen von dem damaligen Legationsrat Fritz Heilbron verfaßten, aber anonym erschienenen Artikel »Deutsche Intrigen gegen England während des Burenkrieges von einem Wissenden«, die beide dem Kaiser vorgelegt worden waren und dessen Zustimmung erfahren hatten, bekannt. Hier aber handelt es sich um eine kaiserliche Äußerung, die durch ihre amtliche Beglaubigung kein Dementi zuließ. Auch der Hinweis des Kaisers auf seine strategische Hilfe im Burenkrieg und auf die Übereinstimmung seiner Vorschläge mit dem Feldzugsplan von Lord Roberts war unglücklich; abgesehen davon, daß es sich nicht um einen ausgearbeiteten Feldzugsplan handelte, der dem Generalstab gar nicht zur

Kritik unterbreitet worden war, sondern nur um Aphorismen, mußte diese Darstellung in der Öffentlichkeit den Anschein erwecken, als ob die Engländer nicht in der Lage gewesen wären, von sich aus den Burenkrieg zu einem siegreichen Ende zu führen, und die Engländer daher in ihrem Selbstbewußtsein verletzen. Die gute Absicht des Kaisers wurde durch eine höchst ungeschickte Formulierung und eine allzu starke Farbenauftragung in ihr Gegenteil umgewandelt. Außenpolitische Folgen, allerdings auch nur für den Augenblick, hatte die Veröffentlichung lediglich in Japan, da durch den Hinweis auf die kommende Auseinandersetzung im Fernen Osten und das bedrohliche Anwachsen der japanischen Großmacht die beiderseitigen Beziehungen empfindlich geschädigt wurden.

Der ausgesprochen außenpolitische Inhalt des Interviews veranlaßte daher auch den Großadmiral von Tirpitz, der damals gleichfalls in Rominten weilte, und wahrscheinlich ebenfalls Freiherrn von Rücker-Jenisch, den Vertreter des Auswärtigen Amtes im kaiserlichen Gefolge, zu dem Vorschlag an den Kaiser, den Entwurf dem Kanzler zur Prüfung vorzulegen. Rükker-Jenisch hat, wie er selbst angibt, den Artikel durchgelesen und, ohne Bedenken gegen die Veröffentlichung überhaupt geltend zu machen, an einigen Stellen eine Korrektur als notwendig vorgeschlagen, weil diese »nicht mit den Tatsachen übereinstimmten«, worauf er den Monarchen auch hingewiesen hatte.

So schickte denn Rücker-Jenisch den Entwurf und das Begleitschreiben Worthleys an Bülow nach Norderney, wo sich der Kanzler damals zur Erholung aufhielt, mit dem Auftrag, den Entwurf durchzulesen und »ihm (Bülow) gutdünkende Veränderungen vorzunehmen«. Er betont dabei, daß diese Angelegenheit streng vertraulich und ohne Hinzuziehung des Auswärtigen Amtes allein von Bülow zu erledigen sei, und wiederholt diesen Wunsch des Kaisers in einem Postskriptum noch einmal ausdrücklich. Der Auftrag der strengsten Vertraulichkeit gibt zu der Vermutung Anlaß, daß der Kaiser sich in seinem Entschluß und der Beurteilung des Interviews nicht ganz sicher fühlte. Aus einer gewissen Vorsicht heraus wollte er erst Bülows Meinung hören, zu dem er damals noch in einem engen freundschaftlichen Verhältnis stand und dessen etwaige Ablehnung sein Selbstgefühl nicht so verletzt hätte, wie wenn diese von einem Kreis von Beamten des Auswärtigen Amtes ausgegangen wäre.

Fürst Bülow kehrte sich nicht an den Wunsch Wilhelms II., sondern schickte am 2. Oktober gleich nach Empfang der Sendung den Entwurf, ohne ihn, wie er angibt, gelesen zu haben, an das Auswärtige Amt. Er gab den Auftrag, »den Artikel sorgsam zu prüfen ... die wünschenswerten Korrekturen, Zusätze und Weglassungen eintragen zu lassen...«. »Ich bitte«, so schloß Bülow sein Schreiben, »um strengste Geheimhaltung und möglichste Beschleunigung der Übersendung an mich.« Bülow hatte den Brief Rücker-Jenischs mit einer Reihe von Anmerkungen und Strichen versehen, während der mit Schreibmaschine geschriebene Text des Entwurfs Worthleys keine Spur hiervon zeigte. Die Zeilen Bülows an das Auswärtige Amt waren mit Blaustift schnell hingeschrieben worden.

Da der Staatssekretär des Auswärtigen Amtes, Freiherr von Schoen, auf Urlaub war, ging die Sendung an seinen Stellvertreter, den Unterstaatssekretär Stemrich, der die betreffenden Aktenstücke an den Vortragenden Rat in der politischen Abteilung, Klehmet, weitergab. Klehmet glaubte seine Aufgabe aufgrund des Briefes von Rücker-Jenisch an Bülow und dessen Zeilen an das Auswärtige Amt eng umgrenzen und sich bei der Durchsicht auf die Korrektur der sachlichen Unrichtigkeiten beschränken zu müssen, obwohl ihm Stemrich die ungewöhnliche Art des Auftrages, allerdings mit unklaren Worten, angedeutet hatte und ihm der Wortlaut des Bülowschen Briefes bei einigermaßen selbständiger Auffassung einen ziemlich weiten Spielraum ließ. Klehmet, der später zum Sündenbock gestempelt wurde, hat sich in zwei Denkschriften ausführlich verteidigt. Eine Schuld trifft ihn insofern nicht, als er sich seines Auftrages, der von Bülow leichtfertig formuliert war, gewissenhaft und pflichtgemäß entledigt hatte. Trotzdem zeugt seine Handlungsweise von einer recht subalternen Berufsauffassung. Wenn er selbst, wie er zugibt, starke Bedenken gegen die geplante Veröffentlichung hatte, so hätte sich wohl ein Weg finden lassen müssen, um dieser Ansicht vorsichtig Gehör zu verschaffen. Es fehlten ihm, wie auch manchem anderen höheren Beamten jener Zeit, die Verantwortungsfreudigkeit, der politische Blick und die Courage zu selbständigem Handeln. Mit Recht sagte Bassermann zu dem Fall Klehmet in seiner großen Rede am 10. September 1908: »Es hat sich eben das System der Mittelmäßigkeiten gerächt, und ich hoffe, daß daran künftig kräftig Wandel geschaffen wird. Daran ist nicht der geringste Zweifel, daß, wenn diese Prüfung anstelle offenbar ungeeigneter Persönlichkeiten im Auswärtigen Amt beispielsweise tüchtigen Offizieren des deutschen Generalstabes oder Admiralstabes übertragen worden wäre, derartige Dinge nicht passiert wären.«

So ging das Interview mit einem von Klehmet aufgesetzten und von Stemrich, der dieses anscheinend nicht gelesen hatte, unterzeichneten Brief am 5. Oktober an Bülow nach Norderney zurück. Am 6. Oktober diktierte Bülow dem Gesandten von Müller, der sich in seiner Begleitung befand, mit einer Reihe von anderen Entwürfen auch den eines Antwortschreibens auf den Brief des Freiherrn von Rücker-Jenisch und übergab nach Beendigung des Diktats dem Gesandten die Sendung Stemrichs mit dem Auftrage, mit der Abschickung des Briefes nebst den Anlagen zu warten, bis die fehlende Abschrift des Manuskriptes, die für den Kaiser zurückbehalten werden sollte und am Abend noch nicht fertiggestellt war, eingetroffen sei. Aus dem Antwortschreiben Bülows ging mit deutlichen Worten hervor, daß Bülow »ganz nach den allerhöchsten Befehlen verfahren habe«. Im übrigen übernahm der Kanzler in seinem Brief die von Klehmet vorgeschlagenen Abänderungen wörtlich. Am 10. Oktober erhielt er die Sendung aus dem Auswärtigen Amt und paraphierte das von Müller aufgesetzte Reinkonzept, das mit der Anlage wieder nach Berlin geschickt und dort ins Reine geschrieben sowie von ihm unterzeichnet werden sollte. Müller steckte in Gegenwart des Kanzlers sogleich nach der Paraphierung die verschiedenen Teile ins Kuvert und ließ den Brief noch am selben Tag nach Berlin befördern. Er war in diesen Tagen sehr in Anspruch genommen und hatte daher keine Zeit gefunden, den Artikel wörtlich zu lesen, er glaubte sich hierzu auch nicht berechtigt, weil Bülow ihm keinen Auftrag gegeben hatte und nach dem Wortlaut des Briefes an Rükker-Jenisch den Entwurf durchgelesen und genehmigt zu haben schien. Selbst wenn er es gelesen hätte, so erklärte Müller, hätte er seine Absicht der des Fürsten ohne weiteres untergeordnet. Auch hier kommt dieselbe Auffassung zum Ausdruck wie bei Klehmet. Bülow hat später sowohl in den Randbemerkungen zu der Rechtfertigungseingabe Müllers vom 8. Dezember 1908 als auch in einem Gespräch mit dem Staatssekretär von Schoen vom 22. Oktober 1909 betont, daß er dem Gesandten den strikten Auftrag zur Prüfung des Entwurfes gegeben habe. Hier steht Aussage gegen Aussage.

Bülow hat später in dem Schreiben vom 30. Oktober an Wilhelm II. behauptet, daß er vom Inhalt des Interviews erst durch die Veröffentlichung des *Daily Telegraph* am 28. Oktober Kenntnis erhalten habe. Hier erhebt sich nun für die Persönlichkeit des Kanzlers die entscheidende Frage: Hat er den Entwurf gelesen, oder hat er ihn tatsächlich weder in Norderney noch in Berlin prüfend durchgesehen?

Geheimrat Hammann, damals Pressechef, behauptet, daß Bülow vor der Veröffentlichung keine Kenntnis von dem Inhalt besessen habe. Vor allem aber teilt auch der damalige Unterstaatssekretär von Loebell, wie er mir mitteilte, Hammanns Ansicht, und letzterer sagt selbst im *Roten Tag:* kaum einem unter den »acht Beamten (Bethmann, Schoen, Stemrich, Loebell, Rücker-Jenisch, Müller sowie Hammann und Klehmet) sei es eingefallen, an den Worten des Kanzlers zu zweifeln«. Auch der Gesandte von Müller, dem der Kanzler später schwere Vorwürfe direkt und indirekt gemacht zu haben schien, wie aus dessen Eingabe hervorgeht, antwortete dem Kaiser, der als Kavalier und Gentleman an seine Treue appellierte, auf dessen Frage, ob Bülow das Manuskript gelesen habe, er neige eher zu der Überzeugung, daß Bülow das nicht getan habe. Es ist daher bezeichnend, daß sich unter den vielen kaiserlichen Randbemerkungen, die den von Bethmann Hollweg in einem ausführlichen Telegramm an Wilhelm II. wiedergegebenen Behauptungen Bülows über dessen Beteiligung an der *Daily-Telegraph*-Affäre meist widersprechen, sich keine findet, die einen Verdacht in dieser Beziehung erhebt.

Die hier angeführten Anhaltspunkte sprechen deutlich dafür, daß Bülow das Manuskript nicht gelesen hat. Die von Bülow selbst gegebene Schilderung entspricht wohl der Wahrheit, daß in diesem Falle Nachlässigkeit vorliegt. Der Kanzler war in Norderney durch die bosnische Krise sehr beschäftigt, durch die Vorbereitung der Reichsfinanzreform und die bevorstehende Beendigung seines Urlaubs, also in Tagen, wo noch eine Reihe von Sachen zur Erledigung drängten, mit Arbeit überhäuft. Reichskanzler Bülow war fleißig, aber nicht der Mann, der Tag und Nacht arbeitete; vor allem besaß er nicht in dem hohen Maße das preußische Pflichtgefühl wie das Gros des Beamtentums. Da er häufig vom Kaiser Denkschriften und Aufzeichnungen, denen er mit der Zeit nicht immer allzu großen Wert beimaß, zur Durchsicht erhielt, glaubte er, den kaiserlichen Befehl umgehen und sich entlasten zu können, wenn er das Interview zur Prüfung an das Auswärtige Amt schickte. Dinge auf die leichte Schulter zu nehmen entsprach ja ganz seiner Charakterveranlagung. Daß der Entwurf mit schlechter Schrift niedergeschrieben sei, ist unrichtig, vielmehr war er mit der Schreibmaschine übertragen. Allerdings beherrschte Bülow die englische Sprache nicht so wie die französische, und um sich Mühe zu ersparen, die Erledigung zu verschieben und wahrscheinlich auch in der Absicht, später den Artikel selbst noch einmal durchzulesen, gab er diesen an das Auswärtige Amt weiter. Im Drang der Geschäfte ist er dann nach der Rücksendung in Norderney und ebenfalls in Berlin nicht mehr zur Durchsicht gekommen. Zwar behauptete er am 11. Oktober, als er den Kaiser in Berlin zum erstenmal wiedersah, auf dessen Frage, daß er den Vorschriften entsprochen habe; aber hier wird es sich wohl um eine Notlüge gehandelt haben, die er selbst bald wieder vergessen hat.

Für die Beurteilung Bülows kommt es darauf an, wie er sich zu der überraschend geschaffenen Situation stellte. Er konnte den Rückzug nach der verlorenen Schlacht decken und sich schützend vor seinen kaiserlichen Herrn stellen; er konnte versuchen, durch die gefährlichen Klippen geschickt hindurch zu lavieren, und es war ihm die Gelegenheit gegeben, den Kaiser in seinem persönlichen Regiment zu beschränken, was man schon seit langem von ihm erwartete. Bülow suchte alle drei Möglichkeiten miteinander zu vereinen; auch jetzt hatte er kein bestimmtes Ziel im Auge und nahm keine feste Haltung ein, sondern ließ sich von den Ereignissen und Eingebungen des Augenblicks führen.

Am 11. Oktober war der Reichskanzler nach Berlin zurückgekehrt und hatte am Vormittag mit dem Kaiser kurz über die fragliche Angelegenheit gesprochen. Am Abend desselben Tages war Freiherr von Schoen, dem kurz vorher der Entwurf und die Anlagen vorgelegt worden waren, die er aber nicht hat durchsehen können, bei ihm zum Vortrag erschienen. Als Schoen dem Kanzler das Aktenstück übergab, erklärte dieser, »es sei eine Sache, die er selbst erledigt hätte«, und nahm es an sich. Mehr als 14 Tage wurde diese Angelegenheit nicht mehr erwähnt; sie schien vergessen zu sein, als am 28. Oktober der *Daily Telegraph* das Interview wörtlich, nur mit Auslassung einiger weniger unwesentlicher Stellen, veröffentlichte.

Das Wolffsche Telegraphenbureau hatte am Morgen des 28. Oktober schon auf telegraphischem Wege einen Auszug des Interviews erhalten und legte dies jetzt dem Auswärtigen Amt mit der Frage vor, ob es veröffentlicht werden solle. Dadurch würde das Interview den Charakter der Authentizität erhalten. Hammann war anfänglich für ein Dementi, gewann aber dann bei näherer Überlegung und nach sorgfältiger Durchsicht den Eindruck, daß sich das Interview nicht unterdrücken lasse. Diese Auffassung geht deutlich aus einer Aufzeichnung des Pressechefs hervor, die er bald nach dem Empfang der Sendung des Wolffschen Telegraphenbureaus, bevor er mit anderen Fühlung genommen hatte, niedergeschrieben hat: »Unterdrükken läßt sich die Sache natürlich nicht. Wenn Wolff das Telegramm aber veröffentlicht, so wird der Inhalt für echt genommen. Veröffentlicht er nicht, so wird er von den Blättern, namentlich ohne eigenen Korrespondenten in London, angegriffen werden. Vielleicht empfiehlt es sich, eventuell nach Vortrag bei Sr. Durchlaucht, mit ›ja‹ zu antworten und gleichzeitig dafür zu sorgen, daß in den Abendblättern gesagt wird: die Verantwortung für die Richtigkeit trage der Daily Telegraph. Bestätigung von deutscher Seite sei abzuwarten.«

Schoen dagegen, der nicht die Presseerfahrung besaß wie der alte Journalist Hammann, hatte sich für ein glattes Dementi entschieden. In einer Besprechung mit Schoen am Mittag des 28. machte Hammann seine in den Aufzeichnungen festgelegte Ansicht geltend, und der Staatssekretär zog, bevor er einen endgültigen Entschluß faßte, noch Erkundigungen beim Referenten der politischen Abteilung, Geheimrat Klehmet, ein. Erst als beide von diesem die offizielle Mitwirkung des Auswärtigen Amtes erfuhren, entschieden sie sich für die Veröffentlichung durch das W.T.B., und zwar jetzt ohne Vorbehalt. Die einzelnen Phasen der Überlegungen, die diesem Entschluß vorangingen, sind aus den Darstellungen Hammanns und Schoens nicht ganz klar zu entnehmen, was erklärlich ist, da die Ereignisse hier sehr stark zusammengezogen und teilweise erst nach einem Jahrzehnt und später niedergeschrieben sind. Macht sich daher auch eine Reihe von Widersprüchen bemerkbar, so stimmen beide doch in der Grundtatsache überein, daß Hammann für eine Veröffentlichung mit Vorbehalt eintrat, aber auf die Nachricht von der Vereinbarung zwischen Kaiser und Kanzler sich mit Schoen zusammen für eine rückhaltlose Publizierung entschloß. Dieser Entschluß stand fest, bevor Bülow von der ganzen Angelegenheit etwas erfahren hatte.

Als Ergänzung zu den Darstellungen Hammanns konnte ich dessen unveröffentlichtes Tagebuch einsehen, in dem er Weihnachten 1908 Aufzeichnungen über diese Affäre gemacht hat. Auch hieraus geht deutlich hervor, daß Hammann anfänglich für ein Dementi und dann für eine Veröffentlichung mit Vorbehalt war. Durch die Meldung Klehmets ist erst die neue Entscheidung, der Schoen anscheinend sogleich beigestimmt hat, hervorgerufen worden.

Nun waren Hammann und Schoen in gleicher Weise mit der Angelegenheit beschäftigt; sie waren während der Prüfung des

Entwurfs auf Urlaub gewesen und hatten jetzt gemeinsam einen Entschluß gefaßt, den sie Bülow vorzulegen hatten. Allerdings scheint Hammann den Anstoß hierfür gegeben zu haben. Seine Bedeutung für die Politik des Reiches unterschätzt man vielfach. Er war der Dienstälteste von allen Beamten um den Reichskanzler nach dem Abgang Holsteins und besaß als solcher eine reiche politische Erfahrung. Da ein beratendes Gremium wie das Reichskabinett damals fehlte, wurde er vom Kanzler zur Beratung mit dem jeweiligen Unterstaatssekretär bei den wichtigsten Entscheidungen hinzugezogen. Neben seiner unbestreitbar reichen Erfahrung und seiner taktischen Klugheit war ihm ein feines Gefühl für politische Stimmungen und Strömungen eigen. Es war verständlich, wenn er hier, vor allem, wo es sich um eine Presseangelegenheit handelte, mehr als die anderen den Ausschlag gab.

Das kaiserliche Hoflager befand sich damals in Wernigerode, und auf eine Presseanfrage hin hätte die Umgebung Wilhelms II. auf die Einwilligung des Kanzlers, von dessen Kenntnisnahme und Prüfung sie überzeugt war, jeden Augenblick hinweisen können. Wenn dies auch telegraphisch zu verhindern gewesen wäre, so wog das andere Bedenken weit schwerer. Das Interview machte einen so starken Eindruck der Glaubwürdigkeit, daß es auch ohne amtliche Veröffentlichung Aufsehen erregen mußte, weil, wie Hammann sagt, die großen deutschen Zeitungen Korrespondenten in London hatten, die das Kaisergespräch ihren Blättern sicherlich nicht vorenthalten hätten. Es war die Frage, ob der *Daily Telegraph*, eine angesehene und bekannte englische Zeitung, trotz des Versprechens des Obersten Worthley ein deutsches amtliches Dementi ohne weiteres hinnehmen würde. Auch erscheint es mir zweifelhaft, ob Hammann die aus dem Brief des Obersten Worthley ersichtlichen Einzelheiten über die geplante Veröffentlichung bekannt waren. Man muß bedenken, daß der Entschluß in Eile gefaßt werden mußte. W. T. B. drängte, in der *B. Z. am Mittag* war das Interview schon abgedruckt, so daß zu einem sorgfältigen Studium und einer eingehenden Beratung keine Zeit mehr war.

Indem man mit offenen Karten spielte, glaubte man retten zu können, was zu retten war. Für Hammann mochte bei seinem Entschluß noch seine berufliche Verbundenheit mit der Presse maßgebend gewesen sein, so daß er von einem Dementi einen schweren Prestigeverlust für das Wolffsche Telegraphenbureau befürchten mußte. Diese Gründe, die große Eile, die zur Entscheidung drängte, und die Überraschung über das bisher unbekannte Interview lassen den Beschluß zur Veröffentlichung nicht mehr in dem schlechten Licht erscheinen, in dem er bisher vielfach gesehen wurde. Vor allem aber kann man wohl sagen, daß der Entschluß zur Veröffentlichung in der ehrlichen Absicht gefaßt ist, das Übel so weit zu mildern, wie es nur irgend möglich war.

Bülow selbst ist an der Zustimmung zur Publizierung nur insofern beteiligt, als er sie als letzte Instanz genehmigte, in dem Sinne, wie es Hammann und Schoen vorgeschlagen hatten. Er war innerlich überrascht, da ihm der Inhalt bisher nicht bekannt war und er die Folgen keineswegs erwartet hatte. Er fügte sich den Vorschlägen seiner beiden Mitarbeiter ohne weiteres, nachdem er sich von Klehmet nochmals die Übereinstimmung des Textes im *Daily Telegraph* mit dem Entwurf hatte bezeugen lassen. Am 29. und 30. Oktober fand je eine Besprechung beim Reichskanzler statt, an der Schoen, Hammann und Loebell teilnahmen. Näheres erfuhr ich auch durch Mitteilungen von Exzellenz Loebell und aus dem unveröffentlichten Tagebuch Hammanns. Hammann und Loebell waren der Ansicht, daß Bülow den Kaiser zu decken, ihn »herauszukaufen« habe, nachdem durch sein Verschulden die ganze Affäre überhaupt entstanden wäre. Der Kanzler war zur formellen Verteidigung durchaus bereit, nicht aber zur materiellen, da das Gespräch in mehreren Punkten in ausgesprochenem Gegensatz zu der von ihm bisher geführten Politik stehe. Auch wollte er nur die Verantwortung und nicht die Schuld, die er tatsächlich ganz allein trug, übernehmen. So gelang es weder Schoen noch Hammann, den Kanzler zu bewegen, das Auswärtige Amt in der für die *Norddeutsche Allgemeine Zeitung* bestimmten Erklärung über die Vorgänge, die zur Veröffentlichung geführt hatten, nicht zu erwähnen. Im Gegenteil kam in der Erklärung zum Ausdruck, daß das Auswärtige Amt gegen die Veröffentlichung keine Bedenken erhoben habe, ohne daß von dem kaiserlichen Auftrag an Bülow überhaupt die Rede war. Im übrigen ging auf besonderen Wunsch des Kaisers aus der Erklärung hervor, daß die Veröffentlichung auf englischen Wunsch geschehen sei, um der Verständigung der beiden Völker zu dienen, und daß Bülow als verantwortlicher Reichskanzler sein Abschiedsgesuch eingereicht habe. Der Kaiser, so schloß die Erklärung, habe diesem Gesuch keine Folge gegeben, jedoch auf Antrag des Reichskanzlers genehmigt, daß dieser durch Veröffentlichung des oben dargestellten Sachverhaltes in die Lage versetzt werde, den ungerechten Angriffen auf den Kaiser den Boden zu entziehen.

Mit dieser Erklärung, die zur Beruhigung der Presse wahrhaftig nicht dienen konnte, beginnt die Politik Bülows zwischen der Treue zu seinem kaiserlichen Herrn und der Volksgunst zu schwanken; er konnte nur einen der beiden Wege gehen, statt dessen suchte er den zwischen beiden zu beschreiten, einmal hier-, einmal dorthin neigend.

Damals bei der Unterredung mit seinen engsten Mitarbeitern am 30. Oktober scheint er zum ersten Male den Gedanken erwogen zu haben, auf den Kaiser bei dieser Gelegenheit einen pädagogischen Druck auszuüben und ihn zur Aufgabe des persönlichen Regiments zu bewegen, wenn er sagt: »So schlimm eine Sache sei, sie habe doch in der Regel auch eine gute Seite, man könnte diese auch so gestalten, daß sie nicht ohne gute Wirkung verlaufe.« Eine derartige Absicht hatte er schon lange gehabt, wie sich aus den Gesprächen Bülows mit Bassermann feststellen läßt. Allerdings hatte der Kanzler geglaubt, daß sich eine Einwirkung auf Wilhelm II. in einer anderen Form und unter anderen Verhältnissen vollziehen würde. Jetzt aber hatte er den ungünstigsten Moment gewählt, denn der Kaiser hatte konstitutionell korrekt gehandelt, Bülow aber hatte sich eine Fahrlässigkeit zuschulden kommen lassen, auf die hin der Kaiser ihn mit vollem Recht hätte entlassen können, zumal wenn der Fürst ihm Vorhaltungen machen würde.

Der Monarch hat diese erste Möglichkeit vorübergehen lassen und scheint dem Kanzler seine Nachlässigkeit nicht allzu schwer verdacht und leicht verziehen zu haben. Er scheute einen Kanzlerwechsel und vertraute auf Bülows bewährte Geschicklichkeit, daß die Affäre schnell beigelegt würde. Auch sah Wilhelm II. die Lage, wie aus einem Gespräch mit Schoen vom 30. Oktober hervorgeht, nicht so ernst an, wie sie tatsächlich war. Sein gewohnter oberflächlicher Optimismus und sein bekanntes Selbstgefühl täuschten ihn anfangs über die schwerwiegenden Folgen seines Interviews hinweg, obwohl die deutsche Presse eine geradezu ablehnende Haltung gegenüber seiner Person einnahm, wie es seit Bestehen des Reiches noch nie einem Monarchen gegenüber geschehen war. Zu oft war der Kaiser in den zwanzig Jahren seiner Regierung, wenn auch stets mit guter Absicht, aber ohne Überlegung, zum Schaden der Nation hervorgetreten. Alle Gravamina, die zur Zeit ihres Geschehens nur eine augenblickliche Verärgerung hervorgerufen hatten, wurden jetzt wieder und mit stärkerer Kritik vorgebracht als ehedem: so die Umsturz- und die Schwarzseherrede, die Krügerdepesche und das Wort: »Völker Europas, wahrt Eure heiligsten Güter«, der Lippische Erbfolgestreit und die Swinemünder Depesche. Die Erregung, wie sie hier zum Ausdruck kam, nahm in der Presse und in den eigens zu diesem Zweck einberufenen politischen Versammlungen von den Konservativen bis zu den Sozialdemokraten eine Form an, wie sie bisher noch nicht dagewesen war. Sie war die Folge einer zwangsläufigen Entwicklung und wäre, wenn nicht jetzt, so bei einem anderen Anlaß an die Öffentlichkeit getreten.

Die Kluft zwischen der Herrscherauffassung Wilhelms II. und der allgemeinen politischen Tendenz war immer tiefer geworden. Nicht gegen die Politik des Kaisers an sich richtete sich die Mißstimmung, sondern gegen seine politischen Methoden; da diese durch das Interview umfassend und sinnfällig in Erscheinung getreten waren, kam es jetzt zu einer Revolution der öffentlichen Meinung, von der auch der einzelne Deutsche ergriffen wurde, wie man dies gerade aus Privatbriefen von unbedingt monarchisch gesinnten Personen an Abgeordnete feststellen kann. Diese Kreise fürchteten für die Geltung des monarchischen Gedankens.

Die Taktik der Regierung, durch die amtliche Veröffentlichung und durch ein offenes Bekenntnis die ganze Angelegenheit als ungefährlich hinzustellen, war nicht gelungen. Zwar hatte Hammann anfangs mit Erfolg die ihm nahestehende Presse, darunter die *Kölnische Zeitung*, die *Münchener Neuesten Nachrichten,* die *Nationalzeitung* und die *Magdeburgische Zeitung*, in kaiserfreundlichem Sinne zu beeinflussen gesucht. Auch das *Berliner Tageblatt* fand zuerst lobende Worte für das Interview, wenn es sagt: »Der Eindruck der kaiserlichen Äußerungen ist nachhaltig und vorzüglich« (29. Oktober); seine kritische Haltung gegenüber Wilhelm II. hatte das demokratische Blatt hier hinter seine völkerversöhnende Tendenz zurückgestellt. Aber die Stimmen dieser Zeitungen gingen unter in der allgemeinen zunehmenden Erregung der öffentlichen Meinung. Sie richtete sich vornehmlich gegen den Kaiser, dann aber auch vor allem von nationalliberaler Seite gegen den Kanzler, dessen Rücktritt gefordert wurde (so die *Leipziger Neuesten Nachrichten* und der *Hannoversche Courier*); doch dieses Verlangen tauchte nur vorübergehend auf, um dann gleich wieder fallengelassen zu werden. Man war sich im allgemeinen klar darüber, daß der Rücktritt Bülows im Augenblick nur das Unglück vergrößern würde. Selbst Hammann, der ein Interesse an einem möglichst ruhigen Ablauf der Affäre haben mußte, war es also nicht gelungen, über den Kreis der ihm nahestehenden Blätter hinaus, und hier auch nur für kurze Zeit, einzuwirken.

Bülow hatte in den ersten Novembertagen keineswegs die Absicht gehabt, die Person des Kaisers in die öffentliche Diskussion hineinzuziehen und selbst öffentlich als Interpret der Presse den Kaiser auf die Notwendigkeit der Einschränkung des persönlichen Regiments hinzuweisen; diese Einwirkung behielt er wohl einer persönlichen Unterredung vor und sah nur in der durch die *Daily-Telegraph*-Veröffentlichung hervorgerufenen Lage politisch und psychologisch eine geeignete Gelegenheit. In diesem Sinne sind auch die Worte Bülows an Schoen zu verstehen, daß diese Affäre »auch ihre gute Seite« habe.

Deutlich aber geht seine Haltung aus dem ersten Entwurf der Rede hervor, die der Kanzler als Erwiderung auf die Interpellationen der Parteien im Reichstag zu halten gedachte. Dieser Entwurf ist am 2. November vom Pressedezernat aufgesetzt, von Hammann korrigiert und von Bülow durchgelesen worden, wie man aus den einzelnen Randbemerkungen feststellen kann. Hier verteidigte Bülow sowohl materiell den Inhalt des Interviews und formell die Unterredung des Kaisers weit mehr, als er es nachher in seiner Rede vor dem Reichstag getan hat. Vor allem desavouierte er nicht die kaiserlichen Äußerungen und unterließ die Drohung, daß, wenn der Monarch sich nicht mehr Zurückhaltung auferlege, weder er noch seine Nachfolger die Verantwortung zu tragen vermöchten. Er selbst bekannte sich hier als schuldig, während er später nur die Verantwortung auf sich nahm, und verteidigte beredt und eingehend das Auswärtige Amt. Die eigentliche Tendenz aber der Rede ging dahin, daß er die deutsche, und zwar, wie er sagte, die nationale Presse – also die den Konservativen und den Nationalliberalen nahestehenden Zeitungen – beschuldigte, daß sie durch ihre Fassungslosigkeit und ihren Mangel an Disziplin und an Verantwortungsbewußtsein, durch vollkommen ungerechtfertigte und beschämende Angriffe auf den Herrscher die Affäre zu einer Katastrophe hätten werden lassen und dem Ausland ein geradezu beschämendes Bild geboten hätten.

Einige Sätze mögen als Beispiele zitiert sein: »Ich glaube nun, daß die Privatgespräche im vorliegenden Falle auf die Gentlemen, mit denen sie geführt wurden, den besten Eindruck gemacht hatten. Die schlimme Wirkung trat erst ein nach der Veröffentlichung. Aber wenn man von Taktik, von Maßhalten, kluger Selbstbeschränkung, geschickter Berechnung jedes Wortes auf seine Wirkung nach außen hin spricht, so muß ich doch fragen: wo war das Maßhalten, die kluge Berechnung, die Würde, als erst der Artikel und dann das grobe Verstehen bei der Behandlung des Manuskriptes bekannt wurden? Statt dessen hat man unseren Gegnern im Auslande die Arbeit leicht gemacht. Sie brauchten nur zu den Artikeln unserer nationalen Blätter zu greifen und fanden alles fertig, was sie brauchten.«

Und weiter heißt es dann: »Haben Sie die Presse des Auslandes, die uns feindlich gesinnt ist, gelesen, gesehen, wie sie sich freut..., daß Deutsche nichts besseres zu tun haben, als ihren Monarchen herunterzureißen und seine Stellung zu schwächen, denselben Herrscher, der sich zur Zeit der Burenbegeisterung doch viel weitsichtiger erwiesen hat als die eifrigsten Kritiker seiner Privatgespräche?«

Bülow hat den Entwurf, von dem sich eine Reihe von Stellen in der wirklich gehaltenen Rede wörtlich wiederfinden, angenommen. Dieser Entwurf aber schließt die Annahme aus, daß Bülow und Hammann, von dessen Hand die meisten eben angeführten Sätze geschrieben sind, einen öffentlichen Druck auf den Kaiser ausüben wollten.

Die Ereignisse sind es gewesen, die den Kanzler bestimmten, den Entwurf fallenzulassen. Trotz des Pressesturms hatte er bisher geglaubt, die Rede in dieser Form halten und sich dabei auf die Konservativen, das rechte Zentrum und wahrscheinlich auch auf die Nationalliberalen stützen zu können. Da gab am 6. November der Vorstand der konservativen Partei, der Partei der überzeugten Monarchisten, die die vornehmste und sicherste Stütze des preußischen Königtums der Hohenzollern im Parlament war, eine Erklärung an die Öffentlichkeit, in der er mit deutlichen Worten bei aller Ehrerbietung eine größere Zurückhaltung vom Kaiser im Interesse von Reich und Volk erwartete. Das überraschende und ungewöhnliche Vorgehen dieser Partei, aus deren Reihen der König fast alle hohen Staats- und Hofämter besetzte, für die der Monarch unantastbar war, gegen den jede Kritik schweigen mußte, verletzte nicht nur tief auf Jahre hinaus den Kaiser, sondern sollte auch den Anstoß geben zur Wandlung der Politik des Kanzlers.

Auch der damalige Staatssekretär des Innern, v. Bethmann Hollweg, hatte bei seinen Besprechungen mit den Parteiführern eine ungewöhnlich starke Mißstimmung gegen den Kaiser bei allen Fraktionen, auch bei den Konservativen, feststellen müssen, so daß man von der bisher geplanten Rede weniger eine Beruhigung als eine weitere, noch stärkere Erregung erwarten und überdies befürchten mußte, daß der Reichstag, wie es von einigen Parteien beabsichtigt war, an den Kaiser eine Adresse richten würde. Aus dieser Erkenntnis heraus mußte die Fanfare zur Chamade werden, wie Hammann es treffend genannt hat. So ließ sich Bülow in einer Besprechung, in der das Wort von Bethmann fiel: »Durchlaucht, bedenken Sie, Sie sind nicht Hof-, sondern Reichskanzler«, von diesem und von Hammann gerade mit Hinweis auf die zutage getretene Auffassung der Konservativen von der Notwendigkeit einer grundlegenden Änderung des Entwurfes überzeugen.

Im Reichstag hielt Bülow dann eine kurze Rede, die für den Kaiser eine deutliche Warnung enthielt, ohne ihn genügend zu decken. Die Rede fand in der Presse damals im allgemeinen Zustimmung, und Heydebrand, der Führer der Konservativen, der sonst sehr zurückhaltend mit seinem Lob war, bezeichnete diese Rede Loebell gegenüber als die beste, die Bülow bisher gehalten hätte. Wie die Konservativen am ersten Tag der Interpellation mit ihrer Kritik bis zu einem gewissen Grade nicht zurückhielten, so hielten die anderen Parteien in ihren Vorwürfen die richtigen Grenzen ein.

Erst am nächsten Tag, bei den Reden der zweiten Garnitur, nahm die Debatte die unwürdige Form an, die dem Ansehen des Reichstages abträglich war; anstelle fachlicher Kritik traten vor allem in den Reden des Antisemiten Liebermann von Sonnenberg würdelose und unverantwortliche Angriffe gegen den Monarchen. Aber obwohl der Entwurf für die zweite geplante Rede vorlag, unterließ es Bülow, das Wort zu nehmen. Des Reichstages hatte sich bei einer großen Reihe seiner Mitglieder eine an Albernheit grenzende Stimmung bemächtigt, die durch die Rede des stellvertretenden Staatssekretärs von Kiderlen-Wächter hervorgerufen war. Anlaß gab dazu einmal dessen gelbe Weste, dann aber auch seine in unverfälschtem schwäbischen Dialekt vorgetragene und recht ungeschickt formulierte Rede.

Bülow fürchtete, derselben Lächerlichkeit anheimzufallen, und glaubte, damit auch dem Kaiser nicht zu dienen. Obwohl er von verschiedenen Abgeordneten und von seinen engsten Mitarbeitern Loebell und Hammann bestürmt wurde zu sprechen, beharrte er auf seinem Standpunkt und wurde hierin noch von Bethmann bestärkt. Nicht irgendeine Absicht gegen den Kaiser, sondern eigene Schwäche veranlaßte ihn zu schweigen. Hier zeigte sich deutlich die Persönlichkeit Bülows, er traute sich das eigene Schwergewicht nicht zu, wirksam für den Kaiser eintreten zu können; überraschenden Situationen war er nicht gewachsen, es mußte bei ihm alles vorbereitet sein. Weder seine Nachlässigkeit bei der Prüfung des Interviews noch die ungeschickte Erklärung vom 31. Oktober in der *Norddeutschen Allgemeinen Zeitung* sowie seine Rede im Reichstag hatte ihm der Kaiser verargt; was er ihm nie verziehen hat, war, daß er ihn, den Kaiser, in diesem unglückseligen Augenblick im Stich gelassen hat. Hier liegt der Anlaß zu der Entfremdung und zu dem Zwiespalt zwischen Kaiser und Kanzler.

Wilhelm II. hielt sich zu dieser Zeit in Donaueschingen auf, wo er Gast des Fürsten Fürstenberg war. Bülow hatte ihm geraten, die Reise trotz der *Daily-Telegraph*-Affäre nicht aufzugeben, weil er bei der selbständigen, oft unberechenbaren und übereilten Art des Kaisers dessen Eingreifen befürchten zu müssen und selbst in seinen Entscheidungen nicht frei sein zu können annahm. Entgegen einer Anregung der Kaiserin, die bei der wachsenden Erregung von der Notwendigkeit der Rückkehr ihres Gemahls überzeugt war, unterließ es der Kanzler, dem Herrscher einen entsprechenden Vorschlag zu unterbreiten. Die täglich veröffentlichten Hofberichte während dieser ernsten Tage konnten die Sorgen des Volkes nicht beheben, sondern es mußte sie verstärken, wenn da Tag für Tag von den nicht aufhören wollenden Vergnügungen des Monarchen auf der Jagd und auf großen Abendfestlichkeiten in den Zeitungen zu lesen war, auf deren erster Seite man sich in langen Aufsätzen über das persönliche Regiment des Kaisers ausließ. Mochte immerhin diese Lebensweise der Eigenart Wilhelms II. entsprechen, so hätte sich in einer so unruhigen Zeit eine derartig ungeschickte Berichterstattung wohl vermeiden lassen.

Erst durch die Reichstagsreden wurde sich der Kaiser über den wahren Ernst der Lage klar, wobei ihn die Generaladjutanten von Hülsen-Haeseler und von Plessen und vor allem Graf

August Eulenburg, der kluge und verantwortungsbewußte Hausminister, über die Situation und die Stimmungen, wie sie wirklich waren, rückhaltlos aufklärten. Den politischen Kern erfaßte der Kaiser auch jetzt noch nicht, sondern er sah allein die persönliche Seite und fühlte sich unschuldig angegriffen. Er erkannte nicht, daß die Verstimmung sich letzten Endes weniger gegen die Veröffentlichung an sich richtete, als daß er überhaupt solche Gespräche geführt hatte. Deutlich kommt dies zum Ausdruck in allen seinen nicht offiziellen Redewendungen über die Affäre, die später bekannt wurden, und in seinen Randbemerkungen zu dem ausführlichen Telegramm Bethmanns über die Beteiligung Bülows an der ganzen Angelegenheit vom 28. September 1909.

Er, der gewohnt war, für alle seine Handlungen von Bülow ein Urteil, und zwar, wie es der Bülowschen Form entsprach, ein lobendes und zustimmendes, zu hören, sah sich jetzt einem überraschenden Sturm von Angriffen ausgesetzt, er fühlte sich als Märtyrer und glaubte, verkannt zu sein: In der Erregung der öffentlichen Meinung und des Reichstages, für die er nie Verständnis hatte und haben wollte, sah er eine politische Mache, und daß ihr keine Grenzen gesetzt waren, warf er Bülow vor, der das Unglück verschuldet hatte. Er fühlte sich ratlos und wehrlos. So bereitete sich eine seelische Katastrophe vor, von der er sich nie wieder erholen sollte. Zum Ausbruch kam diese, als Bülow am 18. November das öffentliche Eingeständnis seiner Schuld und eine persönliche Zusicherung, sich fortan zurückzuhalten, das heißt die Kapitulation des deutschen Kaisers, von ihm forderte.

Der Kanzler glaubte nach der Reichstagsdebatte, daß es eines offiziellen Schrittes von seiten der Regierung bedürfe, um der allgemeinen Erregung endlich Einhalt zu gebieten, um den Ruf nach Garantien zum Schweigen zu bringen, ohne daß sich verfassungsrechtlich tatsächlich etwas ändern würde. Bestärkt wurde er in dieser Absicht noch durch die Sitzung des auswärtigen Ausschusses des Bundesrates, an der fast sämtliche Regierungschefs der Bundesstaaten teilnahmen. Bülow hatte in vierstündiger Rede über die Lage berichtet, und in der Sitzung waren starke Bedenken gegen das Vorgehen und das persönliche Regiment des Kaisers laut geworden, die sich nicht nur auf die *Daily-Telegraph*-Affäre bezogen. Es war die bestimmte Forderung auf eine kaiserliche Zusicherung, daß in Zukunft Ähnliches nicht wieder geschehen würde, von verschiedenen Seiten erhoben worden. Der sächsische Minister des Auswärtigen, Graf Hohenthal, hatte erklärt, daß, wenn der Kanzler nicht durchgriffe, die deutschen Fürsten *in corpore* in Berlin erscheinen würden, ja sogar die Abdankung des Kaisers war in diesem Gremium erörtert worden.

Soweit war es also schon gekommen, und da sah Bülow in einer vom Kaiser autorisierten Erklärung, in dem öffentlich gegebenen Versprechen eines Gentleman als der mildesten Form die einzige Möglichkeit, um der allgemeinen Erregung, die schon dem Ansehen der Monarchie schwer geschadet hatte, endlich wieder Herr zu werden. Für seine Absicht wie auch für seine bisherige Politik in dieser Frage fand er die ausdrückliche Zustimmung und Billigung des preußischen Staatsministeriums, dem vorwiegend unbedingt konservative Persönlichkeiten angehörten. Am 17. November begab sich Bülow nach Potsdam, um dem Kaiser über die Reichstagsdebatte, die Beratung des Bundesrates und die Haltung der Presse Vortrag zu halten, und erhielt die Erlaubnis, eine Erklärung im *Reichsanzeiger* zu veröffentlichen, die einer kaiserlichen Zusicherung gleichkam; in dieser heißt es unter anderem: »S. M. nahm die Darlegungen und Erklärungen des Reichskanzlers mit großem Ernst entgegen und gab seinen Willen dahin kund: unbeirrt durch die von ihm als ungerecht empfundenen Übertreibungen der öffentlichen Kritik erblicke er seine vornehmste kaiserliche Aufgabe darin, die Stetigkeit der Politik des Reiches unter Wahrung der verfassungsmäßigen Verantwortlichkeit zu sichern.«

Um diese Unterredung gleichsam zu einem Staatsakt zu erheben, berief der Kanzler nach seiner Rückkehr aus Potsdam das preußische Staatsministerium und empfing den Reichstagspräsidenten, während Bethmann als Stellvertreter des Reichskanzlers die stimmführenden Mitglieder des Bundesrates unterrichtete. Ihren Zweck hatte die kaiserliche Erklärung insofern erreicht, als das Gros der deutschen Presse von nun an über die ganze Affäre schwieg. Man kann es wohl eine Meisterleistung Hammannscher Pressetaktik nennen, wenn die große Mehrheit der deutschen Zeitungen dem entsagungsvollen Akt des Kaisers Lob, Anerkennung und Dank zollte, welche Haltung ebenso bei den Konservativen und bei der bürgerlichen Linken zu finden war. Wenn am 27. Januar 1909, am fünfzigsten Geburtstag des Kaisers, nahezu alle deutschen Fürsten nach Berlin kamen, so wird Bülow daran wohl nicht unbeteiligt gewesen sein. Er wollte dem Kaiser die persönliche Niederlage erleichtern.

Wilhelm II. brach mit den Nerven zusammen. In jenen Tagen übernahm der Kronprinz die Stellvertretung seines Vaters, der damals auch vorübergehend an Abdankung gedacht hatte. Nach seiner Genesung hat Wilhelm II. dann öffentlich seiner Zurückhaltung Ausdruck geben wollen und ließ sich bei einem Festmahl im Berliner Rathaus, das kurz nach der *Daily-Telegraph*-Affäre stattfand, vom Reichskanzler den Redeentwurf zum Vorlesen überreichen. Die Beziehungen zwischen Kaiser und Kanzler blieben seitdem gestört und haben sich dann gelöst. Die letzte Ursache der Trennung war die Politik Bülows während der *Daily-Telegraph*-Affäre, das Scheitern der Nachlaß-Steuer gab nur den Anlaß zu seinem Rücktritt. An Vorwürfen gegen den Fürsten hat der Kaiser es nicht fehlen lassen. Schoen gegenüber hat er ihn beschuldigt, er habe mit der Veröffentlichung beabsichtigt, den Kaiser einem gewissen Hausmeiertum zu unterwerfen.

Zu Bülow hat der Kaiser dann bei der ersten Aussprache nach den Novembertagen im März geäußert, er habe ihm brieflich im Spätherbst 1907 in Highcliffe über seine Gespräche Mitteilungen gemacht und Bülow habe sie schriftlich gebilligt. Wilhelm II. wollte damit sagen, daß ihn auch materiell keine Schuld treffe, da er ja auch die Gespräche, die später im Interview zusammengefaßt waren, unter Zustimmung seines Kanzlers geführt habe. Die Unrichtigkeit der ersten Behauptung glaube ich nachgewiesen zu haben. Aber auch die andere Beschuldigung erscheint ungerechtfertigt. Weder durch Vorweisen von Briefen hat der Kaiser diese Behauptung bestätigt – er hat zu Bülow damals wohl als Ausflucht gesagt, es sei auch mündlich geschehen –, noch haben sich Briefe unter den Akten des Auswärtigen Amtes gefunden, wo eine Reihe von Schreiben des Kaisers über politische Gespräche, wie das mit Haldane über die Rüstungsbeschränkung, liegen. Es ist bekannt, daß der Kaiser bei seiner sprunghaften Art und bei seiner Neigung zu Phantasie von Übertreibungen nicht frei war, und da er die Beschuldigung erst ein halbes Jahr nach der Affäre erhebt, liegt die Vermutung nahe, daß diese Vorwürfe unbegründet sind.

Die Vorhaltungen des Kaisers machen – um einen studentischen Ausdruck zu gebrauchen – den Eindruck des »Nachtusches«. Als am 17. November der Kanzler vom Kaiser die Unterzeichnung der Erklärung forderte, hatte der Monarch zum zweitenmal die Möglichkeit, Bülow zu entlassen. Wie konnte dieser von ihm ein Schuldbekenntnis verlangen, da er konstitutionell korrekt gehandelt und Bülow durch sein Verschulden Anlaß zu dem ganzen Unglück gegeben hatte? So hätte sich der Kaiser damals sagen können. Er war zu jener Zeit nicht mehr Herr der Situation, seine seelische Kraft war durch die Ereignisse, die die Kapitulation vorbereitet hatten, für den Augenblick gebrochen. Ihm fehlte auch die Persönlichkeit von Format, die mit Mut und Verantwortungsbewußtsein jetzt für ihn eingetreten wäre und die er an Bülows Stelle zum leitenden Staatsmann hätte ernennen können. Wohl waren genügende Ansatzpunkte zu einer prinzipiellen Auseinandersetzung zwischen Kaiser und Kanzler im konstitutionellen Staat vorhanden, aber eine solche durchzuführen waren weder Wilhelm II. noch Bülow die Persönlichkeiten, auch stand ihnen der Sinn nicht nach einer derartigen Entscheidung. Und was den Reichstag anging, so nahm er während der Interpellationsdebatte mit wenigen Ausnahmen in seiner sterilen Aufregung eine recht unbedeutende Stellung bei diesen Ereignissen ein.

Weder der Kanzler konnte – auch nicht mit Bundesrat und Reichstag zusammen – den Kaiser zur Nachgiebigkeit zwingen; dazu fehlte ihm der feste Wille, und dann hatte er ja die Bloßstellung des Kaisers selbst verschuldet; noch vermochte Wilhelm II. rückhaltlos und energisch gegen seinen Kanzler vorzugehen und sich aus eigener Kraft zu rehabilitieren, da sein Interview die Ursache zu dem Sturm in der Presse und im Reichstag gewesen war. So kam es zu einer unklaren Situation, in der es an jeder positiven Entscheidung nach dieser oder jener Richtung fehlte, und damit fehlte auch der Affäre die gute Seite, die Bülow an ihr hatte sehen wollen.

Die ganze *Daily-Telegraph*-Angelegenheit hatte sich in allen ihren Phasen fast ununterbrochen in der Öffentlichkeit und damit an der Oberfläche abgespielt, so daß sie zu einer tieferen nachhaltigen Wirkung auf die Reichspolitik gar nicht führen konnte. Daher kommt diesem Ereignis für die Geschichte auch nur symptomatische Bedeutung bei, keine politische, weil sie weder eine Veränderung in dem Machtverhältnis der politischen Faktoren in Deutschland noch eine innenpolitische Wandlung herbeigeführt hat. Was von dem Novembersturm 1908 blieb, war die Tatsache des Eindruckes von einer unzuverlässigen und unsteten auswärtigen deutschen Politik bei den fremden Staaten und der Minderung der Achtung und Ehrerbietung vor dem deutschen Kaiser im Ausland und Inland. Im Reich hat die Affäre eine Erschütterung des monarchischen Gedankens mit sich gebracht, ohne daß diese sich irgendwie im Augenblick politisch auswirkte, wenn sie auch die Staatsanschauung des einzelnen beeinflußte. Der Kaiser hatte schon zu viele, für ein Staatsoberhaupt ganz ungewöhnlich viele Reden gehalten, und hinter diesen hatte zu wenig Wirklichkeit gestanden, so daß man fortan seinen Äußerungen im In- und Ausland nicht mehr den Ernst und die Aufmerksamkeit entgegenbringen konnte, wie es im allgemeinen bei monarchischen Kundgebungen geschah.

Ein neuer Sturm der Entrüstung wäre entfacht worden, wenn ein anderes Interview, das Wilhelm II. im Sommer 1908 dem amerikanischen Schriftsteller Hale gegeben hatte und dessen Veröffentlichung glücklicherweise zum größten Teil noch verhindert werden konnte, bekannt geworden wäre. Hier hatte der Kaiser seiner leidenschaftlichen Abneigung gegen England Ausdruck gegeben, das die weiße Rasse an Japan verraten habe, und hatte von einem Bündnis zwischen Deutschland und den Vereinigten Staaten gesprochen, um mit Mohammedanern und Chinesen gemeinsam die gelbe Gefahr und die britische Seeherrschaft zu überwinden. Er hatte also ungefähr das Gegenteil von dem gesagt, was im *Daily Telegraph* stand.

Nicht Machiavellisten und Intriganten sind es gewesen, die vorsätzlich diese intermezzoartige Katastrophe heraufbeschworen hatten, sondern es sind Menschen gewesen, die sich von den Wellen der Ereignisse treiben ließen und nicht selbst mit starker Hand auch bei Sturm das Staatsruder führen konnten. Daher kann man sich auch diese *Daily-Telegraph*-Affäre in ihrem Verlauf und ihren Motiven menschlich ohne alle Kombinationen und Konstruktionen erklären.

Die Entscheidung der Weimarer Nationalversammlung über den Versailler Friedensvertrag im Juni 1919

Wer die Macht in Deutschland behalten wollte, mußte unterzeichnen.

Am 7. Mai 1919 waren die alliierten Friedensbedingungen, 440 Artikel, der deutschen Delegation in Versailles mit einer 15tägigen Frist zur Beantwortung übergeben worden. Auf die Bedingungen hatte sich der Viererrat – Wilson, Clémenceau, Lloyd George und Orlando – in dreimonatigen Geheimverhandlungen mit äußersten Solidaritätsanstrengungen geeinigt.

An territorialen Abtretungen wurde im wesentlichen gefordert: Elsaß-Lothringen, das ostpreußische Memelland, Oberschlesien, der größte Teil Westpreußens und Posens. Ostpreußen wurde durch einen polnischen Korridor vom Reich getrennt, Danzig als mit Polen wirtschaftlich verbundener Freistaat dem Völkerbund unterstellt und für 15 Jahre das Saargebiet in wirtschaftlicher Bindung an Frankreich. Volksabstimmungen waren in Teilen Ostpreußens, Westpreußens und Schleswig-Holsteins vorgesehen. Die Kolonien wurden nicht zurückgegeben. Die drei Zonen des linksrheinischen Gebietes sollten auf mindestens 5, 10 und 15 Jahre, aber nur im Falle voller Vertragserfüllung, besetzt bleiben. Der Anschluß Österreichs wurde faktisch verboten, Deutschlands Eintritt in den Völkerbund auf unbestimmte Zeit hinausgeschoben. Die Höhe der Reparationen sollte bei außerordentlich großen Vorauszahlungen von einer interalliierten Kommission erst nach Abschluß des Friedensvertrages festgelegt werden. Eine weitgehende Entwaffnung wurde verlangt. Dazu kamen die beiden sogenannten Ehrenklauseln, nämlich einseitige Anerkennung der Kriegsschuld und Auslieferung des ehemaligen Kaisers wie der sogenannten Kriegsverbrecher zur Aburteilung durch interalliierte Gerichte.

An Wilson und seine 14 Punkte, die Grundlage des Friedensvertrages sein sollten, klammerten die Deutschen ihre Hoffnung. Chance und Maßstab der Alliierten war die militärische Niederlage Deutschlands mit der Folge eines Waffenstillstandsabkommens, das es an der Wiederaufnahme des Krieges hinderte. Um den deutschen Wunschtraum zu erfüllen, hätte Wilson seinen Bundesgenossen den Frieden diktieren müssen. Aus Solidaritätsschwäche diktierten diese dem Reich den Frieden und verweigerten mündliche Verhandlungen über die Bedingungen. Die deutsche Regierung und Friedensdelegation wußten in ihrer internationalen Isolierung kaum etwas über die unterschiedliche Einstellung der großen Vier, über den Gang der Verhandlungen, über das Wie und Warum der Bedingungen.

Die Regierungskoalition mit einer fast Vierfünftelmehrheit bestand aus katholischem Zentrum, linksliberalen Demokraten und Sozialdemokraten. Nicht in der Nationalversammlung, aber an der Basis im Hinblick auf Wahlen konnte die Opposition den Regierungsparteien gefährlich werden, von rechts die konservative Deutschnationale und rechtsliberale Deutsche Volkspartei, vor allem den Demokraten, von links her die Unabhängigen Sozialisten, die USPD, der Sozialdemokratie. Dadurch wirkten sie auf deren Fraktionspolitik ein. Die linken Radikalen, zu denen auch die kleine, aber äußerst aktive Kommunistische Partei außerhalb des Parlaments gehörte, warfen der SPD vor, daß sie die revolutionäre Entscheidungssituation, besonders was die Demokratisierung von Verwaltung und Heer und was Sozialisierung anging, nicht genutzt hatte. Im Gegenteil, die SPD hatte zur Bekämpfung von Unruhen und Aufständen militärische Formationen aus der kaiserlichen Armee unter ihrem Reichswehrminister Noske eingesetzt.

Die Sozialdemokraten verstanden sich »als Nothelfer in einer nationalen Krise, nicht als Führer einer Revolution«. Das gemeinsame Ziel der sehr heterogen zusammengesetzten Koalition war, zunächst so schnell als möglich eine legale demokratische Basis zur Wiederherstellung innerer Ordnung und außenpolitischer Aktionsfähigkeit Deutschlands zu schaffen, die Reichseinheit gegen Bedrohung von innen und außen zu wahren. Groß war die Angst vor dem Bolschewismus, auch bei der Sozialdemokratie.

Das Reichsministerium, die provisorische Bezeichnung der Regierung, bestand aus sieben Sozialdemokraten, je drei Demokraten und Zentrumsabgeordneten sowie dem parteilosen Außenminister Graf Brockdorff-Rantzau. Ohne Stimmrecht gehörten dem Kabinett der preußische Kriegsminister General Reinhardt und der Chef der Admiralität an. Bei der labilen Situation, schon durch die Verlegung der Nationalversammlung von Berlin nach Weimar gekennzeichnet, war die Regierung auf diesen militärischen Schutz schlechthin angewiesen. Noch saß in Kolberg die oberste Heeresleitung unter Hindenburg. Deren eigentlicher Chef war General Groener.

Der Reichsministerpräsident Scheidemann, die populärste Erscheinung in seiner Partei, war im Kabinett nur Verhandlungsvorsitzender, ohne eigene durchdachte Konzeption, aber sehr gewandt in der Leitung und ebenso begabt im Ausgleichen. Unumstritten war in der Regierung und der Koalition die Autorität des Reichspräsidenten Friedrich Ebert. Wiederholt hat er gerade in diesen Wochen, meist zurückhaltend, die Ministerratssitzungen geleitet.

In der Friedenspolitik waren die beiden entscheidenden Figuren Brockdorff-Rantzau und Erzberger, Minister ohne Portefeuille und Waffenstillstandskommissar. Brockdorff, liberaler holsteinischer Aristokrat, seit Kriegsbeginn Anhänger eines Verständigungsfriedens, Gesandter in Kopenhagen, war der außenpolitische Vertrauensmann Eberts und Scheidemanns; er wurde persönlich auch allseitig respektiert und war von einer faszinierenden Wirkung auf seine engere Umgebung, gerade die Friedensdelegation. Aber er war wortkarg, ein schlechter Redner und unerfahren in der Innenpolitik. Selbstbewußt, streng und ständig auf Formen bedacht, von einer rigorosen Ehrauffassung und äußerst empfindlich, beanspruchte er, jederzeit zum Rücktritt bereit, die selbständige

Führung der Außenpolitik. Als Leiter der sechsköpfigen Friedensdelegation in Versailles, der die Minister Landsberg von der SPD und Giesberts vom Zentrum angehörten, hatte er sich von der Regierung Ermächtigungen in einem Ausmaß ausbedungen, die mit deren parlamentarischer Verantwortung nicht mehr zu vereinbaren waren.

Erzberger dagegen, Volksschullehrer, Kleinbürger von der Schwäbischen Alb, seit 1903 im Reichstag, war einer der versiertesten Parlamentarier mit einem fast enzyklopädischen politischen Wissen, flink, von unerschöpflicher Vitalität und Arbeitskraft, beredt in allen Gremien, vorausschauend und bestimmt in seinen Zielen, geradezu voll Lust, Entscheidungen zu treffen, Verantwortung zu übernehmen, wendig, findig und pfiffig in der Durchführung. Dabei war er dreist, formlos, geschwätzig und von virtuoser Taktlosigkeit – unausstehlich, aber unentbehrlich.

Er gehörte zum linken, demokratisch-sozialen Flügel des Zentrums. 1914 hatte er Kriegsziele verkündet, die noch härter waren als jetzt die alliierten Bedingungen. Aber im Sommer 1917 hatte er früher als die meisten anderen den einsetzenden Umschwung in der militärischen Lage schnell und klar erfaßt und den entscheidenden Anstoß zur Reichstagsresolution für einen Verständigungsfrieden gegen die Annektionspolitik gegeben. Ihn hatten nicht so sehr humanitäre oder pazifistische Motive bestimmt als die Sorge um Einheit und Bestand des Reiches und die Furcht vor Radikalisierung der Sozialdemokraten wie vor Abwanderung der starken katholischen, das Zentrum wählenden Arbeiterschaft nach links bei Kriegsverlängerung. Damals hatte sich aus den jetzigen Regierungsparteien eine Aktionsgemeinschaft im Reichstag zur Durchsetzung des Verständigungsfriedens und der Parlamentarisierung formiert. Sie hatte im Oktober 1918 die Regierung unter Prinz Max von Baden gebildet. Erzberger hatte seine Partei aus der ausbalancierenden, durch Glaubensdisziplin festgefügten Mittelposition zwischen rechts und links entgegen aller Tradition nach links gedrängt. Seit 1917 hatte er seine eigene Partei, damals ohne feste Führung, auf das äußerste strapaziert, sie nachträglich immer wieder zur Gefolgschaft getrieben, wenn nicht durch vollendete Tatsachen gezwungen. Bei der Rechten wie in konservativen und nationalistischen Kreisen des Zentrums konnte seine negative Popularität kaum überboten werden. Als Waffenstillstandskommissar regierte er, um die vielfältigen Bedingungen zu erfüllen, in alle Ressorts aus Notwendigkeit, aber auch aus Leidenschaft hinein, »Reichsminister für alles«, mit allen im Konflikt.

Erzberger und Brockdorff konnten einander persönlich nicht ertragen. Aber entscheidend waren ihre Gegensätze in der Friedenspolitik. Brockdorff rechnete seit März 1919 mit einem alliierten Friedensvertragsdiktat. Durch äußerste diplomatische Anstrengungen und durch Konzessionen suchte er erträgliche Friedensbedingungen auf der Grundlage der 14 Punkte, von denen er unbeirrt, fast dogmatisch ausging, noch zu erreichen. Seinen Kommissionen hatte er unüberschreitbare Grenzen, was vor allem die Erfüllbarkeit des Vertrages, den territorialen Bestand und die Ehre des Reiches anging, gesetzt.

Aber er war ebenso entschlossen, es gegebenenfalls auf Ablehnung ankommen zu lassen, auch auf die Gefahr einer, wie er überzeugt war, nur vorübergehenden Auflösung des Reiches. Die Ablehnung würde wie ein Keil die alliierte Front durchstoßen, die mühsam geschaffen war und nur an der Oberfläche bestand. Die Ententemächte würden mit ihren gegensätzlichen Interessen, bei deren innerer Labilität und der angelsächsischen Angst vor dem Bolschewismus über kurz oder lang annehmbare Bedingungen anbieten.

Dagegen war Erzbergers strategisches Ziel seit 1917, den jeweils günstigsten Friedensschluß entsprechend den Situationsveränderungen zu erreichen. Im Oktober und November 1918 hatte er sich gegen einen Abbruch der Verhandlungen mit Wilson gewehrt. In den nächsten Monaten hatte er die Verlängerung des Waffenstillstandsabkommens trotz äußerst harter Bedingungen gegen den Willen Brockdorffs durchgesetzt. Jetzt ging es darum, die Ablehnung des Friedensvertrages, wenn im wesentlichen Bestand und Einheit des Reiches gewahrt blieben, zu verhindern. Hauptkriegsziel Frankreichs war die Aufteilung

Deutschlands. Der Einmarsch alliierter Truppen konnte zu einer dauernden, zumindest langfristigen territorialen und wirtschaftlichen Abtrennung der Süd-, West- und sogar einiger norddeutscher Staaten, wie Hannover und Schleswig-Holstein, führen. Das erschöpfte Deutschland wäre nicht imstande, die Ablehnung durchzuhalten. Die Arbeiterschaft würde radikalisiert, in den Großstädten wäre mit Räteherrschaft zu rechnen, der Bürgerkrieg unvermeidlich. In jedem Fall würde der Friedensvertrag unterzeichnet, sei es durch Länder, sei es durch eine gesamtdeutsche Regierung aus Sozialdemokraten und Unabhängigen oder aus diesen und Kommunisten. Zur erdrückenden Last der Friedensbedingungen käme die Gefahr einer grundlegenden Systemveränderung. Wer die Macht in Deutschland behalten wollte, mußte unterzeichnen.

Die Bedingungen übertrafen weit die schlimmsten Befürchtungen der Regierung. Das Volk war aufgewühlt, niedergeschmettert und empört, wie manche hier im Saal es erlebt haben. Das Reichsministerium nannte in seiner Sitzung vom 8. Mai den Vertrag »unerträglich und unerfüllbar«, aber einigte sich, nicht mit einem »unannehmbar« die Verhandlungen sofort abzubrechen, sie vielmehr mit aller Energie aufzunehmen.

Am 12. Mai wurde die Nationalversammlung nach Berlin einberufen. In der Kabinettssitzung, wenige Stunden vorher, verlangten die Minister der Demokraten auf Ersuchen ihrer Fraktion, Scheidemann müsse in seiner Regierungserklärung das Wort »unannehmbar« aussprechen. Erzberger warnte: Die Regierung habe daran zu denken, was in drei bis vier Wochen erfolgt. Doch die Demokraten bestanden unter Rücktrittsdrohung auf ihrer Forderung.

Der demokratische Abgeordnete Koch-Weser notierte: »Jetzt ist der Augenblick da, wo wir, die wir so oft durch die Lage der Dinge genötigt waren, der Linken nachzugeben, zu einer Führerrolle benötigt werden.« Auch die SPD-Fraktion hatte sich gegen fünf Stimmen für das eindeutige Wort entschieden.

In der Nationalversammlung sagte Scheidemann: »Der Vertrag ist nach Auffassung der Reichsregierung unannehmbar...« und am Schluß mit seinem Hang zu Pathos und radikaler Rhetorik spontan: »Welche Hand müßte nicht verdorren, die sich und uns in diese Fesseln legt?« Der stenographische Bericht vermerkt: »Minutenlanger, brausender Beifall. Die Versammlung erhebt sich.«

Auch für die Unabhängigen waren die Bedingungen unerfüllbar, aber sie forderten die Unterzeichnung, um sofort den Kriegszustand zu beenden. »Die Weltrevolution auf dem Marsch« würde auch »den Friedensvertrag revidieren«. Sogleich gingen sie an die Basis und appellierten auf großen Massenversammlungen an den Friedenswillen der Bevölkerung.

Ebert hatte Scheidemanns Rede voll zugestimmt, aber dieser hatte ihn gewarnt, sich selbst öffentlich festzulegen. Ein Ministerpräsident wäre jederzeit in der Lage zu demissionieren. Der Rücktritt des Reichspräsidenten gerade in dieser Situation könnte eine Staatskrise auslösen. Trotzdem sagte Ebert einen Tag später in einer öffentlichen Ansprache: »Wir werden diesen Vertrag nicht unterzeichnen, komme was da wolle.«

Zunächst überschüttete die Friedensdelegation die Alliierten mit juristisch gründlich ausgearbeiteten Noten zu Einzelbestimmungen, um die Widersprüche mit den 14 Punkten zu demonstrieren, aus Propaganda und in der Hoffnung, die Alliierten letztlich noch zu Verhandlungen zu drängen. Erzberger irritierte die juristische Argumentation und aggressive Form. Vor allem auf seine Veranlassung kam es zwischen der Regierung in Weimar und Brockdorff in Versailles zu ernsten Konflikten. Dieser weigerte sich mit Berufung auf seine Ermächtigung, Kabinettsweisungen auch nur zu beachten. Beide drohten mit Rücktritt, aber in diesem Moment hatte Brockdorff die stärkere Position.

Im Gegenzug zu Brockdorffs Eigenmächtigkeit hatte Erzberger auf eigene Faust hinter dessen Rücken mit einem amerikanischen Oberst Conger, inoffizieller Emissär in Deutschland mit Verbindungen bis zu Wilson und mit vielseitigen Beziehungen zu maßgeblichen deutschen Kreisen, verhandelt. Conger hatte wiederholt gewarnt, der Viererrat, auch Wilson, wäre fest entschlossen, die Annahme des Friedensvertrages, gegebenenfalls durch Einmarsch, zu erzwingen. Erzberger nannte am 19. Mai Conger bestimmte Konzessionen, die die Entente machen müsse, um die Annahme des Vertrages der Nationalversammlung gleichsam innenpolitisch zu ermöglichen. Ein gewisses Maß an »Camouflage«, wie er sagte, wäre nötig, aber er könne es machen. Seine Aktion war vergeblich. Zwar stimmte sein Angebot vielfach mit Brockdorffs Plan überein, aber er selber hatte enthüllt, daß im Reich an der Spitze eine einheitliche Widerstandsfront nicht mehr bestand, was dem Geheimdienst der Alliierten vielleicht nicht unbekannt war.

Je näher der Tag der Entscheidung rückte, desto nervöser wurde die Regierung. Sie sei wie ein Hühnerhof, über dem der Habicht schwebe, schrieb der Generalkommissar der Delegation seiner Frau. Am 26. Mai überreichte diese Delegation Gegenvorschläge, eine Art Gegenfriedensvertrag. Die Vorschläge zeigten erhebliches Entgegenkommen in der Reparationsfrage auf Anraten der Bankiers gegen den Willen der Reichsfinanzverwaltung. Am stärksten näherten sie sich gegen den Widerspruch Groeners und Reinhardts, aber mit Zustimmung Noskes den militärischen Bedingungen. Auf diese Weise hoffte man, die Abtretungsforderungen abzuwehren. Der deutsche Gegenvorschlag blieb jedoch weit hinter den alliierten Forderungen zurück. Regierung wie Delegation, Brockdorff wie Erzberger, wollten mit den Gegenvorschlägen trotz der bis an die äußerste Grenze gehenden Belastung den Ententemächten die Ablehnung schwer machen.

General Groener hatte schon am 21. Mai an die Generalkommandos die Rundfrage gerichtet, wie die Bevölkerung zur Wiederaufnahme des Krieges stehen würde. Es ging um die Bereitschaft zur militärischen Verteidigung, um Standhaftigkeit der Zivilbevölkerung und um die Möglichkeit innerer Unruhen.

Erlasse über das Verhalten der Beamten unter einer feindlichen Kommission wollte das Kabinett nicht herausgeben, weil durch sie die Propaganda der Unabhängigen für die Unterzeichnung entfacht würde.

Auf Erzbergers Anregung sollte eine Intervention der neutralen Staaten herbeigeführt und mit deren Gesandten in Berlin vorbereitet werden. Es ging dabei auch um die Besänftigung der immer ungeduldiger werdenden Fraktionen, ihnen zu zeigen, daß kein Mittel unversucht gelassen werde. Doch Brockdorff warnte dringend, wieder unter Androhung des Rücktritts. Erfolgreiche auswärtige Politik könne nicht durch innenpolitische Erwägungen bestimmt werden.

Am 31. Mai unterrichtete Minister Landsberg von der Friedensdelegation die Regierung über deren Vorstellungen für den Fall der Ablehnung der deutschen Gegenvorschläge und den eines Ultimatums. Sie liefen auf Nichtunterzeichnung hinaus. Aber die Aussprache wurde vertagt. Da verlangte Erzberger von Scheidemann eine Kabinettsberatung über die Folgen von Annahme oder Ablehnung binnen weniger Tage, damit die Regierung nicht durch ein alliiertes Ultimatum unter Zeitdruck gesetzt würde. Scheidemann wollte die Beratung bis zur Antwort der Entente zurückstellen. Aber Erzberger bestand auf seiner Forderung. Falls das Kabinett die Unterzeichnung verweigern würde, träte er zurück.

Der Regierung legte er ein Exposé mit Alternativprognosen für den Fall der Annahme oder Ablehnung vor mit dem Ergebnis, daß die Unterzeichnung das kleinere Übel wäre. Das Kabinett beriet am 3. und 4. Juni wieder in Abwesenheit Brockdorffs. Erzberger sagte: Die Erhaltung des Reiches müsse der maßgebliche Leitsatz der Regierung sein. Das bisherige »Unannehmbar« sei nur taktisch ausgesprochen. Ihm schloß sich Noske an – die Haltung der Truppen werde immer unsicherer, die Agitation der Unabhängigen zeige beachtliche Erfolge – und ebenso der sozialdemokratische Minister David. Wer nein sage, mache eine heroische Geste, wer ja sage, werde mit Schmach überhäuft und als Feigling bezeichnet, aber das Ja sei heldenhafter als das Nein. Nur eine neue Regierung könne unterschreiben, der Reichspräsident müsse bald nach neuen Persönlichkeiten Ausschau halten, meinte der sozialdemokratische Minister Wissel. Die überwiegende Mehrheit blieb bei Ablehnung der Unterzeichnung. Aber die scheinbar bisher noch bestehende Ablehnungsfront war durchbrochen. Ebert sagte am Schluß: »Das Unannehmbar ist maßgebend, aber Einigkeit im Kabinett ist unentbehrlich. Gewisse Vorbereitungen bei dem Einmarsch muß man treffen.«

Man suchte nach Um- und Auswegen. Aus der Ablehnungsmajorität im Kabinett heraus wurde die Unterstellung Deutschlands mit allen Souveränitätsrechten und der gesamten Regierungsgewalt unter die Entente oder den Völkerbund erwogen. Erzberger warnte: Die Entente würde nicht mit Deutschland, sondern mit den einzelnen Ländern eine Einigung anstreben. Der Völkerbund wäre vor der Ratifizierung nicht aktionsfähig, würde aber mindestens die Gebietsabtretung glatt fordern. Er hatte seinerseits bei Ablehnung der Gegenvorschläge sofortige Neuwahlen unter Voraussetzung einer Waffenstillstandsverlängerung angeregt, ließ aber den Plan wegen des Risikos bei der inneren Lage fallen. Am 7. Juni notierte Scheidemann in sein Tagebuch: »Große Sorgen machen uns die Andeutungen in der Presse, daß das Kabinett nicht einig sei in der Frage der Unterzeichnung. Das Verhalten der Unabhängigen finde ich schandbar, wir müssen unterzeichnen.«

Die Stimmung an der Basis durfte nicht unbeachtet gelassen werden. Im besetzten Rheinland waren von den Zentrumskreisen Bestrebungen zur Jahreswende ausgegangen, das linksrheinische Gebiet von Preußen zu lösen. Man hoffte, so günstigere Okkupationsbedingungen zu erreichen und der Bildung eines vom Reich abgetrennten rheinischen Pufferstaates durch Frankreich zuvorzukommen. Unter Vorsitz des Kölner Oberbürgermeisters Adenauer war ein Ausschuß zur Vorbereitung der Pläne für die Errichtung »einer westdeutschen Republik im Verband des Deutschen Reiches und auf dem Boden der zu schaffenden deutschen Reichsverfassung« gebildet. Aus Sorge vor Folgen der expansiven französischen Sicherheitspolitik war Adenauer für die Bildung eines Rhein-Ruhr-Staates eingetreten, der das Rheinland, Westfalen und die Pfalz, besetztes und unbesetztes Gebiet, umfassen sollte innerhalb des Reiches. Aber es gab auch sehr viel weitergehende Pläne. Am 21. Mai versuchten Separatisten mit Hilfe der französischen Besatzung eine rheinische und eine pfälzische selbständige Republik auszurufen, scheiterten aber am Widerstand vor allem der Arbeiterschaft. Vergeblich hatte Adenauer eine Initiative der Reichsregierung zur Unterstützung der Ausschußpläne erhofft. Am 2. Juni verhandelte eine Delegation unter ihm mit Brockdorff in Versailles. Auf dessen Warnung hin ließ Adenauer den Plan fallen. Aber damit war zu rechnen, daß Frankreich im Fall der Nichtunterzeichnung die Bildung eines Pufferstaates mit Unterstützung weiter rheinischer Kreise betreiben würde.

Gegenläufige Bestrebungen zeigten sich in Ost- und Westpreußen, nämlich im Fall der Unterzeichnung sich von der Reichspolitik zu lösen und mit Gewalt die vorgesehene Abtretung ostdeutscher Gebiete zu verhindern. Deutsche Volksräte hatten sich gebildet, gestützt auf Honoratioren und Militärs, um die Bildung eines selbständigen ostdeutschen Staates gegen die Friedensbedingungen vorzubereiten. Vom Kernland Preußen sollte die Deutschland wieder erstarkende Kraft ausgehen. Diese Pläne fanden als letzte Eventualität auch Unterstützung bei dem ostpreußischen Oberpräsidenten, dem sozialdemokratischen Reichskommissar Winnig, selbst, und zwar ganz entschieden, bei dem preußischen Kriegsminister Reinhardt, einem Württemberger.

Nach einem Wunsch des Reichsministeriums sollten die süddeutschen Regierungen sich beim Einmarsch feindlicher Truppen zugleich möglichst mit den Landtagen nach Berlin absetzen. So sollte der Abschluß separater Verträge und die Bildung eines Rheinbundes verhindert werden. Diesen Wunsch lehnten Hessen, Baden und Württemberg ab. Dann würden die Besatzungsmächte Neuwahlen und Volksabstimmungen veranlassen. Die Bevölkerung wäre apathisch und zermürbt. Am stärksten gefährdet war Bayern. Beim Abrücken der deutschen Truppen könnte die Räterepublik, die am 2. Mai mit militärischer Gewalt aufgelöst war, wiederhergestellt werden, und man würde mit der Entente einen Sonderfrieden abschließen. Dazu schien aber auch der klerikale Adel bereit zu sein.

Eine Woche vorher, am 12. Juni, war der Regierung bekannt geworden, daß der amerikanische Oberst Conger, mit dem Erzberger verhandelt hatte, einen Major von Groeners Stab und einen privaten Gewährsmann informiert hatte, die Ententetruppen würden geschlossen bei Unterschriftsverweigerung die Linie Stuttgart–Marburg–Schlüchtern–Hamm besetzen. Kampflustige Truppen wären durch umfangreiche Propaganda aufgestachelt. Deutschland wäre wieder Störenfried, so daß die Soldaten nicht in die Heimat entlassen werden könnten. Die Truppen würden rücksichtslos vorgehen, Schwarze eingesetzt.

Am 13. Juni lehnten die Alliierten die deutschen Vorschläge mit nur einer wesentlichen Ausnahme ab: Anstelle der Abtretung Oberschlesiens sollte eine Volksabstimmung stattfinden. Drei Tage später forderten sie unter Androhung sofortigen Einmarsches die Annahme der Bedingungen binnen einer Woche. So gaben sie der Regierung keinen Anlaß, das »Unannehmbar« aufzugeben.

Die Friedensdelegation hatte eine Denkschrift mit der Empfehlung, »den unerträglichen, unerfüllbaren, rechtsverletzenden und unaufrichtigen Vertrag abzulehnen«, aufgesetzt und sie geschlossen unterzeichnet, um Druck auf die Regierung auszuüben.

Das Kabinett beriet unter Vorsitz Eberts am 18. Juni bis in die frühen Morgenstunden. Ebert hatte vor der Sitzung Brockdorff allein gesagt, er werde diese Bedingungen nicht annehmen. Am Nachmittag erklärte er: »Wenn die Front in der Heimat geschlossen geblieben wäre, hätte sie es wohl auf Ablehnung ankommen lassen können. In dem Augenblick aber, als es durch eine Indiskretion bekannt wurde, daß das Kabinett gespalten sei, habe die Partie als verloren gelten müssen. Es wäre jetzt die Aufgabe der Regierung, sich damit abzufinden. Er für seine Person sei bereit, die Konsequenzen zu ziehen.« Brockdorff schrieb: »Fest steht, daß seit diesem Augenblick eine energische Aktion im Sinn der Ablehnung nicht mehr möglich erscheint.«

Die Abstimmung in der Nacht ergab sieben gegen sieben Stimmen. Mit Erzberger hatten die beiden Zentrumsminister, auch Giesberts, der vor wenigen Stunden noch die Denkschrift der Friedensdelegation unterzeichnet hatte, und ebenso David wie Noske gestimmt; dagegen: Scheidemann, Landsberg, die drei demokratischen Minister sowie Brockdorff. Ebert stellte die Aktionsunfähigkeit der Regierung fest. Noch sollte eine Einigung der Mehrheitsparteien versucht werden. Erzberger war in der Sitzung sehr zurückhaltend und hatte sie mehrfach verlassen, um in die Nationalversammlung zu gehen. Ihm gelang es am Tag darauf, dem 19. Juni, nach mehrtägiger Vorbereitung im Zentrumsvorstand, vier Fünftel der Zentrumsfraktion für die Annahme des Vertrages ohne die beiden Ehrenklauseln, die Schmachparagraphen, wie sie allgemein genannt wurden, zu gewinnen.

Nunmehr verständigte er die Sozialdemokratie. Diese wollte die Unterzeichnung nicht von den beiden Vorbehalten abhängig machen, aber die Zentrumsbedingungen dulden. Es stimmten 75 für und 39 gegen die Annahme. Damit schien die Annahme im Parlament sicher. Auf die Demokraten versuchte vor allem Ebert einzuwirken. Er drohte ihnen mit seinem Rücktritt. Aber sie blieben bei ihrer Ablehnung. Nur zehn süddeutsche Abgeordnete votierten für die Annahme.

General Groener, Württemberger, hatte sich am Abend vorher schnell mit Noske geeinigt, daß die Annahme des Friedensvertrages nicht zu vermeiden wäre, obwohl er Brockdorff schätzte und Erzberger verachtete. Im April hatte er Brockdorff ermuntert, in Versailles hart zu bleiben. Seine Rundfrage vom 21. Mai über die Kampfbereitschaft hatte in jeder Hinsicht negative Antworten erbracht, wie er es erwartet hatte. Sie brauchte er zur Argumentation gegenüber den Offizieren. Groener hatte die Information Congers, dem er vertraute, stark beeindruckt.

Am 17. Juni hatte er in einer begründeten Denkschrift dargelegt, daß Widerstand militärisch und wirtschaftlich aussichtslos sei, »wenn nicht in einem Vierteljahr auch die Revolution durch England und Frankreich marschierte« und wenn »der Wiederausbruch revolutionärer Bewegungen in Deutschland niedergehalten würde und die Wehrfähigen zu den Fahnen kämen«.

In einem Kriegsrat, ebenfalls am 19. Juni, erklärten die Generäle, die Truppen würden auch auf Regierungsbefehl die abzutretenden Gebiete nicht räumen. Wieder sagte Reinhardt, von einem separaten Oststaat müsse der Wiederaufstieg Deutschlands ausgehen. Groener notierte: »Die politische Auffassung der Offiziere war naiv, militärisch begrenzt, von engem Horizont.« Noske und Groener entgegneten scharf und eindeutig. Mit dem Reichswehrminister gehe er durch dick und dünn, sagte Groener, und Noske: es werde erwogen, daß er als Reichswehrminister zugleich Reichsministerpräsident werde. Hierbei wäre Bedingung, daß er auch im Falle der Unterzeichnung der Unterstützung der Offiziere sicher wäre. Groener resümierte in einer Aufzeichnung: »Das persönliche Vertrauen wird dem Reichswehrminister wohl von allen Anwesenden ausgesprochen; für den Fall der Annahme jedoch nur bedingt, d.h. es wurde die Ablehnung der Schmachparagraphen gefordert.«

Am Nachmittag hatte das Staatenhaus, provisorischer Vorgänger des Reichsrates, mit Chefs und Vertretern der Länderregierungen, unter Vorsitz des demokratischen Reichsfinanzministers Dernburg getagt. Brockdorff warb, auf seine persönliche und diplomatische Autorität pochend, um Ablehnung. Einen inneren Umschwung der Ententemächte sagte er mit näheren Angaben voraus. In zwei bis drei Monaten wären sie zu Verhandlungen bereit. Erzberger sprach für die Annahme mit seiner bekannten Argumentation und Verwendung der Information Congers. Als Groener sich zur militärischen Lage äußern wollte, hinderte ihn Dernburg daran: »Der Kerl will schlappmachen«, sagte er leise zu Brockdorff. Die Regierungschefs von Baden, Württemberg und Hessen, der von einem etwaigen Einmarsch betroffenen Gebiete, aber auch von Sachsen, traten für die Unterzeichnung ein. Die Bevölkerung wolle zu 85 bis 90 Prozent das »Ja« hören. Gegen die Unterzeichnung waren Preußen, Lippe-Detmold, Mecklenburg und die Hansestädte.

Im Anschluß an die Kabinettsitzung vom gleichen Tag, die um 10 Uhr abends begonnen hatte, zeigte Scheidemann dem Reichspräsidenten die Demission der Regierung an.

Den Demokraten war nicht wohl, daß sie sich mit ihrer Ablehnung auf die Seite der Rechten stellten. Noch am Abend verständigten sie sich auf einen Vermittlungsvorschlag, der über die Streichung der beiden Ehrenklauseln hinausging. Die Zahl der Unterzeichnungsbereiten war von zehn auf sechs gesunken.

Das Kabinett akzeptierte am 21. Juni den Vorschlag trotz Brockdorffs Ablehnung. Aber schließlich fand sich niemand bereit zur Unterzeichnung. So unterblieb die Absendung.

Seit dem Vormittag des 21. bemühte sich Ebert um die Neubildung des Kabinetts. David und Hermann Müller, Parteivorsitzender und außenpolitischer Experte der Fraktion, hatten abgelehnt. Ebert sagte in einem Gespräch mit Groener, er denke an den Arbeitsminister Bauer, der sich am 3. Juni noch eindeutig gegen die Annahme ausgesprochen hatte. Er galt als erfahrener Fachminister, Ebert durchaus ergeben, aber eine farblose Erscheinung. Eine Ernennung Noskes lehnte Ebert im gleichen Gespräch ab. Seine Wahl würde auf die Arbeiterschaft eine provozierende Wirkung ausüben, was Groener einleuchtete. Für das Auswärtige Amt hatte er Graf Bernstorff, früher Botschafter in Washington, jetzt Leiter der Geschäftsstelle der Friedensdelegation in Berlin, vorgesehen, »um einem anderen die Tür zu versperren«, wie er sagte; damit war vielleicht Erzberger gemeint. Auch Bernstorff lehnte ab.

Mittags war die neue Regierung gebildet, aus sechs Sozialdemokraten und vier Zentrumsmitgliedern. Bauer war Reichsministerpräsident, Erzberger Finanzminister. Von den sieben sozialdemokratischen Ministern waren nur Scheidemann und Landsberg ausgeschieden. Ebert hatte versucht, Demokraten als Fachminister zu gewinnen. Das aber hatte die Fraktion verboten. Bei den in aller Eile geführten Koalitionsabreden sagten auf Drängen Eberts die Sozialdemokraten zu, »die Forderungen des Zentrums auf kulturellem Gebiet zu berücksichtigen, insbesondere die nach der Konfessionsschule«.

In der Sitzung der Nationalversammlung am Sonntag, dem 22. Juni, erklärte der neue Präsident des Reichsministeriums die Bereitschaft, den Friedensvertrag, aber ohne die Ehrenklauseln, zu unterzeichnen. Gröber vom Zentrum sagte: »Unsere Zustimmung findet eine unüberschreitbare Grenze mit der Rücksicht auf die Ehre des deutschen Volkes.« Der unabhängige Sozialist Hase trat bei scharfem Protest gegen den Vertrag für vorbehaltlose Unterzeichnung ein: »Es wäre unverantwortlich, wenn eine Regierung, die gerade in Kenntnis, welche fürchterlichen Folgen ein Abbruch der Friedensverhandlungen hat, gerade an diesen zwei Punkten den Vertrag scheitern lassen würde.«

Die namentliche Abstimmung ergab von 380 Stimmen 237 mit Ja, 138 mit Nein sowie 5 Enthaltungen. 43 Abgeordnete fehlten, darunter 5 Demokraten und 29 Sozialdemokraten. Von diesen begründeten 15 in einer öffentlichen Erklärung ihr Fehlen mit Ablehnung, auch Landsberg, aber nicht Scheidemann, die beide bei der Abstimmung nicht anwesend waren.

Die Annahmenote der Reichsregierung mit den Vorbehalten wurde am gleichen Tag von Paris abgelehnt. Das wurde kurz vor Mitternacht in Weimar bekannt. Noch in der Nacht bat die Regierung um eine 48stündige Fristverlängerung. Auch sie wurde abgewiesen.

Noske war am Abend noch mit seinem Stab nach Berlin gefahren, wohl im Glauben, vor Überraschungen sicher zu sein. In Jüterbog wurde der Zug angehalten und Noske zurückgeholt. In Weimar sagte ihm General Maercker, dem die Truppen zum Schutz von Regierung und Nationalversammlung unterstanden, bei vorbehaltloser Unterzeichnung stünde das Offizierskorps nicht mehr hinter der Regierung. Die Aufrechterhaltung der Ordnung wäre daher nicht mehr gewährleistet. Telefonisch hatte General Lüttwitz von der Möglichkeit einer Militärrevolte gesprochen. Nunmehr erklärte Noske seiner Fraktion und dem Reichspräsideten seinen Rücktritt bei Unterzeichnung. Aber die Fraktion bat ihn einstimmig zu bleiben und ebenso Ebert.

Maercker berichtete dem Zentrum, was Noske gesagt hatte. Dieser bestätigte seine Äußerung. Eine Probeabstimmung ergab kurz vor 12 Uhr bei einigen Enthaltungen 68 Stimmen gegen und 14 Stimmen für die Unterzeichnung. »Anarchie bei

Unterzeichnung – Anarchie bei Ablehnung«, schrieb Erzberger in seinen Erinnerungen. Die Sozialdemokratie hielt mit Mehrheit an der Annahme fest.

Über das Ergebnis der Zentrumsabstimmung waren die anderen Parteien bestürzt. Eine Reihe der ablehnenden Abgeordneten wünschte die Annahme, wollte sich aber nicht mit der Schmach der Zustimmung besudeln. Aus Kreisen der Opposition wurde das Zentrum offen bedrängt, für die Unterzeichnung zu stimmen.

In einer Besprechung der Parteiführer beim Reichspräsidenten kurz nach 12 Uhr fragte Erzberger die Opposition, ob sie bereit wäre, eine Regierung zum Zwecke der Ablehnung zu bilden, gegebenenfalls mit den Neinsagern der beiden Koalitionsparteien. Es war nur eine rhetorische Frage, die Hilflosigkeit demonstrierte.

Ebert rief Groener in Kolberg an. Vor der Küste kreuzten englische Zerstörer, bereit, bei Ablehnung Kolberg zu beschießen und die oberste Heeresleitung gefangenzunehmen. Am Bahnhof standen die Sonderzüge unter Dampf. Groener sagte am Telefon: »Der Friede muß unter den gestellten Bedingungen abgeschlossen werden. Ich halte es für notwendig, daß der Reichswehrminister Noske die Führung des Volkes und die Verantwortung für den Friedensschluß übernimmt. Nur, wenn er in einem öffentlichen Aufruf die Notwendigkeit des Friedensschlusses darlegt und von jedem Offizier verlangt, daß er bei Unterzeichnung des Friedens auf seinem Posten bleibt, besteht die Aussicht, daß das Militär sich hinter ihn stellt und damit jede Umsturzbewegung sowie ein Kampf nach außen im Osten verhindert werden.«

In der sozialdemokratischen Fraktion war am Vormittag das Abstimmungsergebnis mit 163 Ja- und 153 bis 156 Neinstimmen, in der Volkspartei mit 152 und 153 Stimmen, geschätzt worden. Das Abstimmungsergebnis schwankte um wenige Stimmen. Nunmehr boten die Fraktionsvorsitzenden der Volkspartei, der Deutschnationalen und der Demokraten, um gleichsam die Jasager zu ermuntern, an, die Ablehnungsparteien sollten ausdrücklich im Plenum die vaterländischen Motive der für die Unterzeichnung Stimmenden anerkennen.

Groeners telefonische Erklärung und das Oppositionsangebot brachten einen Stimmungsumschwung. Das Kabinett entschied sich für die Unterzeichnung. Noske wurde überstimmt und ließ sich überstimmen. Doch es gab Abgeordnete, die hatten vor der namentlichen Abstimmung Angst, denn dann wären die Namen der Abgeordneten mit der jeweiligen Stimmabgabe ins Protokoll aufgenommen worden und blieben damit für alle Zeiten bekannt. Bei der einfachen Abstimmung hingegen war in der Eile schwer festzustellen, wer wie durch Erheben von den Plätzen gestimmt hatte.

Am Nachmittag um 3 Uhr, vier Stunden vor Ablauf des Ultimatums, trat die Nationalversammlung zusammen. Der neue Reichsministerpräsident bat festzustellen, daß die Regierung ermächtigt bleibe zu unterzeichnen. Die Vertreter der Demokraten und der Volkspartei erkannten die vaterländischen Motive der mit »Ja« Stimmenden an. Der deutschnationale Fraktionsvorsitzende Schulz-Bromberg sagte, wohl unter dem Druck seiner Fraktion, lediglich: »Die Partei setzt voraus, daß jedes Mitglied der Nationalversammlung seine eigene Stellung nach bestem Wissen und Gewissen einnimmt.«

Der Reichstagspräsident Fehrenbach vom Zentrum, Anwalt aus Freiburg, geschulter Vorsitzender badischer Vereine, schritt überraschend schnell zur Abstimmung. Da beantragte Schulz-Bromberg namentliche Abstimmung. Sie wäre bei dieser Art von Entscheidung erforderlich gewesen. Aber der Präsident schnitt ihm das Wort ab: »Wir sind mitten in der Abstimmung ... Nimmt die deutschnationale Partei die Verantwortung auf sich, jetzt noch die Abstimmung hinauszuzögern und eine namentliche Abstimmung zu verlangen?« Er bat diejenigen, die für eine Unterzeichnung stimmten, sich von den Sitzen zu erheben. »Das ist die große Mehrheit«, stellte er fest. Um 4 Uhr ging die Note nach Versailles ab.

Aus alliierten Dokumenten ist zu entnehmen: Die Vorbereitungen für den Einmarsch der alliierten Truppen, auch der amerikanischen, waren im Mai angelaufen. Mitte Juni hatte

Marschall Foch eine Strategie »der militärischen und politischen Abspaltung der süddeutschen Staaten« dem Viererrat unterbreitet. Am 20. Juni beschloß der Viererrat den Vormarsch der verbündeten Truppen vorerst bis zur Weser. Foch hatte drei Tage vor Unterzeichnung die Vollmacht erhalten, gesonderte Waffenstillstandsabkommen abzuschließen.

(1972)

Regierung, Bürokratie und Parteien 1945–1949

Die hier skizzierten Erscheinungen waren weitgehend bedingt durch die Herrschaft der Besatzungsmächte, durch die allgemeine Not und durch die ungewöhnlich harte Umschaltung des politischen Systems.

I

Am 28. Mai 1945 wurde Fritz Schäffer von der amerikanischen Militärregierung zum bayerischen Ministerpräsidenten ernannte. Er wurde damit unter Kriegsrecht gestellt und war der Besatzungsmacht für die gesamte Staatsverwaltung verantwortlich. Nach der von Schäffer verfaßten Geschäftsordnung gab der Ministerpräsident bei Meinungsverschiedenheiten den Ausschlag. Ein halbes Jahr später erklärte der gerade eben ernannte großhessische Ministerpräsident Karl Geiler: aus seiner alleinigen Verantwortung gegenüber der Militärregierung ergebe sich, daß er in allen wichtigen Fragen die Entscheidung zu treffen habe, »es gelte für das Kabinett nicht das kollegiale Prinzip. Die Minister seien vielmehr nur Berater des Ministerpräsidenten.« Auch dem württemberg-badischen Regierungschef Reinhold Maier stand das Recht auf alleinige Entscheidung zu. Aber er hätte, wie er in seinen Erinnerungen schreibt, davon keinen Gebrauch gemacht. »Der Ministerrat war das Kollegium, das beschloß.« Doch Maier wußte es in allem Wesentlichen zu richten, daß der Ministerrat so beschloß, wie er sich entschlossen hatte.

Allerdings war das von den Amerikanern 1945 neugebildete Land Württemberg-Baden (Nordwürttemberg und Nordbaden) gleichsam eine Doppelrepublik, wie – wenn man Kleines mit Großem vergleichen darf – Österreich-Ungarn bis zum

Ende des Ersten Weltkrieges eine Doppelmonarchie gewesen war. Zwar bestand in Württemberg-Baden kein »Ausgleich« wie der von 1867 in der Habsburgischen Monarchie. Aber faktisch waren Nordwürttemberg und Nordbaden getrennte Landeshälften. Der Präsident der badischen Landesverwaltung in Karlsruhe, Heinrich Köhler, zugleich stellvertretender Ministerpräsident und später auch Finanzminister, regierte seinen Landesteil weitgehend unabhängig von Stuttgart. Diese dualistische Konstruktion wurde von den Amerikanern ebenso wie von Reinhold Maier respektiert.

Eine gleiche oder ähnliche Stellung wie die Ministerpräsidenten der amerikanischen Zone hatten ebenfalls kraft Befehls der jeweiligen Besatzungsmacht die Verwaltungs-, später formal auch Regierungschefs der englischen und französischen Zone. Die Doppelfunktion der eingesetzten Landeschefs, nämlich als deutsches Vollzugsorgan der Besatzungsmächte einerseits und als Repräsentanten ihres Landes gegenüber diesen andererseits, mußte sie zur Alleinentscheidung drängen. Sie konnten sich vor den Militärgouverneuren nicht auf Minister-, Senats- und Provinzialrats- oder später nach Einführung der Verfassungen auf Parlamentsbeschlüsse berufen. Die Regierungschefs hatten keinerlei Hebel in der Hand. Allenfalls konnten sie, einzelne Minister oder die ganze Regierung zurücktreten. Damit ist auch gedroht worden, aber praktisch wäre nichts gewonnen gewesen. Die Gültigkeit der Haager Landkriegsordnung war von den Besatzungsmächten nicht anerkannt worden.

Die Militärgouverneure konnten Maßnahmen der Regierungen kassieren, ja sie im voraus abstoppen, gesetzliche Beschlüsse der Parlamente ablehnen, aber auch die Beratung bestimmter Gesetze verhindern. Sie konnten die Ernennung von Ministern und Beamten verhindern und deren Abberufung verlangen – auch nach der Einführung von Verfassungen.

Die regionalen Militärgouverneure waren an die Instruktionen ihrer Zonenbefehlshaber sowie ihrer Regierungen gebunden und diesen für die Durchführung verantwortlich. Verantwortlich waren sie auch für die Regierungschefs der ihnen unterstellten Länder. Bestimmte Befugnisse hatten die Militärregierungen nach und nach auf die Länder und die deutsche Bizonenverwaltung, allerdings mit dem Anspruch des Widerrufs, übertragen. Es war ein gleitender Übergang. Das änderte aber in den Ländern kaum etwas grundsätzlich am Verhältnis zwischen Besatzungsmächten und Regierungschefs.

Die Verwaltungschefs waren auf das Wohlwollen der Militärgouverneure, aber diese, wenn auch im geringeren Grad, auf das Wohlverhalten jener angewiesen. Den Regierungschefs mußte es darauf ankommen, den Militärgouverneuren Amtspeinlichkeiten zu ersparen, während diese ein Interesse hatten, die Autorität der Regierungschefs in deren Ländern zu stützen und zu stärken. Die Regierungschefs hatten auch die Möglichkeit, die Militärgouverneure für ihre eigenen politischen Pläne zu gewinnen oder diese in deren Instruktionen einzubeziehen. Dann vermochten sie sich gegenüber ihrer eigenen Regierung auf die fremde, aber höhere Autorität der Militärbefehlshaber zu berufen. Mit Recht sagt Marie Elise Foelz-Schröter, daß »das Abhängigkeitsverhältnis zur Besatzungsmacht von den führenden Politikern bis zu einem gewissen Grad verinnerlicht worden ist«. In dem, was man »indirekte Regierung«, *indirect rule* nennt, verfügten Engländer und Franzosen über Erfahrungen aus ihren Kolonien, die Amerikaner bis in die zwanziger Jahre von den Philippinen her.

Die alleinige Verantwortlichkeit der Regierungschefs gegenüber der Besatzungsmacht gab ihnen ein Widerlager, das sie gegenüber Regierung, Parlamenten und Parteien zu nutzen vermochten. Die Stellung der Minister zum Ministerpräsidenten war die von nachgeordneten Ressortchefs, ähnlich der der Reichsstaatssekretäre gegenüber dem Reichskanzler in der Zeit Bismarcks.

Demokratisches Verfahren verlangt viel Zeit. Aber die Militärbefehlshaber, vielfach auch die Umstände, forderten schnelle Entscheidungen. Für langwierige Verhandlungen im Kabinett, mit Parteien und Verbänden fehlte es an der Zeit.

Der Regierungschef hatte am ehesten, wenn nicht sogar nur allein, Zugang zum Militärgouverneur. Er konnte sich sogar über ihn an den Zonenbefehlshaber wenden. Es gab keine

Regel, die der Manteuffelschen Kabinetts-Ordre von 1852 entsprochen hätte, wonach die Ressortminister dem König nur nach vorheriger Unterrichtung des Ministerpräsidenten Vortrag halten durften und dieser beim Vortrag anwesend sein konnte.

Doch die Praxis nach 1945 gab dem Regierungschef, was den Zugang zum Gouverneur anging, eine noch weitergehende Monopolstellung. Dank ihres Zugangs zu den Militärgouverneuren verfügten die Regierungschefs über wesentlich mehr und genauere Informationen als ihre Minister, zumal die deutsche Presse unter Zensur stand und die ausländische den meisten nicht zugänglich war. Das Interesse aller deutschen Länder war in erster Linie, das allgemeine Elend zu mindern und das wirtschaftliche Chaos zu bewältigen, die Bevölkerung vor Übergriffen der Besatzung zu schützen sowie die Unselbständigkeit der Landesverwaltung mehr und mehr zu reduzieren. Die Verwaltung des Elends und gegen das Elend war eine pragmatische Aufgabe. Über diese Ziele bestand weitgehend Einigkeit, wenn auch nicht immer über Prioritäten und Methoden.

Will man grob bei der Regierungstätigkeit zwischen Ordnungs- und Zielpolitik unterscheiden und bei der Zielpolitik in erster Linie an Gestaltungsziele denken, so gab es diese schon, aber die Ordnungspolitik beherrschte in den Jahren seit 1945 die Regierungsaktivität, wenn man von einigen Ausnahmen, wie beispielsweise Verfassungsberatung oder Schulgesetzgebung, absieht. Die Länder hatten Allparteienregierungen. Aus diesen sind die Kommunisten nach den ersten Landtagswahlen über kurz oder lang ausgeschieden. Normalerweise hat in Allparteienregierungen der Chef vor allem Schlichtungsfunktionen. In diesen von den Besatzungsmächten abhängigen Regierungen hatte er schon als deren Sprecher gegenüber dem Militärgouverneur das Übergewicht. Die Regierungschefs schwebten je nach ihrer Parteizugehörigkeit, die der CDU mehr links, die der SPD mehr rechts, über den Parteien.

Nicht nur die Regierungschefs, die von den Militärregierungen eingesetzt waren und die ersten Parlamentswahlen überdauert hatten, sondern auch neugewählte empfanden die Parteien mit ihrer Eigengesetzlichkeit, ihren taktischen Interessen und ihrem Hang zur Profilierung in unterschiedlichem Maße als hemmend und störend. Das kommt in einer Reihe von Memoiren zum Ausdruck. »Die Parteipolitik erhebt ihr Haupt« heißt die Überschrift eines Abschnittes in den Memoiren Reinhold Maiers. Zu der Ministerpräsidentenkonferenz im Juli 1948 schreibt er: »Auch auf dem ›Rittersturz‹ wurde der seit einem Jahr eingerissenen schlechten Sitte der Ministerpräsidenten-Fraktionssitzungen gefrönt.«

Parteidifferenzen sollten im Kabinett geschlichtet werden. Das war gleichsam die Miniaturausgabe des Parlaments. Manche neigten dazu, sich als überparteilich auszugeben, wovon sie auch überzeugt waren. Sie fühlten sich »als die Sachverwalter ihrer demokratisch organisierten Länder« (Reinhold Maier). Darin wurden sie von den Militärgouverneuren bestätigt, die in ihnen nach den Landtagswahlen nunmehr auch die Repräsentanten des Landesvolkes sahen. Frau Foelz-Schröter zitiert eine Äußerung des damaligen Chefs der bayerischen Staatskanzlei Anton Pfeiffer über die positive Abgrenzung der Regierungschefs von den Parteien, »die (wie dieser sagt) immer nur begrenzte Sprecher von Volksteilen sein können«.

Dem autoritär-bürokratischen System der Besatzungsmacht mußte die politische Organisation der Länder, auch die durch Verfassung bestimmte, sich anpassen. Das Jahrbuch der SPD 1947 bezeichnet das Ernennungsverfahren der Landesregierungen als ein auf dem »Präsidialprinzip« beruhendes Verfahren, »das zu ›autoritären Regierungen‹ geführt habe«. Zwar stand dieses zum Autoritären neigende System in Widersprüchen zu dem Ziel der Alliierten, die Deutschen zur Demokratie zu erziehen, aber deren unmittelbare Verwaltungsinteressen hatten den Vorrang.

Das Wort autoritär ist zu einem ausschließlich »pejorativen Adjektiv« geworden – »eine autoritäre Persönlichkeit ist die Inkorporation des Teufels«, so Carl J. Friedrich in dem Band »Tradition und Autorität«. Das ist es in der Weimarer Republik nicht ohne weiteres gewesen. Damals verbreitete sich die Tendenz, die Macht des Reichspräsidenten, aber auch der Regierungen gegenüber Parlament und Parteien zu stärken. Diese Tendenz zeigte sich nicht nur bei der gemäßigten Rechten, sondern ragte bis ins katholische Zentrum und bis in die Deutsche Demokratische Partei hinein. Auch die, die sie vertraten, nannten sie autoritär und ließen sich selber so nennen. Ein überzeugter Demokrat wie der damalige Ministerialdirektor Arnold Brecht spricht in seinen Erinnerungen durchaus anerkennend von der »autokratischen Note der Regierungsführung« Otto Brauns als Ministerpräsident in Preußen. »Endlich trug auch die Stabilität des preußischen Kabinetts unter dem fast ununterbrochenen Vorsitz von Otto Braun, dieser kernigen und kantigen Persönlichkeit – oft anerkennend oder spöttisch der ›ungekrönte König von Preußen‹ genannt –, viel dazu bei, über die politische Zweitrangigkeit der Institution, die Preußen hieß, hinwegzutäuschen. Nach der preußischen Verfassung war der Ministerpräsident frei, hatte ihn der Landtag einmal gewählt, die anderen Minister nach seinem Gutdünken zu ernennen und zu entlassen, nur beschränkt durch die Gefahr eines Mißtrauensvotums des Landtags. Ebenso war er frei, im Rahmen der Gesetze Beamte anzustellen, zu befördern, zu versetzen usw. Von dieser Unabhängigkeit machte Braun unerschrocken Gebrauch, wann immer ihm das sachlich und im Interesse des Landes nützlich erschien. Das gab ihm gegenüber den Kabinettsmitgliedern, den Beamten und auch gegenüber dem Landtag eine große Autorität.«

Männer von unbestrittener demokratischer Gesinnung wie Ebert, Erzberger und Koch-Weser, um nur einige Beispiele zu nennen, lebten, ohne es ausdrücklich zu sagen, in der Vorstellung eines demokratisch organisierten Obrigkeitsstaates. 1925 hatte der Heidelberger Soziologe Alfred Weber in seinem Buch »Krise des modernen Staatsgedankens in Europa« von »Führerdemokratie«, einer »unegalitären, ganz modernen Führerdemokratie« gesprochen. »In einer solchen muß immer Freiwilligkeit der organisierten Gemeinschaftszusammenballung der Geführten mit einer tatsächlichen Schichtung dieser, eine Kontrolle der aus dieser Schichtung hervorgehenden Führer durch demokratische Revision des Vertrauens, das sie genießen, zusammengehen mit weitgehend selbständiger Entscheidung und Willensbildung der ausgelesenen Führerspitze.«

Der Staatsrechtslehrer Hermann Heller, Sozialdemokrat, sagt in seiner 1934 erschienenen Staatslehre: »Rechtsgrundsätze geben nur die allgemeinen Richtlinien an, auf Grund derer der Rechtszustand unter den Rechtsgenossen hergestellt werden soll; eine Entscheidung für den konkreten Fall geben sie nicht. Dazu fehlt es ihnen noch an Entschiedenheit, d.h. es bedarf immer erst einer Entscheidung darüber, was in dieser zeitlich, örtlich und persönlich bestimmten Interessenlage jenen Grundsätzen entsprechend rechtens sein soll. ... Sowohl die Sinngewißheit wie die Vollstreckungsgewißheit macht aber das Vorhandensein einer autoritären Macht erforderlich, die ausspricht und durchsetzt, was in einer konkreten Lage rechtens sein soll. Die bloße Rechtsüberzeugung reicht weder für das Eine noch für das Andere aus. ... Aber auch in der Demokratie mit gleichen sozialen Chancen kann das Volk nur herrschen mittels einer Herrschaftsorganisation. Jede Organisation bedarf einer Autorität, und alle Machtausübung unterliegt dem Gesetz der kleinen Zahl; immer müssen diejenigen, welche die organisatorisch vereinigten Machtleistungen aktualisieren, über ein gewisses Maß von Entscheidungsfreiheit und damit über nicht gebundene Macht verfügen.«

Die Verwaltungschefs in den ersten Jahren der Besatzungszeit waren in der Weimarer Republik vorwiegend entweder Regierungsmitglieder, Verwaltungsbeamte, Oberbürgermeister gewesen oder kamen aus der Justiz. Ihnen war die Vorstellung vom demokratisch organisierten Obrigkeitsstaat nicht unbekannt. Carlo Schmid hat damals im privaten Kreis von »aufgeklärter Demokratie« in Analogie zum aufgeklärten Absolutismus gesprochen. Die autoritäre Akzentuierung des parlamentarischen Systems in den ersten Jahren der Besatzungszeit war den Regierungschefs weder fremd noch unwillkommen.

Aber auch die gewaltige Umschaltung von totalitärer Diktatur zum freiheitlich-demokratischen System schien autoritäre Akzentuierung als Übergang zu rechtfertigen, ebenso wie diese als Startbedingung für den physischen, ökonomischen und administrativen Aufbau von Grund auf im Interesse schnell einsetzender Effektivität zu gelten hatte. Zunächst kam es darauf an, ein staatliches und wirtschaftliches Notdach zu schaffen. Man knüpfte an Bekanntes an, nämlich an die Weimarer Republik – Richard Löwenthal spricht von der »Autorität des Bekannten und seiner Träger«.

In einer Reihe von Landesverfassungen hatte die Richtlinienkompetenz und die Einführung des konstruktiven Mißtrauensvotums die Stellung des Regierungschefs rechtlich herausgehoben. Die mehr oder minder ausgeprägte Führungsposition wurde damals weitgehend respektiert, zumindest geduldet, wenn es auch stellenweise zu Spannungen gekommen ist. Letztlich konnte man sie mit einer stark ausgeweiteten Richtlinienkompetenz begründen. Den Regierungschefs war nach den Landesverfassungen keine Dauerstellung garantiert, sie konnten vom Parlament abgesetzt werden. Nach den ersten Landtagswahlen sind von den Militärgouverneuren eingesetzte Regierungschefs, deren Partei aus den Wahlen nicht als die stärkste hervorgegangen war – mit einer Ausnahme: das war Reinhold Maier in Württemberg-Baden –, nicht wiedergewählt worden. Aber zur Behauptung der eigenen politischen Autorität über Jahre hinaus hätte die Basis, die die Besatzungsmacht in der Praxis geschaffen hatte, nicht ausgereicht. Die meisten von ihnen waren starke, führungsbegabte, ihre Möglichkeiten real einschätzende Persönlichkeiten mit ausgeprägter, aber in der Form reservierter Zivilcourage wie Brauer, Kaisen und Reuter, wie Kopf, Altmeier, Reinhold Maier und Gebhard Müller. Dieser Generation können auch Zinn und Weichmann zugerechnet werden. Sie bewahrten in der Bundesrepublik ihren Regierungsstil in mehr oder minder modifizierter Form mit patriarchalischem Einschlag über die ganze Amtszeit. Zinn war 19, Kaiser 20 und Altmeier 22 Jahre lang Regierungschef.

Eine besondere Erscheinung war Leo Wohleb, der Staatspräsident von Baden (Südbaden mit der Hauptstadt Freiburg 1945–52). Er ist der einzige unter diesen Regierungschefs, der von Haus aus Lehrer, Gymnasialprofessor, war – in der deutschen Staatsgeschichte seit 1871 einer der ganz wenigen in der

Politik herausragenden Lehrer. Von den Regierungschefs war er der weitaus gebildetste und überragend in seiner rhetorischen Brillanz. Südbaden hat unter dem Druck der Besatzungmacht, nämlich der französischen, zumindest bis Anfang 1948 mehr zu leiden gehabt als die anderen Länder. Wohleb, eine gnomenhafte Erscheinung, galt als ängstlich und gegenüber den Militärgouverneuren gefügig, aber mit unerbittlicher Hartnäckigkeit, erstaunlicher Phantasie und virtuoser taktischer Verschlagenheit verfolgte er das Ziel, den Zusammenschluß der alten Länder Baden und Württemberg (aus denen Frankreich mit Rücksicht auf die Abgrenzung gegenüber der amerikanischen Zone die neuen Länder Württemberg-Hohenzollern und Baden gebildet hatte) zu einem einzigen Lande, dem sogenannten Südweststaat, zu verhindern.

In dieser Zielsetzung stimmte er völlig, wenn auch aus unterschiedlichen Motiven, mit den Franzosen überein. Sie leisteten ihm regelrecht und reichlich, wenn man es so nennen will, Amtshilfe, gerade auch administrative, zum Teil sogar entgegen den Instruktionen ihres Außenministeriums. Was Wohleb vorschwebte, mochte eine Art südwestdeutscher Eidgenossenschaft in einem späteren, lockeren deutschen Staatenbund sein. Auch darin unterschied er sich von den anderen Regierungschefs. Seit 1948 ließ ihm die französische Militärregierung in den Angelegenheiten seines Landes freie Hand, soweit nicht ihre eigenen Interessen tangiert wurden. Man mag im Lande selber Wohlebs Einfluß auf die Militärregierung überschätzt haben, aber er wurde gefürchtet und war populär zugleich. Ein CDU-Mitglied des Freiburger Landtags hat im privaten Gespräch Wohleb einen »Diktator unter französischer Oberherrschaft« genannt. Das war er nicht und konnte es nicht sein, wenn er auch mit französischer Hilfe oder Duldung eigenmächtig administrativ-politisch im Kampf gegen den Südweststaat in seinem Lande vorgegangen war.

Elise Foelz-Schröter spricht von der »weitgehend ungebrochen ›diktatorischen‹ Stellung der Ministerpräsidenten«. Das trifft nicht zu. Die Position der Regierungschefs war vielmehr unterschiedlich stark autoritär akzentuiert. Sie ergab sich aus der Art der Besatzungsherrschaft, aber wurde von den Regierungschefs nicht ungern wahrgenommen und von ihren Ministern wie den Parteien mehr oder minder geduldet.

II

Zwar hatten sich die Besatzungsmächte bei der Einsetzung von Landesregierungen und Senaten in der Auswahl der Mitglieder überwiegend nach deren Zugehörigkeit zu den früheren Weimarer Parteien, soweit sie als demokratisch zuverlässig galten, gerichtet. Aber diese Regierungen waren ohne die neuen Parteien installiert und zunächst auch ohne sie tätig. Doch fast alle von den Besatzungsmächten eingesetzten Regierungsmitglieder ordneten sich noch vor den Wahlen in die wieder- oder neugegründeten Parteien ein. Nur diese hatten, allerdings unter alliierter Kontrolle, das Privileg der Kandidatenaufstellung. Die neuen Parteien waren das Personalreservoir für die Regierungsbildung. Das war deren Hauptfunktion. Im übrigen beschränkten sich ihre Aufgaben auf die Einrichtung ihres Apparates, Personal- und Sachpatronage sowie Propaganda, außerdem auf Wahlvorbereitung. Doch bis zu den nächsten Wahlen hatte es noch Zeit. Sie »programmierten« – wie Wolf-Dieter Narr sagt – und »agierten im weithin luftleeren, nur parteigebundenen Raum«. Öffentliche Kritik an der Tagespolitik, soweit sie der letztlich entscheidenden Besatzungsmacht gelten konnte, wurde von der Zensur nicht geduldet. Sie war aber auch gegenüber Regierung und Parlament eingeschränkt. Denn eine Reihe von Maßnahmen und Regeln der Besatzungsmacht mußten die Regierungen unter ihrem Namen bekanntgeben. Dasselbe galt für die von den Parlamenten verabschiedeten, aber von den Militärbefehlshabern abgeänderten Gesetze.

Den Parteien fehlte zu ihrer Entfaltung und zur Wirkung in der Breite die freie öffentliche Meinung und die Möglichkeit der Formierung gegenüber der Regierungspolitik, zumal die Aktionsfreiheit der Regierung und die Rede- wie Gesetzgebungsfreiheit der Parlamente beschränkt waren. Gewiß gab es

Konflikte in den Parteien und zwischen ihnen, aber deren Auswirkung war im wesentlichen von geringer Bedeutung. Gestaltungsgesetze, wie die über Mitbestimmung und Vergesellschaftung, wurden von den Besatzungsmächten inhibiert.

»Das« – um noch einmal Narr zu zitieren – »in den teilweise leicht faßbaren Motiven nicht zu charakterisierende Parteienmißtrauen, der Parteiensnobismus und die Parteienfremdheit wichen jahrelang nicht und machten erst allmählich einer durch die materielle Sättigung bedingten, nur oberflächlichen Parteigewöhnung Platz. ... Der parteilich nicht engagierten Bevölkerung entsprechen die nicht publizistisch engagierten Parteien.« Man darf die allgemeine Erschöpfung durch Diktatur und Krieg infolge Zerstörung und Not, die so stark verbreitete politische Apathie, nicht außer acht lassen.

Daß eine repräsentative Demokratie auf Parteien angewiesen ist, war damals unbestritten. Aber es hat in maßgeblichen demokratischen Kreisen während der ersten Besatzungszeit nicht an Stimmen gefehlt, die Parteibildung und damit Volkswahlen hinausschieben wollten und die in dieser Richtung auch bei den Militärregierungen vorstellig geworden sind. Erst müßte wenigstens eine Minderung der wirtschaftlichen Not erreicht, eine intakte Verwaltung geschaffen sein, ehe sich die Möglichkeiten von Parteigründung und Volkswahlen bieten würden. Ob das nicht auch obrigkeitsstaatliche Reminiszenzen waren und traditionsbedingte Parteifremdheit? Fürchtete man Fehlschläge im Übergang von Besatzungsdiktatur zur eigenen Demokratie? Trauten sich die Parteien die heikle Auseinandersetzung und Zusammenarbeit mit den Militärregierungen nicht zu und sorgten sich wegen eines frühzeitigen Verschleißes? Es gab verschiedene Motivationen und Kombinationen von diesen. Man hatte in Erinnerung an die Weimarer Zeit Angst vor Parteienstreit. Wildenmann spricht vom *horror majoritatis.* Die Sorge vor einer Radikalisierung der Wähler war vorhanden, aber sie war nicht berechtigt. Davor schützte das alliierte System der Parteilizenzierung. Die einzige radikale Partei war die KPD. Für antikommunistische Propaganda sorgte schon die sowjetische Besatzungszone.

Die Parteifremdheit trat nach Grad und Umfang in den bürgerlichen Kreisen sehr viel stärker in Erscheinung als in sozialdemokratischen. FDP und CDU mußten mit dem Aufbau neu beginnen. Sie waren zunächst, was ihren Anhang betraf, kleine Honoratiorenparteien. Die Sozialdemokraten, schon während der Weimarer Zeit in der Organisation den anderen Parteien überlegen, vermochten sich jetzt auf ihren alten Apparat und ihre frühere Anhängerschaft zu stützen. Schumacher war der erste überzonale Parteiführer mit eigener Zentrale im Westen. Was er sagte und sagen ließ, fand starke Resonanz in den sozialdemokratischen Landesparteien, aber deren Einwirkung auf die Regierungen war beschränkt. Schumachers programmatische Ziele ließen sich vielfach mit den aktuellen Interessen der Landespolitik nicht vereinbaren. Manche seiner apodiktisch gefaßten Tendenzen, seine Zentralisierungsvorstellungen vor allem, wurden von den Bürgermeistern Bremens, Hamburgs und von dem niedersächsischen Ministerpräsidenten Hinrich Kopf, der Schumacher persönlich sehr verehrte, sowie dem bayerischen Ministerpräsidenten und späteren Innenminister Hoegner, alle Sozialdemokraten, nicht befolgt; sie stießen sogar auf deren Widerstand. Die landespolitischen Arrangements und die föderalistischen Konzeptionen in unterschiedlicher Abtönung hatten den Vorrang vor der Parteidisziplin.

Die bürgerlichen Ministerpräsidenten mißtrauten ihren sozialdemokratischen Kollegen in der englischen Zone, weil sie, wie Reinhold Maier sagte, vor der Parteizentrale »kuschten«. Mochten diese auch in einem solchen Verdacht stehen, von »kuschen« konnte keine Rede sein. Das Mißtrauen beruhte zum einen nicht so sehr auf parteipolitischer Animosität als vielmehr auf föderalistischen Grundsätzen, zum anderen war es von der Sorge bestimmt, eine zu starke Parteifärbung könnte der Führungsposition der Regierungschefs abträglich sein.

Adenauer, bewußt wie auch Schumacher ohne öffentliches Amt seit seiner Entlassung als Oberbürgermeister von Köln, war der unbestrittene Parteichef der CDU der englischen Zone. Er suchte auch überzonalen Einfluß zu gewinnen, aber behutsamer, nicht mit der programmatischen Intensität und parteipolitischen Strenge wie Schumacher. In den Zentralisierungstendenzen bestanden zwischen Adenauer und Schumacher beachtliche graduelle, aber weniger prinzipielle Unterschiede. Adenauer, dieser einzigartige Stadtfürst aus der Weimarer Zeit, war kein Unitarier, aber auch kein enragierter Föderalist, sondern er sah jetzt die Stellung der Länder und deren Einordnung in einen Gesamtstaat in erster Linie unter dem Aspekt von dessen Leitung. Bis 1948 hatte er die Regierungschefs »Zaunkönige« geheißen. Wenn er selber politischen Einfluß haben wollte, jedoch nicht Landesregierungschef war, dann konnte er sich nur möglichst weitgehend überzonal auf eine Partei stützen. Nächst Schumacher war er die stärkste Figur, die der Partei zentrale Geltung verschafft hat. Ebenso wie dieser erstrebte er ein Gesamtparlament, auf dessen Zusammensetzung die Landesregierungen keinen Einfluß haben sollten. Deshalb war er auch Gegner der Wiederherstellung des Bundesrates oder Reichsrates. Vielmehr wollte er – ganz im Gegensatz zu den süddeutschen Regierungschefs – an dessen Stelle einen Senat setzen.

Die überzonalen Parteizentralen und die Landeschefs waren letztlich Antipoden, wenn auch je nach Parteizugehörigkeit der Regierungschefs in unterschiedlichem Ausmaß. Sobald überzonale Einrichtungen mit eigenen Parlamenten geschaffen wurden, sollten die Landesparteien an Vorsprung gegenüber den Landesregierungschefs gewinnen. Als nach der Stuttgarter Rede des amerikanischen Außenministers Byrnes im September 1946 die Frage der Kooperation der Zonen, ja ihrer Vereinigung aufkam, wollten die Landesregierungen und damit ihre Chefs sich als legitime Vertreter der zur Zeit suspendierten Reichsgewalt verstanden wissen. Hans Ehard hat die Länderchefs »vorläufige Treuhänder des deutschen Volks« genannt. Nach Reinhold Maier wurden »in der amerikanischen Zone die Ministerpräsidenten als die berufenen Vertreter und Sachwalter der Reichsinteressen erachtet und anerkannt«. Das wurde ihnen von den Parteien, in erster Linie von der SPD, bestritten. Diese beanspruchten für sich selber die »nationale Repräsentation«, vermochten sie aber organisatorisch kaum durchzusetzen. Reinhold Maier schreibt 1963/64 in seinen Erinnerungen: »Die Wahrnehmung der gesamtdeutschen Interessen nehmen diese Parteien für sich selbst in Anspruch. Ein Standpunkt, der die soeben abgeschüttelte Vergangenheit in der Erinnerung heraufbeschwor, regte sich abgewandelt erneut: ›Die Parteien befehlen dem Staat‹.«

Die Entscheidung in diesem Streit trafen die westlichen Alliierten, als sie die Regierungschefs im Juli 1948 zu Adressaten der Londoner Empfehlung machten. Aber auf den Ministerpräsidentenkonferenzen, die mit der Übergabe der Frankfurter Dokumente einsetzten, zeigte sich, daß das Regieren im eigenen Lande leichter war als Beratung und Verständigung in einem überregionalen Kollegium Gleichberechtigter.

Doch diese »nationale Repräsentation« war nur ein kurzes Provisorium. Die Regierungschefs hatten faktisch den Höhepunkt schon überschritten, als sie ihn erreicht zu haben schienen. Sie hatten durch die Wirtschaftsverwaltung der Bizone eine ihnen vorgeordnete alliiert-deutsche Instanz erhalten. Der Wirtschaftsrat in Frankfurt am Main, ein von den Landtagen gewähltes Quasi-Parlament, und der Länderrat, in dem die Vertreter der Landesregierungen saßen, hatten das Recht, wenn auch unter Kontrolle der amerikanischen und englischen Besatzungsmacht, Wirtschaftsgesetze für die Länder der beiden Zonen mit weitergehenden Befugnissen, als die Länder sie hatten, zu erlassen. Im Wirtschaftsrat stellte sich eine überzonale Fraktionsbildung sofort ein. Die beiden großen Parteien, gerade deren Führungen, übten hier einen maßgeblichen Einfluß auf die Fraktionen aus. Landfremde Parteizentralen, auf die die Regierungschefs keinen Einfluß hatten, bestimmten jetzt mehr oder minder in Angelegenheiten ihrer Länder mit. Was vor allem die süddeutschen Ministerpräsidenten befürchtet und vor dem sie gewarnt hatten, war eingetreten.

Die Profilierung der Parteien zeigte sich gleich zu Beginn bei der Wahl des Verwaltungsrates, eines Quasi-Kabinetts. Es bestand dank der Duldung der FDP nur aus CDU/CSU-Angehörigen. Die SPD war nicht beteiligt. Das war die »Geburtsstunde des Verhältnisses von ›Regierung‹ und ›Opposition‹« (Wildenmann). Der Streit entzündete sich an den gegensätzlichen wirtschaftspolitischen Auffassungen, die in der politischen Praxis bisher hatten kaum zur Geltung kommen können. Die Profilierung trat noch sehr viel stärker bei der Aussprache über die von dem damaligen Wirtschaftsdirektor Ludwig Erhard vorgelegten Durchführungsgesetze zur Währungsreform in Erscheinung.

Durch die Frankfurter Dokumente, die eine verfassungsberatende Versammlung vorsahen, hatte die Erwartung mancher Regierungschefs, vor allem der süddeutschen, daß sie selber zunächst eine »Notregierung« bilden würden, ihre Erledigung gefunden. Auf der Ministerpräsidentenkonferenz in Koblenz (Rittersturz) am 8. Juli 1948 hatte Reinhold Maier erklärt: »Ich darf sagen, daß bei uns ebenfalls keine große Neigung für eine verfassungsgebende Versammlung besteht, sondern daß verschiedentlich die Ansicht vertreten wurde, daß man vielleicht sagt, daß dem Gremium der Ministerpräsidenten ... ein Ausschuß der vereinigten Landtage zur Seite gestellt werden könnte, also von etwa 60 bis 70 Abgeordneten aus den verschiedenen Landtagen.« Hans Ehard hatte vor mehr als einem Jahr davon gesprochen, »die Struktur der deutschen Regierung soll in ihrem Charakter föderalistisch sein und die einzelnen Bestandteile sollen Staaten sein. Die Funktionen der Regierung sollen innerhalb dieser Struktur dezentralisiert sein bis zu dem äußersten Grade, der mit dem modernen Wirtschaftsleben vereinbar ist.« Der hessische Ministerpräsident Stock – Sozialdemokrat – billigte diese Pläne nicht vollständig, aber hielt sich nicht allzu fern von ihnen.

Bei der Beratung der Frankfurter Dokumente hatten die Regierungschefs gegen die ursprüngliche Absicht der Alliierten lediglich durchgesetzt, daß der Parlamentarische Rat nicht vom Volk, sondern von den Landtagen gewählt würde. Das Motiv war nicht nur der Wunsch, das Provisorium des Grundgesetzes zu betonen, oder die Sorge vor Radikalisierung durch Wahlen, sondern gerade auch föderalistische Überlegungen. Doch der Parlamentarische Rat verselbständigte sich sehr bald. Die in ihm gebildeten Fraktionen, aber auch die überzonalen Parteizentralen, vor allem die der Sozialdemokratie, hatten gegenüber den Regierungschefs nunmehr ein Übergewicht.

III

Wesentliche Stützen der Regierungschefs waren die Berufsbeamten. Regierungschefs und Minister waren von Anfang an überzeugt, daß sie auf ein qualifiziertes, geschultes und erfahrenes Verwaltungspersonal, eben den Typ des klassischen Beamten, angewiesen waren. Von dessen Leistung hing weitgehend ihre eigene Stellung ab. Die Mehrheit der Regierungschefs und -mitglieder lebte und wirkte in der Orientierung an Modellen der Reichsrepublik, wenn sie sie auch durch Erfahrung modifiziert hatte. Sie war es aus der Weimarer Zeit gewohnt, mit juristisch oder fachlich besonders ausgebildetem Personal zu arbeiten. Die Weimarer Administration war bis zuletzt intakt geblieben, deshalb bediente man sich jetzt ihrer Verfahren und Institutionen. Manche Minister griffen auf ihr früheres Personal aus diesen Jahren zurück und ebenfalls auf solche Beamte aus dem Dritten Reich – auch Mitglieder der NSDAP, die sie aus dieser Zeit kannten, denen sie Schutz und Hilfe verdankten. Wiederamtierende Beamte zogen noch nicht wiederbeschäftigte nach sich. Solidaritätsbeziehungen, konfessionelle, besonders katholische, solche aus der Studentenzeit, gerade bei Angehörigen von Korporationen, während der Verfolgung und Kriegsgefangenschaft, aus gemeinsamer Amts- und Wehrdienstzeit, spielten eine Rolle.

Die Verwaltungsbedürfnisse waren immens gestiegen, einmal wegen der Interessen der Besatzungsorganisationen, zum anderen im Hinblick auf den Wiederaufbau. Der Bedarf an geschulten und erfahrenen Beamten war sehr hoch, aber diese waren meist durch die Entnazifizierung blockiert. Zweifellos bestand zwischen den drei Zonen ein Entnazifizierungsgefälle. Am weitesten gingen die Amerikaner in ihren Forderungen unter dem Druck der öffentlichen Meinung ihres Landes. Die Franzosen hielten sich aus bürokratischer Erfahrung und Skepsis zurück. Das glich sich 1947/48 zwischen den Zonen aus. Hohe Reichs- und Landesbeamte im Dritten Reich wie durch nationalsozialistische Aktivität Belastete blieben in allen drei Zonen ausgeschlossen. Auch die Militärbefehlshaber ihrerseits waren an geschultem deutschen Verwaltungspersonal interessiert, da es am ehesten Gewähr für die Durchführung ihrer Weisungen bieten würde. In dem Konflikt zwischen Entnazifizierungsansprüchen und Verwaltungsinteressen entschieden sich auch hier die Alliierten für diese. Letztlich sind sie an der Entnazifizierung gescheitert, weil sie sie viel zu breit angelegt hatten. So kehrte noch vor der Gründung der Bundesrepublik ein gut Teil der Bürokratie, »zwar in ihrer Gesinnung durch die Erfahrung des Dritten Reiches und seines Zusammenbruchs gewandelt, in ihrer Zusammensetzung und Laufbahnstruktur weitgehend unverändert« (Löwenthal), in den öffentlichen Dienst zurück. Das führte zur Tendenz einer Wiederherstellung von Hierarchie und überkommenen Verfahrensweisen der Behörden sowie des Anciennitätsprinzips, in die sich einzufügen der Berufsbeamte gelernt hatte.

Es ist das dritte Mal in diesem Jahrhundert, daß durch eine Staatsumwälzung das Gros der Berufsbeamten des früheren Systems im neuen seinen Platz behauptet hat. In der Revolution von 1918 hatten die Räte der Volksbeauftragten in Reich und Ländern weitgehend die Beamten der Monarchie übernommen. Zwar war die Sozialdemokratie – sehr viel mehr noch die Unabhängigen Sozialisten – grundsätzlich Gegner des Berufsbeamtentums. Aber die Volksbeauftragten glaubten in dieser schweren Krise auf den geschulten Beamten nicht verzichten zu können. Die »administrative Kontinuität« (Wolfgang Runge) mußte gewahrt werden, um Anarchie und Reichszerfall zu verhindern.

Die Nationalsozialisten, in erster Linie Hitler, mißtrauten aus ganz anderen Gründen als die Sozialdemokratie der Bürokratie. Aber auch Hitler scheute die Unterbrechung der »administrativen Kontinuität«. Das geschulte Beamtentum glaubte er nicht entbehren zu können, zunächst beim Start, dann wegen der administrativ-ökonomischen Vorbereitung des Krieges und zuletzt im Kriege selber. Zwar hatten die Nationalsozialisten ein raffiniert durchdachtes, skrupellos durchgeführtes Kontrollsystem über die Bürokratie angelegt, doch faktisch führte das Hitlersystem zu einer Konservierung von Verwaltungsorganisation und Bürokratie. Aber es hat sie demoralisiert und korrumpiert.

In den drei Umbrüchen von 1918, 1933 und 1945 hatte das Berufsbeamtentum, wenn auch unter ganz unterschiedlichen Erscheinungsformen und Auswirkungen, sich mit dem ihm eigenen Beharrungsvermögen zu halten gewußt. Allerdings hätte »die Seßhaftigkeit der Verwaltungselite in den Stürmen des politischen Wandels« (Ralf Dahrendorf) nicht ausgereicht. Sie wurde einfach gebraucht. Einen praktikablen Ausweg aus diesem Dilemma scheint es für die jeweils Entscheidenden nicht gegeben zu haben.

IV

Die Bundesrepublik war auf mannigfache Weise durch die rechtliche Ordnung und die Praxis in den Ländern während der Besatzungszeit vorgeformt worden. Dazu gehörte auch die stark herausgehobene Stellung der Landesregierungschefs. Bundeskanzler Adenauer verlangte von den Hohen Kommissaren jetzt das, was die Militärgouverneure den Landesregierungschefs gewährt hatten, nämlich den alleinigen Zugang zu den Machthabern. Nur er hätte für die Bundesregierung mit den Hohen Kommissaren zu verhandeln. Dementsprechend war das Bundeskanzleramt allein für den Verkehr mit den Hohen Kommissaren zuständig. Dieses Verfahren entsprach zwar den Verhältnissen und war funktionsgerecht, aber es hatte die bedeutende Nebenwirkung, daß Adenauer in der Praxis die Regierungsmitglieder an seine Führungsposition gewöhnte. Ihre faktische Institutionalisierung, die in der Öffentlichkeit zunächst nicht hochgespielt wurde, fiel auch nicht besonders auf, weil es so scheinen mußte, als ob der Kanzler die Praxis der Landesregierungschefs fortsetzen würde. Tatsächlich bestand der große Unterschied darin, daß durch das Besatzungsstatut die Kompetenzen der Hohen Kommissare stark eingeschränkt und dementsprechend die Selbständigkeit der Bundesregierung entscheidend erweitert war. Gestaltende auswärtige Politik kann die Unabhängigkeit der Akteure steigern und erfordert aus der Natur der Sache ein hohes Maß von Geheimhaltung. Darauf hatte auch die heimliche Kanzlerschaft Stresemanns unter verschiedenen Kanzlern von 1923–1929 beruht. In den ersten Jahren der Bundesrepublik kam die durch die Vorbehaltsrechte der Alliierten bedingte Verzahnung von Außen- und Innenpolitik hinzu. Gewiß hat Adenauer persönlich die »Kanzlerdemokratie« geprägt, aber des Vorbildes der Landesregierungschefs aus der vorhergehenden Zeit hat er sich gern bedient. Er hat auch rechtlich die Führungsposition des Kanzlers durch die Geschäftsordnung der Bundesregierung von 1951 institutionalisiert. Zwar hat er sie nicht selbst verfaßt, aber den Entwurf hat er stark korrigiert.

Die Landesregierungschefs hatten in der Bundesrepublik die Militärgouverneure als Widerlager verloren. Ihre Länder unterstanden, allerdings mit beachtlicher Autonomie, einer deutschen übergeordneten Instanz. Aber sie blieben – in die Parteien eingeordnet, doch keineswegs deren Zentralen immer untergeordnet – neben diesen starke politische Potenzen, nicht zuletzt dank des Rückhalts im Bundesrat. Sie verloren an Gewicht und Farbe, aber behaupteten dank der Autorität jener, die nach Gründung der Bundesrepublik in ihrem Amt geblieben oder später in ihr Amt zurückgekehrt waren, respektable Positionen.

Das im Frankfurter Wirtschaftsrat von den Ländern übernommene Parteiensystem hat sich im Bundestag durchgesetzt und sich in zusammengedrängter Form erhalten, was der Praxis in Regierung und Parlament zugute gekommen ist. Die Beschränkung der Parteienaktivität hat sich, vor allem bedingt durch die Besatzungsherrschaft, nur als eine Übergangserscheinung erwiesen. Die Parteienentfaltung, die spürbar im Wirtschaftsrat eingesetzt hatte, entwickelte sich, wenn auch nach und nach, im aus Urwahlen hervorgegangenen Bundestag weiter. 1959 glaubte es die CDU/CSU-Fraktion wagen zu können, ihren Führer Adenauer als Bundeskanzler durch das Angebot der Kandidatur für die Bundespräsidentenwahl abzusetzen, was ihr allerdings zunächst nicht gelungen ist. Die sozialdemokratische Führung hatte vorher harte Kämpfe mit ihrer Partei und deren Organisationen wegen der Wehrgesetzgebung durchstehen müssen. Diese Auseinandersetzungen verschärften sich bei Einführung der Notstandsgesetzgebung unter der großen Koalition. Seit dem Einsetzen des Demokratisierungsprozesses in der Mitte der sechziger Jahre hat der Personal- und Sachkampf vor allem innerhalb der beiden großen Parteien an Schärfe und Umfang ständig zugenommen. Die Parteitage seither mit ihren harten Debatten lassen sich mit denen zu Anfang der fünfziger Jahre nicht mehr vergleichen.

Das Erbe der föderalistischen Parteienstrukturierung behauptete sich in nach Parteien unterschiedlichem Ausmaß. Auch die Landesparteien haben, nachdem die alten Regierungschefs aus der Besatzungszeit abgetreten sind, an Gewicht, vor allem infolge der Demokratisierung in den Ländern, gewonnen. Kaisen konnte die Mitglieder des Bremer Senats, wenn auch im Benehmen mit seiner Fraktion, auswählen. Nach den Bürgerschaftswahlen von 1971 und 1975 hat die Senatsmitglieder nicht einmal mehr die sozialdemokratische Fraktion, sondern der Bezirksparteitag gewählt. In Baden-Württemberg ist 1972 der Landesausschuß der CDU in gleicher Weise verfahren.

Für die Entwicklung von Bundes- und Landesparteien spielt der Generationenwechsel eine wesentliche Rolle. Der letzte amtierende Minister aus der Besatzungszeit, Alfred Kubel, 1946 als Ministerpräsident von Braunschweig eingesetzt, wenig später niedersächsischer Minister bis 1970, mit Ausnahme von zwei Jahren, seither Ministerpräsident, schied, 66 Jahre alt, Anfang 1976 aus der Regierung. Helmut Kohl, 1930 geboren, wurde 1958 promoviert, ist seit 1968 Ministerpräsident von Rheinland-Pfalz und wurde 1975 zum Vorsitzenden der CDU und Kanzlerkandidaten gewählt. Sieben Jahre jünger als Kohl ist der Hamburger Bürgermeister Klose.

Die »administrative Kontinuität« ist seit Mitte der sechziger

Jahre nicht einfach abgebrochen worden, aber sie hat sichtbar nachgelassen. Insofern kann man wohl von einer Zäsur sprechen. Von einer Reihe, nicht aber von allen Beamtengewerkschaften, aus Kreisen der SPD, von Jungsozialisten und Jungdemokraten ist mit Nachdruck die Forderung nach materieller Mitbestimmung im öffentlichen Dienst – nicht nur auf Personalfragen und den eigentlichen Dienstbetrieb beschränkt – vertreten worden, was in erster Linie Abbau der traditionellen Hierarchie bedeuten soll. Gewerkschaften besonderer Beamtenberufe, wie vor allem der Steuerbeamten, der Polizei und der Lehrer, haben mit Berufung auf die Demokratisierung auf Änderungen von Einrichtungen, der Struktur, der Aufgaben und der Verfahren der für ihre Mitglieder in Betracht kommenden Behörden gedrängt. Die Verwaltungspraxis und -organisationen, gerade auch in ihrem Detail, sind sehr viel mehr als bisher zum Gegenstand der öffentlichen Diskussion geworden. Von der Autoritätskrise wurden auch Verwaltung und Beamtenschaft erfaßt. Diese Erscheinungen, aber auch die Rebellion der studentischen Jugend, die teilweise jene Erscheinungen hervorgerufen hat, haben sich nachhaltig auf den innerdienstlichen Betrieb ausgewirkt, ihn gewandelt.

Hinzu kommt der Generationenwechsel in der Bürokratie, vor allem der höheren Ränge. Die aus der Weimarer Republik übernommenen Beamten sind ausgeschieden, weithin auch die aus dem Dritten Reich. Der Kreis jener, die von diesen unmittelbar ausgebildet und angeleitet waren, schrumpft. Die neu in den öffentlichen Dienst Eintretenden haben die Weimarer Republik nicht gekannt, die nationalsozialistische Diktatur nicht bewußt und die erste Nachkriegszeit nur als Kind erlebt. Sie betrachten die jüngste Vergangenheit, sofern sie nicht »Abschied von der bisherigen Geschichte« (Alfred Weber) genommen haben, mit anderen Maßstäben als Ältere. Auch die Lehre vom öffentlichen Recht hat sich an den Universitäten, wenn auch graduell unterschiedlich, stark gewandelt. Immer mehr zeigen sich gerade in ihr sozialwissenschaftliche Elemente. Das juristische Monopol hat stark nachgelassen.

Die Besatzungsmächte respektierten die Leistungsfähigkeit

der deutschen Berufsbeamten. Aber ihnen »wurden u. a. Kommandopraxis und Kastengeist, blinder Gehorsam und unbesehene Gleichsetzung von Gesetz und Recht, fehlende Gleichberechtigung der Geschlechter im öffentlichen Dienst und mangelnde Trennung von Beamten- und Abgeordnetenstellen zum Vorwurf gemacht« (Tilmann Pünder). Vor allem von seiten der Amerikaner und Engländer sind erhebliche Anstrengungen gemacht worden, den öffentlichen Dienst zu reformieren, zuletzt noch kurz vor Gründung der Bundesrepublik in der Wirtschaftsverwaltung der Bizone. Nachdem sie mehr oder minder die personelle Kontinuität hatten dulden müssen, wollten sie die aufkeimende institutionelle Restauration in den Ländern durch eine überzonale Reform wieder rückgängig machen. Von den Regierungen unabhängige Personalämter sollten eingesetzt werden, die Eignung bei Einstellung und Beförderung durch Prüfung und Auslese zu ermitteln hätten. Das Personalamt sollte eine demokratische Gestaltung des Dienstrechts schaffen und sichern sowie der Ämterpatronage von Parteien, Verbänden und Konfessionen entgegenwirken. Nach dem Modell des englischen »Civil Service« und der amerikanischen »Hatchact« sollte das Beamtentum parteipolitisch neutralisiert werden, durch Verlust des passiven Wahlrechts und durch starke Beschränkung parteipolitischer Aktivität. Diese Bestrebungen stießen auf erbitterten Widerstand von Parteien und Beamtenorganisationen, so daß die alliierte Reformanstrengung scheiterte. Ein Ergebnis war lediglich, daß die ins Parlament gewählten Abgeordneten für die Dauer ihres Mandates in den Ruhestand treten mußten. Ob dieses alliierte Reformprojekt, wenn es im wesentlichen durchgesetzt wäre, mehr zur Konservierung des Berufsbeamtentums unter den besonderen deutschen Verhältnissen beigetragen hätte als die Unterlassung, ist immerhin fraglich.

Wilhelm Hennis beklagt die Parteipatronage als »allgemeines Übel der bundesrepublikanischen Verwaltung von den Kommunen bis hinaus ins Bundeskanzleramt«. Die Patronage hat, zunächst noch schamhaft vor der Öffentlichkeit verborgen, in der Besatzungszeit schon eingesetzt. In ein System von wechselnden Parteiregierungen und eines auf Lebenszeit eingestellten Beamtentums paßt die Parteipatronage nicht hinein. Aber das ist bloße Theorie. Gerade weil die alliierten Reformbestrebungen gescheitert sind, hat die Ämterpatronage kaum noch zu behindernde Möglichkeiten. Die Zahl jener, für die aus der Sünde von ehedem eine Tugend geworden ist, nimmt gerade in der Publizistik zu. Die Auswirkungen der Ämterpatronage haben das Berufsbeamtentum in seiner Zusammensetzung, seinen Vorstellungen und Verhaltensweisen erheblich geändert. Bärbel Steinkemper hat in ihrer Schrift »Klassische und politische Bürokratie in der Ministerialverwaltung in der Bundesrepublik Deutschland« dargelegt, daß der »aktiv gestaltende Leistungsstaat«, den der Begriff des Sozialstaates charakterisiert, grundlegende Veränderungen der Funktionsvorstellungen der öffentlichen Verwaltung politisch und gesellschaftlich bewirkt hat. »Aus der ursprünglichen neutralen und überparteilichen Institution ist eine Organisation geworden, deren Personal selbst politisch denkt und auch zum Teil nach parteipolitischen Gesichtspunkten ausgewählt ist.« Der »klassische Beamte« werde durch den parteipolitischen, das heißt parteipolitisch engagierten Bürokraten mehr und mehr zurückgedrängt. Das habe Rückwirkungen auf die gesamte Ministerialverwaltung. Weniger Verwaltungserfahrung und Sachverstand würden bei Inhabern von Spitzenstellungen gefordert als vielmehr politisches Problembewußtsein, Verständnis für politische Zusammenhänge und Notwendigkeiten sowie Innovationsbereitschaft. Die Verfasserin gibt Zahlen an, die die außerordentliche Zunahme von Außenseitern in Spitzenstellungen während der letzten Zeit zeigt.

Von Homogenität, Geschlossenheit, Sozialprestige und Standesbewußtsein der Beamten, das schon zu Ende der Weimarer Zeit als angeschlagen erschien – vom Dritten Reich gar nicht zu reden –, ist nicht oder nicht mehr sehr viel zu erkennen. Der Beamtenstil hat sich grundlegend verändert. Die Verwaltung ist, nicht allein durch die Planungsfunktionen, in Wandlung begriffen. Das »besondere Treueverhältnis der Beamten zum Staat« scheint zu einer Leerformel zu werden.

Man kann wohl die Frage stellen, ob das Ausmaß der Wandlung des Beamtentums nicht letztlich während der vergangenen Jahre stärker gewesen ist als in der Weimarer Republik und unter dem Hitler-Regime.

Die hier skizzierten Erscheinungen aus den Jahren 1945 bis 1949, die weitgehend bedingt waren durch die Herrschaft der Besatzungsmächte, durch die allgemeine Not und durch die ungewöhnlich harte Umschaltung des politischen Systems, können rückblickend im großen und ganzen doch als sinnvoll in dieser Zeit genannt werden. Sie mögen vielleicht den Wandlungsprozeß hinausgezögert haben, aber sie haben ihn nicht verhindert, was die einen begrüßen, die anderen beklagen.

(1975)

Anfänge der Politikwissenschaft und das Schulfach Politik in Deutschland seit 1945

Hochbefähigte sind nicht nur, aber auch in der Politik Raritäten. Wir müssen uns weithin mit dem Mittelmaß, was nicht Mediokrität bedeutet, begnügen.

Nach Artikel 148 der Weimarer Verfassung waren »Staatsbürgerkunde und Arbeitsunterricht Lehrfächer der Schulen«, ebenso wie nach Artikel 149,1 Religionsunterricht »mit Ausnahme der bekenntnisfreien (weltlichen) Schulen«. Aber der Unterschied besteht darin, daß Religionsunterricht seit langem bestand, also seine Abschaffung verboten war, Staatsbürgerkunde dagegen neu eingeführt werden mußte. Gerhard Anschütz weiß in seinem Kommentar der Weimarer Verfassung, der wohl der angesehenste damals war, selbst in seiner 1932 erschienenen Auflage nicht viel mehr zu sagen, als daß der Inhalt dieses Artikels »aktuelles, anwendbares und anwendungspflichtiges Recht« wäre. Was dieser Artikel bedeutet, daß und warum er nicht sofort angewandt ist, darüber sagt er kein Wort. Das ist sehr bezeichnend. Anschütz zeigt, was ihm sonst überhaupt nicht liegt, Hilflosigkeit. In der Tat, es war so gut wie nichts geschehen.

An den Schulen und Universitäten bestand zwischen 1919 und 1932 ein offenkundiges »Demokratiedefizit«, um ein heute beliebtes Wort zu gebrauchen. Im Unterricht und in Vorlesungen war vorwiegend, wenn nicht überwiegend, die Weimarer Republik ein Kampfobjekt oder der Beachtung kaum wert. Was das Lehrfach anging, so fehlten die Ausführungsbestimmungen der Landeskultusministerien. Während allen Unterrichtsfächern an den höheren Schulen, mit Ausnahme von Turnen und Singen, Universitätsdisziplinen entsprachen, fehlten diese für die Staatsbürgerkunde. Von Initiativen und Anstrengungen, geeignete Schullehrbücher zu beschaffen, war kaum etwas zu spüren.

An der Tübinger Universität las 1924 bis 1926 Carl Sartorius »Deutsches Reichs- und Landesstaatsrecht«. Er war überzeugter Demokrat, aber beschränkte sich auf rein juristische Darstellung und Interpretation. In Berlin hielt mein verehrter Lehrer Fritz Hartung ein gutes Kolleg über Deutsche Verfassungsgeschichte der Neuzeit, also seit Kaiser Maximilian I. Die Weimarer Zeit behandelte er mit offenkundiger Distanz. Er schien seine Hemmungen nicht überwinden zu können, was ihm erst nach 1945 in seinen neueren Auflagen gelungen ist. Heinrich Triepel hielt eine vierstündige Vorlesung über deutsches Reichsstaatsrecht im ständig vollbesetzten Auditorium Maximum. Triepel war konservativ-liberaler »Vernunftsrepublikaner«, wegen der Vielfalt der Parteien Gegner des Parlamentarismus, ohne es jemals in den Vorlesungen auch nur anzudeuten, jedoch von uneingeschränkter verfassungspolitischer Loyalität. Als Universitätslehrer hatte er den pädagogischen Eros, den Studenten die neue Verfassung begreiflich zu machen. Er brachte eine Fülle von anschaulichen praktischen Beispielen. Die Studenten sollten die Verfassung in den Griff bekommen; um es drastisch zu sagen, sie anfassen lernen. Diskussionen im Kolleg waren damals noch unbekannt. Doch Triepel stellte aus didaktischen Motiven Problemfragen. Eines Tages begann er: Nehmen Sie einmal an, der Reichspräsident, der Reichskanzler mit der Reichsregierung, der Präsident und die Vizepräsidenten des Reichstages sowie der Reichsgerichtspräsident, der nach Eberts Tod 1925 stellvertretender Reichspräsident war, fahren in einem Salonzug miteinander zur Einweihung eines Reichsehrenmals nach Thüringen. Der Salonzug verunglückt, alle tot. Mit der Frage nach einer politischen, der Verfassung möglichst nahen Lösung in einer fiktiven, aber gut erdachten Notsituation und deren Beantwortung durch Aufzeigen von Alternativen lehrte uns Triepel, um nur ein Beispiel zu nennen, mit der Verfassung umzugehen. Für mich war das Kolleg von größtem Nutzen.

Es gab in dieser Zeit nur ganz wenige politikwissenschaftliche Publikationen. An Büchern hatte ich gelesen: Ernst Troeltschs »Spektatorbriefe«, Alfred Webers »Krise des modernen Staatsgedankens in Europa«, dessen Lektüre sich heute noch lohnt, Carl Schmitts »Verfassungslehre«, die man auch jetzt lesen kann, wenn man seine anderen Schriften beiseite legt, sowie einige Aufsätze von Erich Kaufmann. Von Arnold Bergsträsser habe ich durch dessen Buch »Frankreich, Staat und Gesellschaft« eine Anschauung vom Begriff und der Bedeutung politischer Institutionen erhalten. Nach 1933 habe ich Hermann Hellers »Staatslehre«, die im Ausland erscheinen mußte, gelesen. Für mich ist sein Werk die letzte große Staatslehre in deutscher Sprache.

Quintessenz meiner eigenen Erfahrungen, auch aufgrund zahlreicher Diskussionen und Gespräche, war, daß Demokratie mit ihrem komplizierten System einfach gelernt werden muß. Institutionen, Kompetenzen und Verfahren müssen nüchtern gelehrt, verständlich gemacht werden. Vulgär habe ich es damals so ausgedrückt: Wir brauchen eine Fahrschule für Politik. Richtig Autofahren kann nur, wer dessen Mechanismus beherrscht. Heute würde ich sagen: Der mündige Bürger fällt nicht vom Himmel.

Bestätigung fand ich vor allem durch Alexander Rüstow, Altphilologe, Philosoph, Soziologe, nationalökonomischer Autodidakt von hohem Rang, Verfasser des großen Werkes »Zur Ortsbestimmung unserer Zeit«. 1949 wurde er Nachfolger Alfred Webers auf dem soziologischen Lehrstuhl in Heidelberg. Er hatte ähnliche Überlegungen angestellt wie ich. Staatsbürgerkunde ist unerläßlich, aber würde ohne Universitätsausbildung der Lehrenden eine Farce bleiben. Er wollte die deutsche Tradition der wissenschaftlichen Politik – Gustav Droysen, Friedrich Christian Dahlmann, Robert von Mohl und Lorenz von Stein – wieder aufleben lassen. Sie war in der zweiten Hälfte des vorigen Jahrhunderts ausgeklungen. Sein Modell war die angelsächsische »political science« vor allem in den Vereinigten Staaten.

An den Gesprächen nahmen zeitweise Carl Joachim Friedrich, damals schon Professor für Politikwissenschaft in Harvard, und der Marburger Nationalökonom Wilhelm Röpke teil. Ich sollte 1928/29 mit dem preußischen Kultusminister Carl Heinrich Becker sprechen. Er suchte geradezu die Unterhaltung mit Studenten. Mehrfach hatte er mich zu sich gebeten. Für das Problem, das schon mehr ein Dilemma war, zeigte er echtes Interesse und Verständnis. Von der Notwendigkeit war er überzeugt, aber kannte auch die kaum überwindlichen Schwierigkeiten. Die Einführung einer Disziplin Politik, oder wie man sie nennen möge, würde auf den entschiedenen Widerstand der Universitäten stoßen mit der Parole: Keine Politisierung! Die Universitäten würden vielfach ungeeignete Kandidaten vorschlagen oder die Berufungen überhaupt verschleppen. Oktroyierung würde die neue Disziplin diskreditieren. Mit einer Sabotierung akademischer Veranstaltungen seitens eines großen Teils der »Deutschen Studentenschaft« müsse gerechnet werden. Zwar würde die Einführung eines entsprechenden Lehrfaches an den Schulen ohne vorhergehende Lehrerausbildung durch die Universitäten sinnlos sein, aber ganz abgesehen davon könnte auch ein harter und breiter Widerstand der Schulen erwartet werden.

Seit Ende 1945 war ich Flüchtlingskommissar und dann Stellvertreter des Innenministers im neuen Land Württemberg-Hohenzollern mit Tübingen als Hauptstadt. Regierungschef war Carlo Schmid, zunächst auch Kultusminister. Ihn hatte die Frage schon seit langem stark beschäftigt. Eine Verwaltungsschule für Beamte des gehobenen Dienstes im staatlichen und kommunalen Bereich wurde eingerichtet. Das war für mich ein erstes Übungs- und Experimentierfeld des politisch orientierten Unterrichts. Carlo Schmid drängte mich, eine Universitätsvorlesung über die Geschichte der Weimarer Republik zu halten. Ich hatte mich nicht, auch nur andeutungsweise, darum beworben.

Das Auditorium Maximum war voll besetzt. Die Hörer, vorwiegend bisherige Soldaten, waren überhaupt nicht vorgebildet, aber bewußt im Dritten Reich völlig falsch informiert. Ich mußte elementar vorgehen und zugleich weit über das Thema hinausgreifen, so in der Beschreibung und Erklärung der demokratischen Ordnung im Hinblick auf England, Frankreich und Amerika. Das Verhältniswahlrecht, das Mißtrauensvotum und den Volksentscheid mußte ich darstellen und ebenso, wer Ebert und Rathenau, Erzberger, Stresemann und Brüning waren. Auf Anschaulichkeit kam es an. Die Hörer mußten begreifen können. Ich mußte immer wieder typische Einzelfälle bringen, eben im Kantschen Sinn: Es gibt keinen Begriff ohne Anschauung. Auf jede Vorlesung ließ ich ein Kolloquium folgen, um den Hörern Möglichkeiten zu geben, ihre zweifelnde oder oppositionelle Kritik, auch ihr mangelndes Verständnis auszusprechen. Erst durch diese Praxis wurde mir klar, wie schwierig es sein würde, in den Schulen demokratische Ordnung verständlich zu unterrichten, und nicht minder, die künftig Lehrenden auszubilden.

Nach dieser Vorlesung, die ich auf zwei Semester ausdehnen mußte, las ich über Parlamentarismus im internationalen Vergleich, über Wahlsysteme, von der Kandidatenaufstellung bis zur Wahlanfechtung, über die Geschichte der Mehrheitsentscheidung von Solon bis zur Gegenwart, dann über das Grundgesetz und über das politische System der Bundesrepublik.

1949 wurde ich zum Honorarprofessor, 1953 in dem nunmehr neuen Land Baden-Württemberg zum Ordinarius auf den neu errichteten Lehrstuhl für Politikwissenschaft in der Philosophischen Fakultät berufen. Inzwischen waren vor allem in der amerikanischen Zone und in Berlin auf Betreiben der Besatzungsmacht, in erster Linie Carl Joachim Friedrichs und Karl Löwensteins, eine Reihe von Lehrstühlen geschaffen. Den zuständigen Beamten der amerikanischen Militärregierung, nicht aber den deutschen Professoren, ging es um »reeducation«. Sie interessierte uns nicht allzusehr. Uns war die akademische Institutionalisierung von Politik wichtig. Ob das ohne die Initiative und die Anstrengung der Amerikaner durchzusetzen gewesen wäre, ist mir zweifelhaft.

Von der Philosophischen Fakultät wurde ich mit größter Zuvorkommenheit und Hilfsbereitschaft, was nicht alle Fachkollegen an anderen Universitäten erlebt hatten, aufgenommen. Das hat mir die Installierung sehr erleichtert. Dem Pädagogen

Hans Wenke, der später Schulsenator in Hamburg wurde, verdanke ich eine Reihe Informationen in der Lehrerausbildung, die für mich ein völlig unbekanntes Feld bis dahin war. Die damalige Rechts- und Wirtschaftswissenschaftliche Fakultät hatte mich aus eigener Initiative zu meiner Überraschung und großen Freude als Mitglied aufgenommen. Ich habe nach Möglichkeit regelmäßig mit großem Nutzen an den Fakultätssitzungen teilgenommen. Nunmehr konnte ich in beiden Fakultäten promovieren. Günter Dürig (Öffentliches Recht), Konrad Zweigert (Privatrecht), Wilhelm Gallas (Strafrecht) und ich veranstalteten durch mehrere Jahre ein Kolloquium mit 40 besonders zugelassenen Studenten über politische Grundsatzfragen. Die Themen wurden zu Anfang jedes Semesters festgelegt und bekanntgegeben. Meist waren es politisch relevante Fälle aus verschiedensten Bereichen. Mit vorbildlicher Selbstdisziplin und auf hohem Niveau wurde diskutiert, Zwischenrufe verboten sich von selbst. Wir vier Professoren hatten uns vorher unschwer geeinigt, daß Widerrede und Kritik zwischen uns unbeschränkt ohne Rücksicht auf sogenannte Standessolidarität möglich sein müsse. Das gefiel den Studenten, die dies sehr bald merkten. Nach Zweigerts und Gallas' Weggang von Tübingen ließ die solidarische Unsolidarität nach. Das bedeutete das Ende der Kolloquien.

Der Nachholbedarf meiner Vorbildung für dieses Fach war groß, trotz der Lektüre in 15 Jahren. Eine Hilfe waren für mich die Kenntnisse aus der politischen Praxis eines kleinen, überschaubaren Landes von einer Million Einwohnern, wie es Württemberg-Hohenzollern war. Ein neues Lernfeld wurde für mich der Staatsgerichtshof des Landes Baden-Württemberg, dessen Mitglied ich 20 Jahre lang war.

In der Öffentlichkeit und auf Konferenzen der Politischen Wissenschaft, die vor allem die hessische Regierung mit Unterstützung der Amerikaner veranstaltete, hatte ich mich für die Lehrerausbildung in Politik an Universitäten und die Einführung eines entsprechenden Lehrfachs in den Schulen eingesetzt. Nach meiner Auffassung war die Lehrerausbildung ein Hauptanliegen dieses neuen Faches, aber nicht das einzige. Es sollte auch für die Vorbildung von Journalisten in Presse und Rundfunk sowie in den Pressestellen des öffentlichen Dienstes, für die in der Wirtschaft und den Verbänden, in Partei und Fraktionen Tätigen dienen. Hermann Brill, Chef der hessischen Staatskanzlei, selbst Volljurist, sah auch Politikwissenschaft für die Ausbildung von Verwaltungsbeamten als zweckmäßig an. Dem habe ich entschieden widersprochen. Die neue Disziplin würde allein dafür nicht ausreichen, sondern nur in Verbindung mit den Rechts- und Wirtschaftswissenschaften.

In meinem Seminar saß eine ganze Reihe von Juristen und Nationalökonomen, von denen eine Anzahl auch bei mir im Haupt- oder Nebenfach promoviert hatte. Wenn ich heute die Berufe meiner ehemaligen Schüler überblicke, so finde ich sie auch an den Hochschulen, in den Redaktionen von Zeitungen und Zeitschriften sowie in Rundfunkanstalten, in den Regierungen und Ministerien, so auch im Auswärtigen Dienst, im Parlament, in den Parteien und Verbänden. Die parteipolitische Spanne, soweit sie überhaupt zu erkennen ist, reicht von der CSU bis weit hinein in die Linke.

Der baden-württembergische Kultminister Simpfendörfer, von Beruf selber Lehrer, berief 1955 zur Ausarbeitung eines Lehrplans für die Höheren Schulen in Staatsbürgerkunde, wie man damals dieses Fach noch nannte, eine Kommission und mich als Vorsitzenden. Ihr gehörten Arnold Bergsträsser, Ordinarius für Politikwissenschaft in Freiburg, Felix Messerschmidt, Historiker, damals Direktor der Lehrerakademie in Calw, später der politischen Akademie in Tutzing, ein Dozent der Pädagogischen Hochschule in Heidelberg, ein Oberstudienrat und ein Volksschulrektor aus Stuttgart, alle drei an der Politikwissenschaft interessiert und ebenso in ihr beschlagen, außerdem eine in Volkshochschulfragen sehr versierte Frau an. Wir bedienten uns der schon bekannten Einteilung: innere Politik, internationale Politik und politische Theorie. Innere Politik war zu wenig bestimmt. Gedacht war an die angelsächsischen Begriffe »government«, Regierung, Parlament und Oberste Gerichtsbarkeit, »comparative« und »public administration«, also: Wie wird regiert im weitesten Sinne.

An die Untergliederung dieser drei Hauptteile wollten wir erst herangehen, wenn wir die Zahl der Wochenstunden erfahren hätten. Simpfendörfer wollte diese Frage offenlassen. Ohne ihre Beantwortung wäre aber ein Lehrplan sinnlos gewesen. Er lud eine Reihe von Oberstudiendirektoren, nach meiner Erinnerung sechs bis acht, Philologen, Historiker und Naturwissenschaftler, zu einer Beratung ein. Das Thema, nämlich die Zahl der Wochenstunden, war ihnen schriftlich bekanntgegeben worden.

Die Oberstudiendirektoren ließen sich auf diese Frage überhaupt nicht ein, sondern erklärten nahezu übereinstimmend, daß dieses Fach nicht nur überflüssig, sondern schädlich wäre. Politische Bildungsarbeit der Schule würde in den einzelnen Fächern Altphilologie, Neuphilologie, Deutsch, Geschichte, Geographie, ja sogar in Mathematik (Wahlrecht) geleistet. Ich hatte davon in meiner Schulzeit überhaupt nichts gemerkt. In der Oberprima hatten wir Kapitel aus Aristoteles' Politik gelesen und dabei viel und gründlich Grammatik und Syntax gelernt. Aber auch von einem Oberstudiendirektor in Tübingen, der mein Nachbar war und es wissen mußte, hatte ich erfahren, daß in politischer Bildung nichts geschehe. Die Oberstudiendirektoren beriefen sich auf »das Politische als Unterrichtsprinzip« sowie auf die Schülerselbstverwaltung und auf »Partnerschaftliches Verhalten« als Vorübung zur Demokratie. Ich hielt dem entgegen: Das vermöge vielleicht den regelrechten Fachunterricht zu ergänzen, aber keinesfalls zu ersetzen. Der eigentliche Sinn des Kampfes wurde schnell deutlich. Simpfendörfer hatte erklärt, daß eine Erhöhung der Stundenzahl auf keinen Fall erfolgen dürfte, es mußten also Wochenstunden für Politik von anderen Fächern abgegeben werden. Dazu war nicht ein einziger Oberstudiendirektor bereit. Auch die Lehrerverbände hatten interveniert, hier lernte ich außerwirtschaftlichen Lobbyismus kennen. Was politikwissenschaftliche Lehrerausbildung anging, so gab es eine beachtliche Gruppe von Kollegen, die gleiche oder ähnliche Intentionen hatten, andere waren ohne Interesse oder Gegner. Mit großer Emphase hatte sich Karl Löwenstein für sie eingesetzt.

Der persönlich sympathische, aber schwache Kultminister wurde der Beratung nicht Herr und bat in seiner Hilflosigkeit die Kommission, ihre Arbeit fortzusetzen. Ich führte in Übereinstimmung mit der Kommission aus, daß nach den Lehrerfahrungen eine einzige Wochenstunde für ein Fach keineswegs ausreichen würde, also sinnlos wäre. Da ich eine Antwort auf meine Frage nicht erhalten hatte, verließ ich die Sitzung und erklärte, die Kommission erst wieder einzuberufen, wenn eine eindeutige Klärung erfolgt wäre. Nach einer Unterbrechung von einigen Monaten nahm Simpfendörfer die Verhandlungen wieder auf, zusammen mit seinem Referenten für Höhere Schulen. Mit diesem wurden die Verhandlungen in der Kommission fortgesetzt, bis endlich eine Verständigung auf zwei Wochenstunden ausschließlich für das eine Fach Staatsbürgerkunde erfolgte.

Für die Aufstellung des Lehrplans rechneten wir aus, wie viele Stunden in einem Jahr unter Berücksichtigung der Schulferien und der Feiertage in den einzelnen Klassen der Oberstufe zur Verfügung stehen würden. Gleichzeitig verteilten wir den Lehrplan der Oberstufe der Gymnasien auf drei Jahre. Uns kam es darauf an, daß dieser in der vorgegebenen Zeit auch wirklich ausgeführt werden konnte, ohne daß Lehrer und Schüler überfordert würden. Gerade weil es sich um einen neuen Stoff handelte, mußte genügend Zeit für anschauliche Erklärung zur Verfügung stehen. Man sollte nicht den Unterricht an Abgeordnete oder Bürgermeister abtreten. Besuche des Landtages, eventuell auch des Bundestages sowie von Gerichtssitzungen wären nur nach gründlicher Vorbereitung brauchbar, könnten aber den Unterricht nicht ersetzen. Historische Rückgriffe zu Erklärungen bestehender Einrichtungen und Regelungen wären zweckmäßig, aber dürften sich nur auf diesen Zweck beschränken. Für die politischen Theorien hatten wir nach langer Auseinandersetzung nur eine knappe Auslese mit dem Ziel getroffen, daß die wenigen anschaulich und verständlich dargestellt wurden. Sie sollten erst in der letzten Klasse behandelt werden. Große Schwierigkeiten hatte uns die Frage einer Einbeziehung tagespolitischer Themen in den Unterricht bereitet.

Hauptaufgabe war die Lehre des bestehenden Systems. Gewiß konnten Zweifelsfragen gestellt werden, aber Diskussionen über Tagesfragen waren allenfalls möglich nach Abschluß der Lehre. Der Unterricht durfte nicht zur Plauderstunde, nicht zur Stammtischimitation führen. Nur von auf diesem Gebiete an den Universitäten ausgebildeten Lehrern sollte der Unterricht erteilt werden, doch sollte mit ihm möglichst schnell begonnen werden. Eine Übergangsregelung mußte man in Kauf nehmen. Für Übergangslehrer, um sie der Einfachheit halber so zu nennen, sollten besondere Kurse veranstaltet werden. Bei der künftigen Ausbildung war mit einer vorwiegenden Fächerkombination von Geschichte und Staatsbürgerkunde zu rechnen. Wir warnten aber davor, die beiden Fächer in einer Klasse gleichsam durch Personalunion zu verbinden oder als ein Fach zu lehren. Mindestens zu Anfang bestand die Gefahr einer Erweiterung des Geschichtsunterrichts zu Lasten der Staatsbürgerkunde, ja die, daß die Historiker diese ihrem Geschichtsfach einverleiben würden.

Das Kultministerium hatte den Lehrplan ohne wesentliche Änderungen übernommen. Es war nur ein erster Versuch. Änderungen, Streichungen und Ergänzungen würden sich als notwendig erweisen. Aber die Beamten des Kultministeriums hielten sich nunmehr für allein zuständig, sie haben die Lehrpläne für die anderen Schultypen von sich aus ausgearbeitet und herausgegeben. Wir hatten vorgeschlagen, daß von Zeit zu Zeit Fortbildungskurse in den einzelnen Oberschulamtsbezirken stattfinden sollten, gerade im Hinblick auf Wandlung der Verfassungspraxis, auf neue wesentliche Gesetze und Entscheidungen des Bundesverfassungsgerichts, aber auch wegen möglicher Veränderungen der internationalen Konstellation. Diese Kurse haben viele Jahre hindurch im Oberschulamtsbezirk Südwürttemberg-Hohenzollern stattgefunden und waren gut besucht. Dabei mußten wir in den ersten Jahren feststellen, daß die neuen Lehrer für Politikwissenschaft im Anfang an den Schulen auf harten Widerstand stießen, Schikanen zu ertragen und zahlreiche Schwierigkeiten zu überwinden hatten. Das hat aber im Laufe der Zeit nachgelassen, wenn nicht aufgehört.

Die nächste Stufe in der politikwissenschaftlichen Lehrerausbildung war die Einbeziehung dieser Disziplin in das Staatsexamen. Das vollzog sich ohne wesentliche Schwierigkeiten in Baden-Württemberg. Bedauert habe ich allerdings, daß Ordinarien in einigen Hochschulen die Prüfung allein ihren Assistenten überließen und daß dies vom Kultministerium hingenommen wurde. Eine Unterbewertung der Lehrerausbildung konnte darin gesehen werden. Mir ist nicht ein entsprechender Fall aus der juristischen Fakultät bekannt. Das ist nicht eine Rang- oder Prestigefrage, sondern ergibt sich einfach aus dem unterschiedlichen Grad der Lehrpraxis. Mir haben Examina zur Kontrolle und Korrektur meiner Lehrtätigkeit genützt.

Als wir den Lehrplan aufstellten, gab es noch keine Europäische Gemeinschaft und stand die internationale Sicherheitspolitik noch nicht im Zentrum des öffentlichen Interesses. Das sind zwei äußerst schwierige Themen, die den Unterricht viel Zeit kosten. Allein schon die sinnvolle Vereinfachung in der Universitätslehre ohne Verzerrung oder Zerstörung der Substanz erfordert großen Aufwand. Vor kurzem las ich den Aufsatz eines Schülers der zehnten Klasse eines Gymnasiums über die EG. Er demonstrierte geradezu die Überforderung des themenstellenden Lehrers und des dieses behandelnden Schülers. Besser wäre es gewesen, auf den Unterricht über beide Fragen zu verzichten. Wenn diese Gebiete in den Unterricht einbezogen werden, dann müßten in jedem Fall die zwei Wochenstunden um eine weitere Stunde vermehrt werden.

Wir sind im Lehrplan von »Staatsbürgerkunde« ausgegangen. Das Wort stammt von einem sehr angesehenen demokratischen Politiker des Kaiserreiches und der Weimarer Zeit, Friedrich Naumann. An dessen Stelle ist sehr bald, nach meiner Erinnerung durch die Kultusministerkonferenz, das Wort »Gemeinschaftskunde« aufgekommen. Das bedeutet die Zusammenfassung von Geschichts-, Erdkunde- und Staatsbürgerkundeunterricht und läuft damit auf eine Verwässerung der Staatsbürgerkunde hinaus, vielleicht auch der beiden anderen Fächer. Ich verweise in diesem Zusammenhang darauf, daß es das Fach Erdkunde in der Oberstufe zu meiner Schulzeit nicht gegeben hat. Immerhin stimmte durch diese Zusammenlegung die von uns vorgeschlagene Stundenzahl nicht mehr; sie wurde faktisch reduziert. Heute gibt es aber auch in manchen Lehrplänen die Gemeinschaftskunde neben Erdkunde und Geschichte.

Eine weitere, ebenfalls vieldeutige Bezeichnung ist Sozialkunde. Auf jeden Fall sind beide Begriffe mit Staatsbürgerkunde nicht identisch. Im bayerischen Lehrplan ist außerdem noch Arbeits-, Wirtschafts- und Rechtslehre zu Lasten der Staatsbürgerkunde vorgesehen. Der Landesverband Bayern der Deutschen Vereinigung für Politische Bildung spricht mit Recht von »konzeptionellen Unklarheiten« und an anderer Stelle von der »heutigen Kümmerexistenz dieser Aufgabe«, nämlich der politischen Bildung. Tarifvertrag, Arbeitsgerichtsbarkeit, Mitbestimmung und Sozialversicherung gehören ebenso in die politische Bildung wie das gemischte System von vorwiegend Privat- und Gemeinwirtschaft sowie die Gerichtsverfassung. Wenn mehr gefordert wird, als in unseren Lehrplänen vorgesehen ist, was berechtigt sein kann, müssen auch besondere Stunden geschaffen werden.

Ich beschränke mich hier bewußt auf die Ausbildung der künftigen Lehrer. Dabei sind die anderen Berufszweige nicht vernachlässigt. Gerade bei Übungen mußte ich darauf achten, daß die Themen sich für alle eigneten. Nur wenige als Beispiel: Organisation der Bundesregierung, dabei auch die Richtlinienkompetenz des Bundeskanzlers, die Bildung und Auflösung der Koalitionen, das Problem der Koalitions-, Partei- und Ressortkonflikte im Kabinett. Das Bundeskanzleramt hatte uns den Geschäftsverteilungsplan der Bundesregierung überlassen. Ein weiteres Thema war der Bundeshaushalt, um das Staatsganze unter dem Aspekt der Finanzen zu behandeln, sie sind ein ständiges Zentralproblem der Politik. Der Bundesfinanzminister hatte für jeden Seminarteilnehmer ein Exemplar des Bundeshaushaltsplans zur Verfügung gestellt. Ich nenne noch das Grundrecht der Koalitionsfreiheit unter Einbeziehung des Tarifvertrags- und des Arbeitsgerichtsgesetzes, das Bundes- und Landeswahlrecht, einschließlich des Rechts und der Praxis der Kandidatenaufstellung, Kirche und Staat anhand des

Konkordatsurteils des Bundesverfassungsgerichts. Der Bundesrat einschließlich des Vermittlungsausschusses, aber auch der Instruktionen der Abstimmenden seitens der Landesregierung. Parteienfinanzierung. Parteiengesetz. Aristoteles' Politik, historische und aktuelle Wiedervereinigungs- und Berlinprobleme.

Keine Talmi-Jurisprudenz, aber auch nicht Perfektionismus, weder verwickelte Rechtsfälle, noch komplizierte Rechtsinterpretation; es handelt sich vielmehr um die elementaren Rechtskenntnisse für das Alltagsleben. In deren Zusammenhang Gesetzestexte zu lesen, muß gelernt werden: nämlich was sie bedeuten. Keine Worte dürfen hingenommen werden, wenn man sie nicht verstanden hat und daher auch nicht erklären kann. Was heißt beispielsweise nach Artikel 1 des Grundgesetzes »Würde des Menschen«? Das läßt sich nur an konkreten Beispielen erfassen. Gerade bei den Grundrechten dürfen weder Illusionen geweckt noch die Resignation der Bedeutungslosigkeit zugelassen werden. Ein anderes Beispiel: Das konstruktive Mißtrauensvotum, nämlich die Absetzung des Regierungschefs erst nach vollzogener Wahl des Nachfolgers, muß an Beispielen anschaulich gemacht werden. Das Gesetzesdeutsch, schlechthin die Juristensprache, ist nicht für jedermann verständlich. Man muß beachten, was nicht in den Gesetzen steht; Religions- und Koalitionsfreiheit bedeutet auch, der Kirche und der Gewerkschaft fernbleiben zu können. Noch ein drittes: Der Student muß an der Universität schon lernen, das, was er in Politikwissenschaft, deren Veranstaltungen oder aus Büchern gelernt hat, den Schülern zu erklären. Oft habe ich meinen Studenten gesagt: Üben Sie es, indem Sie das Gelernte Ihrer Freundin erklären. Dabei kommt es nicht nur auf Erklärung des Textes an: wesentlich ist, Begründung, Sinn und Bestimmung von Institutionen und Verfahren zu zeigen. Man kann nicht verlangen, um das drastisch auszudrücken, daß einer alles weiß, aber er muß im Prinzip lernen, wo und wie er es nachschlagen kann.

Wöchentlich fand ein Kolloquium über tagespolitische Grundsatzfragen statt: 20 bis 40 Teilnehmer, die schon in Seminaren gewesen waren. Ich stellte Themen, auch heikle, zur Auswahl, ebenso die Studenten. Die Wahl mußte sich in erster Linie nach dem didaktischen Wert des Themas richten. Meist handelte es sich um Vorfälle, die gerade passiert waren und aus Pressemeldungen entnommen werden konnten. Zunächst mußte der Tatbestand geklärt werden. Das war gleichzeitig eine Anleitung zur Zeitungslektüre, wie man nämlich Informationen erfaßt. Dafür bestand ein offenkundiges Bedürfnis. Der Gegenstand des Streites mußte festgestellt, die Rechtslage, die Position der Gegner hinsichtlich ihrer Funktionen und Kompetenzen, ihrer ideologisch und interessenmäßig orientierten Haltung, die taktischen und gegebenenfalls strategischen Motive und Möglichkeiten herausgearbeitet werden. Es kam darauf an, die Voraussetzungen für die Beurteilung zu schaffen, diese selber blieb offen und war den einzelnen überlassen. Je nach Möglichkeit wurden die Kategorien der Beurteilung gezeigt. Walter Bagehot spricht von »machinery of government«, die Maschine muß im Betrieb gesehen werden. Ein anderer hat einmal von der »Betriebswirtschaftslehre der Politik« gesprochen. Es war eben eine Übung, in politischen Kategorien zu denken, ein Training, sich im rechtlich verfaßten und im »soziologischen« Staat zurechtzufinden. Es war aber auch gedacht als Anleitung, wie tagespolitische Fragen in der Schule, wenn überhaupt, behandelt werden können.

Der Lehrer übt in der Schule eine öffentlich-rechtliche Funktion aus und muß sich dessen bewußt sein. Es ist ihm nicht erlaubt, die Schüler für seine Partei gegen eine andere zu erziehen. Diesen Mißbrauch habe ich reichlich in der Weimarer Republik erlebt. Der amtliche Unterricht setzt dem Lehrer Grenzen seines an sich berechtigten politischen Engagements. Der Lehrer mag in seinem Garten säen und Pflanzen setzen nach seinem Belieben. Dieses Recht hat er in der Schule nicht.

Mit Recht spricht die oben zitierte bayerische Denkschrift von »Verfechtern politischer Bildung in der Schule um parteipolitische Ziele, um die politische Instrumentalisierung von Schülern im Unterricht«. Mir ist vielfach entgegengehalten worden, mit der Ausschaltung des politischen Engagements im Unterricht würde dieser sterilisiert. Warum sollten nicht in bemühter Distanz, frei von Bewertung die unterschiedlichen Vorstellungen in der Wirtschaftspolitik zwischen FDP und SPD, in der Bildungspolitik zwischen CDU und SPD ohne polemische und apologetische Bemerkungen aufgezeigt werden können? Warum sollten die Gruppierungen in den einzelnen Parteien nicht dargestellt werden können? Bei den Parteiprogrammen hingegen muß man vorsichtig sein. Sie enthalten mehr oder minder Wahlreklame, die sich nicht für den Unterricht eignet. Dem Schüler muß klargemacht werden, daß im demokratischen System Entscheidungen aus Streit hervorgehen, anders wäre für die Freiheit kein Raum. Damit tritt die Staatlichkeit in Erscheinung. Zur Geltung eines Gesetzes muß die Mehrheit im Parlament zustimmen. Auch wer gegen das Gesetz gestimmt hat, muß es einhalten, kann also, wenn er es nicht tut, bestraft werden. Der Staat ist die einheitstiftende und -bewahrende Körperschaft.

Warum sollten nicht kritische Fragen gestellt werden, wenn sie begründet sind? Die Sperrklausel im Wahlrecht verstößt gegen das Prinzip der Chancengleichheit der Parteien. Trotzdem hat das Bundesverfassungsgericht die Sperrklausel, allerdings in Begrenzung, als verfassungsgemäß anerkannt, nämlich im Interesse der Funktionsfähigkeit von Regierung und Parlament aufgrund der Erfahrungen aus der Weimarer Zeit. Hier muß das Güterabwägungsprinzip beachtet werden, das in der Verfassungs- und Gesetzgestaltung, aber auch in der Praxis ihrer Anwendung nicht selten in Erscheinung tritt. Die Funktionsfähigkeit des Staates darf nicht unbeachtet bleiben, sonst könnte letztlich ein Zustand der »Unregierbarkeit« eintreten. Gerade weil die Güterabwägung in der föderalistischen Demokratie mit ihrer komplizierten Konstruktion eine wichtige, meist schwer zu bewältigende Aufgabe ist, muß dieses Prinzip zum Lehrstoff gehören.

Ordnungssysteme, deren Institutionen und Regelungen haben ihre Kehrseiten, auch demokratische. Diese Kehrseiten zu tabuisieren ist unsinnig. Aber zunächst wird man sie nach dem Prinzip der Güterabwägung zu untersuchen haben. Doch das reicht nicht aus, kann aber als Hilfe zur Beurteilung, nicht aber als Ausrede dienen. Es gibt Fehlkonstruktionen, man muß sich als Lehrender, gleichgültig auf welcher Stufe, davor hüten, das demokratische System zu idealisieren oder zu verniedlichen, aber auch nicht zu diffamieren. »Jede Tugend hat ihre Kehrseite.«

Aufgabe des politischen Unterrichts ist, ein Grundwissen, im Prinzip ähnlich wie Geschichte und Geographie, Sprachen und Naturwissenschaften, zu vermitteln, die bestehende Ordnung, um die konstitutionelle und die extrakonstitutionelle kennen und verstehen zu lernen. Sie ist die unerläßliche Voraussetzung für deren kritische Beurteilung und etwaige Veränderung. Entgegengesetzter Auffassung sind, um nur zwei Beispiele zu nennen, Georg Schmiederer in seinen Büchern »Zur Kritik der politischen Bildung« und »Affirmation und Reformismus« und Fritz Vilmar in »Demokratisierung der Gesellschaft«. Nach Schmiederer bedeutet die politische Bildung als »›Erziehung zur Demokratisierung‹ Teilnahme am Kampf um die Transformation der bestehenden Gesellschaftsordnung«. »Sie muß darüber aufklären ... durch welche Formen des politischen Engagements Gesellschaft verändert werden kann.« Vilmar geht noch viel weiter. »Die Menschen sollen in allen Stufen, vom Kindergarten aufwärts, einmal zum antiautoritären Denken und zum anderen durch die Praxis in rätedemokratischen Einrichtungen der Teilgebiete im antiautoritären Verhalten geübt werden.« Es handelt sich bei Schmiederer und noch mehr bei Vilmar um Erziehung zur Veränderung durch Aktionen, also um Aktionsschulung. Bei beiden basiert die Beurteilung des bestehenden Systems nicht auf Kenntnissen, sondern auf Prämissen. »Kasuistik« steht, wie Schmiederer sagt, im Zentrum des Lernprozesses. Hingegen wird Institutionskunde als Erziehung zur Anpassung im Dienst der Affirmation verschrien.

Sie ist es in der Tat. Wir übersetzen das lateinische Wort *affirmatio,* das sich aus *ad* und *firmare* zusammensetzt, mit »Bejahung«. Ich begnüge mich mit »Anerkennung«. Die weitgehende Freiheitsrechte gewährende repräsentative Demokratie erfordert ein Widerlager, um nicht in einen anarchieähnlichen Zustand zu verfallen. Das ist die prinzipielle Anerkennung der staatsrechtlichen Fundamente, der Institutionen, ihrer Kompetenzen und der Verfahren, eben ein Konsens, eine zwingende Bindung.

Die Übersetzung des Wortes »Demokratie« mit Volksherrschaft ist sprachlich richtig, politisch und verfassungsrechtlich falsch. »Alle Staatsgewalt geht vom Volke aus«, heißt es in Artikel 20 des Grundgesetzes. Man braucht diese Worte nicht zu strapazieren, um zu erkennen, daß alle Staatsgewalt vom Volk, von Abstimmungsentscheidungen der Wählerschaft hergeleitet wird. Es heißt nicht, daß das Volk die Staatsgewalt ausübt. Der Staat steht nicht einfach zur Disposition des Volkes. Zu der Herleitung bedarf es ununterbrochener, wenn auch langer, manchmal schwer übersehbarer »Legitimationsketten«. Man denke nur an den Polizeibeamten, der einen Beschuldigten gefesselt vor ein Gericht führt oder einen rechtswidrig parkenden Kraftwagen abschleppt. Man überlege sich, daß das Bundesverfassungsgericht, dessen Mitglieder von Ausschüssen des Bundestages und des Bundesrates gewählt werden, Gesetzesentscheidungen des Bundestages, der als höchstrangiges Verfassungsorgan gilt, wegen Grundgesetzwidrigkeit verwerfen kann. Das Grundgesetz enthält auch monokratische und oligarchische Elemente. Um nur einige Beispiele anzudeuten: Monokratisch ist die Befugnis des Bundeskanzlers, Regierungsmitglieder zu benennen oder abzuberufen und ebenso dessen Richtlinienkompetenz. Oligarchische Gremien sind die Bundesregierung und das Bundesverfassungsgericht. Wie kommen diese Fremdkörper in das Grundgesetz? Nicht durch Ideologien oder Interessen, sondern um der Funktionsfähigkeit des Staates willen. Wir haben eine »gemischte Verfassung« mit demokratischem Schwergewicht. Das gilt als Binsenweisheit oder -wahrheit. Wenn dem nur so wäre!

Den Prozeß der Innovation muß der Unterricht aufzeigen, nicht aber deren gewünschten Inhalt. Zur Wandlung können Parteien- und Richtungsschulen anleiten. Die jetzige Ordnung ist nicht für alle Zeiten vorgesehen. Um sie zu erhalten oder zu verändern, auch auf Teilgebieten, muß über begründete Kenntnisse des Bestehenden verfügt werden können.

Der Schulunterricht ist eine Zwangsveranstaltung. Der Schüler kann sich nicht seine Lehrer und ebensowenig seine Unterrichtsthemen, wenn man von den Kursen der Oberschule absieht, aussuchen. Daraus ergibt sich die Pflicht der Lehrer, in der Gemeinschaftskunde sich auf die Beschreibung der geltenden Ordnung zu beschränken und ebenso das Recht zur Aufsicht der übergeordneten Instanz, Oberschulämter und Schulministerium. Der Freiheit der Lehre sind durch Artikel 5,3 des Grundgesetzes weite Grenzen gesetzt. Von dieser Freiheit habe ich Gebrauch gemacht, so im Kampf gegen das passive Wahlrecht der Beamten und gegen Finanzierung der Parteien durch wirtschaftliche Unternehmungen und Verbände einschließlich der Gewerkschaften. Das sind aber nicht für den Unterricht sich eignende Themen. Sind Lernstoff und Lernmethode, wie ich sie angedeutet habe, pädagogisch zu bewältigen, oder, um es zeitgemäß auszudrücken, werden sie auch von den Schülern akzeptiert? Ich habe eine Anzahl von Lehrern gesprochen, die mit Erfolg so verfahren sind, andere haben mir zugestimmt. Aber ich habe auch Widerspruch erfahren, teils aus richtungsmäßigen Motiven, teils aus methodischen Gründen. Ich bleibe aber bei meiner Auffassung »in streitbarer Einfalt«, wie Thomas Mann in einer Polemik von sich selber gesagt hat.

Keinesfalls kann es Aufgabe der Schule sein, Politiker zu erziehen. Sie hat schon Großes geleistet, wenn aus ihr Zeitungsleser mit kritischem Verstand hervorgehen, weder mit Verstand ohne Kritik noch mit Kritik ohne Verstand.

Das Wort »Weißt Du denn nicht, mein Sohn, mit wie wenig Klugheit die Welt regiert wird?« – *an nescis, mi fili, quantilla prudentia orbis regatur* – wird gern zitiert, aber häufig mißverstanden. Es ist keine Aussage, keine Behauptung in Frageform, vielmehr ein Ausdruck echter oder gespielter Bescheidenheit und des Trostes. Das Wort wird zwei sehr verschiedenen Autoren zugeschrieben, Papst Julius III. (1550–1555) und dem Reichskanzler Gustaf Adolfs, Axel Oxenstjerna, in der Zeit des Dreißigjährigen Krieges. Ein portugiesischer Mönch drückte seine Bewunderung für den Papst durch Mitleid mit der schweren Last seiner Herrschaft aus. Der Papst antwortete mit dem Zitat; Oxenstjernas Sohn, schwedischer Gesandter in Paris, hatte seinem Vater diplomatische Fehler gestanden, der ihm mit diesem Wort erwidert haben soll. Beide waren in ihren Ämtern erfahren, wenn auch mit sehr unterschiedlicher Befähigung. Der Mönch war unerfahren und der Gesandte im Verhältnis zu seinem Vater wenig erfahren. Beide drückten in einer spontanen Äußerung die mangelnde Qualität der Politik aus, um ihre Adressaten zu heben, ihnen den Minderwertigkeitskomplex zu nehmen. Es ist nur ein beiläufiger Satz, auf einen individuellen Fall zugeschnitten, aber nicht von allgemeiner Bedeutung. Im Sprachgebrauch hingegen ist es eine weit verbreitete Behauptung geworden. Viele meinen auch heute noch pauschal, daß Politiker dümmer wären als sie selbst. Daraus entstehen viele Fehlurteile. Auch unfähige Politiker gibt es, wie Ungeeignete in allen anderen Tätigkeitsbereichen. Man kann von zwei elementaren Beurteilungskriterien, gerade in der Politik, wohl ausgehen: Richtung und Leistung. Doch die decken sich häufig nicht miteinander. Hochbefähigte sind nicht nur, aber auch in der Politik Raritäten. Wir müssen uns weithin mit dem Mittelmaß, was nicht Mediokrität bedeutet, begnügen.

Gerade gegenwärtig besteht die Neigung, aus Reaktion auf frühere Untertanenmentalität Kritik überzubetonen. Ohne Wissen und Verstand ist Kritik wenig wert. Wenn wir den zur politischen Kritik befähigten Bürger wollen, dann müssen wir seinen Verstand ausbilden und ihm angemessenes Wissen geben, und zwar rechtzeitig, also in den Grundzügen während der Schulzeit. Das ist im demokratischen Staat keine marginale, sondern eine zentrale Aufgabe der Schule. *(1985)*

Politische Persönlichkeiten

Carl H. Becker – Wegbereiter der Bildungsreform

»Wir brauchen eine Bildung der Massen, aber ebenso wichtig ist die Erziehung hochqualifizierter Einzelpersönlichkeiten als Führer dieser Massen« (Becker).

Zeitgenossen hielten ihn für den bedeutendsten Kultusminister seit Humboldt, und in der Tat: Carl Heinrich Becker, der die Kulturpolitik Preußens von 1919 bis 1930 maßgeblich bestimmte, war unter den Ministern der Weimarer Republik einer der erfolgreichsten Reformer; er kann als ein Wegbereiter der Bildungsreform nach 1945 angesehen werden.

Am 12. April 1876 wurde Becker geboren. Er studierte Orientalistik und lehrte seit 1908 als Ordinarius am neugegründeten Kolonialinstitut in Hamburg, aus dem die Universität hervorgegangen ist. 1913 ging er nach Bonn. Becker hatte den Boden der zünftigen semitischen Philologie, so sehr er sie beherrschte, verlassen, um sich ganz der Erforschung von Religion, Kulturleben und Geschichte der islamischen Völker und ihrer aktuellen politischen und sozialen Lage zuzuwenden. Solche gegenwartsorientierten Auslandsstudien hatten die Universitäten vernachlässigt; sie nicht nur für seine eigene Disziplin, sondern generell und damit auch interdisziplinär einzufügen und auszubauen galt Becker als dringende Aufgabe.

Mitten im Ersten Weltkrieg überlegte man im preußischen Kultusministerium, wie die »abgekapselte Gelehrtenrepublik« nach Kriegsende zu reformieren sei. Deshalb wurde der angesehene Islamkenner Becker, der dank seiner Reisen international und gerade auch politisch sehr versiert war, 1916 als Personalreferent in die Hochschulabteilung des Ministeriums berufen, obwohl er für einen königlich-preußischen Vortragenden Rat reichlich liberal war.

Schon drei Jahre später war er in der ersten preußischen Regierung nach der Revolution Staatssekretär unter einem sozialdemokratischen Kultusminister; 1921, als die Sozialdemokraten ausschieden, wurde er parteiloser Kultusminister in einem rein bürgerlichen Übergangskabinett und übernahm dann in einer großen Koalition auf dringende Bitte der Regierung – vor allem des rechtsliberalen Kultusministers – wieder den Staatssekretärsposten. Die kaum vorauszusehende Wirkung dieser Entscheidung war, daß er 1925 wieder Minister wurde, als die Regierung aus Linksliberalen, katholischem Zentrum und SPD neu gebildet wurde, und es fünf Jahre lang blieb.

Becker schloß sich keiner Partei an. Nach seinen eigenen Worten gehörte er »zur Partei der Bildung«. Den linksliberalen Demokraten stand er innerlich noch am nächsten, doch mit merklicher Distanz. Die »Neutralisierung des Kultusministeriums« vertrat er überzeugt und offen. Becker glaubte, ein *fair play* außerhalb der Parteipolitik wollen zu können: Da Kultur Ausdruck der im Volk lebendigen schöpferischen Kräfte sei, dürfe Kulturpolitik nicht von Programmen der Parteien und Koalitionen bestimmt werden.

Gerade über die Bildungspolitik stritten in der Regierungskoalition bürgerliche Liberale, liberale Sozialisten und katholische Konservative miteinander – von der Opposition ganz zu schweigen. Aber Becker lavierte nicht wie ein Kompromißmakler in der Richtung des jeweils geringsten Widerstandes zwischen Parteien und Verbänden. Vielmehr führte er diese mit zielsicherer Aktivität an seine eigenen weitgreifenden, aber doch realistischen Konzeptionen heran. Er mußte Konzessionen machen und manches zurückstellen, doch die Substanz der eigenen Vorstellungen gab er nicht auf. Die Schwäche seiner Position kannte er, und ohne die Stütze des starken preußischen Ministerpräsidenten Otto Braun (SPD) hätte er seine Stellung nicht zu halten vermocht.

Im Kabinett hat er nie recht Fuß gefaßt. Am nächsten stand ihm der geistig stark interessierte Finanzminister Höpker Aschoff; aber der war in Geldfragen, an denen manches gescheitert ist, sein unerbittlicher Gegner. Im Laufe der Jahre gruppierte Becker eine begabte, weit verstreute Anhängerschaft vor allem von Jüngeren – man nannte sie die »Beckerjungen« – um sich, ohne eine organisatorische Verbindung freilich: Bekker hatte keine politische Hausmacht. Im Grunde war er eine natürliche Autorität, ohne unnahbar zu sein, mit vollkommener innerer Sicherheit und Souveränität, mit starker Ausstrahlungskraft und von faszinierendem Charme, allein auf sein wachsendes nationales und internationales Ansehen gestellt. Als die Parteiarithmetik nicht mehr aufging und er selber seine wesentlichen Aufgaben erfüllt zu haben schien, wurde er 1930 auf Verlangen der SPD kurzerhand entlassen.

Becker war erst im Amt zum Bildungspolitiker aus Leidenschaft geworden. In der »geistigen Erneuerung des deutschen Volkes« hat er die entscheidende Chance zum Wiederaufbau gesehen. Das war für ihn kein Schlagwort. Er wußte, was das bedeutet.

Die wichtigste Grundlage für den geistigen Aufbau war für Becker eine neue Ausbildung der Volksschullehrer – eine Frage, die ihm zunächst völlig fremd war. Becker war nicht bereit, die Volksschullehrer in die Universitätslehre einzubeziehen. Das würde, so argumentierte er, zur Einheitsschule führen; auch wäre die Universität nach ihrer Tradition und Struktur nicht in der Lage, Volksschullehrer zu Erziehern auszubilden, die sie in erster Linie sein sollten. Die Volksschule sollte die Wiege eines sich selbst regierenden Volkes werden, welches Zucht in Freiheit erlernte.

Angeregt von Eduard Spranger und von ihm unterstützt, hat Becker Mitte der zwanziger Jahre die Pädagogischen Akademien eingeführt. Sie erforderten für die Aufnahme das Abitur, im Gegensatz zu den alten Lehrerseminaren, die sich mit der abgeschlossenen Volksschulbildung begnügten. Becker hat diesen Plan gegen den nachhaltigen Widerstand des Philologenverbandes und der Volksschullehrerorganisation durchgesetzt. Die Reform der Volksschullehrerbildung, die im wesentlichen ganz Beckers Vorstellungen entsprach, war sein bedeutendster Erfolg.

Seine »Gedanken zur Hochschulreform« hatte er in Umrissen schon während der Revolution niedergeschrieben und 1919 veröffentlicht. Bei der Indolenz der Parteien gerade in dieser Frage hat er als einzelner die Aufgabe angepackt, im wesentlichen nur auf sein Ministerium gestützt. Er wollte verhüten, daß die Universitäten zu vielleicht noch »sehenswerten, aber inventarisierten geistigen Antikenkammern herabsänken« oder aber radikalen Strömungen erlägen. In die ganz im konservativen alten Staatsgeist gewachsene Universität sollten demokratische Vorstellungen einziehen. Dazu waren auch organisatorische Reformen erforderlich. Sie wollte Becker in Verständigung mit den Hochschulen durchführen, stieß aber auf weitgehenden harten Widerstand der Professoren, von denen sehr viele entschiedene Gegner der demokratischen Republik waren.

Becker wollte in der Bildungspolitik bewährte Traditionen pflegen und das notwendige Neue zur Geltung bringen. Er wußte, daß die Reform kein einmaliger Akt, sondern ein langwieriger Prozeß war, daß er nur die Grundlagen für weitere Reformen schaffen konnte. Dabei ging Becker von elitären Vorstellungen aus: »Wir brauchen eine Bildung der Massen, aber ebenso wichtig ist die Erziehung hochqualifizierter Einzelpersönlichkeiten als Führer dieser Massen.« Immer wieder sprach er – selber eine geistig aristokratische Erscheinung – von »der Aristokratie des Geistes«: Sie gelte es durch demokratische Ausleseverfahren zu schaffen.

Große Hoffnungen hatte er 1919 auf die an den Hochschulen gegründeten Studentenschaften gesetzt, die Preußen als Körperschaften des öffentlichen Rechts anerkannte. Doch die »Deutsche Studentenschaft« entwickelte sich zu einer völkisch-nationalistischen Organisation, die zu einer Hilfstruppe der nationalen Opposition wurde, so daß Preußen seine staatliche Anerkennung 1927 zurücknahm. Damit war dieser Teil von Beckers Hochschulreform völlig gescheitert.

Sein Ministerium hätte sich der Erwachsenenbildung, vor allem des Auf- und Ausbaus der Volkshochschulen vielleicht nicht so stark angenommen, wenn Becker nicht auch hier die treibende Kraft gewesen wäre. Eine im Ansatz behutsame, aktiv fördernde und helfende, gleichwohl aber scharf bekämpfte Politik hat er für Theater und Museen, in der bildenden Kunst und in der Musik betrieben.

Carl Heinrich Becker war der seltene Typ eines universalen Kulturpolitikers. Im Ausland galt er als die große repräsentative Erscheinung deutscher Kulturpolitik der Weimarer Republik. *(1976)*

Arnold Brecht – zwischen Verwaltung und Wissenschaft

Brechts Vertretung der preußischen Regierung vor dem Reichsstaatsgerichtshof im Verfassungsstreit mit der Reichsregierung unter Papen war der letzte eindrucksvolle Akt der Weimarer Republik.

Arnold Brecht, geboren am 26. Januar 1884 in Lübeck, Volljurist, wurde 1910 »Hilfsarbeiter« im Reichsjustizamt, 1918 zunächst Regierungsrat in der Reichskanzlei unter Prinz Max von Baden. Seit 1919 war er Vortragender Rat, 1951 vorübergehend Chef der Reichskanzlei, dann Ministerialdirektor als Leiter der »Abteilung für Politik und Verfassung« im Reichsministerium des Innern. 1927 wurde er vom deutschnationalen Minister von Keudell in den einstweiligen Ruhestand versetzt. Der preußische Ministerpräsident Otto Braun ernannte ihn zum Ministerialdirektor in seinem Staatsministerium und zu einem der drei stellvertretenden Bevollmächtigten Preußens im Reichstag. Am 20. Juni 1932 wurde die preußische Regierung durch einen Staatsstreich des Reichskanzlers von Papen abgesetzt. Brecht vertrat deren Klage vor dem Staatsgerichtshof des Deutschen Reiches.

Am 11. Februar 1933 wurde er von Papen, der nunmehr auch Reichskommissar für das Land Preußen war, in den einstweiligen Ruhestand versetzt. Im Juli wurde er, weil »national unzuverlässig«, entlassen. Im gleichen Monat erhielt Brecht eine Einladung der »Graduate Faculty of Political and Social Science« der »New School for Social Research«, einer neu gegründeten Universität in New York. Im Frühjahr 1948 wurde er zum Berater der amerikanischen Militärregierung in Deutschland berufen. Im Rahmen der Wiedergutmachungsverfahren wurde Brecht mit rückwirkender Kraft zum 1. April

1933 zum Staatssekretär a. D. befördert. Am 11. September 1977 starb er in Eutin.

Zu seinem 90. Geburtstag verfaßte ich den Text dieser Adresse.

Wir, die wir Sie kennen, aus persönlicher Verbundenheit, aus Beziehungen des öffentlichen Lebens und wissenschaftlicher Arbeit, aus Ihren Schriften, aber auch aus der historischen Literatur als geschichtliche Gestalt der Weimarer Republik, sagen Ihnen zu Ihrem 90. Geburtstag unsere Glückwünsche.

Die Gratulation gilt dem Mann der Verwaltung, der sich in der Weimarer Republik ein Ansehen erworben hat, wie es kaum ein anderer Beamter in dieser Zeit erreicht hat. In Ihrer demokratischen Überzeugung und Aktivität, mit Ihrem politischen Ethos und Ihrer Zivilcourage, mit Ihrem Weitblick und Ihrer planenden Umsicht, mit Ihrer administrativen Klugheit und zugleich Phantasie und mit Ihrem politischen Flair wie Ihrer organisatorischen Begabung, eben in Haltung und Leistung, waren Sie eine vorbildliche Erscheinung des hohen Beamtentums in der Zeit der Reichsrepublik. Seit 1919 waren Sie in wichtigen Stellungen der Reichskanzlei, des Reichsministeriums des Innern und als Bevollmächtigter Preußens im Reichsrat vorbereitend, beratend und ausführend an vielen bedeutenden Entscheidungen beteiligt. Der Plan der Reichsreform ist auf Ihre Initiative zurückzuführen. Sie waren der *spiritus rector*. Daß er bis zur fertigen Regierungsvorlage gediehen ist, ist vor allem Ihr Verdienst. Ihre Vertretung der preußischen Regierung vorm Reichsstaatsgerichtshof im Verfassungsstreit mit der Reichsregierung unter Papen im Oktober 1932 war der letzte eindrucksvolle Akt der Weimarer Republik.

Wir grüßen den Gelehrten, der, vom Hitlerregime verdrängt, sich als Fünfzigjähriger in den Vereinigten Staaten voll Leidenschaft und mit hohen Ansprüchen der neuen Aufgabe hingegeben hat. Ohne Ihre profunde und umfassende Bildung und ohne eigene gewaltige Anstrengung wäre das Wagnis kaum gelungen. In Ihrer Verwaltungspraxis hatten Sie sich gründlicher theoretischer Durchdringung der Probleme, in der Wissenschaft haben Sie sich kritisch Ihrer reichen Erfahrung bedient. Sehr schnell sind Sie zu einem angesehenen Mitglied der »Graduate Faculty« der »New School for Social Research« in New York geworden und haben sich durch Ihre Publikationen, vor allem durch Ihr Werk über die »Politische Theorie«, weit über den Bereich Amerikas und Deutschlands hinaus einen Namen gemacht.

Wir denken an Ihre Lehrveranstaltungen seit 1948 in den deutschen Universitäten, vor allem an der Universität Heidelberg, die so starke Resonanz fanden. Von großem Wert war Ihr Rat zum Aufbau der Bundesrepublik, besonders zur Beamtenreform, auf der Basis vergleichender Erfahrung mit Einrichtungen anderer Staaten, zur föderalistischen Struktur der Bundesrepublik und zur Einführung der politischen Wissenschaft an den Hochschulen. Noch vor Ende des Zweiten Weltkrieges haben Sie in Amerika mit einer für die damalige Zeit erstaunlichen Unvoreingenommenheit zwei auch heute noch unentbehrliche Beiträge zur Geschichte und zum Ende der Weimarer Republik gegeben. Die beiden Bücher, in Verbindung von historischer Distanz und Erlebnis »aus nächster Nähe«, wie sie nicht oft gelingt, gehören zu den ersten Darstellungen jener Zeit von hohem Rang. Der interessanteste Beitrag sind aber Ihre Memoiren. Sie sind einer der ergiebigsten Quellen zur Geschichte des Weimarer Reiches und zugleich eine faszinierende Lektüre. Der Autor bewahrt in seinen Erinnerungen die Distanz zu sich selber, meidet Verschleierung und Färbung und zeigt die ihm eigene Vornehmheit auch in Kritik und Polemik. Ihre virtuose Erzählkunst gibt diesen Memoiren eine literarische Qualität, so daß sie zu den bedeutendsten jener Zeit gerechnet werden können. Ihre Antwort auf Hitlers Ansprache im Reichsrat am 2. 2. 1933 bleibt ein kleines Meisterstück in der deutschen politischen Literatur.

Trotz Ihrer selbstlosen Hingabe an den Staatsdienst, trotz Ihrer immensen, mit überlegener Zeitökonomie und Sachdisposition gesteuerten Arbeitsleistung sind Sie nie im amtlichen Wirken aufgegangen. Das zeigt Ihre Liebe zur Musik und zum Theater, davon zeugt Ihr großer Kreis von Bekannten und Freunden auch aus dem Bereich von Kunst und Wissenschaft.

Entscheidend zu Ihrem großen, erstaunlich weiten Ansehen hat Ihre Persönlichkeit, Ihre menschliche Autorität verholfen. Das Humanum ist für Sie nie eine verbale Angelegenheit, sondern eine Sie bestimmende, vielfach hart bedrängende Forderung gewesen. Als Beamter und Gelehrter konnten und können Sie trotz eigener gefestigter Vorstellungen Widerspruch unbeschwert ertragen, aber Sie haben anderen oft durch Ihre Argumentationskraft den Widerspruch schwer gemacht. In Ihrer Heimatsprache würde man sagen: Er kann mit den Menschen, aber ohne im Grundsätzlichen oder im sachlich Wesentlichen Gefälligkeitskonzessionen zu machen. Mit der natürlichen Anmut Ihrer Autorität haben Sie sich viele Menschen von geistigem und künstlerischem Rang gewonnen und diesen Gewinn zu bewahren verstanden.

Sie sind einer jener wenigen, welche »nie den Kleinmut und nie den Übermut gekannt und bis in das höchste Greisenalter den klaren und festen Gleichmut sich bewahrt« haben, wie es Theodor Mommsen zu Helmuth von Moltke an dessen 90. Geburtstag gesagt hat.

Wir gedenken Ihrer Frau, auch ihrer wahrhaft bedeutenden Rolle in dieser Ehe inniger Verbundenheit bis in das »Pianissimo« des höchsten Alters.

»Glückes genug« schreiben Sie in Ihren Lebenserinnerungen vor sechs Jahren im Gedenken an die goldene Hochzeit und den 90. Geburtstag Ihrer Frau. Wer Ihnen jetzt im Sommer und Herbst begegnet ist, bewunderte erneut Ihre Lebensfreude, Ihre Lebenskraft und Lebenskunst.

»Glückes genug«, so wie Sie es meinen, wünschen wir Ihnen zu Ihrem 90. Geburtstag. *(1974)*

Paul Scheffer – Journalist und Diplomat

Scheffer war ein Meister der indirekten Mitteilung. Wer ihn kannte, wußte, daß Schmeicheln die schärfste Form seiner Kritik war.

Die »goldenen zwanziger Jahre« waren auch die große Zeit des deutschen Journalismus. Zu den bedeutendsten Journalisten gehörte Paul Scheffer. Er war von 1921 bis 1930 Moskauer Korrespondent des *Berliner Tageblatts,* damals einer Zeitung von Weltruf, dann bis 1934 Korrespondent in Washington, 1934 bis 1937 Chefredakteur dieser Zeitung. Sie sollte als eine gerade im Ausland gelesene Zeitung nicht an die nationalsozialistische Propaganda gebunden sein, was von Goebbels aber auf die Dauer nicht geduldet wurde. Von 1937 bis zu seinem Tod 1959 war er wieder in Amerika.

Viele, wenn sie nicht gerade Abonnenten des *Berliner Tageblatts* waren, kauften die Nummern mit Scheffers kommentierenden Berichten über das unheimliche, unbekannte bolschewistische Rußland. Sie erschienen als Leitartikel auf der ersten Seite. Rußland-Korrespondenten waren damals ohnehin interessante Erscheinungen. Scheffer galt als der bestinformierte und urteilsfähigste und damit als der zuverlässigst Informierende. Nicht nur als der große Sowjetexperte wurde er später auch in Amerika geschätzt. Er war eine höchst anziehende Erscheinung. Mit Passion hatte er vor dem Ersten Weltkrieg Philosophie und Psychologie, wie man sie damals verstand, studiert. Die philosophische Orientierung hat er trotz aller Wirklichkeitsnähe nie aufgegeben. Das war eines seiner vielen Gegensatzpaare. Niemandem drängte er sich auf, zog aber viele an. Man respektierte seine Diskretion, war von seinem Charme fasziniert, bewunderte seine hohe Intelligenz und seine Bemühungen um Objektivität. Seine sublime Geistigkeit war nicht jedermanns Sache, aber jedermann auch nicht die seine. Seine komplizierten Gedankengänge, auch seine Einfallsfülle waren nicht immer leicht zu fassen.

Er war ein großer *causeur* mit einem leichten Hang zur Bohème, aber jeder Satz hatte Gehalt. Debatte führte er in »übertrieben höflicher Form, doch mit schneidender Ironie in der Sache«. Zustände, Vorgänge, Erscheinungen und Fakten erforschte er mit Akribie und Systematik, drang unnachsichtig mit kombinatorischer Befähigung in die Hintergründe. Er war ein wacher, minutiöser, scharfsinniger Beobachter mit erstaunlichem Einfühlungsvermögen auf allen Gebieten und bei allen Gelegenheiten, die sich ihm boten. Da er kaum russisch sprach, mußte in Moskau und auf seinen Reisen in Rußland das »Auge trinken, was die Wimper hält«. Höchst anschaulich sind seine Berichte über sowjetische Zustände und Verhältnisse und ebenso lebendig die Schilderung der Gestalten. Was er wollte, war »Begreiflichmachen«: »Ständig hatte er Angst, das Schreiben könne ihm nicht gelingen, aber diese Angst war produktiv« (Margret Boveri).

Scheffer erlebte Zeitgeschichte, um sie zu beschreiben, ständig bereit, eigene Diagnosen und Prognosen zu korrigieren, Fehlkalkulationen zuzugeben. Nach 1945 schrieb er in einem Brief: »Ich habe außer journalistischer Gelegenheit nichts zu bieten als eine erste Grundlage für die Theorie des Journalismus als eines Teils der Geschichtsschreibung begriffen als Wissenschaft.«

1917 war mit dem Eintritt Amerikas in den Krieg und der bolschewistischen Revolution eine neue Epoche der Weltgeschichte angebrochen. Ihn faszinierte der tägliche Umgang mit dieser Epoche, die unablässige Frage des Woher und Wohin. So trieb es ihn zu dem geschichtsmächtigen Ort, als der Moskau ihm erschien. Die für die Zeitgenossen unvorstellbar tiefgreifende russische Umwälzung war ein einzigartiges, für sehr viele unbegreifliches Phänomen. Die westliche Welt war erschrokken. Die Angst, der Kommunismus könne auf Deutschland übergreifen, war bis 1923 groß, wie uns heute erscheinen will: übertrieben groß. Zugleich setzten in diplomatischen und industriellen Kreisen Bestrebungen ein, eine diplomatisch-wirtschaftliche Annäherung beider Staaten zur Stärkung des Reiches gegenüber den Ententemächten im Kampf gegen den Versailler Friedensvertrag in die Wege zu leiten. Diese Bestrebungen kamen zunächst im Rapallo-Vertrag von 1922 zum Ausdruck.

Im Oktober 1921 war Scheffer, wie gesagt, nach Moskau gekommen. Zwar war die ausländische Intervention gescheitert, der Bürgerkrieg beendet. Aber noch war nicht sicher, ob das von der Welt gehaßte und weithin boykottierte System sich behaupten würde. Ohne jegliche Neigung hatte Scheffer die marxistische Ideologie regelrecht studiert. Unvoreingenommen wollte er das gewaltige Experiment verstehen lernen, um es anderen verständlich zu machen, ohne damit einseitiges Wohlwollen zu bewirken. Er kannte aus intensiven, langen, oft nächtlichen Gesprächen die meisten der wenigen Schlüsselfiguren, die sich sonst Fremden verschlossen und kaum ins Ausland reisten. Er schilderte, was er sah und hörte, aber er mußte Rücksicht auf das Mißtrauen und die Empfindlichkeit der Russen nehmen. »Diese robuste kommunistische Partei ist von zarter Empfindlichkeit gegen alle Einblicke von außen«, schreibt er selbst. Dennoch repräsentieren seine Artikel »das Äußerste, manchmal noch mehr als das Äußerste, was zu publizieren ihm möglich war«. Er war ein Meister der indirekten Mitteilung, wußte Vorgänge zu verkleiden, harte Kritik hinter Komplimenten zu verstecken. Wer ihn kannte, wußte, daß Schmeicheln die »schärfste Form seiner Kritik« war.

Scheffer war nach Veranlagung und aus Leidenschaft auch Diplomat der alten Schule. Das diplomatische Metier, nach kurzer Zeit im Ersten Weltkrieg an der deutschen Gesandtschaft im Haag, beherrschte er souverän. Aber es hatte für ihn nur instrumentale Bedeutung. Was ihn unbändig reizte, war die »große Politik«. An ihr, wenn auch in begrenzter Funktion auf einem Sektor, teilzuhaben und zugleich anderen die Teilnahme zu vermitteln bewegte ihn gleichermaßen. Er war ein überzeugter Anhänger der deutsch-russischen Annäherung und wollte ihr dienen. Das klingt in seinen Artikeln immer wieder durch. Er wollte informieren und beeinflussen, aber politisch wirken. Aber die Information war nicht auf die Tendenz zugeschnitten.

Scheffer war ein Vertrauter des peinlich auf Distanz haltenden Botschafters Graf Brockdorff-Rantzau, selber wie dieser distinguiert, ein Grandseigneur. In engem Kontakt stand er mit dem Leiter der Ostabteilung und späteren Staatssekretär im Auswärtigen Amt, Ago von Maltzan, dem entschiedenen Initiator und Vertreter einer deutsch-russischen Annäherung. Er hat zwischen dem Kreml und der Botschaft diskret vermittelt, war sogar erfolgreicher Mittler zwischen der Sowjetunion und der Schweiz dank seiner weitreichenden Beziehungen in einer heiklen Angelegenheit. Nach Brockdorff-Rantzaus Tod 1928 wurde Scheffer als Nachfolger in Erwägung gezogen. Auch für andere Botschafterposten war er vor 1933 in Aussicht genommen.

Margret Boveri hat in ihrem Buch »Wir lügen alle«, einer Verbindung von Biographie über und Erinnerungen an Scheffer, ihn meisterhaft dargestellt. Am Schluß ihres Buches sagt sie: »Erst H. Erikson, ein bekannter amerikanischer Verhaltensforscher, sah in einem Vergleich zwischen Historie und Tiefenpsychologie eine ihrer Ähnlichkeiten darin, daß ihre Denkprozesse nur insoweit existieren, als die Geister, die daran teilhaben, sich selbst als Bestandteil ihrer Prozesse erkennen. Die Analogie zentriert danach in der Aufgabe des Geschichtsschreibers, selbst Teil der lebendigen Geschichte zu werden. Hier endet, so findet Erikson allerdings, die Analogie.« Aber er fügt hinzu: »Sie könnte … bestehen bleiben, falls der Historiker auch eine Art von klinischem Staatsmann wäre, der die Ereignisse korrigiert, indem er sie verzeichnet, und die Veränderungen verzeichnet, indem er sie dirigiert. Es ist durchaus möglich, daß solch ein bewußter Kliniker, Historiker-Staatsmann, in der Zukunft einmal auftaucht.«

So hat Scheffer nach dem Ersten Weltkrieg tatsächlich mehrere Jahre lang eine Rolle gespielt, die der von Erikson gezeichneten entsprach. Scheffers Briefwechsel mit Schlesinger, einem maßgeblichen Rußland-Diplomaten, zeigt, »wie stark er nicht nur als Journalist registrierte, was sich ereignet hatte, sondern durch mündliches und schriftliches Einwirken auf die Handelnden in das Sichereignende eingriff, um dann wieder im Registrieren des Geschehenden künftige Möglichkeiten in bestimmtem Sinne zu beeinflussen«. Treffender kann man es kaum sagen.

Dem roten Imperialismus, den er erst in seiner weltpolitischen Bedeutung durch einen Besuch in China 1925 zu erkennen glaubte, und der zunehmenden Gewaltherrschaft unter Stalin gegenüber wurde seine Einstellung immer kritischer, was in seinen Aufsätzen zum Ausdruck kam. Er vertrat nach wie vor die Politik der gegenseitigen Annäherung, verlangte aber ein stärkeres Auftreten deutscherseits gegenüber Moskau. Mit wachsender Kritik stieg die sowjetische Empfindlichkeit. Als er im Herbst 1929 auf Urlaub gegangen war, wurde ihm vom Kreml die Wiedereinreise verweigert. Das hat Scheffer nie verziehen; Rußland war für ihn zur zweiten Heimat geworden.

(1972)

Ludwig Erhard im Dritten Reich

Wir alle waren Gegner des Regimes,
mußten aber um der Arbeit und des
Überlebens willen unser Auskommen mit
den Machthabern und ihren Stellen suchen.

Um die Wende zu den dreißiger Jahren war ich Referent im Verein Deutscher Maschinenbauanstalten, und zwar in der wirtschaftswissenschaftlichen Abteilung. Das war eine neuartige Einrichtung. Die Vertretung der Interessen sollte wissenschaftlich abgesichert werden. Das erregte Aufsehen. Besonderes Interesse galt dem Leiter Alexander Rüstow. Er hatte vor dem Ersten Weltkrieg nacheinander Theologie, Altphilologie und Philosophie gründlich studiert. Auf allen drei Gebieten galt er als fachwissenschaftlich versiert, wie sein dreibändiges Werk »Ortsbestimmung der Gegenwart« zeigt. Er war aber auch ein ganz ungewöhnlicher wirtschaftswissenschaftlicher Autodidakt mit wachsendem Ansehen gerade in Fachkreisen. Nach der Revolution von 1918 zunächst der Sozialdemokratie nahestehend, hatte er sich zu einem entschiedenen Liberalen gewandelt. Er war ein erbitterter Gegner der Kartellierung und Hochschutzzollpolitik, damit in erster Linie der Schwerindustrie wie der Großlandwirtschaft. Das erschwerte seine Position im Verband, da einige Mitgliederfirmen im Besitz von Eisen-, Stahl- und Kohleunternehmungen waren. Doch Karl Lange, der Hauptgeschäftsführer des Verbandes, hielt seine schützende Hand über ihn.

Einen Neoliberalen hätte man damals Rüstow nicht nennen können. Den Namen gab es noch nicht. Dieser kam um 1939 wahrscheinlich aus Kreisen der Emigranten auf, zu denen Rüstow und Wilhelm Röpke, bis 1933 Professor für Nationalökonomie an der Universität Marburg, gehörten, und wurde erst nach 1945 zu einer Richtungsbezeichnung. Rüstow war zu praxisnah, um Dogmatiker zu sein, aber er vertrat seine Prinzipien mit überlegener Argumentation und mit fast missionarischem, doch rational kontrolliertem Eifer. Sein Arbeitszimmer im Verein Deutscher Maschinenbauanstalten war ein Mittelpunkt in Berlin für wirtschaftlich Interessierte unterschiedlichster Herkunft, die seinen wirtschaftsliberalen Ideen aufgeschlossen gegenüberstanden. Seine Gegner bekämpften ihn hart, manchmal infam, aber respektierten seine Bedeutung.

Damals muß auch Ludwig Erhard Rüstow aufgesucht oder getroffen haben. Über ihn lernte ich Erhard kennen. Dieser war Mitarbeiter in dem von Wilhelm Vershofen geleiteten Institut für Wirtschaftsbeobachtung in Nürnberg. Für Vershofen hatte Rüstow trotz mancher Meinungsverschiedenheit ein Faible.

Rüstow nannte Erhard einen brauchbaren Mann mit beachtlich wirtschaftsliberalen Ansätzen, was bei dem geistig äußerst Anspruchsvollen schon einiges bedeutete. Rüstow fügte hinzu: Bei dieser Art von Spezialisten müsse man vorsichtig sein, sie lägen nicht selten politisch falsch. Aber nach Rüstows Eindruck neigte Erhard nicht zur Wirtschaftspartei, die gerade im Handel großen Anhang hätte, auch nicht zu einer verkappten Diktatur, deren Anhänger bis in die Kreise des katholischen Zentrums und der rechten Demokraten hineinragten. Nationalsozialist wäre er schon gar nicht. Für Erhard spräche auch, daß er bei Franz Oppenheimer, den Rüstow verehrte, promoviert hätte.

Seit Mitte 1933 war Erhard Mitglied der geschäftsführenden Leitung des Instituts. Mit auf sein Betreiben wurde 1934 die Gesellschaft für Konsumforschung gegründet. Rüstow hatte inzwischen emigrieren müssen und war Professor für Soziologie in Istanbul, ebenso wie Röpke, der später nach Genf ging. Erhard wollte gerade zur Habilitation schreiten, nachdem er bereits vorher »beauftragter Dozent« an der Nürnberger Handelshochschule war. Den weiteren Aufstieg hatten ihm die Nationalsozialisten versperrt. Als Erhard 1936 absatzwirtschaftliche Kurse einrichtete, hatte er mich zu einem Vortrag eingeladen. Damals mußte man mit Vorträgen sehr vorsichtig sein. Ich nahm aber die Einladung an, weil ich Erhard kannte.

Abends saß ich neben ihm in einer größeren Gesellschaft im Garten eines Landgasthauses. Doch ein Gespräch kam nur schwer zustande. Von politischem Mißtrauen war nicht die Rede. Gewähr für unsere politische Zuverlässigkeit boten die beiderseitigen Beziehungen zu Rüstow. Doch wir mußten wegen der Umgebung vorsichtig sein. Deswegen konnten wir auch nur wenig über Röpke und Rüstow reden. Mit meinem Vortrag war er nicht ganz einverstanden. Aber das wäre kein Hindernis gewesen. Erhard, mit dem ich zunächst zum erstenmal mehrere Stunden sprach, war wortkarg und vielleicht auch kontaktarm.

Sein Schwager war Dr. Karl Guth. Dieser, aus Rottweil, früher Offizier, war Geschäftsführer in einem großen Verband der metallverarbeitenden Industrie gewesen, der dem Verein Deutscher Maschinenbauanstalten schon wegen gemeinsamer Exportinteressen und gleicher Belange gegenüber der eisen- und stahlerzeugenden Industrie nahegestanden hatte. Er war ein sehr gewandter Mann mit behutsamer Diktion, der, reserviert, wie er es überhaupt war, mit neoliberalen Tendenzen sympathisierte. Er war Hauptgeschäftsführer der Reichsgruppe Industrie, deren Nachfolgeorganisation der Bundesverband der deutschen Industrie ist. Guth wohnte neben meinem Haus im oberen Stockwerk einer von Schacht vor dem Ersten Weltkrieg erbauten Villa. Das untere Stockwerk bewohnte Dr. Herbert Rohrer, Vorsitzender des Vorstandes von Osram. Vordem war er Vorstandsmitglied von Schering. Mit beiden Familien verkehrten wir gutnachbarschaftlich, um nicht freundschaftlich zu sagen. Wir sahen uns häufig in den Gärten, auf der Straße und besuchten uns auch. Das diskrete Gespräch war im Dritten Reich Voraussetzung für jeglichen engeren Verkehr. Von Zeit zu Zeit sah ich auch Erhard, wenn er aus Nürnberg zu seiner Schwester und seinem Schwager auf Besuch kam. Es blieb aber zwischen uns beiden zunächst meist bei freundlicher Begrüßung.

Im März 1943 wurde mein Haus bei einem Luftangriff zerstört. Meine Familie ging nach Bad Aussee, mich selbst nahm Rohrer bei sich auf. Seine Schwägerin führte den Haushalt, die

Familie war nach Krün in Bayern ausgewichen. Ich bezog ein Appartement, das im oberen Stockwerk neben der Guthschen Wohnung lag, aber von ihr durch den Boden getrennt war, und Rohrer gehörte. Auf der anderen Seite der kleinen Seitenstraße hatte Karl Blessing, der spätere Präsident der Bundesbank, sein Haus. Damals war er Leiter eines großen Erdölunternehmens, nachdem er vorher einer der engsten Mitarbeiter Schachts im Wirtschaftsministerium und dann Treuhänder von Unilever gewesen war. Dessen Familie war ebenfalls evakuiert. Die beiden Söhne Guths waren im Feld. Vor und nach Luftangriffen, manchmal auch nur in deren Erwartung, die dann nicht eintraf, saßen Rohrer und ich, vielfach auch Blessing, bei Guth zusammen. Wir tranken gute, um nicht zu sagen erlesene Weinsorten, manchmal Whisky oder Kognak bis in die Nacht hinein. Um nicht aus dem Schlaf geschreckt zu werden, blieben wir auf. Die Bestände sollten, meinten wir, geräumt sein, bis die Russen kommen würden. Hin und wieder hörten wir in späten Stunden den Schweizer Sender. Das leisteten wir uns, da das Radio im oberen Stockwerk von der Straße her nicht gehört werden konnte.

Nicht selten war Erhard dabei, der von Nürnberg gekommen war, um in Berlin zu arbeiten, und bei Guths wohnte. Er redete wenig, rauchte viel und trank gerne, konnte auch allerhand vertragen. Er war ein stiller, aber aufmerksamer Zuhörer. Nur wenn wir wegen Luftangriffen in dem beim Haus gelegenen Bunker saßen, erzählte er, selbst wenn die Bomben pfiffen und explodierten, die kalte Zigarre im Mund, harmlose, aber drastische Witze, als ob er am Stammtisch wäre. Der Schwager versuchte, dies mit leicht militärischem Ton zu unterbinden, was wenig half. Erhard zeigte nicht ein Minimum von Angst und hatte sie anscheinend auch nicht.

Erhards Wortkargheit hätte unheimlich wirken können, aber wir hatten ihm gegenüber keine Hemmungen. 1942 hatten ihn die Nationalsozialisten aus der Institutsleitung gedrängt. Das wußten wir aber nicht, ebensowenig, was er in Berlin machte. Den ganzen Tag über war er in der Stadt, sprach jedoch nicht darüber. Damals im Kriege fragte man nicht nach solchen Dingen. Gelegentlich erzählte er von Besuchen bei Berliner Großfirmen. Wenn von Währung oder Preisstopp die Rede war, griff er ein. Schon vor dem 20. Juli sprach Erhard von Goerdeler, den er, als dieser Reichskommissar war, beraten hatte, mit großer Hochachtung.

Als ich einmal aus der Schweiz kam, berichtete ich in unserem Kreis über Röpkes Buch »Die Gesellschaftskrise der Gegenwart«. Das Buch hatte ich wegen der Zensur nicht gewagt mit herüberzunehmen oder mir schicken zu lassen. Daher hatte ich nachts in Zürich wesentliche Partien gelesen. Röpke spricht in diesem Buch noch nicht von Neoliberalismus, sondern von »liberalem Revisionismus«. So kam das Gespräch auf Rüstow und Röpke. Erhard betonte wiederholt und begründete seine weitestgehende Übereinstimmung mit beiden. Es wurde hart, manchmal auch scharf debattiert. Aber es kam kein Streit, keine Verstimmung auf.

Rohrer war voll Witz, mit oft schlagenden Pointen. Bei seinen Wortattacken mußte man schon sehr aufpassen. Sein Temperament konnte die Stimmung beherrschen. Er war wohl die stärkste Persönlichkeit und von hoher praktischer Intelligenz. Doch Blessing war Rohrer schon gewachsen, obwohl ein ganz anderer Typ mit seinem stillen schwäbischen Humor, bedächtiger und mit einer wesentlich breiteren Bildung als Rohrer. Beide waren strategisch denkende Unternehmensleiter mit virtuoser Taktik, so verschieden auch ihre Technik war.

Blessing, Rohrer und Guth hatten dank ihrer Stellung größere Einblicke und besseren Überblick über Geschehen und Pläne in der Wirtschaft. Guth und Blessing waren Württemberger, Rohrer Bayer, Erhard Franke. Ich war der einzige Norddeutsche, aber kannte Württemberg. Meine Frau kam aus dem Remstal, ich selber hatte in Tübingen studiert. Mit Ausnahme von Erhard waren wir seit vielen Jahren in Berlin. Jedoch spürte man, wenn vielleicht auch nur in Ansätzen, die süddeutsche Atmosphäre.

Wir alle waren Gegner des Regimes, mußten aber um der Arbeit und des Überlebens willen unser Auskommen mit den Machthabern und ihren Stellen suchen. Wie dies vor allem

Rohrer, auch Blessing und Guth, die nicht selten mit Spitzen in Berührung kamen, souverän praktizierten, war schon erstaunlich.

Wir alle waren überzeugt, daß der Krieg verloren war. Was würde danach kommen? Es mag ungefähr im Frühjahr oder Frühsommer 1944 gewesen sein, wir waren schon reichlich angeregt und angeheizt, da ein Luftangriff kaum mehr zu erwarten war. Einer fragte, wovon wir nach Kriegsende leben würden. Daß es Pensionen geben würde, Versicherungen ausgezahlt würden, konnten wir uns schwerlich vorstellen.

Guth hatte in der Nähe von Reichenhall an der Grenze ein Zollbeamtenhäuschen mit großem Grundstück vor ein paar Jahren erworben. Dorthin würde er mit seiner Familie ziehen, Rüben und Kartoffeln anbauen, Ziegen und Kaninchen, vielleicht auch Hühner halten. Zu dem bißchen Landwirtschaft würden seine Kräfte noch reichen. Außerdem wären ja seine beiden Söhne noch da. Rohrer wollte in einem bayerischen Städtchen einen Laden mit Glühlampen, Batterien und Elektrozubehör aufmachen. Diese würde er bei seinen jetzigen Beziehungen wohl bekommen. Blessing, der auch Vorsitzender des Aufsichtsrates des größten deutschen Fischereiunternehmens war, dachte an ein Fischgeschäft in einer schwäbischen Klein- oder Mittelstadt. Guth lachte: »Sie sind doch nicht imstande, einen Fischkopf abzuschneiden und einen Bauch aufzuschneiden, den Gestank halten Sie gar nicht aus – und Ihre Finger?« Blessing meinte: Was man nicht alles für seine Familie täte, damit sie nur leben könne.

Jetzt war die Reihe an mir. Bei der Frage war mir nicht wohl, aber ich wagte nicht, ihr auszuweichen. Einige Möglichkeiten waren mir schon gelegentlich durch den Kopf geschossen, aber mehr auch nicht. »Meine Schwiegereltern leben in der Nähe von Stuttgart. Ein Gutteil meiner Industrie sitzt in Württemberg, die werde ich im Export beraten.«

Die drei Exzellenzen lachten mich aus. Nur Erhard rührte sich nicht. Guth, sonst streng auf Formen achtend, schlug mit dem Zeigefinger an seine Schläfe: »Sie Trottel. Mensch, Sie haben keine Ahnung. Morgenthau – Morgenthau. Export, einfach lächerlich. Export ist gestrichen.« Rohrer und Blessing nickten leicht. Nur Erhard blieb unbewegt.

Als letzter war er an der Reihe. Ihm paßte das Fragespiel offensichtlich gar nicht. Hastig, in häufigen Zügen, sonst ein sparsamer Raucher, sog er an der großen Importe, die ihm Blessing geschenkt hatte. Zwischen den Zähnen knurrte er: »Werde schon was finden.« Nachdem die drei Exzellenzen mir zugesetzt hatten, waren sie jetzt milder gestimmt und drängten auf Erhard nicht mehr ein. Was ihn zu dieser bewußt unbestimmten Antwort veranlaßt hat, weiß man nicht. Ob er gerne mehr gesagt hätte, aber es in dieser Situation und Umgebung nicht wollte? Vielleicht scheute er den Spott seines Schwagers. Den ebenso Peniblen wie Empfindlichen mochte dessen Wurstigkeit und Formlosigkeit reizen, ihn, der stets auch noch zu jener Zeit piekfein von Kopf bis Sohle war, die reichlich lässige Kleidung ärgern. Das schien aber Erhard nicht zu stören. Seine Schwester, Frau Rose Guth, von großer Vitalität, liebte ihren Bruder und tat viel für ihn. Manchem bedeutenden Mann ist in der Jugend oder zu einem früheren Zeitpunkt vor dessen Aufstieg eine große Zukunft prophezeit worden. Dazu hatten wir keinen Anlaß. Was aus Erhard werden würde, darüber machten wir uns kaum Gedanken. Vielleicht ein brauchbarer Professor oder Wirtschaftsprüfer, aber das wäre wohl auch alles gewesen.

Am 20. Juli war ich in Stockholm, drei Tage später kehrte ich erst zurück. Was über Prognosen und Diagnosen aus Anlaß des Ereignisses besprochen war, hatte ich nicht gehört. Guth sagte mir, Blessing wäre auf Reisen. Man munkelte, er wäre nach dem 20. Juli gefährdet. Mehr wußte er nicht. Blessing schlief nach seiner Rückkehr viele Nächte außerhalb seines Hauses. Eines Tages war er wieder da, gelassen und vergnügt wie immer. Was geschehen war, was ihn bedroht hatte, sagte er nicht. Doch sonst redeten wir miteinander wie früher. Erhard erzählte beiläufig, er habe kurz vor dem 20. Juli einen Brief per Post an Goerdeler geschickt und als »unbestellbar« zurückerhalten. Gab es also doch keine innerdeutsche Postzensur, oder war es ein Versehen? Die andere Frage, gehörte Erhard zum Widerstand, wurde nicht aufgeworfen.

Eines Abends im Oktober 1944, ungefähr zwei Monate nach dem 20. Juli, waren wir wieder zusammen und pokulierten nach einem Luftangriff. Erhard saß neben mir. Man sah, an seinem Oberhemd waren zwei Perlmuttknöpfe abgerissen. Auch sie, koch- und bügelecht, gehörten zur Mangelware. Die Fäden hingen noch an den Knopflöchern. Ich war damals Syndikus der Knopfindustrie. Aus meinem Zimmer holte ich eine Dutzendkarte mit Perlmuttknöpfen und gab sie ihm. Darauf griff Erhard in seine große, unförmige, wegen starker Abnutzung kaum mehr im Farbton zu erkennende Aktentasche. Sie führte er ständig bei sich, wohl auch, weil in ihr seine Zigarren lagen, von denen er eine nach der anderen rauchte. Man sah in der geöffneten Tasche eine große Anzahl vervielfältigter Texte, etwa dreißig. Ein Exemplar gab er mir gleichsam als Gegengabe. Die Arbeit wäre von ihm. Aber was das Thema wäre, sagte er nicht. Ich müßte sie bestimmt auch lesen. Das betonte er mehrmals. Bei nächster Gelegenheit könnten wir darüber sprechen. Er gab mir den Text ohne jegliche Vorbehalte oder Auflagen, wie die, sie niemandem anderen zu zeigen oder mit anderen darüber zu reden. Es war eine Denkschrift über die deutsche Wirtschaftspolitik der Nachkriegszeit.

Das Manuskript steckte ich senkrecht in die Jackettasche, damit ich es beim Ausziehen nicht übersähe. Leicht ließ ich etwas tagelang in den Taschen liegen. Instinktiv mißtraute ich dem Text und glaubte daher dieses Warnzeichens zu bedürfen. Als ich gegen zwei Uhr nachts mit leicht schwindelndem Kopf auf dem Bettrand saß, hatte ich keine Lust mehr zum Lesen. Sollte ich das Manuskript ungelesen zerreißen? Das würde auch bei einer Hausdurchsuchung entdeckt werden können. Außerdem könnte mich Erhard nach meiner Meinung fragen. So begann ich unwillig mit der Lektüre. Es handelte sich ungefähr um fünfzehn bis zwanzig Seiten. In den ersten Sätzen hieß es nach meiner Erinnerung ungefähr: Nachdem einwandfrei feststehe, daß Deutschland den Krieg verloren hätte, wäre die dringendste Aufgabe, die Reform seiner Währung vorzubereiten. Dieser Satz hätte nicht nur den Verfasser des Hoch- und Landesverrates zu überführen vermocht, sondern machte jeden, bei dem ein solcher Text gefunden würde, höchst verdächtig. Jetzt war meine Müdigkeit verscheucht. Ich las weiter. Im Exposé folgten auf eine Währungs- und Wirtschaftsanalyse Reformvorschläge.

Daß dieser Text eine Kurzfassung war und ebenso, für wen sie bestimmt war, wußte ich nicht. – Von der eigentlichen Denkschrift habe ich erst viel später erfahren. Leider sind von der Kurzfassung mit ihrem lapidaren Text sämtliche Exemplare verlorengegangen und trotz aller Bemühungen bis heute nicht aufgefunden worden. Diese Kurzfassung war von einem bestechend überlegenen und durchdachten Realismus, präzis und konzentriert. Sie war theoretisch abgesichert, aber praxisnah in der Darstellung. Ich bin kein gelernter Nationalökonom, aber soweit glaubte ich doch urteilen zu können, daß es sich hier um eine sehr bedeutsame Arbeit handelte.

So hatte ich Erhard vielleicht doch unterschätzt. Doch nicht nur im Geistigen. Wo und wann hatte der Mann in dieser Situation die Gedankenkonzentration noch gefunden? Hatte er sich etwa für die Niederschrift in die Schweiz oder nach Schweden vorübergehend abgesetzt? Hatte er in Nürnberg oder vielleicht in Berlin zur Feder gegriffen? Wie konnte einer, nach dem, was wir nach dem 20. Juli erlebt hatten, es überhaupt noch wagen, so etwas niederzuschreiben, einer anderen Person in die Maschine zu diktieren und vervielfältigen zu lassen? Und wie konnte diese sich bereit finden, das Diktat aufzunehmen, es auf die Maschine zu übertragen und den Text zu vervielfältigen? Das war in jener Nacht schon eine gespenstige, Angst und Bewunderung erregende Stunde.

Aber zunächst hatte ich mehr Angst als Bewunderung. Ich ging über den Boden zu Erhards Zimmer in der Guthschen Wohnung. Zweimal klopfte ich leise, um Guths nicht zu wekken. Dann schlug ich laut und rief seinen Namen. So fest hatte ich seit Jahren nicht geschlafen. Die meisten von uns reagierten schon im Schlaf sofort schreckhaft aus Furcht vor der Gestapo, wenn nur Klingel- oder Klopfzeichen laut wurden. Das steigerte sich nach dem 20. Juli. Tag und Nacht fühlten wir uns von ihr bedroht. Ich dachte daran, was Blessing erlebt hatte. Aber

Erhard störte mein beständiges Klopfen nicht. Endlich hörte ich, nachdem ich mehrfach meinen Namen genannt hatte, wie sein Schlaf in Knurren überging. Er kam mit leicht gedämpftem Zorn an die Tür. Mit kurzem Lob und Dank gab ich ihm das Exposé zurück. Nicht eine Stunde länger wollte ich es in meinem Zimmer behalten. Würde es bei einer Haussuchung gefunden, wäre Verhaftung die sichere Folge gewesen. »Deswegen wecken Sie mich«, sagte Erhard mürrisch und nahm das Papier zurück. Er wollte die Tür wieder schließen. Ich stellte meinen Fuß in die Spalte. Wenn er schon nicht an sich denke, so müsse er doch an seine Familie in Nürnberg oder an Guths denken. Fände die Gestapo die Mappe mit seinem in die Klappe eingezeichneten Namen, dann würde sie nicht nur ihn verhaften, sondern er gefährde zugleich Familie und Gastgeber. Vielleicht auch jene, die den Text auf die Maschine geschrieben hatte. Damals war Sippenhaft gang und gäbe. Ich meinte, es genüge doch, ein einziges Exemplar parat zu haben. Auch das müsse man sorgfältig verstecken. Wenn es unbedingt notwendig sei, könnte er die übrigen vergraben. Im Augenblick wäre mit dem Exposé sowieso nichts anzufangen. Bei Fliegeralarm könnte in der überfüllten Untergrundbahn, die er häufig benutzte, Panik entstehen. Wie leicht würde ihm die Mappe entgleiten oder entrissen werden und dann in die Hände der Gestapo geraten, vielleicht auch auf dem Umweg über das Fundbüro. Erhard meinte, das hätte ich ihm auch am nächsten Morgen sagen können, drängte mich aus der Tür und verschloß sie.

Am nächsten Abend traf ich Erhard ganz zufällig am Potsdamer Bahnhof. Neben ihm lag die ausgebeulte Mappe. Ich fragte ihn, ob er immer noch sein Exposé mitschleppe. Er öffnete die Aktentasche. Der Inhalt war der gleiche wie in der Nacht zuvor. Ich wußte nichts mehr zu sagen. Schweigend gingen wir ins Haus. Mit niemandem habe ich darüber geredet, auch Guths nichts gesagt. So wie wir fünf miteinander standen, wollte ich auch nur den Anschein einer Klatscherei vermeiden. Ich hatte ihn doch oft gesehen, aber auf Leichtsinn wäre ich nicht gekommen. Vielleicht hatte er eine Elefantenhaut, vielleicht beides.

Im Dezember 1945 besuchte ich Erhard. Er war bayerischer Wirtschaftsminister und saß in dem ehemaligen, unzerstörten Luftwaffengebäude in der Prinzregentenstraße. Das letzte Mal hatten wir uns im Januar gesehen. Jetzt war er erstaunlich gesprächig. Ich fragte nach der Denkschrift: »Gar nichts passiert! Sie sehen ja, ich sitze hier.« *(1977)*

Theodor Heuss als politischer Schriftsteller

Politik ist nicht nur taktische Technik – sie mag noch so virtuos gehandhabt werden –, sondern muß dem geistig Schöpferischen auch im modernen Daseinsvorsorgestaat verhaftet bleiben.

Die Verleihung der Heinrich-Heine-Medaille an Theodor Heuss stellt eine Ehrung besonderer Art dar. Heinrich Heine, den meisten nur durch seine Lieder als begnadeter Dichter vertraut, war auch ein politischer Schriftsteller, ein Feuilletonist im Grenzgebiet zwischen Philosophie, Geschichte und aktueller Politik.

So umstritten – historisch-politisch mehr noch als literarisch – die Gestalt dieses leidenschaftlichen, oft in Urteilen, Deutungen und Ahnungen zum Maßlosen sich hingezogen fühlenden publizistischen Kämpfers auch sein mag, seine Werke haben im Raum der Weltliteratur ihren Platz bis heute behauptet. In der Kunst der Sprache und im Reichtum der Gedanken ist er eine der glanzvollsten Erscheinungen der deutschen politischen Literatur geblieben – Thomas Mann spricht von der genialsten Prosa bis Nietzsche. Heines bis in unsere Zeit hineinwirkende, manchmal geradezu prophetisch anmutende Geisteskraft haben wir im Dritten Reich eindringlich erlebt, als wir mit Erschütterung seine Pariser Reportagen und Briefe wie seinen großen Essay zur Geschichte der Religion und Philosophie in Deutschland zum ersten Mal oder wiedergelesen haben.

Mit der Erinnerung an Heinrich Heine verbunden ist die Auszeichnung für eine nach Sprache und Gehalt überragende literarische Leistung im Bereich des Politischen. Darin liegt die besondere Art der Ehrung, daß sie einem Mann der politischen Literatur gilt, die soviel offiziellen Respekt bis heute kaum in Deutschland erfahren hat. Untersuchen wir nicht gerade jetzt, ob der Politiker zu den eifrigsten und gründlichsten Lesern dieses Literaturzweiges gehört? Mag vielleicht mancher das Bedürfnis nach besinnlicher Kontrolle, nach geistiger Anleitung und Anregung für seine Aufgaben, ja schlechthin nach der *recreatio* im Sinne des *otium cum dignitate* spüren. Das Pensum des Übermaßes an Verhandlungen, die Hetze von Sitzung zu Sitzung scheint den meisten die Möglichkeit zu nehmen. Aber die Aufgabe in der vielgeschäftigen Demokratie, die Gelegenheit zur Muße, zur geistigen Besinnung immer wieder zu suchen und sie auch wirklich zu finden, bleibt gerade uns gestellt. Politik ist eben nicht nur taktische Technik – sie mag noch so virtuos gehandhabt werden –, sondern muß dem geistig Schöpferischen auch im modernen Daseinsvorsorgestaat verhaftet bleiben. Einem politischen Schriftsteller, als dem anregenden und fördernden Helfer zur politischen Besinnung, ist die heutige Ehrung zugedacht.

Einen Schriftsteller hat sich Theodor Heuss in den Reichstagshandbüchern der Weimarer Zeit selbst genannt. Die Spannweite der Rangstufen, die dieses Wort umfaßt, ist so groß, daß eine gewisse Hemmung, es zu gebrauchen, nicht ganz unterdrückt werden kann. Wenn das Bayerische Landrecht von 1616 als Schriftsteller den bezeichnet, der für andere Rechts- und Bittschriften aufsetzt, so hat das Wort ein Jahrhundert später schon die Sinnbedeutung, die es heute noch besitzt. Aber man spürt noch in einer Rede Thomas Manns, die er 1926 bei der Gründung der Sektion für Dichtkunst in der Preußischen Akademie der Künste gehalten hat, das Unbehagen an dem abwertenden Unterton. Wieviel klangvoller ist dagegen die französische Bezeichnung *homme de lettres*, für die es keine entsprechende deutsche Übersetzung gibt. Die Klangfärbung der deutschen Bezeichnung hat gewonnen, nachdem ein politischer Schriftsteller Bundespräsident gewesen und dieser Bundespräsident politischer Schriftsteller geblieben ist. Schon stehen in dem Frankfurter Ehrenbürgerbrief vor dem Namen Heuss die Worte »Staatsmann« und »Schriftsteller« unmittelbar nebeneinander.

Ganz im Gegensatz zu Frankreich ist für Deutschland in

Vergangenheit und Gegenwart die Aufgabenverbindung, die sich in dem Wort vom »schreibenden Politiker« ausdrückt, eben die Erscheinung eines politischen *homme de lettres*, eines Politikers, der zugleich *homme de lettres* ist, eine Seltenheit. Heuss selbst spricht in seinem Essay über Friedrich Meinecke vom »denkenden Politiker«, vom »Denker und Planer im Unterschied zum Täter und Vollzieher«. In seinem Leben finden wir immer wieder diese Verbindung von *contemplatio* und *actio*, von Betrachten und Handeln, Beschreiben und Entscheiden: so als Reichstagsabgeordneter und Fraktionsgeschäftsführer im Weimarer Parlament – wenn auch nach seiner eigenen Aussage sein unmittelbares Tätertum damals auf dem Felde der Politik verhältnismäßig gering gewesen sein soll –, dann nach 1945 als Landtagsabgeordneter und Kultminister in Württemberg-Baden, als Mitglied und Parteiführer im Parlamentarischen Rat, dessen Protokolle so reichliche und beredte Zeugnisse über diese Verbindung bieten, sowie seit September 1949 als Bundespräsident. Wenn heute die Tendenz bestehen sollte, Bildung und Politik voneinander zu trennen – der Gebildete soll sich von den öffentlichen Angelegenheiten fernhalten, da er ihnen nicht gewachsen ist, der Politiker sich möglichst vom Ballast der Bildung frei fühlen, da sie ihn im praktischen Wirken hemmt, die unentbehrliche Robustheit mindert –, so wirkt Theodor Heuss als imponierendes Gegenbeispiel. Er widerlegt durch seine Person eindrucksvoll diese Auffassung, die zwar öffentlich nicht vertreten wird, aber deren diskrete Gültigkeit ständig im Wachsen begriffen ist.

Theodor Heuss vermag sich Gestalten und Ereignisse der Vergangenheit lebensnah vorzustellen durch das Erleben aus eigenem praktischen Wirken, und er distanziert sich von den Aufgaben des Tages und der Stunde um der Urteilsbildung willen durch Weite und Tiefe der historischen Schau. In seiner Einleitung zu Bismarks Gedanken und Erinnerungen schreibt er: »Der Reiz, dem Gewesenen eine Gegenwartsbezogenheit abzugewinnen, liegt unverkennbar in der Natur des Historikers, der mehr sein will als Archivar und Chronist.«

Den Ausbildungsoffizieren der Bundeswehr hat er zugerufen: »Erhöhen Sie Ihren Beruf durch geschichtliches Wissen, lehren Sie, Mensch zu sein!« Der Historiker Reinhard Wittram hat diese Erkenntnis, die seiner Mahnung zugrunde liegt, mit ähnlichen Worten bestätigt: »Je mehr Vergangenheit wir erleben, desto mehr erfahren wir vom Menschen.« Ein wenig später sagt er: »Geschichte gibt unserem Bewußtsein eine neue Dimension und stellt unser Gewissen in einem erweiterten Horizont auf die Probe.« Zeigt diese Überlegung Wittrams nicht auch eine der wesentlichen Beziehungslinien von Theodor Heuss zur Geschichte auf – die Anleitung zur Besinnung, zur Ausweitung des Blickfeldes, zur Sublimierung des Urteilsvermögens durch Geschichtsbetrachtung und -deutung, wie sie gerade bei der Lektüre seiner Reden im Parlamentarischen Rat zu spüren ist? Aber die Gefahr der Umkehrung, daß aktuelle politische Ziele in der Sucht nach deren Bestätigung zu Deutungen der Geschichte verführen, liegt auf der Hand. In seinem Essay über Leopold von Ranke verwirft er die Zweckhistorie. Die Zeitläufe, die er selbst erlebt, scheinen den Hang zur Zweckhistorie geradezu provoziert zu haben, aber er hielt sich an das eigene Verdikt.

Der Politiker Heuss, der ironisch, manchmal mit scharfer Polemik im Weimarer Reichstag und im Bonner Verfassungsparlament aufgetreten ist, mißbraucht nicht die eigene Gelehrsamkeit zur Argumentation im politischen Streit. Nicht daß der Politiker Heuss ein anderer wäre als der gelehrte Schriftsteller, sondern sein Respekt vor der Wissenschaft bleibt auch im Tageskampf unangetastet.

Die Achtung vor seinem geistigen Ethos wird nicht gemindert, bedenkt man, daß seine meisterliche Beherrschung der Sprache und die seltene Begabung, aus dem gewaltigen Wortschatz immer, wenn auch manchmal gewagt, das treffende Wort zu finden, ihm dazu verhilft, die Funktionsgerechtigkeit beider Aufgaben zu wahren. »Die Sprache ist der Intelligenz und dem Takt des Schreibenden gefügig«, rief ihm Benno Reifenberg, damals Mitherausgeber der *Frankfurter Allgemeinen Zeitung,* bei der Verleihung des Friedenspreises des deutschen Buchhandels zu.

An einer anderen Stelle der Einleitung zu Bismarcks »Gedanken und Erinnerungen« spricht er von der »parteipolemischen Verkrampfung der innerdeutschen Geschichtskritik«. Von dieser parteipolemischen Verkrampfung in der historischen Betrachtung ist er selbst ganz frei im Gegensatz zu manchen professionellen Historikern, obwohl er bewußter und fester in seiner Partei als Parlamentarier gestanden hat als jene.

In der behutsam geführten, aber doch hartnäckig bestimmten Auseinandersetzung behauptet er sich in gelockerter natürlicher Haltung, ohne sich durch die eine extreme Richtung bei diesem Prozeß in die andere hineindrängen zu lassen. So versucht er, die historischen Gestalten und Stationen aus der Verzerrung zu lösen.

Wie er die Sprache handhabt, so behandelt er aber auch die geschichtlichen Erscheinungen in natürlicher, sicherer Unbefangenheit. Diese Unbefangenheit ergibt sich aus seinem persönlichen Verhältnis zur Kunst. Unter seinen Stichwortaufzeichnungen zu dem Vortrag »Kunst und Arbeiter« aus dem Jahre 1905 finden sich auch folgende Notizen: »Was ist Kunst – Kaum zu definieren – Darstellung der Natur ... Nicht Photographie – Das Wesentliche, in Linie oder Farbe ... Natur wird zum Leben ...« So wird seine Darstellung selbst in Inhalt und Ausdruck zur künstlerischen Leistung. Vom »Charisma des Schreibenden« spricht der Marburger Historiker Ludwig Dehio.

Theodor Heuss ringt um die Redlichkeit in der Beschreibung, Deutung und Beurteilung. Dank einer souveränen Beherrschung der Sprache, die ihn befähigt, die treffenden Worte zu finden, bleibt er immer wieder Meister in diesem Kampf, von dem die Außenstehenden nicht ahnen, ob er überhaupt stattgefunden hat und wie hart er verlaufen ist, dessen erfolgreichen Ausgang wir aber immer wieder erkennen. Nur so kann die »Einheit von Gedanken und Wort« entstehen, von der Hans Bott in der Einleitung zu den »Würdigungen« spricht. Nach Heuss' eigenen Worten besaß die »schriftstellerische Kraft« von Friedrich List »Rhythmus, Glanz, Bewegung und hohe Anschaulichkeit«, und er spricht von Bismarcks »gestalterischer Sprachkraft« und »dem Rhythmus der Satzbildung«. Wir erinnern uns dieser Worte bei der Lektüre seiner Schriften und dem Anhören seiner Reden.

Zu Carl Burckhardt sagt Heuss in seiner Frankfurter Rede, daß sich bei ihm die Entdeckerlust des Gelehrten, die Deutungskraft des Historikers mit dem Formtrieb des Künstlers begegnen. Wenn man schon den anderen mit dessen eigenen Worten schlagen kann, warum soll man nicht auf gleiche Weise ihn respektieren, ihm huldigen dürfen? Jede Biographie von künstlerischem Rang, jedes essayistische Portrait dieser Art enthält autobiographische Elemente des Biographen. Aber wo bliebe die starke Wirkung von Redlichkeit, von Unmittelbarkeit und Unbefangenheit, wenn die umfassende Kenntnis des Objekts und des Milieus fehlte, wenn es dem Autor an dem mangeln würde, was Heuss selbst die Entdeckerlust des Gelehrten nennt? Ein Historiker wie Ludwig Dehio bezeugt, daß die Leser seiner Schriften »eine menschliche und sachlich umfassende Bildung spüren, die nirgends eigentlich gelehrt sein will, dafür aber eine Weite besitzt, die der heutige Gelehrte nicht mehr zu beherrschen vermag«.

Er liebt das Detail. Er ordnet es ins Ganze ein. Ihm geht es um intime Kenntnisse, ohne daß er jemals den privat intimen Bereich verletzt. Das Detail bleibt jedoch nur Material, es erscheint im Portrait vielleicht nur als ein Farbton unter vielen, durch den aber das Bild lebendig, die Atmosphäre spürbar wird. Heuss schaut aus der Nähe und urteilt aus der Distanz. Das alles erfolgt ganz unpathetisch, nüchtern, aber zugleich sehr liebevoll. Er sagt selbst in seiner Rede vor der Heidelberger Universität, daß ihm das Talent zur Feierlichkeit fehle. Er spricht von seiner »Begabung zur sachlichen Liebe«. Das von ihm hinzugefügte Adjektiv »mittlere« lasse ich weg. Es ist seiner Benennungstechnik nicht würdig, wenn der Zusatz auch aus respektablen Gründen erfolgt ist. Margret Boveri spricht in ihrer vortrefflichen Studie über ihn von dem »großen Takt gegenüber allen Teilen des Volkes, der bewirkt, daß Heuss ... nicht nur das richtige Wissen in farbiger Ausdrucksfähigkeit präsent hat, sondern auch jedesmal den besonderen und rechten Ton findet«.

Theodor Heuss stellt den Menschen in seine Zeit. Er kennt das räumliche und zeitliche Milieu. Aber er sieht zugleich die Gegenwartsbezogenheit. Er versteht scharf zu trennen, um dann neu die Verbindung zu finden. In der Auseinandersetzung um eine vorwiegend personalistisch oder eine in erster Linie soziologisch orientierte Geschichtsschreibung behauptet er seine eigene Position. Er verbindet mit der Darstellung des persönlichen Schicksals, der politischen und geistigen Haltung der Gestalt des Individuums die Beschreibung von Institutionen und gesellschaftlichen Kräften, die auf den Menschen einwirken, wie er auf sie. In dem Bemühen, die geschichtsmächtige Wirkung und gestaltende Kraft der Persönlichkeit zu erkennen und zu beurteilen, schaltet er sein durch nahe, präzise Beobachtung und durch subtile Kleinarbeit gepflegtes soziologisches Orientierungsvermögen ein.

Heuss bemüht sich, die Begriffe richtig zu stellen, die rechten Akzente zu setzen, die angemessenen Größenordnungen zu finden, um Bezüglichkeiten zu unserer Gegenwart zu erhellen. So legt er die Schichten frei, aus denen unser politisches Dasein und unsere politische Vorstellung gewachsen sind, ohne, wie immer auch die Zeitumstände sein mögen, billige, modegängige Kausalreihen zu konstruieren – frei von Fatalismus wie von Hybris. Er verniedlicht nicht, aber er verschmutzt auch nicht; er zeigt die Entartungen, aber er läßt auch nicht zu, daß die gesunden Grundlagen und Entwicklungsstufen verachtet oder vergessen werden.

Wenn man nacheinander liest, was Heuss über die Persönlichkeiten und Institutionen der deutschen Geschichte zwischen dem Dreißigjährigen Krieg und dem Ende des Ersten Weltkriegs in seinen Schriften »Die neue Demokratie« (1919), »Staat und Volk« (1926), unter dem nationalsozialistischen Regime in der großen Biographie über Friedrich Naumann und den Portrait-Studien über »Deutsche Gestalten« und dann nach 1945 in den Essays geschrieben hat, so spürt man wohl das Reiferwerden, aber alles kann man ohne Peinlichkeit lesen. Vergebens sucht man den Bruch, der bei so vielen Zeitgenossen, gerade auch gelehrten Autoren, zu finden ist. Und ebenso kann man unmittelbar hintereinander die Ansprachen an die Gewerkschaften und an die Soldaten, die Gedenkrede auf Ebert und die Einleitung zu Bismarcks Gedanken und Erinnerungen lesen. Die Grundwerte und -aspekte bleiben im Wandel der Zeiten und in der Mannigfaltigkeit, auch in der manchmal scheinbaren Gegensätzlichkeit der Thematik sich gleich. Man kann den jungen Heuss vom alten unterscheiden, schon weniger im letzten Jahrzehnt den durch das Amt gebundenen Bundespräsidenten vom freien Schriftsteller. Aber man vermag sie nicht gegeneinander zu stellen, nicht die Glaubwürdigkeit der Äußerungen in gegenseitigem Vergleichen in Zweifel zu ziehen. Diese Glaubwürdigkeit ist eines der Fundamente seiner Autorität. Helmut Gollwitzer nennt ihn »als Liberalen konservativ und konservativ in der Haltung wahrer Liberalität«.

Theodor Heuss erlaubt den Deutschen ebensowenig, daß sie sich hinter ihrer Geschichte verstecken, wie er duldet, daß sie ihre Geschichte vor sich selbst verstecken. In diesem Spannungszustand zwischen romantisierendem Historismus einerseits und dem existentiellen Drang zur Geschichtslosigkeit andererseits steht er und behauptet sich.

Behutsam und beharrlich zugleich bemüht er sich, den Geschichtssinn der Deutschen neu zu wecken, weil er dem Willen zur Gemeinschaft Leben und Kraft gibt. Er spricht vom »Takt der werdenden Geschichte«. Indem er Vergangenheit bewußt macht, mahnt er die Lebenden, an die geschichtsmächtige Wirkung ihres aktuellen Handelns zu denken, und reißt sie aus der Enge von partikularen Alltagsvorstellungen und -interessen heraus. In diesem Sinn ist Geschichte für ihn Erbe und Auftrag zugleich.

Heuss verbindet historisches Begreifen mit dem Willen zur aktuellen Gestaltung. Die Wechselwirkung wird immer wieder spürbar. Sie gibt ihm das stilbildende Vermögen. Sie läßt ihn Mitte und Maß im aristotelischen Sinne beachten und bewahren. Aber Mitte und Maß bestimmen zugleich historisches Begreifen und politische Gestaltungsvorstellungen. Wenn das Maßvolle, das gerechte Maß, das nicht nur Begrenzung, sondern auch Ausschöpfung innerhalb der Grenzen bedeutet, seiner Natur entspricht und gleichsam biologisch und landsmannschaftlich-historisch ein Erbe darstellt, so ist es doch zugleich durch Selbsterziehung und geistige Eigengestaltung immer wieder erworben, um zum dauernden Besitz, zur aktiven Eigenschaft zu werden. Diese Eigenschaft gibt ihm das eigenständige Gleichgewicht, die Scheu vor dem Exzeß in Sprache, Darstellung und Handlungsweise.

In seinem Essay über den Architekten Hans Poelzig sagt Heuss, daß die menschenprägende Kraft des Mannes dort lebendig und im Formvermögen fruchtbar geblieben ist, »wo Mut und Maß sich nicht befehden, sondern in der Verantwortung sich begegnen«.

Mit diesen Worten der Beschreibung des Freundes stellt er sich im Grunde gleichsam treffend selbst dar, deckt seinen eigenen typischen Charakterzug auf und spricht eine Forderung aus, die er sich selber ständig von neuem gestellt hat. Immer wieder sehen wir in seinen Schriften und Reden, auch in denen des Bundespräsidenten, wie sich Mut und Maß in der Verantwortung begegnen.

Als ich diese Worte zum ersten Mal las, dachte ich sofort an das 1937 unter den Augen des nationalsozialistischen Zensors erschienene Naumann-Buch. Im Vorwort zur zweiten Auflage berichtet Heuss von der Äußerung eines Kommunisten im Jahr 1946: Das Naumann-Buch sei das einzige in der politischen Literatur, das er nachgeholt hätte, bei dem man nicht spüre, daß es in der Hitler-Zeit erschienen sei. Als ich 1937 diese damals wie heute gültige Geschichte der nachbismarckschen und frühweimarischen Zeit mit der Gestalt Naumanns im Mittelpunkt, aber auch mit den Figuren von Bebel und Ebert, von Erzberger, Bethmann Hollweg und Gröner sowie mit den sozialistischen, linksliberalen und katholischen Parteigruppen, mit der Fülle von Erscheinungen und Ereignissen, die von dem Regime schlechthin verdammt wurden, las, habe ich mich gefragt: wie konnte Heuss es wagen, dem Zensor ein Manuskript vorzulegen, das nationalsozialistischen Ansprüchen keine Konzessionen macht? Aber mit der Bewunderung vor dem Mut verband sich der Respekt vor dem Maß, vor der großartigen, überlegenen sprachlichen Leistung, die es dem Zensor zumindest moralisch sehr schwer gemacht hat, das Werk einfach vom Büchtertisch zu verbannen.

Und ähnlich war die Stimmung, als wir im Mai 1946 in der überfüllten Aula der Universität Tübingen seinen Vortrag »Die deutsche Nationalidee im Wandel der Geschichte« hörten. Es war die erste Periode des französischen Besatzungsregimes, das die Wortverbindung von »Nation« und »deutsch« damals noch aus dem deutschen Sprachschatz und damit aus dem deutschen Bewußtsein auszuschließen gewillt war. Er schenkte niemandem etwas in dieser Rede, weder dem Hörer noch dem Zensor, aber was er sagte und wie er es sagte, war unangreifbar.

Damals schienen auch den Deutschen die Begriffe, die sich mit dem Nationalen für ihr eigenes Gemeinschaftsbewußtsein verbanden, durch das Übermaß nationalsozialistischer Trivialisierung ausgetrieben zu sein. Es war nicht nur eine literarische, eine theoretische, es war im besten Sinne eine seelsorgerische Leistung, wie er damals seinen Tübinger Hörern die Begriffe des nationalen Bewußtseins behutsam und zugleich eindringlich wieder nahebrachte, indem er sie anleitete, ihre eigene Vergangenheit zu begreifen. In jenem Moment, als er sprach, bestand geradezu das Bedürfnis nach einer Mahnung, die wir heute kaum mehr verstehen werden. »Es gibt wohl in Deutschland an manchen Stellen«, sagte er, »manche Länder oder Landschaften, wo man glaubt, daß man sich vielleicht doch noch gestatten könnte, einen Nebenweg zum Austritt aus der deutschen Gesamtverantwortung zu gewinnen. Das wird, denke ich, nicht gelingen, doch die Ernsthaftigkeit dieser Frage müssen wir sehen.« Aus dem Kehricht hat er damals und später die Worte »vaterländisch« und »Patriotismus« geholt, die die meisten aus dem Erlebnis nationalsozialistischer Banalisierung und aus Angst vor Verdacht scheuten. Er bemühte sich, diesen verstümmelten Worten in der Vorstellung eines in seiner Verzweiflung zur Geschichtslosigkeit drängenden Volkes einen neuen, bereinigten Wertgehalt zu geben, deren Würde wiederherzustellen. Er will, wie er in seinem Glückwunsch an Alexander Rüstow sagt, »verschüttete oder bedrohte Werte vom

Schlagwortverschleiß retten«, und es gelingt ihm dank seiner Sprache und Autorität. In der Friedenspreisurkunde des Deutschen Buchhandels ist von dem großen Schriftsteller die Rede, der »Vergangenheit und Gegenwart von gefährlichen Ressentiments befreite«. Im Sinne des »Ethos eines nationalen Erziehertums«, das er Friedrich List zuerkannt hat, hat er vor der Freien Universität Berlin von »dieser schwersten Aufgabe, in der wir alle stehen, ein neues Nationalgefühl zu bilden, das auf die billigen Sprüche verzichtet und zu den echten Werten hinführen will«, gesprochen. »Nur auf dem Boden einer bedingungslosen Wahrhaftigkeit gegenüber der eigenen Geschichte wird dieses neue tragende Nationalgefühl werden.«

Der große Erinnerer, wie Benno Reifenberg Heuss genannt hat, ist zugleich ein großer politischer Pädagoge. Auch dieses Wort stammt von ihm selbst. Dem Gedächtnis an den geistigen Vater und Gründer der 1920 errichteten Hochschule für Politik in Berlin, Friedrich Naumann, hat er unter diesem Titel 1926 einen Aufsatz gewidmet. Durch sein Wirken an dieser Hochschule hat er einen wesentlichen Beitrag zur Wiedererweckung der durch den juristischen und historischen Positivismus verschütteten politischen Wissenschaft geleistet. Seine 1926 erschienene Schrift »Staat und Volk« ist ein wissenschaftliches Lehrbuch der Politik. 1950 hat er in einem Telegramm die politische Wissenschaft als »das Handwerkszeug« bezeichnet, »um der politischen Tat und Verantwortung Einsicht und Maß zu geben«, und hinzugefügt: »Die große Aufgabe, zumal auch für den Deutschen, bleibt es, einen sicheren Stil in diesem Lebenskreis zu schaffen.«

Mit peinlicher Scheu vor aller Phraseologie und Illusionierung macht Theodor Heuss demokratischen Geist, demokratisches Verfahren und demokratischen Stil begreiflich. So wirkt er durch persönliches Vorbild und durch wissenschaftlich fundierte Lehren, die auch den nicht wissenschaftlichen Lehrern und Hörern einsichtig gemacht werden: als Erzieher zur Demokratie, aber als Mentor, nicht als Magister, was richtig sein einstiger Mitarbeiter Franz Waldemar Frech gesehen hat.

Ein Stück politischer Literatur von Rang und Gehalt stellt auch Heuss' Korrespondenz dar. Zwar kennen wir nur wenige Briefe. Aber die wenigen reichen aus, um Vermutungen über Wert und Bedeutung der zahlreichen unbekannten anzustellen. In diese Korrespondenz seien auch die telegraphischen Kundgebungen eingeschlossen. Mit einem fast unfehlbaren Spürsinn für das richtige Wort charakterisiert er in knapper Sprache aus besonderem Anlaß eine Persönlichkeit, eine Einrichtung oder ein Ereignis. Er ist vielleicht einer der letzten jener langen illustren Reihe, der mit der Feder in der Hand dem diskreten schriftlichen Gedankenaustausch in gleicher Weise Liebe und Sorgfalt in der Kunst der Sprache und aus dem Reichtum des Geistes widmet wie dem für das Publikum bestimmten Schrifttum. *(1960)*

Hans Globke – Organisator der Kanzlerdemokratie

Man übertrieb wohl kaum, wenn man in Globke das »alter ego« seines Kanzlers, praktisch den zweiten Mann im Staate sah.

Zusammen mit Bundeskanzler Adenauer verließ im Herbst 1963 ein Mann das Bundeskanzleramt, der dieses Amt aufgebaut und kunstvoll in das Exekutivplateau des gerade eben gegründeten Bundes eingebaut hat, daß es zur eigentlichen Regierungszentralbehörde wurde: Staatssekretär Hans Globke.

Die Reichskanzlei der Weimarer Zeit, die nicht mehr als nur ein Kabinettssekretariat war, reichte als Modell für das neue Bundeskanzleramt nicht aus. Unter deren Unzulänglichkeit hatte selbst die Politik der beiden stärksten Kanzler, Stresemann und Brüning, schwer gelitten. Globke führte im Bundeskanzleramt das Referentensystem ein. Jeweils ein Referent war für ein oder mehrere Ressorts zuständig, um durch ständigen Kontakt mit diesen die Voraussetzung für Beobachtung, Anleitung und Koordinierung der Ministerien zu schaffen. Das Bundeskanzleramt sollte als Gegengewicht gegen die zentrifugalen Tendenzen der Ressorts, ebenso als Leitungssekretariat des Parteiführers der CDU, um deren Gefolgschaft zu sichern, und in der Regierungskoalition als Verbindungsstelle zwischen den Partnern dienen. Was die eigentliche Staatsleitung anging, so war das Bundeskanzleramt in erster Linie Regierungsbüro, Arbeitsstab für die Richtlinienbestimmung und Koordinationsamt. Globke war nicht nur der Konstrukteur des Bundeskanzleramts, sondern sorgte als dessen Chef dafür, daß er sich in der politischen Auseinandersetzung behauptete und durch 14 Jahre als Instrument des Kanzlers funktionierte, und zwar durch eine auf die Verhältnisse zugeschnittene Organisation und durch eine überlegende Personalpolitik. Berufung ins Bundeskanzleramt wurde bald zur Auszeichnung wie früher die in den Generalstab. Zuverlässige Bejahung der Adenauerschen Außenpolitik, unbedingte Loyalität und hohe administrative Befähigung waren die Voraussetzungen für eine Berufung. Beflissenheit verabscheute Globke, begründeten Widerspruch achtete er, Ergebenheit forderte er. Besonders Geeignete wurden aus den Ministerien herangezogen. Bewährung in dem äußerst anspruchsvollen Apparat Globkes konnte Versetzung mit Aufstieg in einem der Ministerien bedeuten. Von dem so Versetzten und Beförderten wurde erwartet, daß er ein Vertrauensverhältnis zwischen dem alten oder neuen Ministerium und dem Bundeskanzleramt schaffen und erhalten würde. Globke, konservativer Demokrat, wollte ohne viele Worte durch eigenes Vorbild in Haltung und Handlung seine Beamten heranbilden zu einem überall einsatzfähigen Kern einer Elite im Regierungsdienst.

Globke selbst war korrekt und akkurat, aber ein Hang, ja eine virtuose Begabung zur verfeinerten machiavellischen Administration war schwerlich zu verkennen. Sehr wahrscheinlich hat Globke durch den Bundesnachrichtendienst, der ihm unterstand, auch deutsche Politiker, ohne Rücksicht, ob sie zur Regierungsseite oder zur Opposition zählten, in ihrem privaten Leben beobachten lassen. Die Ergebnisse scheint Adenauer in Einzelfällen verwandt zu haben.

Globke war strenggläubiger Katholik. Im Gegensatz zu Adenauer hat man ihn für einen Klerikalen gehalten. Sicherlich hat er sich vielfältiger kirchlicher Verbindungen, vor allem in seiner Personalpolitik, bedient, aber er hat sich politisch nicht einseitig in deren Dienst gestellt.

Aus dem Bundeskanzleramt wollte er nicht ein Oberministerium werden lassen. Das hätte die Verfassung nicht erlaubt, und eine solche Einrichtung hätte sich bei dem zunehmenden Widerstand der Ministerien kaum halten lassen. Das Bundeskanzleramt sollte durch die Leistungsfähigkeit seiner Organisation und sein überlegenes Personal so wirken, daß der Wunsch unmerklich zum Befehl wurde. Den Apparat hatte Globke fest im Griff. Dank ungewöhnlichen Fleißes, eines phänomenalen

Gedächtnisses und erstaunlicher Dispositionsbegabung übersah er das Regierungsganze, wozu auch die Partei und Fraktion wie die zeitweiligen Koalitionspartner gehörten.

Er war der engste vertraute Berater Adenauers, dessen oberster Vollzugsbeamter und Beauftragter in vielen Verhandlungen, in denen er, dank eigener Autorität, diesen zu ersetzen vermochte. Man übertrieb wohl kaum, wenn man in Globke das *alter ego* seines Kanzlers, praktisch den zweiten Mann im Staate sah.

Wohl hatte er eigene politische Konzeptionen. Von ihm stammen bedeutende konstruktive, aber auch verfehlte Vorschläge. Er stellte seine Pläne Adenauer zur Verfügung. Ihn hat er in diskretem Gespräch eindringlich gemahnt und gewarnt, um manche Maßnahme hart mit ihm gerungen. Aber wenn die Entscheidung Adenauers getroffen war, hat er sie vorbehaltlos ausgeführt, das Beste aus ihr gemacht, als ob es seine eigene wäre. Gegenüber Dritten hat er Adenauers Politik nüchtern und eindeutig begründet und ihn in allem und jedem gedeckt. Man hat Globke gern die »Graue Eminenz«, wie es Pater Josef unter Richelieu und Baron von Holstein unter Wilhelm II. gewesen waren, genannt. Gerade dies aber war Globke nicht.

Politik auf eigene Faust zu treiben oder die Weisung Adenauers im Vollzug zu umgehen ist ihm trotz seines mächtigen Apparates nie in den Sinn gekommen. Im Fernsehen aufzutreten mied er, so gut er konnte. Sein Bild ließ er nur ungern in der Presse erscheinen. Er gab weder Interviews, noch schrieb er Aufsätze. In den Kabinettsitzungen redete er kaum, auf Pressekonferenzen des Kanzlers nur, wenn dieser ihn fragte. Von pathologischer Scheu kann nicht die Rede sein, diese Haltung entsprach seinen Beamtenvorstellungen.

Einer breiteren Öffentlichkeit wäre er kaum bekannt geworden, wenn er nicht 1935 als Ministerialrat im Bundesinnenministerium den Kommentar zu den antijüdischen Nürnberger Gesetzen geschrieben hätte. Er, selbst nicht Parteimitglied, tat es im Auftrag, um Schlimmeres zu verhüten, was später auch von jüdischer Seite anerkannt worden ist. Damals hätte er den Abschied nehmen können, aber der Bischof von Berlin bedrängte ihn, als heimlicher Vertrauensmann der Kirche, die keinen Verläßlicheren hatte, in einer der für sie wichtigsten Behörden des Regimes auszuharren. Wiederholt ist vehement seit 1949 sein Rücktritt gefordert worden, und er hat ihn selber auch mehrfach angeboten, wenn nicht sogar erbeten. Aber Adenauer verlangte sein Verbleiben im Amt.

Ob Globke auch unter einem anderen Kanzler das Bundeskanzleramt in dieser Konstruktion errichtet hätte, bleibt ungewiß. Daß seine Gründung sich behauptet und entschiedene Bedeutung erlangt hat, ist auch auf die Autorität Adenauers zurückzuführen. Sicherlich aber hätte Adenauer zumindest im ersten Jahrzehnt seiner Amtszeit seine Politik nicht in diesen Ausmaßen ohne das Instrument des Bundeskanzleramtes und dessen Chef durchzusetzen vermocht. Franz Josef Strauß, damals Bundesverteidigungsminister, seit 1959 einer der Entschiedenen, die Adenauer zum Rücktritt treiben wollten, hat insgeheim Globke hart und verschlagen bekämpft, weil er die stärkste Stütze Adenauers war.

Man mag die Kanzlerdemokratie verwerfen oder anerkennen; daß Adenauer sie geschaffen hat und Globke ihr Organisator war, wird man wohl kaum bestreiten können. In der langen Reihe der Staatssekretäre der Kanzler seit 1867 war Globke neben Rudolf von Delbrück, dem ersten Staatssekretär Bismarcks, die bedeutendste Erscheinung. *(1973)*

Zur Verfassung der Republik

Das entbehrliche Amt?

Entscheidungen von weittragender Bedeutung zu treffen hatte bisher kein Bundespräsident Gelegenheit.

Der Verfassungskonvent von Herrenchiemsee, als Sachverständigenausschuß zur Vorbereitung der Verfassungsberatung des Parlamentarischen Rates in Bonn von der Konferenz der Ministerpräsidenten der westdeutschen Länder 1948 eingesetzt, hatte für die Institution des Staatsoberhauptes der künftigen Bundesrepublik einen Alternativvorschlag gemacht. Die Mehrheit war für das Amt des Bundespräsidenten eingetreten, eine Minderheit wollte die Funktion des Staatsoberhauptes einem Dreierkollegium, das aus den Präsidenten des Bundestages und des Bundesrates sowie aus dem Bundeskanzler bestehen sollte, übertragen. Deren Befugnisse sollten im Fall der Behinderung durch ihre jeweiligen Stellvertreter wahrgenommen werden.

In der Begründung des Vorschlages heißt es:

1. Praktisch verträgt es sich nicht mit dem provisorischen Charakter der zu schaffenden staatlichen Ordnung, sie mit einem Staatsorgan auszustatten, das vorwiegend die Aufgabe der Repräsentation nach außen hat. Eine solche kann nicht stattfinden, weil die auswärtige Politik, wenigstens vorläufig, Sache der Alliierten ist.
2. Grundsätzlich ist der Gedanke des *pouvoir neutre* überholt. Abgesehen davon, daß es in Krisenzeiten gefährlich nahe der Idee des *Chef d'État* liegt, haben die Erfahrungen der jüngsten Vergangenheit bewiesen, daß in Grenzsituationen der Politik kein Präsident neutral über den kämpfenden Parteien stehen kann.
3. Konstruktiv ist es deshalb besser, die Dynamik des Staatslebens auch an der obersten Spitze klar zum Ausdruck zu

bringen. Deshalb ist es am besten, die drei Präsidenten der obersten Staatsorgane, denen eine gewisse Objektivität der Amtsführung zukommt, zu einem Kollegium zu vereinigen und unter einem regelmäßig wechselnden Vorsitzenden die Staatsoberhauptfunktion wahrnehmen zu lassen.
Dieses Kollegium ist ein neues demokratisches Organ, das sich durch die Funktionen, die die Mitglieder hauptamtlich zu tragen haben, selbst kontrolliert. Es bedarf darum auch keiner Übernahme der parlamentarischen Verantwortlichkeit durch den Ministerpräsidenten oder einen Minister.

Dieses Minderheitenvotum wurde vom Parlamentarischen Rat abgelehnt. Man stelle sich einmal vor, eine umgekehrte Entscheidung, nämlich für das Direktorium, wäre getroffen worden. Das wäre für demokratische Staaten eine ganz neue Konstruktion gewesen. Zwar nimmt der Schweizer Bundesrat zugleich die Aufgaben eines Staatsoberhauptes wahr, aber dessen Repräsentation liegt in den Händen eines turnusmäßig jeweils auf ein Jahr zum Bundespräsidenten gewählten Mitgliedes des Bundesrates. Seine Funktionen beschränken sich auf den Vorsitz im Bundesrat und bestimmte »zeremoniale Akte«. »In keinem anderen republikanischen Staat ist die Stellung des Staatspräsidenten so unansehnlich wie in der Schweiz«, sagt Karl Loewenstein in seiner Verfassungslehre.

In der Weimarer Nationalversammlung von 1919 hatten die Unabhängigen Sozialisten und der linke Flügel der sozialdemokratischen Partei das Amt des Reichspräsidenten aus der Verfassung streichen wollen. Nach deren Vorschlag sollten die Funktionen eines Staatsoberhauptes von einer aus dem Reichstag hervorgegangenen, ihm verantwortlichen und jederzeit abberufbaren Regierung ausgeübt werden. Auf die besondere Institution eines vom Volk gewählten Reichspräsidenten, der über ähnliche Befugnisse wie der Kaiser hätte verfügen und unabhängig vom Parlament entscheiden können, sollte verzichtet werden.

Der Vorschlag der Linken wurde in der Nationalversammlung abgelehnt. Auf dieses Modell hat der Herrenchiemseer

Entwurf nicht zurückgegriffen, aber der seine unterscheidet sich von diesem nur graduell. Über die Funktionsfähigkeit eines Bundespräsidiums im Sinne des Herrenchiemseer Entwurfs Überlegungen anzustellen, lohnt sich wohl kaum. Höchstwahrscheinlich wären dessen Befugnisse gegenüber denen des Bundespräsidenten noch weiter eingeschränkt worden. Wie immer die verfassungsrechtliche Konstruktion eines Bundespräsidiums hätte sein und welche Wandlungen diese Konstruktion in der Praxis hätte erfahren mögen, das Minderheitenvotum vom Herrenchiemsee lief letztlich darauf hinaus, den effektiven Verzicht auf ein Staatsoberhaupt zu kaschieren. Gerade auf dieser Ebene kann es von ausschlaggebender Bedeutung sein, ob nur ein einzelner oder aber ein Kollegium von Dreien auftritt und entscheidet. Die Wirkung des Ein-Mann-Organs vermag im Positiven und Negativen wesentlich stärker zu sein als die eines Kollegiums.

Wäre aber die Einrichtung des Bundespräsidenten, sofern sie durch ein Bundespräsidium ersetzt wäre, in der politischen Praxis wirklich entbehrt worden? Tatsächlich hat man die Frage nach der Entbehrlichkeit im Sinne des ersatzlosen Verzichts nicht ernsthaft gestellt.

Hat man andererseits, nachdem dieses Amt geschaffen war, es aus Gewohnheit und Bequemlichkeit belassen, weil es nicht weiter gestört hat? Vielleicht war es nicht unerwünscht, nicht gerade schädlich, aber doch überflüssig. Wie kann man das feststellen, woran es messen? Entscheidungen von weittragender Bedeutung zu treffen hatte bisher kein Bundespräsident Gelegenheit. Das kann als ein Positivum angesehen werden und spricht in keiner Weise gegen die ihm anvertraute »Reservemacht«. Kriterien für das Amt, das in großem Umfang, wenn man von den Reden absieht, diskret ausgeübt werden muß, sind nicht ganz leicht zu finden. Ein Kriterium für den jeweiligen Stellenwert des Amtes könnte das Interesse der Politiker an ihm sein. Nicht nur, daß sie es selber für sich begehren würden, sondern auch in dem Sinne, wie sie es besetzt wissen möchten.

Bei der ersten Reichspräsidentenwahl 1925, nach dem Tode Eberts, wurde die Kandidatur im zweiten, entscheidenden

Wahlgang dem dreiundfünfzigjährigen Sozialdemokraten Otto Braun, seit Jahren preußischer Ministerpräsident, einer der profiliertesten und erfolgreichsten Politiker der Weimarer Zeit, angeboten. Er lehnte ab mit der Begründung, er fühle sich noch nicht alt genug für diesen Ruheposten. Dabei kannte der regierungserfahrene Mann die Kompetenzmacht des Reichspräsidenten.

Hätte es nicht im Herbst 1949 sehr viel näher gelegen, daß führende Politiker sich für das Amt des Bundespräsidenten mit seinen stark gekürzten Befugnissen uninteressiert gezeigt hätten? Damals gab es aus der Weimarer Zeit altgediente, respektable Figuren, die in der Lage gewesen wären, die repräsentativen Aufgaben zu erfüllen. Aber jetzt schien nur die erste Garnitur in Betracht zu kommen. Dazu gehörte auch Theodor Heuss, Vorsitzender der drittgrößten Partei, der FDP. Heuss war zu jener Zeit nicht nur einer der bekanntesten politischen und historischen Schriftsteller. Im Parlamentarischen Rat zählte er zu den wenigen, die eine maßgebliche Rolle bei der Verfassungsgestaltung gespielt hatten. In der Führung der FDP war er unumstritten. Hätte seine Partei und Fraktion ihn überhaupt entbehren können? Diese Frage wurde überhaupt nicht gestellt, obwohl sich deren Berechtigung bald zeigen sollte.

Manche aus der CDU und FDP hätten im Hinblick auf die Bildung einer CDU/FDP-Koalition im Interesse einer Integrierung der oppositionellen Sozialdemokratie die Wahl eines Kandidaten aus deren Reihen vorgezogen. Wilhelm Kaisen, Bürgermeister von Bremen, und der Berliner Bürgermeister Ernst Reuter waren genannt worden, ebenfalls Kandidaten von Rang, die in ihren Ämtern schwerlich zu entbehren gewesen wären. Aber Kurt Schumacher beharrte trotz beachtlicher Widerstände in der eigenen Partei auf seiner Kandidatur. Kaisen oder Reuter hätten, so fürchtete er, auch von Mitgliedern der künftigen Regierungsparteien gewählt werden können. Schumacher war nach Willy Brandt »von dem Gedanken besessen, daß allein die SPD dazu qualifiziert sei, die Regierungspartei des nachtotalitären Deutschland zu werden«; deshalb wollte er mit seiner leidenschaftlichen Energie durch die eigene Kandidatur und die zu erwartende Niederlage die Härte der Opposition demonstrieren. Er behauptete, »das Schicksal des ersten sozialdemokratischen Präsidenten der Weimarer Republik, Friedrich Ebert, habe bewiesen, daß es weitaus besser sei, sich geschlagen zu geben, als die Trennung zwischen Regierung und Opposition durch die Wahl entweder eines Kandidaten der ›bürgerlichen Koalition‹ oder eines Sozialdemokraten, der möglicherweise eine antisozialistische Regierung und ihre Handlungsweisen unterstützen müsse, zu verhindern«; das berichtet Lewis J. Edinger in seiner Schumacher-Biographie. So verständlich die taktische Haltung aus der Konfliktsituation heraus sein mochte, sie stand im Widerspruch zu den Grundsätzen des parlamentarischen Systems. Wie dem auch sein mag, als ernsthafte Kandidaten kamen bei den ersten Wahlen nur Politiker von Rang in Betracht. Das hat dem Amt schon am Anfang Relief gegeben.

Heuss wäre 1959 zum dritten Mal mit starker Mehrheit, wie es schon bei der zweiten Wahl 1954 geschehen war, wiedergewählt worden. Aber er hat trotz allen Drängens eine erneute Kandidatur abgelehnt. In einem für Adenauer bestimmten Memorandum aus Anlaß der bevorstehenden dritten Bundespräsidentenwahl sagte er: »Eine dritte Kandidatur Heuss' wäre eine glatte Verlegenheitslösung und würde, bei aller persönlichen Vertrauensstärke, die sachliche Stärke des Bundespräsidenten nicht heben. Sie wäre ein Armutszeugnis für die deutsche Demokratie ... Ist denn die ›bürgerliche Demokratie‹ in der Bundesrepublik nur auf diese beiden Namen, Adenauer und Heuss, gestellt?«

Die CDU hatte zunächst keinen überzeugenden Kandidaten. Man war auch durch Heuss verwöhnt. Er hatte allgemeines Ansehen erworben, war zu einer Autorität geworden und hatte damit dem Amt Autorität gegeben, mehr, als sich die Verfassungsväter hätten vorstellen können. Diese Verlegenheit der CDU nutzt die SPD. Sie präsentierte Carlo Schmid, damals den in der breiten Öffentlichkeit bekanntesten Sozialdemokraten. Sein Ansehen reichte weit über die Reihen der eigenen Partei hinaus.

Um es im Jargon des Kartenspiels auszudrücken: Die SPD »reizte« die CDU. Die SPD drängte mit ihrem Kandidaten die CDU, aus ihren eigenen Reihen einen von Format zu benennen. Die Unwägbarkeit einer Wahl durch eine Versammlung von tausend Mitgliedern ist viel größer als in einer von fünfzig oder hundert. In so großen Versammlungen lassen sich schwankende Wähler von dem Eindruck der Persönlichkeit eher bestimmen als in kleinen Wahlgremien. Die Bundesversammlung konnte durch ihr quantitatives Ausmaß zur qualitativen Auslese der Kandidaten Anlaß geben. Stellte die eine Seite einen zugkräftigen Kandidaten auf, so blieb der anderen nichts anderes übrig, als entsprechend nachzuziehen.

Adenauer hätte Carlo Schmid höchst ungern als Bundespräsidenten gesehen. Dieser war als Staatsrechtslehrer und Politiker auch ein versierter Praktiker in Gestaltung und Anwendung der Verfassung, ein Meister der Verhandlung, was er im Parlamentarischen Rat gezeigt hatte, souverän im persönlichen Umgang, listenreich wie Adenauer, mit eigenen Konzeptionen und virtuoser Taktik. Das hätte für den Kanzler ein unbequemer Präsident werden können.

So präsentierte Adenauer Ludwig Erhard in dessen Abwesenheit. Erhard war nächst Adenauer der populärste Politiker aus den Reihen der CDU, aber, sehr zu dessen Unwillen, galt er bei der überwiegenden Mehrheit der Fraktion als dessen präsumtiver Nachfolger. Auch dieses Problem wäre mit Erhards Einzug in die Villa Hammerschmidt nach Adenauers Wunsch gelöst. Nur zögernd nahm Erhard die Kandidatur an. Er wollte es von einer Entscheidung der Fraktion abhängig machen. Diese bestürmte ihn, die Kandidatur abzulehnen. Sie wollte ihn als Adenauers Nachfolger noch vor den nächsten Wahlen 1961 nicht aufgeben.

Nunmehr war durch den Ausfall der Kandidaturen von Adenauer und Erhard das Erreichen der absoluten Mehrheit für die CDU bei den Bundespräsidentenwahlen nicht mehr sicher gewährleistet. Adenauer wurde gesagt, für den dritten Wahlgang, bei dem die relative Mehrheit ausreichen konnte, würde die Sozialdemokratie den Bundestagspräsidenten Eugen Gerstenmaier vorschlagen. Gerstenmaier galt als ein Gegner Adenauers. Es gab ohnehin eine wachsende Gruppe, die dem dreiundachtzigjährigen Adenauer die Lebenskraft für den nächsten Wahlkampf 1961 nicht mehr zutraute und zur Halbzeit einen Kanzlerwechsel vornehmen wollte. Welche bessere Gelegenheit hätte sich dafür geboten als dessen Wahl zum Bundespräsidenten? Schon das zeugt von Institutionenmißachtung. Ob die Information über eine etwaige Präsentation Gerstenmaiers durch die Sozialdemokratie nur eine List der CDU-Fraktion war oder zutraf, mag dahingestellt bleiben.

Adenauer ließ sich bewegen, wenn nicht überrumpeln, die Präsidentschaftskandidatur anzunehmen. Er hatte eine falsche Vorstellung von der verfassungspolitischen Position des Bundespräsidenten. Das Palais Schaumburg wollte er gleichsam in die Villa Hammerschmidt mitnehmen. Als er aber am praktischen Beispiel, nämlich in den Fraktionsberatungen über seinen Kanzlernachfolger, die Grenzen seiner Möglichkeiten als Bundespräsident sah, gab er zwei Monate später seine Kandidatur ebenso überraschend auf, wie er sie angenommen hatte. Der Listige hatte die Überlistung durch seine Fraktion durchschaut und wollte sie jetzt überspielen. Offenkundig war sein Versuch, das Präsidentenamt zum Objekt seiner Machtpolitik zu degradieren. Gewiß galt er als der große Mann, aber gegenüber der Weimarer Zeit war das Verfassungsbewußtsein stark gewachsen, so daß ihm diese Amtsschändung nicht verziehen wurde. Das minderte sein Ansehen in der Öffentlichkeit. Nunmehr setzte der Abstieg seiner Autorität ein.

Schon vor Erhards Kandidatur hatte Adenauer erwogen, einen Mann, der nicht ein ausgesprochener Parteipolitiker war, zu präsentieren. Als aber die SPD Carlo Schmid vorgeschlagen hatte, gab er den Gedanken wieder auf. Bei den ersten Reichspräsidentenwahlen im Januar 1919 hatte man, auch in den Kreisen der Sozialdemokratischen Partei, an einen Kandidaten außerhalb des Parlaments und unabhängig von den Parteien gedacht. Es war vor allem der Name des bekannten Theologen Adolf von Harnack genannt. Aber dieser Plan war auf nachdrücklichen Widerstand Friedrich Eberts gestoßen, der im

Reichspräsidenten nicht eine »Galionsfigur«, sondern eine in der Reichspolitik entscheidende Gestalt sehen wollte. Tatsächlich hatte Hindenburg, der bei der zweiten Reichspräsidentenwahl kandidierte und gewählt wurde, weder dem Parlament noch einer Partei angehört. Seine Wahl konnte aber jetzt, in erster Linie wegen der Ernennung Hitlers, nicht mehr als vorbildlich erscheinen.

Dennoch tauchte der Gedanke nach einem allgemein angesehenen, aber parteipolitisch nicht profilierten Kandidaten nach Ablehnung von Adenauer und Erhard erneut auf. Doch das Amt des Bundespräsidenten hatte im ersten Jahrzehnt der Bundesrepublik einen Stellenwert erreicht, daß Parteien und Fraktionen nicht mehr bereit waren, auf die Prämie und auf die Beweisdemonstration der persönlichen Qualität ihres Kandidaten zu verzichten. Sie glaubten auch, jeweils an die Möglichkeit des Einsatzes der Reservemacht des Bundespräsidenten denken zu müssen.

Allerdings mußte Heinrich Lübke nach dem Scheitern der beiden vorliegenden Präsentationen für die breite Öffentlichkeit als Verlegenheitskandidat wirken. Gewiß gehörte er nicht zur Spitzenprominenz, nicht einmal zu den allgemein bekannten Politikern. Aber er galt in der Bundesregierung als hochqualifizierter Fachminister. In der Reihe der deutschen Agrarminister war er einer der bedeutendsten, wenn nicht überhaupt der bedeutendste. Gerade er war als Chef in diesem Amt im Hinblick auf die sich konstituierende EWG schwer entbehrlich. Hier war er, wie Heinemann bei der Trauerfeier für Lübke 1972 sagte, »der rechte Mann am rechten Platz«. Zudem war er unter den maßgeblichen CDU-Politikern einer der ganz wenigen, wenn nicht in diesem Rang der einzige, der nicht an der Krise um Adenauer beteiligt war. Kleinbürger von Haus aus, katholischer konservativer Demokrat, aber progressiver Agrarpolitiker, hatte er vor 1933, als »Bauerndoktor«, überlegen und mutig die Interessen der landwirtschaftlichen Mittel- und Kleinbetriebe gegenüber denen des Großgrundbesitzes vertreten. Er war eine völlig andere Erscheinung als Heuss und hatte vom Amt des Bundespräsidenten ganz andere Vorstellungen, die dem Sinn der Verfassung nicht immer entsprachen. Seine Entscheidungsfreudigkeit und Verantwortungsbereitschaft hat denn auch unter der verfassungsrechtlichen Kompetenzenge gelitten.

Lübkes Wiederwahl 1964 hatte die Sozialdemokratie, vor allem Wehner, der CDU aufgezwungen. Sie verzichtete auf Nominierung eines eigenen Kandidaten aus rein taktischen Überlegungen. Erhard war damals Bundeskanzler in einer CDU-FDP-Koalition. Lübke hingegen drängte zur Bildung einer großen Koalition oder Allparteienregierung. »Wir wissen, was wir an Lübke haben«, sagte Fritz Erler, neben Wehner damals der führende Mann in der SPD, zum *Spiegel*.

Man hat Lübke schlechthin Versagen vorgeworfen. Damit wird man ihm nicht gerecht. Er war auf seine Art eine profilierte Persönlichkeit, aber er vermochte dem Amt nicht die Ausstrahlung zu geben, die es Heuss verdankte. Er wäre besser Minister geblieben, als der er Bedeutendes geleistet hat. Der Podest des Bundespräsidentenamtes war zu hoch für ihn, so daß seine Autorität, die er als Minister fachlich wie politisch gehabt hatte, schrumpfte. Je höher der Sockel, desto kleiner wirkt die Figur auf ihm, wenn sie sich nicht verändert, nicht mit ihren »größeren Zwecken« wächst. Unter Lübke ist der Kurswert des Amtes in der öffentlichen Meinung gesunken, aber dank der von Heuss ausgehenden Tradition nicht erheblich. Missen wollte das Amt niemand. Wäre Lübke erster Bundespräsident gewesen, dann hätte dieses Amt nicht die Geltung erreicht, die ihm Heuss gegeben hatte. Für den Nachfolger wäre eine Wertsteigerung viel schwieriger gewesen. Heuss hatte nicht nur die Befähigung, dem Amt Geltung zu geben, entwikkelt, sondern ihm kam zu Hilfe, daß er es gestartet hatte und daher nicht gezwungen war, erst die Hypotheken seiner Vorgänger zu tilgen.

Heinemann, 1969 gewählt, war unter den drei Bundespräsidenten vor der Wahl die umstrittenste Erscheinung gewesen. Weder Heuss noch Lübke hatten so harte politische Auseinandersetzungen durchstehen müssen wie Heinemann. Sie hatten auch vor ihrer Wahl keine ernsthafte politische Niederlage erlebt, wohl aber Heinemann. Seine von ihm gegründete Gesamtdeutsche Volkspartei war gescheitert. Das ist in der deutschen Parteiengeschichte nur einem, der zum führenden Politiker geworden ist, passiert, nämlich Friedrich Naumann. Ebenso zeigt diese Parteiengeschichte, daß der Übergang von einer zur anderen Partei, selbst ohne Mandatswechsel, dem Aufstieg eines Politikers eher geschadet als ihn gefördert hat. Eine Ausnahme war Rudolf Breitscheid, der 1912 von der linksliberalen Partei zur Sozialdemokratie gegangen war und in ihr bis 1933 eine führende Rolle gespielt hatte.

Wenn Heinemann trotzdem von der SPD als Bundespräsidentschaftskandidat einstimmig aufgestellt wurde, so zeigt das einen Aufstieg von ganz seltener Art. Obwohl er erst 1957 in die SPD eingetreten war, wurde er schon ein Jahr später in den Parteivorstand gewählt. Daß die gescheiterte kleine Gesamtdeutsche Volkspartei über eine Kernsubstanz von Rang verfügte, wie der um die Jahrhundertwende von Naumann als Partei gegründete demokratische National-Soziale Verein, zeigen Dieter Posser, Johannes Rau und Erhard Eppler. Auch diese gehören der SPD an. Posser ist Justizminister in Nordrhein-Westfalen, Rau war im gleichen Land zunächst Fraktionsvorsitzender und ist jetzt Wissenschaftsminister. Eppler ist Bundesminister für wirtschaftliche Zusammenarbeit. In der Regel präsentieren alte, große Parteien ungern Neulinge als Minister.

Heinemann wurde 1966, bei der ersten Regierungsbeteiligung seiner Partei, Bundesjustizminister. Unter den deutschen Reichs- und Bundesjustizministern war Heinemann neben Gustav Radbruch die ausgeprägteste Reformerscheinung und gehörte wie er zu den ganz wenigen überragenden Gestalten in diesem Amt. Wie Radbruch hatte er bei Übernahme des Amtes seine eigene, durchdachte justizpolitische Konzeption. Obwohl die FDP sich damals in Opposition befand, sprach Heinemann mit seinen Reformen gerade diese Partei besonders an.

Die Chancen, die Schumacher 1949 bewußt nicht hatte aufkommen lassen wollen, suchte jetzt die SPD. Die CDU stellte Gerhard Schröder auf. Er gehörte zur Spitzengruppe in der

CDU, seit 1953 Bundesminister als Chef des Innen-, Außen- und Verteidigungsressorts. Hätte sich nach den Wahlen im Herbst 1969 die CDU an der Regierung zu halten vermocht, so wäre er mit großer Wahrscheinlichkeit Minister geblieben. Heinemann mag erst als Justizminister in das Bewußtsein der breiteren Öffentlichkeit eingedrungen sein. Vor allem aber hatte er als solcher im Parlament stark an Ansehen gewonnen. Zudem war er einer jener ganz wenigen Bundesminister, die, völlig unopportunistisch, eben glaubwürdig, ein ehrliches, wenn auch kritisches Verständnis für die Anliegen der einsetzenden Jugendrevolte, nicht aber für deren Heilslehren hatten. Die Sozialdemokratie, und nicht nur sie, hatte ihn sehr ungern als Justizminister verloren.

Beide, Schröder wie Heinemann, waren an sich gewillt und in der Lage, in der aktiven Politik von Regierung und Parlament zu bleiben. Das Bundespräsidentenamt wäre für sie nicht Ruheposten und Altersehrung gewesen, ebensowenig, wie es das für die Vorgänger gewesen war. CDU und SPD präsentierten 1969 einen Kandidaten, von dem sie beide annehmen zu können glaubten, daß er die zur Wahl erforderlichen Stimmen der FDP erhalten könnte. Heinemann gewann die Wahl mit sechs Stimmen, und zwar nur deswegen, weil sich die FDP unter Scheels Führung in den letzten Jahren grundlegend gewandelt hatte. Sie hatte auf die Nominierung eines eigenen Kandidaten, wie es die Sozialdemokratie bei der Wiederwahl Lübkes getan hatte, verzichtet.

Heinemanns Demokratieverständnis war ein anderes als das von Heuss. Heuss wollte wieder Demokratie, was seiner Zeit durchaus gemäß war. Heinemann will »mehr Demokratie«, was viele fordern, aber doch bei einer »schweigenden« Mehr- oder Minderheit umstritten ist. Heuss hatte in der liberaldemokratischen Tradition der letzten anderthalb Jahrhunderte gestanden und, auch während seiner Amtszeit, in den Vorstellungen einer demokratisch organisierten Obrigkeitsordnung, wie sie im Prinzip Ebert, Erzberger und Naumann gehabt haben mögen, gelebt. Ihm kam es auf die Stabilisierung der wiedererstandenen Demokratie an. Heuss war überzeugter

Liberaler, aber gestützt auf deren Tradition. Vom Bezugspunkt der Weimarer Verfassung, aber unter dem Aspekt ihre Neukonstituierung in reformierter Gestalt gesehen, dachte er von der neu geschaffenen Verfassung konservativ. »Heinemann hingegen sieht im Grundgesetz mehr ein Versprechen als einen bereits erfüllten Auftrag.« Für ihn ist die »Tradition des Obrigkeitsstaates unwiderruflich beendet«, so Joachim Braun in seiner Biographie »Der unbequeme Präsident«. Heuss, wie manche anderen in jener Zeit, bedrückte die Sorge, das junge, schwache Staatswesen könne sich nicht behaupten, was jetzt viele nicht mehr wissen und verstehen. Dieses Problem besteht trotz Unruhe und Krise für Heinemann nicht mehr. Ihm geht es um Fortentwicklung im Sinne von Demokratisierung, wobei er für den politischen Bereich vor allem den Ort in den Gemeinden sieht.

Es liegt wohl im Wesen des Amtes eines Staatsoberhauptes, daß sich dessen Trägern Konservativität im Sinne von Bewahrung einer Ordnung aufdrängt. Heinemanns – allerdings sehr bedachte – progressive Züge in seinen Präsidentschaftskundgebungen erscheinen dagegen als ein seltenes Phänomen. Er stellte sein Amt »in den Dienst dieses Bewußtseinswandels«, sagt sein Biograph Joachim Braun.

Heuss hat den Stil seines Amtes entfeudalisiert, indem er die Anwendung mancher, ihm als überaltert erscheinenden Formen unterlassen hat. Heinemann hat, von einem anderen Staatsbild ausgehend, seinen Amtsvorstellungen durch Einführung neuer Formen Ausdruck gegeben. Er war in der Beratungsinitiative wahrscheinlich der Stärkere, im Rat überhaupt der Intensivere und Härtere gegenüber Heuss. Das lag aber nicht nur an diesem, sondern auch an der jeweiligen Konstellation, an den Partnern, in erster Linie an Adenauer und Brandt. Heuss hat im Schatten Adenauers leben und wirken müssen, und das hat er wohl auch gespürt, wie es seine Briefe an Toni Stolper erkennen lassen. Davon läßt sich auch seine »tagespolitische Abstinenz ... die selbstauferlegte Disziplin tagespolitischer Enthaltung«, wie Karl Dietrich Bracher sagt, erklären. Dem listenreichen, souverän Gespräch und Verhandlung führenden Adenauer war er letztlich nicht gewachsen, so sehr er ihm rhetorisch überlegen war. Man möge das richtig verstehen. Lewis J. Edinger sagt in seiner Schumacher-Biographie, »wenn man die politische Einstellung der beiden Männer (Schumacher und Adenauer) vergleicht, wird man an Machiavellis Unterscheidung zwischen dem Löwen und dem Fuchs erinnert. Schumacher, dessen kurze politische Karriere in der Opposition stattfand, entschloß sich, in der deutschen Nachkriegspolitik den Löwen zu spielen.«

Das Verhältnis zwischen Heuss und Schumacher war nicht sehr viel besser als zwischen diesem und Adenauer, wenn auch hier, allein durch die häufigere Begegnung, die Gegensätze schärfer zum Ausdruck kamen. Ob Heuss bei einer Regierung unter Schumacher zum Bundespräsidenten gewählt worden wäre, ist sehr zweifelhaft. Aber man nehme es einmal an. Heuss hätte gegenüber Schumacher wohl kaum seine Sicherheit, trotz harter Kontraste, verloren. Er fühlte sich aber dem Fuchs nicht gewachsen. Einen Konflikt mit Adenauer mied Heuss aus Veranlagung, aber er scheute ihn auch im Anfangsstadium der Bundesrepublik. Vielleicht war das gut so. Vor diesem Problem hat Heinemann nicht gestanden. Er wird in seiner Amtszeit eine CDU-Regierung nicht vermißt haben, wie diese sich einen anderen Bundespräsidenten als Heinemann gewünscht haben mag. Immerhin hätte ein Verhältnis zwischen Bundespräsident Heinemann und einer CDU-Regierung sehr konfliktgeladen sein können, vielleicht ähnlich wie zwischen Bundespräsident Heuss und einem Kanzler Schumacher. So nahe sich Heuss und die Sozialdemokraten in gewissen verfassungspolitischen Grundvorstellungen gestanden haben, so sehr war dieser andererseits ein erbitterter Gegner ihrer damaligen wirtschaftspolitischen Vorstellungen. Wenn auch Heuss gegenüber Adenauer unsicher war, so ließ er sich in der Öffentlichkeit diese Unsicherheit nicht anmerken. Seine beschwingten Reden, in denen er manche unbequemen Worte, wenn auch nicht gerade gegen Adenauer gerichtet, gesagt hatte, hatten starke Wirkungen in der breiten Öffentlichkeit gehabt. Arnulf Baring spricht von der »sanften Gewalt seiner Reden«.

Heinemann ist spröde. Ihm fehlt rhetorische Brillanz. Er meidet ansprechende Schlenker und überläßt kaum etwas der interpretierenden Phantasie seiner Hörer. Aber man merkt immer wieder den tiefen moralischen Ernst. Mag einem bei manchem, was er sagt, auch Unwillen, wenn nicht Zorn ankommen, an der Verantwortung für jedes Wort kann kein Zweifel bestehen. Gewiß konnte Heuss die politische Mentalität breiter Schichten ansprechen. Was er sagte, entsprach ihrem Gefühl, wenn sie es auch nicht zu artikulieren vermochten. Heinemann ist viel mehr unerbittlicher Mahner, ganz nüchtern in dem, was er ausspricht. »Er genoß es«, um Braun noch einmal zu zitieren, »mit dem Charme der Machtlosigkeit zu bezaubern.« Aber er konnte doch in einer erregenden Situation mit einem Wort treffend aussprechen, was allgemein empfunden wird, oder er vermag diese Empfindung zu suggerieren. So sagte er bei der Trauerfeier für die Opfer des Geiselmordes während der Olympischen Spiele in München: »Wer sind die Schuldigen dieser Untat? Im Vordergrund ist es eine verbrecherische Organisation, die da glaubt, daß Haß und Mord Mittel des politischen Kampfes sein können. Verantwortung tragen aber auch jene Länder, die diese Menschen nicht an ihrem Tun hindern.« Das Wort hat die Runde durch die ganze Welt gemacht und ist bis heute nicht vergessen. Die Katharsis lag darin, daß es der Bundespräsident sagte, zu sagen wagte. Der bundesrepublikanischen Außenpolitik war dieses Wort nicht gerade dienlich. Der Bundespräsident hatte bei dieser Rede, die er unter dem frischen Eindruck des Massakers verfaßt hatte, sich kaum des Rates des Auswärtigen Amtes, wie es hätte sein müssen, bedient. Aber hier war die Gesinnungsethik stärker als Amtsverpflichtung. Auch Heuss hat manches Gewagte gesagt, und er hat es verstanden, seine Reden, vor allem aus Anlaß seiner Staatsbesuche und Empfänge ausländischer Staatsoberhäupter, der prüfenden Beratung des Auswärtigen Amtes zu entziehen. Aber dazu wäre er zu vorsichtig diplomatisch gewesen, um sich zu einem solchen Satz aufzuraffen.

Joachim Braun meint, Heuss habe »kaum Spuren hinterlassen«. Er mag nicht unrecht haben; das liegt aber auch am Wandel der Zeiten, der sichtbar wenige Jahre vor dem Amtsantritt Heinemanns eingesetzt hat. Da mag das Trostwort von Horaz gelten: »Principibus placuisse viris non ultima laus est« (»Es ist nicht der kleinste Ruhm, die Anerkennung der besten Männer gefunden zu haben«). Das hat Schiller auf seine Weise im Prolog zu »Wallensteins Lager« mit dem bekannten Wort von den »Besten seiner Zeit« wiederholt. In erster Linie hat er dabei an Schauspieler gedacht. Würden beide heute, da wir täglich mit Nachrichten und Kommentaren, mit Aufrufen und Protesten überfüttert werden, gleiches oder ähnliches sagen?

Aber ist es eine Übertreibung zu meinen, was viele damals gesagt haben, nicht nur mit dem Pathos aus feierlichem Anlaß oder sonstigen Konventionen, daß Heuss im ersten Jahrzehnt der Bundesrepublik der geeignete Bundespräsident war? Er war Interpret und Repräsentant des überwiegenden Bewußtseins jener Zeit. Er ist unter den deutschen Politikern dieses Jahrhunderts eine der beliebtesten Erscheinungen gewesen. Darauf hatte er es in seiner ansprechenden Art auch angelegt.

Die Richtung Heinemanns mag manchem nicht liegen, aber er muß doch zugeben, daß er eine kraftvollere politische Erscheinung ist, als Heuss es war. Er ist in politischen Kreisen mit seinen behutsam progressiven Vorstellungen, um sie einmal so zu nennen, viel mehr auf Widerspruch gestoßen als Heuss. »Aber, wer Anstöße geben will, muß hinnehmen, daß manche an ihm Anstoß nehmen«, sagt Joachim Braun. In dieser Situation eines sich anbahnenden, vielleicht schon fortgeschrittenen Umbruchs ist er die gemäße Erscheinung. Heuss wie Heinemann, jeden für sich muß man in der Zeit seiner Amtsführung sehen.

Dies können nur sehr lückenhafte Andeutungen sein. Ein Vergleich beider, die trotz ihres Altersunterschieds von nur fünfzehn Jahren so verschieden im Charakter und Temperament, in ihrem geistigen Habitus und in ihrer Sprache, in ihrem Staatsverständnis und ihrem Weltbild, in ihrem Glauben und Kirchenverhältnis, trotz mancher Ähnlichkeit so verschieden sind, würde diesen Rahmen überschreiten. Beide hat das Amt geprägt, doch viel stärker haben sie es auf ihre Art geformt.

Man kann der Frage der Entbehrlichkeit des Amtes auch unter dem Aspekt der rechtlichen Funktion und ihrer Handhabung in der politischen Praxis nachgehen. Auf diese dürfte man sie nicht beschränken. Gerade die ungeschriebenen Funktionen, vor allem des Ratens und des Vermittelns, haben ihre Bedeutung gehabt. Doch sie müssen diskret vom Bundespräsidenten ausgeübt werden. Im Geheimen liegt heute noch das Geheimnis seiner Wirkung. Aber auch über die geschriebenen und ungeschriebenen Funktionen zu meditieren würde hier zu weit führen; die in der Verfassung vorgeschriebenen und in der Praxis ausgeübten sind genügend beschrieben worden. Daß das Amt nicht für entbehrlich gehalten wurde, liegt sicherlich auch an diesen, und daß es von einer einzelnen Person ausgeübt wurde. Aber entscheidend ist die persönliche Autorität gewesen. In der verfassungsrechtlichen Schwäche des Bundespräsidenten liegt die Autorität. Deswegen kann auf längere Sicht die persönliche Autorität des Amtsinhabers nicht entbehrt werden.

(1974)

Die Richtlinien der Politik im Verfassungsrecht und in der Verfassungswirklichkeit

Erst durch das Bonner System wird der Bundeskanzler zum Lenker der Regierung und damit zum Führer der Staatspolitik, aber nicht zum Diktator, auch nicht auf Frist.

Der erste Absatz des Artikels 65 im Bonner Grundgesetz – »Der Bundeskanzler bestimmt die Richtlinien der Politik und trägt dafür die Verantwortung« – ist mit nur unwesentlichen Änderungen aus der Weimarer Verfassung übernommen worden (Art. 56). Eine Bestimmung gleicher oder ähnlicher Art fand sich in keiner der zur Zeit der Beratungen in Weimar schon bestehenden demokratischen Verfassungen des Auslandes. Worte wie »Politik«, »Richtlinien« und auch »bestimmen« sind wegen ihres vieldeutigen Inhalts und ihrer unscharfen Konturen im Sinn der Gesetzessprache untypische Bezeichnungen. Auch der auf diese Bestimmung folgende Satz »Innerhalb dieser Richtlinien leitet jeder Bundesminister seinen Geschäftsbereich selbständig und unter eigener Verantwortung« verhilft nicht zur Erklärung des vorhergehenden Satzes, weil die Grenze zwischen allgemeiner Politik und einzelnem ministeriellen Geschäftsbereich schwer zu bestimmen ist. Obgleich dieser Artikel im organisatorischen Teil der Weimarer Verfassung wegen seiner begrifflichen Unzulänglichkeit wie ein Fremdkörper wirkt, hat der Parlamentarische Rat den Wortlaut gleichsam unbesehen übernommen.

Was hatten die Verfassungsgesetzgeber von Weimar und Bonn mit dieser Bestimmung im Sinn, und wie wurde sie von denen, welchen sie galt und gilt, nämlich von den Kanzlern und den Ministern, in der politischen Praxis damals wie heute angewandt?

I

Das Wort stammt in seinem Sinngehalt von Hugo Preuß, dem eigentlichen »Vater« der Weimarer Verfassung. In einer Aufsatzreihe hatte er gleich nach Bismarcks Sturz eine Reform der Regierungsorganisation im Reich und in Preußen vorgeschlagen. Der Reichskanzler war damals gleichzeitig preußischer Ministerpräsident. Als Reichskanzler war er der allein verantwortliche Minister mit ihm unterstellten Staatssekretären als Ressortchefs, also Unterministern mit Amt, jedoch ohne Stimme. Als preußischer Ministerpräsident war er lediglich Vorsitzender einer Kollegialregierung, also *primus inter pares*, und als stimmführender Vertreter Preußens im Bundesrat an die Kollegialbeschlüsse gebunden. Seine Kollegen waren gleichberechtigte Vollminister mit Amt und Stimme. Nur Bismarck hatte die Verbindung so wesensverschiedener Regierungssysteme in einer Hand zu meistern vermocht. Preuß wollte dessen Nachfolger von der verantwortlichen Aufsicht über die bei den wachsenden Reichsaufgaben sich ausdehnenden Reichsämter einerseits entlasten und sie andererseits von dem kollegialen Druck des feudalkonservativen preußischen Staatsministeriums befreien. Der Reichskanzler sollte gleichzeitig preußischer Staatskanzler werden. Die Reichsstaatssekretäre einerseits und die preußischen Staatssekretäre andererseits sollten selbständig und unter eigener Verantwortung ihre Verwaltungen leiten, aber an die allgemeinen politischen Direktiven des Kanzlers gebunden sein. Sie sollten selbständige Amtschefs, aber ohne Kollegialstimme und unter politischer Führung des Kanzlers sein.

In dem Preußschen Aufsatz von 1890 findet sich zum ersten Male ein Ansatz zu Artikel 56 der Weimarer Verfassung: »Deshalb tragen in allen wahrhaft konstitutionellen Staaten die Ministerien den Namen *eines* Mannes, der durch seine allgemeine politische Verantwortlichkeit ihre politische Richtung bestimmt und der gesamte, demnach nicht *primus inter pares*, sondern Chef der Regierung ist.« Dem Kanzler sollte das Recht des Einblicks in die gesamte Geschäftsführung und »des Vetos gegen jede Maßregel der Ressortverwaltung« zustehen. In Konfliktfällen sollte der Kaiser entscheiden.

Während die Liberalen das preußische Kollegialsystem auf das Reich zu übertragen vergeblich versucht, aber die Hoffnung noch nicht aufgegeben hatten, ging Preuß, der immer ein Einzelgänger in seiner Partei geblieben war, den umgekehrten Weg mit seiner Auffassung. Das Kollegialsystem, im absoluten Staat ein Segen, sei im konstitutionellen ein Hemmnis. Nicht mehr ein »unfaßbares« Kollegium, sondern der Staatskanzler allein sollte in Preußen die politische Verantwortung tragen. Modell für diesen Vorschlag war das englische Premierminister-System in seiner zeitgenössischen Form, das, nach einem Wort des Historikers Otto Hintze aus jener Zeit, sich mehr und mehr in eine populäre Diktatur umwandelte. Durch Verfassungsrecht wollte Preuß eine Führungsstellung des Premiers, wie sie in England durch die Parteisitten entstanden war, schaffen. Der Staatsrechtler Paul Laband hatte in seiner strengen konstitutionellen Rechtsauffassung den Reichskanzler als Gehilfen des Kaisers bezeichnet, und Wilhelm II. hatte diese Bezeichnung in die eines »Handlangers« des Monarchen umgewandelt. In der richtungsbestimmenden Funktion des Kanzlers, wie sie Preuß wollte, lag eine starke politische Korrektur dieser Auffassung; sie war der Ansatz zur angestrebten Parlamentarisierung.

Als Preuß 27 Jahre später, im Sommer 1917, im Moment der einsetzenden Peripetie der deutschen Kriegslage und der damit verbundenen akuten Staatskrise, privat den Entwurf einer parlamentarischen Verfassung ausarbeitete, blieb er im Prinzip bei seinem alten Vorschlag: Der Reichskanzler sollte verantwortlich für die allgemeine Politik, jeder Reichsminister für die Fachverwaltung seines Ressorts sein.

Wiederum wandte er sich gegen die Bildung einer kollegialen Reichsregierung. Dabei bestimmten ihn nicht nur taktische Erwägungen, wie Rücksicht auf den Bundesrat, der sich durch ein abstimmendes Ministergremium zurückgedrängt fühlen würde, sondern vor allem die Sorge, daß »ein noch nicht entwickeltes Parlament aus sich heraus keine Regierung bilden kann«. In der Änderung der Reichsverfassung vom 28. Oktober 1918 war nur eine parlamentarische Abhängigkeit des Reichskanzlers, nicht der Staatssekretäre, die der Kaiser auf dessen Vorschlag ernannte, vorgesehen.

Auch Max Weber gelangte in seinen zur selben Zeit veröffentlichten Vorschlägen zu ähnlichen Ergebnissen wie Preuß. »Politischer Leiter des Reiches«, sagte er, »wird der Reichskanzler auch künftig bleiben und seine zentrale Stellung im ganzen Zusammenspiel der politischen Kräfte beibehalten, und zwar zweifellos ähnlich wie jetzt als ein den Staatssekretären gegenüberstehender präeminenter *Einzelminister* ohne formal gleichgeordnete Kollegen ... Für ein eigentliches kollegiales Reichsministerium ist gerade, wenn die Parlamentarisierung voll durchgeführt wird, kein Platz ... Es ist doch kein Zufall, daß in parlamentarischen Staaten überall die Entwicklung auf eine Steigerung der Stellung des Kabinettschefs hinausläuft. So offenkundig in Frankreich und England ...«

II

In den vier Verfassungsentwürfen von Hugo Preuß heißt es übereinstimmend: »Der Reichskanzler trägt dem Reichstag gegenüber die Verantwortung für die Richtlinien der Politik, jeder Reichsminister selbständig die Verantwortung für die Leitung des ihm anvertrauten Geschäftszweiges.« An die Stelle des mehr polemischen Wortes »Richtung«, das die politische Unabhängigkeit des Kanzlers gegenüber dem Kaiser zum Ausdruck bringen sollte, waren die das Führungsamt unterstreichenden »Richtlinien« vertreten. Von einer kollegialen Beschlußfassung der Regierung ist in diesen Entwürfen nicht die Rede. Ein mehr kollegiales Zusammenarbeiten werde sich, meint Preuß, von selbst ergeben aus dieser Ordnung des Verhältnisses zwischen dem Reichskanzler und den Ressortchefs, ohne daß das Kollegialsystem von der Verfassung formell vorzuschreiben sei, was sich gerade im Interesse einer politischen Verantwortlichkeit nicht empfehle. Eine Regierung lasse sich nicht kollegial organisieren wie ein Kollegialgericht. Im Verfassungsausschuß wurde der von Preuß vorgeschlagenen Verantwortlichkeitspflicht des Kanzlers für die Richtlinien der Politik das sich aus dieser schon ergebende Bestimmungsrecht ausdrücklich vorangestellt. Der deutschnationale Abgeordnete Clemens von Delbrück, der als königlich preußischer Handelsminister die Verbindung von Kollegial- und Ressortsystem, als kaiserlicher Staatssekretär das bürokratische System aus der Regierungspraxis kannte, beantragte einen Zusatz: »Der Reichskanzler bestimmt die Richtlinien der Politik und trägt dafür gegenüber dem Reichstag...« Er begründete seinen Zusatz damit, daß der Kanzler dank dieses Bestimmungsrechts die Möglichkeit haben sollte, »in die Verwaltung jedes einzelnen Ressorts einzugreifen mit der Bemerkung: ›Ich mache darauf aufmerksam, daß hier die Politik des Ressorts nicht mehr in Einklang steht mit den von mir gegebenen Richtlinien‹«. Es müßte eine verantwortliche Stelle nach einem Wort Steins geschaffen werden, »in der Kraft und Einheit sich vereinigen..., wo alle Fäden zusammenlaufen, eine Stelle, die in der Lage ist, in großen Zügen das Geschäft zu übersehen«; man müßte auf der anderen Seite dezentralisieren, und zwar nicht nur in die Tiefe, sondern auch in die Breite. Der kollegialen Entscheidung der Regierung, die Preuß bewußt in seinem Entwurf nicht vorgesehen hatte, sollten auf Antrag von Delbrück, dem einzigen erfahrenen Regierungstechniker im Verfassungsausschuß, Angelegenheiten vorbehalten bleiben, die Anlaß zu Ressortkonflikten zwischen den Ministern geben könnten. Die Politik sollte also Sache des Kanzlers, die Ressortangelegenheiten sollten Sache der Fachminister sein. Zur Entlastung des Kanzlers sollte über Ressortfragen, die über den Bereich eines Ministeriums hinausgingen, ein Kollegium entscheiden. »Es ist zweckmäßig«, sagte Delbrück, »die Möglichkeit einer zwangsweisen Entscheidung aus der Person des leitenden Staatsmannes heraus in die Majorität der Regierung zu verlegen. Es muß das Damokles-Schwert der Abstimmung über dem Haupt hartnäckiger Ressortchefs hängen.« Aus diesem Grunde, nicht also zum Zweck der Machteinschränkung, sondern zu dem der Entlastung des Reichskanzlers, sollte gemäß Delbrücks Vorschlag nach der Verfassung über Meinungsverschiedenheiten in Ressortangelegenheiten, über Gesetzesentwürfe einschließlich des Haushaltsplanes – letzteres, um eine Abhängigkeit der Ressortminister vom Finanzminister zu verhindern – im Regierungskollegium beraten und mit Stimmenmehrheit (bei Stimmengleichheit sollte der Reichskanzler den Stichentscheid haben) beschlossen werden. Die gleiche Regelung sollte für alle Angelegenheiten gelten, die Verfassung und Gesetz vorschrieben; das Prinzip dieser scheinbar sauberen Arbeitsteilung erfuhr praktisch dadurch keine Änderung.

III

Daß diese Bestimmungen sehr unbestimmt gehalten waren, hatte schon Delbrück beanstandet. Preuß wollte der Praxis und der Geschäftsordnung, die das Regierungskollegium beschließen und dem Reichspräsidenten zur Genehmigung vorlegen sollte und die als »Ergänzung zur Verfassung« gedacht war, die Ausgestaltung überlassen. Diese Geschäftsordnung, die 1924 erlassen wurde, unterscheidet terminologisch exakt zwischen der »Politik des Reichskanzlers« und der »Geschäftsführung der einzelnen Reichsminister«. Nach ihr hatten die Reichsminister die Richtlinien »innezuhalten und zu verwirklichen«. Sie durften sie ohne Entscheidung des Kanzlers nicht abändern und mußten diese auch in Zweifelsfällen einholen. Maßnahmen von allgemeiner politischer Bedeutung auf einem Gebiet, für das der Reichskanzler noch keine Richtlinien bestimmt hatte, bedurften seiner Zustimmung. Er hatte nicht nur das Recht, sondern auch die Pflicht, auf die Einheitlichkeit der Politik der Reichsminister, auf die Regierungssolidarität, hinzuwirken – also auch auf jenen Gebieten, die nicht durch die Richtlinien erfaßt waren oder erfaßt werden konnten. Alle Gesetzesvorlagen der Reichsregierung mußten einheitlich vertreten werden, auch wenn einzelne Reichsminister eine andere Auffassung gehabt hatten. Das von Delbrück angekündigte Aufsichtsrecht des

Kanzlers über seine Kollegen wurde ausdrücklich festgelegt; er hatte Anspruch auf laufende Information und das Recht, ergänzende Auskünfte einzuholen. Andererseits hatte die Reichsregierung, allerdings nur in Form einer Sollvorschrift, Anspruch auf Information über Angelegenheiten von allgemeiner innen- und außenpolitischer, finanzieller und wirtschaftlicher Bedeutung.

Eine Sonderstellung wurde dem Finanzminister eingeräumt. Er hatte ein suspensives Vetorecht gegenüber Etatforderungen der einzelnen Ministerien. Dieses konnte nur durch Mehrheitsbeschluß der Regierung bei gleichzeitiger Zustimmung des Reichskanzlers aufgehoben werden. Dieselbe Regelung galt in allen Beschlüssen von finanzieller Bedeutung, sofern der Finanzminister Widerspruch erhob. Zwar konnte der Kanzler allein mit dem Finanzminister einen Einspruch oder Beschluß gegen die Mehrheit abweisen oder ihm gegen den Finanzminister mit der Majorität zur Annahme verhelfen. Andererseits mußte er sich, falls er auf seiten der Minderheit gegen den Finanzminister entschied, dessen Standpunkt unterwerfen.

Im engsten Zusammenhang mit dem Bestimmungsrecht über die Richtlinien steht das ausschließliche Vorschlagsrecht des Reichskanzlers bei Ernennung und Entlassung der Minister, das dessen Vorgänger in der Monarchie nach dem Stellvertretungsgesetz von 1878 schon bezüglich der Staatssekretäre gehabt hatten. Der Reichskanzler sollte sich seine Kollegen unter dem Gesichtspunkt, daß sie auch die Gewähr für die Einhaltung der Richtlinien böten, auswählen und unbotmäßige ausschalten können, allerdings vorbehaltlich der Zustimmung des Reichspräsidenten.

IV

Eine nähere Begriffsbestimmung dessen, was »Richtlinien«, »Politik« und »bestimmen« bedeuten sollten, wurde bewußt und auch mit Recht in Verfassung und Geschäftsordnung unterlassen und der politischen Entwicklung anheimgestellt.

Nach Meinung der herrschenden Lehre war es Sache des Reichskanzlers allein, nicht aber des Kabinetts, diesem Begriff von der Bestimmung der Richtlinien der Politik Gehalt und Gestalt zu geben. Er hatte die Kompetenz-Kompetenz. Auch über die Ausdrucksform der Richtlinien sagte weder die Verfassung noch die Geschäftsordnung etwas. Die Regierungserklärung beim Amtsantritt, ihre Wiederholungen, Ergänzungen und Abänderungen bei der Haushaltsdebatte oder Erklärungen aus besonderem Anlaß gaben die Richtlinien in Umrissen, aber keineswegs erschöpfend, bekannt. Nicht nur, daß dem Kanzler, der kaum sein Amt übernommen hatte, in diesem Moment hierzu meist Übersicht und Kenntnisse gefehlt haben würden, sondern Regierungstätigkeit ist so mannigfaltig und vom jeweiligen Wandel der Verhältnisse abhängig, daß sie durch ein Regierungsprogramm auch nur in Umrissen nicht erfaßt werden könnte. Auch eignet sich nicht jede Angelegenheit für öffentliche Bekanntgabe; man denke nur an das Gebiet der Außen-, Finanz- oder sogar Personalpolitik.

Die Richtlinien beschränken sich nicht nur auf die positive und negative Stellungnahme zu den Forderungen und Anträgen der Parteien, sondern erfassen eine Vielzahl von Gebieten technisch-organisatorischer und, bei dem wachsenden Bereich der Ermessensentscheidungen, materieller Regierungstätigkeit, für die die Parteien, sei es mangels einheitlicher Auffassung, sei es, weil sie überhaupt nicht von der parteipolitischen Meinungsbildung unmittelbar erfaßt sind, sich nicht interessieren. Es ergeben sich aus dem Regieren eine Fülle von Fragen und Aufgaben, die die Parteien weder vorgedacht noch vorentschieden haben. Zwar bindet den Kanzler seine Erklärung vor dem Parlament, für die er politisch grundsätzlich verantwortlich ist. Aber diese ist meist so allgemein abgefaßt, daß dem Reichskanzler ein breiter Ermessensraum gegeben ist. Bestimmend für die Minister sind die Richtlinien des Reichskanzlers, die er ihnen gibt. Auch von den Richtlinien verlangt ja die Geschäftsordnung nicht eine sofortige erschöpfende Bekanntgabe, sondern in einem nicht geregelten Fall die Herbeiführung einer Entscheidung des Kanzlers. Carlo Schmid hat im Hauptausschuß des Parlamentarischen Rates auf den normativen Charakter der Richtlinien hingewiesen. Der Kanzler kann also seine Richtlinien nur in Form von Grundsätzen bestimmen, und auch in der Behandlung eines konkreten Einzelfalles muß er seine Maßnahmen aus seinen Richtlinien begründen. Er kann zum Beispiel nicht ohne weiteres die Versetzung eines Ministerialbeamten, es sei denn, daß es sich um einen Missionschef im Ausland handelt, verlangen.

V

Aber so souverän der Kanzler in der Bestimmung der Richtlinien der Politik war, so fest die Minister verpflichtet waren, sie einzuhalten und zu verwirklichen, jener hatte nur eine Möglichkeit, die Einhaltung dieser Bestimmung zu erzwingen, nämlich die *ultima ratio* der Entlassung, und auch hierin war er abhängig von der Zustimmung des Reichspräsidenten und der Reaktion der von der Entlassung betroffenen Regierungsparteien, die ihm die Gefolgschaft kündigen und damit unter Umständen die Regierung stürzen konnten. Der Reichskanzler konnte nicht den Geschäftsbereich eines widerstrebenden Ministers einschränken, da die Organisationsgewalt in den Händen des Reichspräsidenten lag. Der Reichskanzler hatte keine Kommandogewalt über die Minister, sondern nur ein Führungsrecht, das wirksam wahrzunehmen, wenn auch nicht allein, doch weitgehend von seiner persönlichen Begabung abhing. Er war auf die Selbstdisziplin der anderen Minister und seine eigene *auctoritas* angewiesen. Den großen Rechten stand keine entsprechende *potestas* gegenüber. Die Reichsregierung stellte eine Verbindung von Kanzler-, Kollegial- und Ressortprinzip dar, bei der das Kanzlerprinzip die beiden anderen überwiegen *sollte*.

Aber der verfassungsrechtliche Wert dieser besonderen Befugnisse des Kanzlers läßt sich erst ermessen, wenn man gleichzeitig die Rechte der beiden anderen Organe, die Einfluß auf die Besetzung des Reichskanzleramtes hatten, betrachtet.

Der ihn allein ernennende Reichspräsident konnte die Abstimmung der Richtlinien des Kanzlerkandidaten mit seiner Auffassung verlangen, Abänderungen fordern, aber auch verhindern oder dulden – unter Inanspruchnahme seines Entlassungsrechts. Vom Reichspräsidenten hing es ab, ob er einen Reichskanzler, der keine Mehrheit im Reichstag fand, durch Auflösung des Reichstags zunächst im Amt hielt oder seinen Rücktritt herbeiführte, indem er den Auflösungsvorschlag verweigerte. Der Reichspräsident konnte die Vorschläge des Reichskanzlers auf Ernennung und Entlassung von Ministern nicht nur ablehnen, sondern seine eigenen Kandidaten unter Androhung der Entlassung des Reichskanzlers auch erzwingen. Der Reichspräsident hatte nach der Geschäftsordnung Anspruch auf unmittelbaren Vortrag der Reichsminister ohne Einschaltung des Reichskanzlers. Dadurch, daß das Regierungsmitglied, welches das Wehrministerium leitete, unmittelbar dem Reichspräsidenten als dem Oberbefehlshaber unterstand, wurde die Wirkung der Richtlinien im militärischen Bereich eingeschränkt, denn der Reichspräsident war an die Richtlinien des Kanzlers nicht gebunden. Der Reichspräsident hatte weiterhin das Recht, einen der Auflösung des Reichstages widerstrebenden Reichskanzler zu verabschieden und einen zur Auflösung bereiten zu ernennen. Die Verfassung gewährte dem Reichspräsidenten geradezu ein Mitbestimmungsrecht an den Richtlinien der Politik.

Andererseits konnte eine einfache Parlamentsmehrheit, selbst wenn sie aus einander scharf bekämpfenden Parteien an den beiden äußeren Flügeln bestand und daher in sich nicht regierungsfähig war, den Reichskanzler ebenso wie die gesamte Regierung oder einen einzelnen Minister jederzeit abberufen. Durch diese relativ leichte Abberufungsmöglichkeit konnten der Reichstag oder die Regierungsparteien, zumindest die gewissermaßen den Grenznutzen bestimmende Koalitionspartei, auf die Richtlinien der Politik des Kanzlers politisch einwirken und dessen Macht einschränken. Aus dem, der die Richtlinien bestimmte, konnte nach der Verfassungskonstruktion leicht nur ein Hüter fremder Richtlinien werden. Bei annähernd gleicher politischer Machtverteilung zwischen Reichspräsident und Reichstag mußte der Reichskanzler »zween Herren dienen«. Bei Machtverlagerung nach der einen oder anderen Seite verstärkte sich seine Abhängigkeit. Die Rechte der beiden anderen Organe vermochten in ihrer Wirksamkeit die des Kanzlers zu verdunkeln.

Die Rechte der drei Organe waren verfassungsrechtlich nicht aufeinander abgestimmt. Man hatte zu formalrechtlich, zu wenig politisch-soziologisch konstruiert, das konstitutionell-monarchische System nicht durch das parlamentarische abgelöst, sondern beide ineinandergeschoben. Aus dem erblichen Kaiser war ein befristet gewählter Kaiser bei ungefähr gleichen Machtbefugnissen geworden, abgesehen davon, daß sich jetzt der Reichspräsident mit dem Parlament in das Abberufungsrecht teilen mußte. Zwischen beide wurde der Reichskanzler gestellt, dem große Führungsrechte zugeteilt, aber nur geringe Führungsmittel gegeben waren. Von ihm wurde Führung verlangt, aber seine Position zwang ihn zugleich zum Ausgleich zwischen den beiden politischen Machtzentren. In diesem labilen Verfassungssystem, das in normalen Verhältnissen demokratisch funktionieren und in kritischen Situationen auf Diktatur umgestellt werden sollte, hatte der Reichskanzler die schwierigste und unsicherste Position.

VI

Die praktische Anwendung der beiden Artikel über Ministervorschlagsrecht und Richtlinienbestimmungsrecht des Reichskanzlers ist andere Wege gegangen, als es sich der Verfassungsgesetzgeber vorgestellt hatte. Die Regierungsbildung erfolgte nicht durch Auswahl der Minister seitens des Kanzlers, sondern durch Präsentation seitens der Regierungsparteien. Sie einigten sich über die Verteilung der einzelnen Ministerien und bestimmten die Minister häufig durch Fraktionswahl. Dabei fühlten sich die meisten Minister gar nicht so sehr als Fraktionsgesandte, sondern unterlagen meist schnell dem »Gesetz der

Stelle«. Aber sie wurden scharf von ihren Parteien überwacht und gegebenenfalls mit Rückbeorderung aus der Regierung bedroht oder zum Rücktritt gezwungen, ebenso wie ihnen der Eintritt untersagt wurde. Derselben Parteiaufsicht unterlag der Kanzler. Theodor Heuss hat 1929 einmal gesagt, daß der Feind im Rücken des Kanzlers die eigene Fraktion sei. Die Parteien fühlten sich vielfach nur verantwortlich für ihre eigenen Minister und kündigten die Koalition auf, wenn ihren Wünschen nicht genügend Rechnung getragen worden war. Es kam ihnen manchmal weniger auf die Richtlinien an sich an, als daß sie für diese Regierung und diese Richtlinien nicht sichtbar die Verantwortung tragen wollten, eben auf das Alibi. Das Interesse an der Werbung für die künftige Macht minderte das Interesse an der aktuellen Macht.

Die Regierungsfraktionen vereinbarten unter sich die Richtlinien der Politik, schlossen hierüber ausführliche und häufig wie Staaten miteinander ins Detail gehende, jederzeit kündbare Koalitionsverträge ab, die wiederum die Grundlage für die vielfach in vorsichtiger und schamhafter Dosierung und Abtönung formulierte Regierungserklärung waren. Abänderungen und Ergänzungen der Koalitionsrichtlinien bedurften der Zustimmung der Koalitionspartner. Der Kanzler stand dann nicht mehr über den Richtlinien, sondern wurde unter sie gestellt. Er wurde zum Vollzieher und Hüter der Koalitionsrichtlinien im Innenverhältnis der Regierung und bemühte sich, als Resultante im Kräfteparallelogramm der Koalition zu wirken.

Es gab damals nicht einander im Regieren ablösende Parteigruppen, sondern es gab je nach der Problemstellung, nach Verfassungsform, Außenpolitik, Kultur-, Finanz- und Wirtschaftspolitik verschiedene, einander überschneidende Gruppierungsarten. Jede Kabinettsbildung mußte von der Mitte ausgehen, zu den Sozialdemokraten oder zu den Deutschnationalen hinüber, gleichgültig, ob eine von diesen Parteien an der Regierung beteiligt war oder sie nur duldete. Sowohl die beiden großen Flügelparteien als auch die Mitte konnten nur für eine gewisse Zeit eine solche Bindung ertragen – die Flügelparteien im Hinblick auf die radikalen Nachbarparteien, die Mitte mit

Rücksicht auf die Flügelparteien, aber auch wegen der Problemstellung. Diese Parteiensituation erschwerte jede Regierungsbildung und -führung. Es gab keine Hegemonialparteien.

Aber diese Führungsschwäche ist nicht nur aus dem Vielparteiensystem zu erklären. Sie war zugleich ein echtes personalpolitisches Problem. Die Parteien waren im Grunde viel mehr an einer schlichtenden, ausgleichenden als an einer lenkenden Kanzlerfigur interessiert. Sie mißtrauten nicht nur dem Führer der anderen Partei, sondern auch den eigenen Führungskräften. Vor allem die großen Parteien ließen diese in ihren festgefügten und disziplinierten Organisationen nicht aufkommen.

Das Zentrum hat auf eine Hegemonialstellung nicht allein mit Rücksicht auf seine permanente Mittlerposition, die es nicht verlieren wollte, verzichtet, sondern es fehlten ihm die Persönlichkeiten. Brüning war die einzige, und dieser wurde im entscheidenden Moment nicht von seiner Partei präsentiert, sondern unmittelbar vom Reichspräsidenten ernannt.

Auch die Sozialdemokratie hatte außer Ebert in den 13 Jahren keine bedeutende staatsmännische Persönlichkeit im Reich präsentieren können. Otto Braun, der preußische Ministerpräsident, kam nicht zum Zuge, wobei es dahingestellt bleiben mag, ob er nicht wollte oder nicht durfte. Ebert hätte 1919 Kanzler werden können, aber er wollte das Reichspräsidentenamt. Der Reichspräsident »wird unendlich viel machen können«, hatte er vor seiner Wahl zu Scheidemann gesagt, und dieser fügte dem in seinen Memoiren wiedergegebenen Gespräch nachträglich hinzu: »Was Ebert mit diesen Aufgaben verstand, war wirklich nur so zu formulieren: Der Reichspräsident bestimmt die Politik, und der Reichskanzler deckt sie.« Als parlamentarischer Reichskanzler wäre Ebert an die strenge sozialdemokratische Parteidisziplin gebunden gewesen, als Reichspräsident war er das nicht. Das wußte er wohl.

Diese anhaltende parlamentarische Labilität der Regierung drängte geradezu zur Anlehnung an den Reichspräsidenten. Ebert hatte auf die Reichspolitik einen starken Einfluß gehabt. Keine große Entscheidung wurde ohne ihn oder gar gegen ihn getroffen. Bei den wichtigsten Kabinettssitzungen hatte er den

Vorsitz geführt. Durch sein Eingreifen hatte er die Kanzler- und Regierungspolitik abgewandelt oder den Kanzler in seiner Haltung gegenüber dem Kabinett gestärkt. Bei der Kanzlerauswahl mag in ihm die Gehilfenvorstellung des Konstitutionalismus, wenn auch vielleicht unbewußt, oder das eigene Führungsbewußtsein mitgewirkt haben. In der Kanzlerreihe seiner Zeit findet sich außer Stresemann weder unter den Ernannten noch unter den Beauftragten, deren Regierungsverhandlungen zu keinem Ergebnis geführt haben, auch nur einer, der ihm an Format gewachsen gewesen wäre. An die Kanzlerkandidatur Otto Brauns hatte Ebert anscheinend nie gedacht. Stresemann wurde erst in der höchsten Not im August 1923 ernannt, wobei die Initiative mehr bei ihm als bei Ebert lag. Stresemann kam mit einer von ihm selbst vorbereiteten Koalition und mit einem eigenen Regierungsprogramm. Er führte in der Regierungsbildung wie in der Regierung. Als die Sozialdemokratie Stresemann gegen den Willen Eberts im November 1923 stürzte, weniger aus echten Richtungs- als aus reinen Alibimotiven, scheint Ebert nicht bereit gewesen zu sein, Stresemann das Recht zur Auflösung des Parlaments zu geben. Die Vermutung liegt nahe, daß Ebert diesem an sich schon starken Mann nach der erfolgreichen Überwindung der akuten, existenzgefährdenden Krise des Reiches nicht durch Neuwahl die Chance zu einem weiteren Aufstieg geben wollte. Insofern scheiterte Stresemanns Kanzlerschaft an Eberts Macht.

Aber in den fünf folgenden Jahren blieb Stresemann Außenminister und bestimmte die Richtlinien der auswärtigen Politik. Er überließ die innerpolitischen den Parteivereinbarungen. Aber seinen auswärtigen, die dominierten, mußten sich die wechselnden Kanzler und Koalitionen, auf deren Ernennung und Bildung er einen starken Einfluß hatte, unterwerfen. Stresemann war der einzige Politiker der Weimarer Zeit, der, wenn auch unter dem einseitigen Aspekt der Außenpolitik, den komplizierten Mechanismus von Reichspräsident, Reichsregierung und Reichstag virtuos beherrschte. Er war von 1924 bis zu seinem Tod 1929 in allen Regierungen der heimliche Kanzler.

Hindenburg hat in einer Reihe von Kundgebungen unmittelbar in die Richtlinien der Politik des Kanzlers eingegriffen, diese sogar, zum Beispiel in der Osthilfe und Agrarpolitik, selbst bestimmt und der Regierung von sich aus besondere Aufgaben gestellt. Andererseits entsandte er in die Regierung Brüning seine besonderen Vertrauensleute, was Ebert gelegentlich auch getan hatte. Die Bezeichnung der Regierung Brüning als Präsidialkabinett zeigt nur, wie das Verfahren der Regierungsbildung sich von der Verfassungsnorm entfernt hatte. Der Reichspräsident hatte ohne Befragung der Parteien einen Parlamentarier, von dem er annahm, daß er eine ihn stützende Mehrheit finden würde, als Kanzler bestellt, und dieser hatte sein Regierungsprogramm und seine Minister bestimmt. Beides akzeptierten zunächst die Parteien. Tatsächlich entsprach Brünings Verfahren am ehesten dem, was dem Verfassungsgesetzgeber vorgeschwebt hatte. Daß Brüning nach den Wahlen im Herbst 1930 mehr nach konstitutionellen als nach parlamentarischen Methoden regierte und das Parlament auf die Funktionen des kaiserlichen Reichstages beschränkte, nämlich auf die Stellungnahme zu den Regierungsgesetzen, ergab sich nicht aus der Entstehung dieses Kabinetts, sondern war eine Folge des unerwartet großen Wahlsiegs der Nationalsozialisten. Diese Situation drängte Brüning in die Gehilfenposition des Konstitutionalismus. Aber er war nicht bereit, sie anzunehmen. Das führte zum Bruch zwischen Präsident und Kanzler.

Daß Hindenburg Brüning, der, zwar nicht formal, wohl aber *de facto*, das Vertrauen der Parlamentsmehrheit genoß, eine grundlegende Änderung der Richtlinien der Politik aufzuzwingen versuchte und ihn damit zum Rücktritt zwang, war ein Verbrechen am Geist der Verfassung. Hindenburgs Auffassung von der Verfassung entsprach der Vorstellung, die ein Unteroffizier von der Felddienstordnung hatte. Denn Hindenburg wußte aus dem Munde von Brünings Nachfolger, daß jener infolge der Weigerung des Zentrums über keine Mehrheit im Parlament verfügen würde. Auch der andere starke Reichskanzler scheiterte also an der Macht des Reichspräsidenten, wenn auch in unvergleichlich viel größerem Ausmaß und mit unvergleichlich entscheidenderen Folgen als Stresemann.

So war die Position des Reichskanzlers in der Verfassungswirklichkeit noch sehr viel eingeengter, als sie nach dem Verfassungstext erschien. Dem Parlament wurde die Abberufung so leicht gemacht, daß aus dem Absetzungsrecht ein Ernennungsrecht der Minister und ein Mitbestimmungsrecht an den Richtlinien der Politik wurde. Dem Staatsoberhaupt wurde durch seine Machtbefugnisse ein Eingriffs- und Vetorecht gegen die Richtlinien der Politik eingeräumt. Die Weimarer Nationalversammlung wünschte den Parlamentarismus einzuführen, getraute sich aber nicht, den Konstitutionalismus ganz aufzugeben. Sie setzte neben den Dualismus von Staatsoberhaupt und Regierungschef den von Kanzler und Parlament und engte dadurch unabsichtlich die Macht des Kanzlers trotz seiner in der Verfassung festgelegten Prärogativen ein. Das Kräftespiel der Verfassungswirklichkeit verstärkte noch die Relativierung des Kanzlergewichts.

Stresemann und Brüning waren unter den Kanzlern der Weimarer Republik wohl die einzigen, die die Richtlinien weitgehend selbst bestimmt und von ihrem Ministervorschlagsrecht einigen Gebrauch gemacht hatten. Sie übernahmen nicht einfach ein Programm ihrer Partei oder eine Kombination ihrer Koalitionsfraktion, sondern sie verstanden es, für ihre eigene Konzeption ihre Parteien als Gefolgschaften zu gewinnen und zu erhalten.

Die Autorität beider Politiker war stark genug, um durch die Fraktions- und Parteiorganisation hindurch und über sie hinaus in die Wählerschaft zu dringen. Beide Männer wurden zur stärksten Werbekraft ihrer Parteien. Sie fragten nicht zimperlich bei jeder Maßnahme, ob und inwieweit diese ihrer Partei taktisch nützen oder schaden könnte, sondern zwangen durch sie ihre Partei zur Stellungnahme und Gefolgschaft. Sie kamen dem englischen Premierministermodell am nächsten, soweit davon überhaupt bei den völlig anders gearteten deutschen Parteiverhältnissen die Rede sein konnte. Sie bestimmten die Richtlinien in den wichtigsten Angelegenheiten, aber sie mußten sich dieses Recht erkaufen, indem sie in Fragen minderen Ranges, die in ihrer Summe auch Gewicht hatten, Konzessionen machten. Der parlamentarische Kanzler, vor allem im Vielparteiensystem, war diesem mehr oder minder breit angelegten Trinkgeldersystem vielleicht dem Grad nach mehr, aber im Prinzip ebenso verhaftet wie sein konstitutioneller Vorgänger. Was die einen den Parteien geben mußten, mußten die anderen dem Monarchen, einer Hofclique, Kamarilla oder Koterie gewähren. Es gibt keine Politik ohne Trinkgelder. Es kommt nur auf den Grad ihrer Beschränkung an. Weder Brüning noch Stresemann waren bereit, Institutionen, personalpolitisch oder organisatorisch, den Machtauseinandersetzungen preiszugeben, und blieben bei aller Wendigkeit im Grundsätzlichen fest. Sie wahrten die innere und äußere Würde des Amtes.

Die Länder kannten die Einrichtung des Staatsoberhauptes nicht und waren daher nicht den Wirkungen des doppelten Dualismus ausgesetzt. Aber auch die politische Situation war einfacher, weil es hier nicht um die großen Grundsatzentscheidungen des Reiches ging, so daß die Politik auf den Bereich der administrativen Gesetzgebung und Organisation, der allerdings in Preußen sehr umfangreich war, beschränkt blieb. Otto Braun, von 1920 bis 1932 mit ganz geringen Unterbrechungen preußischer Ministerpräsident, war sich seiner Rechte in der Bestimmung der Richtlinien und der Ernennung der Minister durchaus bewußt. Er erlaubte weder seinen Ministern, die Zustimmung ihrer Fraktionen zu seinen Richtlinien einzuholen, noch ließ er sich von diesen bei Ernennung eines Ministers hereinreden. Als seine eigene Fraktion sich hierüber bei ihm beschwerte, verwies er sie auf dic öffentliche Auseinandersetzung im Plenum.

VII

An Reformvorschlägen hat es nicht gefehlt, aber sie gingen meist an den Problemen vorbei. Nach einem Antrag der Deutschen Volkspartei von 1928 sollte das Abberufungsrecht durch die schematische Einführung einer Zweidrittelmehrheit erschwert werden. Nur einmal im Jahr, nämlich bei der Schlußabstimmung der 3. Lesung über den ordentlichen Haushalt, sollte die einfache Mehrheit genügen. Die Deutschnationalen drängten schlechthin nach Aufhebung des parlamentarischen Abberufungsrechts des Reichstages und nach Monopolisierung der Regierungsbildung durch den Reichspräsidenten entsprechend dem konstitutionellen Vorbild. Carl Schmitt wollte in seiner Verfassungsinterpretation ein Mißtrauensvotum mehrerer Parteien nur als wirksam anerkennen, wenn deren bestimmende Motive sich nicht gegenseitig widersprächen, während Richard Thoma durch Verfassungsänderung für die Entziehung des Vertrauens einen einheitlich begründeten Beschluß vorschreiben wollte. Alle diese Lösungsversuche sahen nur einseitig das Problem des Verhältnisses zwischen Regierung und Parlament und beachteten nicht oder wollten nicht beachten, daß durch die Einschränkung der Parlamentsbefugnisse die Abhängigkeit der Regierung vom Staatsoberhaupt nicht nur nicht berührt, sondern unter Umständen gesteigert würde.

Alexander Rüstow hatte in zwei Vorträgen an der Hochschule für Politik 1929 den Vorschlag entwickelt, die unumgängliche Einheit der staatlichen Willensbildung dadurch sicherzustellen, daß einmal im Rückgriff auf die alte Bismarcksche Reichsverfassung die parlamentarische Verantwortlichkeit auf den Reichskanzler allein konzentriert und die Wahl seiner Mitarbeiter seinem freien Ermessen überlassen werde und zum andern der Reichskanzler nur dadurch gestürzt werden könne, daß sich eine positive Mehrheit auf einen Nachfolger vereinige. Obwohl diese Vorträge nicht veröffentlicht waren, wurde das von Rüstow vorgeschlagene Verfahren nach 1945 im Prinzip in einer Reihe von deutschen Ländern eingeführt, zuerst meines Wissens von Carlo Schmid in seinem Entwurf der württembergisch-badischen Verfassung.

VIII

Der Parlamentarische Rat konstruierte im Grundgesetz die Kanzlerfigur neu. Nach dem Vorbild der deutschen Länderverfassungen lagen nunmehr Ernennung und Abberufung des

Kanzlers allein beim Parlament. Die Vorschrift der absoluten Mehrheit und die der Ersetzung statt der Absetzung diente der Erschwerung, nicht der Verhinderung der Abberufung. Die Weimarer Konstruktion des Kanzlers als Vollzugsgehilfe von Staatsoberhaupt und Volksvertretung wurde damit beseitigt. In der Auswahl der Minister und deren Abberufung hat der gewählte Bundeskanzler freie Hand, aber er ist abhängig von der Zustimmung des Bundespräsidenten. Allein, ohne Mitwirkung des Bundespräsidenten, darf er aus dem Kreis der Minister seinen Stellvertreter bestellen, der dadurch die Position eines politischen Vertrauensmanns, eines politischen *alter ego* des Bundeskanzlers erhalten kann. Der mit sehr viel größeren Machtbefugnissen ausgestattete Regierungschef soll zu deren wirksamer Wahrnehmung sich durch diese Einrichtung entlasten können, und er hat daher allein das Recht, Art und Umfang der Stellvertretung zu bestimmen. Er kann seinem Stellvertreter also auch Aufsichtsbefugnisse über die Ministerien übertragen.

Er allein ist der Volksvertretung, die Minister sind nur ihm verantwortlich. Nur er, nicht die Regierung, kann die Vertrauensfrage stellen und bei Ablehnung das Parlament, allerdings mit Zustimmung des Bundespräsidenten, auflösen. Dadurch verfügt der Bundeskanzler, ähnlich wie der englische Premierminister, über ein wesentliches Druckmittel zur Restabilisierung einer zerbröckelnden Koalition oder zur Umbildung der Regierung. In einer Zeit der Wahlmüdigkeit und der Wahlgelderknappheit könnte eine Koalitionspartei sich einen Abfall sehr überlegen, eine Oppositionspartei die Möglichkeit einer Schwenkung ernstlich erwägen.

Die neue Geschäftsordnung der Bundesregierung vom 11. Mai 1951 geht von den Bestimmungen der alten aus, aber weist eine erhebliche Verstärkung der Führungsposition des Bundeskanzlers gegenüber der seines Weimarer Vorgängers auf, auch wenn diese nur durch die Auswechselung eines Wortes zum Ausdruck kommt. Nach der alten Geschäftsordnung waren die Richtlinien von den Ministern einzuhalten, nunmehr sind sie für diese *verbindlich*. Der Reichskanzler hatte auf die

Einheitlichkeit der Politik hinzuwirken; der Bundeskanzler hat hingegen »das Recht und die Pflicht, auf die Durchführung der Richtlinien zu *achten*« und daneben auch auf die Einheitlichkeit der Geschäftsführung der Bundesregierung hinzuwirken. Nach der alten Geschäftsordnung hatte »der zuständige Reichsminister bei Auftreten von wesentlichen Gründen« für eine Änderung der Richtlinien »unter gutachtlicher Äußerung« eine Entscheidung des Reichskanzlers zu erbitten; hält aber ein Bundesminister, selbst wo es sich nur um »Erweiterung« handelt, eine Änderung der Richtlinien für erforderlich, so hat er nicht mehr unter gutachtlicher Äußerung, sondern nur noch unter *»Angabe von Gründen«* die Entscheidung des Bundeskanzlers zu erbitten. Die alte Bestimmung, wonach die Zustimmung des Reichskanzlers eingeholt werden muß für Maßnahmen auf Gebieten, für die nicht Richtlinien erlassen sind, ist weggefallen. Statt dessen wurde eine neue aufgenommen, daß Äußerungen eines Bundesministers – auch als Abgeordneter – in der Öffentlichkeit »mit den Richtlinien in *Einklang stehen*« müssen.

Der Reichskanzler war »aus dem Geschäftsbereich der einzelnen Reichsminister dauernd über alle Maßnahmen, die für die Bestimmung der Richtlinien der Politik und die Leitung der Geschäfte der Reichsregierung von Bedeutung sind, auf dem laufenden zu halten«; der Bundeskanzler ist »über Maßnahmen und *Vorhaben* zu *unterrichten*«. Der Reichspräsident hatte Anspruch auf Unterrichtung über die Politik des Reichskanzlers und über die Geschäftsführung der einzelnen Reichsminister durch schriftliche Berichte und nach Bedarf durch persönlichen Vortrag, ohne daß in der alten Geschäftsordnung gesagt war, durch wen diese Information zu erfolgen habe. Nach der neuen Geschäftsordnung unterrichtet der *Bundeskanzler* den Bundespräsidenten über seine Politik und die Geschäftsführung der einzelnen Bundesminister. Nach der alten Geschäftsordnung wurden Vorlagen der Reichsregierung bei den Gesetzgebungskörperschaften vom zuständigen Reichsminister eingebracht, nach der neuen vom *Bundeskanzler.* Zur Befreiung von der Pflicht der Vertraulichkeit bezüglich Mitteilungen über die

Kabinettsitzungen war nach der Weimarer Geschäftsordnung eine Ermächtigung, über die im Zweifelsfall wohl die Reichsregierung verfügte, erforderlich; nunmehr liegt die Ermächtigung allein in den Händen des Bundeskanzlers. Die Reichsminister hatten gegenüber dem Reichskanzler bei mehr als 24stündiger Abwesenheit nur eine Anzeigepflicht, nunmehr ist bei Abwesenheit von mehr als drei Tagen und bei Auslandsreisen *»das Einvernehmen mit dem Bundeskanzler herzustellen«*. Die alte Geschäftsordnung ist unter dem sehr konzilianten, stets auf Vermittlung bedachten, führungsschwachen Reichskanzler Marx verabschiedet worden. Wie der Referentenentwurf der neuen Geschäftsordnung ausgesehen haben mag, weiß man nicht, aber unverkennbar zeigt die endgültige Fassung die Handschrift des damaligen Bundeskanzlers Adenauer.

Durch die neue Geschäftsordnung wurde aber auch dem Bundeskanzler eine wichtige Befugnis des Reichspräsidenten, nämlich die Organisationsgewalt, übertragen. Der Kanzler kann bei der Regierungsbildung und -umbildung, aber auch innerhalb einer bestehenden Regierung, die Zahl der Ministerien allein vermehren oder vermindern, die Kompetenzen der einzelnen Minister, aber auch seine eigenen, erweitern oder einschränken. Zwar kann die Regierung bei Kompetenzkonflikten der Ministerien untereinander diese Entscheidung gleichsam in zweiter Instanz abändern oder aufheben. Aber der Kanzler hat das Recht des Vorgriffs. Diese Organisationsmacht gibt ihm die Möglichkeit, die Einhaltung und Verwirklichung auch mit anderen Mitteln zu erzwingen als nur mit der *ultima ratio* der Entlassung. Kein Minister erträgt gern und leicht eine Einschränkung seiner Ressortmacht.

Erst durch die Bonner Verfassungskonstruktion in Verbindung mit den Geschäftsordnungsbestimmungen hat die Kanzlerprärogative, die Richtlinien der Politik zu bestimmen, und der aus diesem Recht hergeleitete Anspruch auf Aufsicht und Lenkung der Ministerien eine wesentlich größere Wirkungskraft erfahren als im Weimarer System. Rechte von Bundespräsident und Parlament überschatten nicht mehr des Kanzlers Befugnisse oder stellen sie gar in Frage. Erst durch das Bonner

System wird der Bundeskanzler zum Lenker der Regierung und damit zum Führer der Staatspolitik, aber nicht zum Diktator, auch nicht auf Frist. In einer Reihe wichtiger Entscheidungen, wie zum Beispiel Gesetzesinitiative, Bundesaufsicht, Bundeszwang, Gesetzgebungs- und Staatsnotstand, ist er auf die Zustimmung der Mehrheit seiner Regierung und auf die eines oder mehrerer anderer Bundesorgane angewiesen. Er kann nicht einmal eine Gesetzesvorlage der Regierung von sich aus mit der Vertrauensfrage (gegen den Willen des Kabinetts) verbinden. Nach der neuen Geschäftsordnung *sind* alle Angelegenheiten von allgemeinpolitischer Bedeutung der Bundesregierung zur Beratung und *Beschluß*fassung *vorzulegen.* Die alte Geschäftsordnung kannte nur eine Sollvorschrift, und diese beschränkte sich auf die Beratung.

Wenn der Bundeskanzler bei Bestimmung der Richtlinien »frei vom Zwang, wie ungeschützt durch den Schild eines Kollegialbeschlusses«, sein soll, so muß er sich bei jeder Entscheidung gegen die Kabinettsmajorität durch eine kollegiale Beratung hindurchringen und es darauf ankommen lassen, den Regierungsbeschluß umzuwerfen. Die Führung wird ihm nicht leicht gemacht, es sei denn, daß die Minister hierzu bereit sind. Preuß hat seine Regierungskonstruktion eine durch den leitenden Ministerpräsidenten modifizierte Kollegialverfassung genannt. Man kann auch von der durch das Regierungskollegium modifizierten Präsidialverfassung sprechen. Dazwischen liegen manche Möglichkeiten.

Beschränkt sich die Befugnis des Bundespräsidenten unter normalen Verfassungsverhältnissen auf das Vorschlagsrecht des Kanzlerkandidaten für den ersten Wahlgang, so kann er in Krisensituationen zu dem entscheidenden Weichensteller werden: durch sein alleiniges Auflösungsrecht bei der Wahl eines Minderheitenkanzlers im dritten Wahlgang, bei seiner Entscheidung über den Antrag des Kanzlers auf Parlamentsauflösung im Fall der Ablehnung des Vertrauensvotums und über den Antrag von Bundesregierung und Bundesrat zur Erklärung des Gesetzgebungsnotstandes. Das sind für den Bundespräsidenten die einzigen Gelegenheiten zum Eingreifen in die Richtlinien der Politik. Aber auch diese sind nur sehr beschränkt, weil ihm das Mittel der Entlassung und Neuernennung des Kanzlers fehlt. Im Moment, wo der Bundespräsident die Weiche gestellt hat, hört seine außerordentliche Macht auf zu wirken.

Insoweit ist der Bundespräsident eine verfassungsmäßige *deus-ex-machina*-Gestalt entsprechend dem Vorbild von Weimar, jedoch im Gegensatz zu diesem mit sehr beschränkten Befugnissen. Der Sinn dieser außerordentlichen Vollmachten des Bundespräsidenten in bestimmten Verhältnissen ist nicht, ihm die Führung der Politik zu übertragen, sondern daß er die verfassungsmäßigen Institutionen vor Mißbrauch bewahrt. Daß er dabei die Möglichkeit des Eingriffs in die Richtlinien der Politik hat, ist eine unvermeidliche Nebenwirkung der Funktion.

Ist der Kanzler der Führer der Politik und damit dem Machtkampf der Parteien ausgesetzt, so ist es Sache des Bundespräsidenten, im Rahmen seiner Befugnisse zu verhüten, daß Verfassung und Institutionen in den Machtkampf hineingezogen werden. Die hier vorgenommene Gewaltenteilung soll den Kanzler ebenso vor fremder Einwirkung auf seine Politik wie vor dem Ansturm der Parteien schützen, die nur allzu leicht geneigt sind, Institutionen zum Objekt des Machtkampfes ohne Rücksicht auf die Gefahr der Denaturierung zu machen. Das ist auch der Sinn des Mitentscheidungsrechts des Bundespräsidenten in der Personalpolitik, nämlich die *auctoritas* des Staates zu wahren. Auch sein Mitentscheidungsrecht bei der Ministerernennung ist nicht politischer Natur – sonst müßte er sich ja öffentlich politisch unter Umständen mit dem Kanzler auseinandersetzen –, sondern es dient diesen institutionellen Funktionen im Sinne der Wahrung der *auctoritas.* Sein Präsentationsrecht des Kanzlers im ersten Wahlgang bedeutet nicht, daß er einen Mann seines politischen Vertrauens bestimmt, daß er über diesen Vorschlag auf dessen politische Richtlinien einwirkt, sondern soll dazu verhelfen, daß die Kandidatenaufstellung dem Fraktionsstreit und -prestige zunächst entzogen und auch die persönliche Eignung zur Übernahme eines so reich mit Machtbefugnissen ausgestatteten Amtes trotz oder gerade wegen des Kampfes der Parteien bedacht werden kann.

Diese Gewaltenteilung zwischen Staatsführung und Wahrung der staatlichen *auctoritas* ist aber, weil dem Bundeskanzler die Organisationsgewalt übertragen worden ist, nicht folgerichtig durchgeführt. Diese Organisationsgewalt in den Händen des Bundeskanzlers muß zu einem Instrument seiner Politik werden, in den Händen des Bundespräsidenten behält sie ihren Eigenwert.

Gewiß haben die Befugnisse des Bundeskanzlers eine erhebliche Erweiterung erfahren. Entscheidend aber war die Minderung der Rechte von Volksvertretung und Staatsoberhaupt und damit die Aufhebung der Schranken, die zumindest potentiell in der Weimarer Verfassung bestanden und sehr vital in der Praxis der Weimarer Zeit wirkten.

IX

Daß bisher nur ein Bundeskanzler die Bestimmungen über die Richtlinien angewandt hat, daß das System durch verschiedene Kanzler und Koalitionen bisher nicht erprobt ist, daß die Bundesrepublik vor ernsten Krisen bewahrt geblieben ist, daß über die Handhabung nicht mehr als einige Presseandeutungen vorliegen, macht die Beurteilung noch schwieriger als zur Weimarer Zeit. Auch über die Änderung des Bonner Systems der Parteien mit ihrer verfassungswandelnden Kraft gegenüber der Weimarer Zeit läßt sich in einem so kurzen Zeitraum nicht viel sagen. Jedenfalls haben sich die sich überschneidenden Gegensätze der Weimarer Parteigruppierungen gemindert und gemildert. Vor allem ist die Herrschaftsform kein Streitproblem mehr. Permanente Oppositionsparteien mit der starken Einwirkungskraft auf ihre unmittelbaren Nachbarparteien und damit auf die Mitte existieren nicht mehr. Das augenblickliche Parteiensystem ist unter dem Gesichtspunkt der Regierungsbildung unkomplizierter geworden; es eignet sich mehr als das der Weimarer Zeit zur Regierungsbildung.

Eine neue Erscheinung in der deutschen parlamentarischen Entwicklung war, daß der Bundeskanzler gleichzeitig echter Koalitionsführer, und zwar nicht nur während seiner ersten Amtszeit, sondern auch in den Wahlen, war. Nicht nur seine Partei, sondern auch die anderen führten den Wahlkampf mit der Parole seines Namens, was weder Stresemann noch Brüning gelungen war. Diese Doppelführung von Staat und Partei, die ja, abgewandelt auf die deutsche Vielparteiensituation, dem englischen System ähnelt, ist in einer Koalitionsregierung wohl nur möglich, wenn der Regierungschef seine eigene Partei weitgehend in den Dienst seiner Regierungsführung zu stellen in der Lage ist. Nur wenn er selbst frei von Parteisubalternität ist und auf die Subalternität der anderen Parteien Rücksicht nimmt, vermag er diese mit zu führen. Es ist in diesem Zusammenhang bezeichnend, daß an den Sitzungen der Bundesregierung – ob häufig oder ständig, ist unbekannt – Vorsitzende und Vertreter der Regierungsfraktionen teilgenommen haben, während andererseits die in der Weimarer Zeit übliche Einrichtung des interfraktionellen Ausschusses der Regierungsparteien nicht mehr besteht. Die Geschäftsordnung rechnet nur mit der Zulassung von Beamten zu Kabinettsitzungen, nicht aber von Personen außerhalb der Ministerien. Die Teilnahme von Fraktionsvertretern an den Kabinettssitzungen kann entweder bedeuten, daß diese die zu ihrer Partei gehörenden Minister kontrollieren, oder aber, daß sie durch die Beratung in die Lage versetzt werden sollen, ihre Minister vor der Fraktion in der Vertretung der Regierungspolitik zu unterstützen. Sicherlich ist die letztere Wirkung beabsichtigt. Inzwischen scheint diese Einrichtung durch die Ernennung von Ministern für besondere Aufgaben – Ministern mit Stimme, aber ohne Amt – legalisiert worden zu sein, was an der Wirkung nichts ändert. Die Regierung wird dadurch zum Führungsausschuß der Koalition und zu einer Art Vorparlament.

Die Einrichtung einer Ober- oder zumindest Nebenregierung durch die Hohen Alliierten Kommissare, die nach dem Besatzungsstatut zu weitgehenden Entscheidungen in der Bundesrepublik befugt waren, gab dem Bundeskanzler einen konkreten und zweifellos berechtigten Anlaß, sein Bestimmungsrecht praktisch sowohl gegenüber dem Regierungskollegium wie auch gegenüber den einzelnen Ressortministern anzuwenden und diese dadurch an seine Führung zu gewöhnen. Der Bundeskanzler beanspruchte nicht nur die Federführung, sondern auch die Ausschließlichkeit im Verkehr mit den Hohen Kommissaren. Von seiner Entscheidung hing es jeweils ab, ob und welche anderen Minister am Verkehr beteiligt waren, denn hier lag ja ein typisches Bedürfnis für die Einheitlichkeit der Politik vor. Die Maßnahme war deswegen so wirksam, weil in diesem Fall alle Ressorts betroffen wurden.

1951 übernahm der Bundeskanzler selbst das Auswärtige Amt, wie es in der Weimarer Zeit schon Stresemann und Brüning getan hatten. Deren starke Position hatte gerade darauf beruht, daß sie die auswärtige Politik zu einer Zeit leiteten, als die innerpolitische staatliche Entwicklung von bestimmten außenpolitischen Erfolgen abhing.

Dieser Vorrang der Außenpolitik um einer ganz bestimmten, von innerstaatlichen Entwicklungen dirigierten Richtung willen und die Unterordnung innerpolitischer Planung und Auseinandersetzung unter die auswärtige Politik sind charakteristisch für die deutsche Geschichte von Bismarck über Stresemann und Brüning bis zum heutigen Tag. Diese Vorrangstellung hat auch vielfach zur Folge gehabt, daß die Opposition die Außenpolitik scharf und zäh bekämpft hat, eben wegen ihrer befürchteten Rückwirkungen auf die Innenpolitik. Auch Adenauer hat der auswärtigen Politik diesen Vorrang gegeben und alle innerpolitischen Absichten den außenpolitischen Zielen weitgehend untergeordnet. Mit der von ihm herausgestellten außenpolitischen Zielsetzung bändigte er die zuzeiten knappe Koalitionsmehrheit und erweiterte sie – stark als Außenminister, weil er gleichzeitig als Kanzler die Richtlinien bestimmte, stark als Kanzler, weil in seinen Richtlinien die Außenpolitik dominierte.

Die Doppelstellung von Außenminister und Kanzler ist keine Adenauersche Erfindung, sondern setzt gleichsam eine deutsche Tradition fort. Während es bei Meinungsverschiedenheiten zwischen einem Kanzler und einem Außenminister naheliegt, daß dieser oder jener sie im Kabinett austrägt, führt der Regierungschef, der gleichzeitig Außenminister ist, Zwiegespräche mit sich selber, und in den »einsamen Entschlüssen« liegt ein Stück wesentlicher Macht. Die innerpolitischen Richtlinien gewinnen durch ihre Orientierung an der Außenpolitik, die schwierig zu erfassen und zu kontrollieren ist, gegenüber den Regierungsmitgliedern, mehr noch gegenüber den Regierungsparteien, an Gewicht und Wirkungskraft.

Eine Nebenwirkung dieser Ämterverbindung kann sein, daß der Kanzler und Außenminister in den deutschen Missionen im Auslande über ein sehr begehrtes Reservoir hoher Amtsstellen verfügen kann, das zur Belohnung oder zur Ausschaltung aus dem innerpolitischen Kräftespiel gegenüber einzelnen Parlamentariern und Parteien, gegenüber einer Landesregierung oder anderen Institutionen und Gruppen eingesetzt werden kann. Bei dem besonderen Interesse, das die öffentliche Meinung und damit die Bevölkerung der auswärtigen Politik überhaupt entgegenbringt, hat der Außenminister vielleicht mit Ausnahme des Regierungschefs bei einer ergiebigen auswärtigen Politik mehr Wirkungsmöglichkeiten auf die Wähler, die außerhalb des Bereiches der eigenen Parteiorganisation stehen, als irgendein anderer Minister.

Eine echte Auseinandersetzung über die Richtlinien der Politik wurde genau ein Jahr nach der Regierungsbildung zwischen Bundeskanzler Adenauer und dem damaligen Innenminister Heinemann ausgetragen. Heinemann widersetzte sich im Kabinett den Tendenzen des Bundeskanzlers, eine Remilitarisierung der Bundesrepublik einzuleiten, und warf diesem vor, daß er dessen Informationsanspruch im allgemeinen und seinen besonderen als Sicherheitsminister verletzt habe, weil er das Sicherheitsmemorandum an die New Yorker Außenministerkonferenz nicht vorher der Regierung vorgelegt habe. Adenauer warf Heinemann vor, daß dieser den Aufbau einer Bundespolizei im Sinn seiner Richtlinien nicht vorbereitet habe. Heinemann wollte die Formation einer künftigen Bundespolizei auf rein polizeiliche Funktionen beschränken; Adenauer hingegen dachte an eine mehr militärische Kerntruppe und hatte sich mit dem Gedanken getragen, diese Polizei sich selbst zu unterstellen. Der Bundeskanzler hat einen Anspruch auf Durchführung und Verwirklichung der Richtlinien der Politik, auch wenn der Fachminister entgegengesetzter Auffassung ist. Dieser muß folgen oder gehen. Gerade in diesem Fall zeigt sich die dem Bundeskanzler zur Verfügung stehende Alternative, nämlich die Verwirklichung durch Kompetenzverlagerung oder Entlassung zu erzwingen.

Andererseits hat jedes Regierungsmitglied das Recht, die Richtlinien des Bundeskanzlers im Kabinett zur Diskussion zu stellen; aber das letzte Wort hat der Bundeskanzler. Jede Regierung und damit jedes Regierungsmitglied hat einen Anspruch auf Information über die Richtlinien der Politik des Bundeskanzlers und die von ihm vorgenommene praktische Durchführung. Die Bestimmung der Richtlinien der Politik befreit den Kanzler in den meisten Fällen bei abweichender Auffassung von der Unterwerfung unter den Mehrheitsbeschluß der Regierung, nicht aber davon, alle Angelegenheiten von politischer Bedeutung der Regierung zur Beratung und Beschlußfassung zu unterbreiten. Es gibt aber bestimmte Fragen, vor allem in der auswärtigen Politik, aber auch in anderen Ressorts, die sich gerade auf der Regierungsebene nicht ohne weiteres diesen Verpflichtungen unterordnen lassen. Auch Stresemann hatte seine Locarno-Politik ohne Wissen des Kabinetts eingeleitet, und ebenso erfuhr die Reichsregierung von der deutsch-österreichischen Zollunion 1931 erst nach deren Abschluß. Gerade die Anbahnung von außenpolitischen Beziehungen ist ein so heikles Problem, daß es vor allem im ersten Stadium des tastenden Versuchs vor Indiskretionen und Mißverständnissen gehütet werden muß, wobei die Gefahr des vorsätzlichen Bruchs der Geheimhaltungspflicht sehr viel geringer ist als die des fahrlässigen oder gar unbewußten.

»Einsame Entschlüsse« sind nicht nur aus der Eigenheit bestimmter Politiker zu erklären, sondern sie sind auch für gewisse heikle politische Angelegenheiten konforme Verfahren. Aber nur die Anwendung in wirklich begründeten Fällen, das heißt die Praxis der Ausnahme, vermag sie zu rechtfertigen.

Auch die Übertragung gewisser Zuständigkeiten in der Behandlung der Saarfrage vom Ministerium für gesamtdeutsche Fragen auf das Auswärtige Amt wirft ein Licht auf die Anwendung der Richtlinien der Politik mit den Mitteln der Organisationsgewalt. Zunächst gab die Presse die gesamte Kompetenzübertragung bekannt, dann wurde diese Kompetenzübertragung anscheinend auf Grund einer Kabinettsberatung, vielleicht sogar eines -beschlusses, auf die Federführung beschränkt. Der Bundesminister für gesamtdeutsche Fragen, Kaiser, hatte 1953 in der Saarfrage (das Saarland war damals noch von der Bundesrepublik getrennt) Tendenzen vertreten, die von der Politik des Bundeskanzlers abwichen. Daraufhin nahm Adenauer zunächst Kaiser die entsprechende Zuständigkeit, milderte dann aber, wahrscheinlich auf Betreiben des Kabinetts, die Maßnahme, indem er dem Gesamtdeutschen Ministerium die Sachbearbeitung überließ, aber unter Aufsicht des Auswärtigen Amtes, das unter seiner Leitung stand.

Die Kehrseite der großen Machtbefugnisse des vom Parlament gewählten Kanzlers ist, daß diese nur allzu leicht zum Gegenstand von Wahlkapitulationen werden können. Bei der zweiten Regierungsbildung Adenauers versuchten die Freien Demokraten eine Verzichterklärung bezüglich der Änderung des Wahlrechts, der Bund der Heimatvertriebenen und Entrechteten (BHE) eine Kompetenzerweiterung des Flüchtlingsministeriums, nicht aus institutionellen, sondern aus politischen Bedürfnissen, zu erreichen, rangen Parteien und Ressorts um das Stellvertreteramt. Die Zahl der Ministerämter mußte aus parteiarithmetischen Erwägungen heraus um fünf vermehrt werden. Diesen Forderungen steht der in erster Linie um die Regierungsbildung mit den Parteien ringende Bundeskanzler ungeschützt gegenüber. Der Mächtige hat auf diese Weise viel zu bieten, aber die ihm anvertraute Ordnung auch manches zu verlieren. Die Machtkonzentration des Kanzlers verleiht diesem Stärke in der Regierungsführung, aber schwächt ihn entsprechend bei der Regierungsbildung.

Bei dieser zweiten Regierungsbildung sind aber auch die konkreten Möglichkeiten und Schranken des in der Verfassung festgelegten Vorschlagsrechts des Kanzlers in Erscheinung getreten: Die Parteien einigen sich auf die Verteilung der Ministerien und haben ein Präsentationsrecht für die auf sie entfallenden. Der Kanzler kann die Vorschläge nur annehmen oder ablehnen, jedoch nicht von sich aus abändern.

Da sich die streitenden Parteien über die Besetzung des Justizministeriums nicht verständigen konnten, mußte der Bundeskanzler sogar den Bundespräsidenten als Schlichter anrufen. Diese Schranken bestanden also selbst für den Bundeskanzler, der gleichsam in indirekter Bundestagswahl mit absoluter Mehrheit wiedergewählt worden war. Andererseits muß man bedenken, daß der Bundeskanzler die Regierung auf der Basis einer Zweidrittelmehrheit bilden wollte und gezwungen war, die Grenznutzenansprüche der für diese Mehrheitsbildung unerläßlichen Parteien zu befriedigen.

X

Der französische Sozialist Léon Blum spricht im zweiten Kapitel seiner 1936 erschienenen Schrift »La Réforme Gouvernementale« über die Stellung des Ministerpräsidenten, wie er sie sich vorstellt: »...et je sais que tout travail collectif comporte des règles fixes et exige une direction unique. Cette direction, c'est le président du Conseil qui doit l'assumer; ... Habituionsnous à voir en lui ce qu'il devrait être: un monarque – un monarque à qui d'avance les lignes de son action furent tracées, un monarque temporaire et constamment révocable...«

Die wachsende Führungsstellung des parlamentarischen Regierungschefs liegt im Trend der Entwicklung der demokratischen Regierungsorganisation, auch in den Staaten, die dieses Bestimmungsrecht nicht kennen.

Der Parlamentarische Rat – Hauptausschuß und Plenum, CDU wie SPD – hat, wie die Protokolle zeigen, diese Führungsstellung des Kanzlers gewollt. Wenn nach einem Wort des Verfassungsrechtlers Rudolf Smend die Verfassung Anregung und Schranke zugleich ist, so hat der gegenwärtige Bundeskanzler die Anregung in ihrer vollen Sinnbedeutung erfaßt und ist bis zur Schranke vorgestoßen; aber er hat sie bisher nicht umgestoßen.

Der Parlamentarische Rat brauchte allerdings bei seiner Beratung nicht die Einordnung der Wehrmacht in seine Regierungskonstruktion zu bedenken. Ob die Verteidigungskräfte dem Bundespräsidenten nach dem Vorbild der Weimarer Regelung unterstellt werden oder einem Ressortministerium, wie es die übrigen Bundesbehörden sind – wobei der symbolische Oberbefehl hier außer Betracht bleiben kann –, in jedem Fall kann dadurch die bisherige Regierungskonstruktion eine Wesensänderung erfahren. Das Problem der Richtlinien, kaum verfassungsrechtlich gelöst, tritt erneut auf. *(1954)*

Bundesrat – Reichsrat – Bundesrat

Der Bundesrat war in seiner Art ein einzigartiges Organ in der Welt, wie auch der Reichsrat und ebenso heute noch der neue Bundesrat.

»So ist in diesem Raume (dem Plenarsaal des Reichsrates) in hohem Maße Tradition – und zwar eine besondere deutsche Tradition – zu Hause. Das gilt auch für den Geist der Verhandlungen und für die persönlichen Beziehungen zwischen den Mitgliedern des Reichsrats und zwischen ihnen und der Reichsregierung. Sachlichkeit, temperierte Austragung sachlicher Gegensätze, Pflege guter persönlicher Beziehungen sind die Gewohnheit des Reichsrats, von der uns keine Unterbrechung bekannt ist. Diese Atmosphäre, die sich nur selten vor der Öffentlichkeit in Gewittern entlädt, ist geboten durch die organische Aufgabe des Reichsrats ... Der Reichsrat soll der *Anker* im deutschen Uhrwerk sein. Motor, Feder und Unruh zu sein ist nicht seine Aufgabe. Er soll ein Hort strenger Sachlichkeit sein. Er soll das Gewissen in unruhigen und leidenschaftlichen Zeiten sein. Kein Hemmschuh für energischen Fortschritt, aber ein Hemmschuh für Ausbrüche der Leidenschaft und des überhitzten Kampfes. Eine Stütze für alle sachliche Arbeit, besonders aber eine Stütze für die Reichsregierung in solcher Arbeit. Im Reichsrat sammeln sich die Erfahrungen und Stimmungen der deutschen Länder und Landschaften...«

Das sagte Ministerialdirektor Arnold Brecht, Bevollmächtigter Preußens im Namen des Reichsrates, am 2. Februar 1933 in seiner Erwiderung auf die Rede Hitlers, der, gerade zum Reichskanzler ernannt, sich dem Reichsrat vorgestellt hatte. Brechts Ansprache sollte eine Mahnung an Hitler sein, und so hat sie auch gewirkt. Die nationalsozialistische Presse tobte wegen dieser Rede. Im ganzen waren in Brechts Worten Selbstverständnis, Haltung und Arbeitsweise des Reichsrates treffend wiedergegeben. Das hätte ein Mitglied des Bundesrates im Kaiserreich sagen können. Könnte so auch ein Mitglied des Bonner Bundesrates heute sprechen?

Alle drei Organe, der Bundesrat des Kaiserreiches, der Reichsrat der Weimarer Republik und der Bundesrat des Bonner Staates, haben gemeinsame, sie besonders charakterisierende Merkmale. Sie sind Organe eines Bundesstaates, und zwar sowohl in legislativer wie in exekutiver Hinsicht. In ihnen haben nicht gewählte Abgeordnete Sitz und Stimme wie im amerikanischen Senat oder im Schweizer Ständerat, sondern bevollmächtigte Vertreter der Landesregierungen. Diese geben nach Instruktionen ihrer Regierungen die Stimmen ihres Landes einheitlich ab. Die Stimmenzahl ist entsprechend der Größe der Länder, wenn auch nach unterschiedlichen Prinzipien, abgestuft.

Was Ernst Rudolf Huber in seiner »Deutschen Verfassungsgeschichte seit 1789« über die Bevollmächtigten des alten Bundesrates sagt, gilt grundsätzlich auch für die des Reichsrates und des jetzigen Bundesrates: »Die Bundesratsbevollmächtigten waren nicht Inhaber eines ›imperativen Mandats‹, sondern eines staatlichen Amts.« Sie waren »instruktionsgebundene Staatsbeamte«. Dieses föderalistische Organ in seiner dreifachen Gestalt stellt sich nicht unmittelbar zur Wahl und kennt daher auch keine Legislaturperioden. Man spricht vom »ewigen Bundesrat«. Zwar sind die Landesregierungen für ihre Entscheidungen, wenn auch graduell unterschiedlich, je nach den Verfassungssystemen der konstitutionellen Monarchie oder der parlamentarischen Demokratie, ihren Landesparlamenten verantwortlich; aber diese nehmen die Verantwortung kaum in Anspruch. Die für das Zentralparlament bestimmten Vorlagen der Zentralregierung gehen zunächst im sogenannten »ersten Durchgang« an das Organ der Landesregierungen. Dieses entscheidet, nach Annahme des Gesetzes durch das Zentralparlament, im »zweiten Durchgang«, mit unterschiedlicher Wirkung nach Maßgabe der jeweils geltenden Verfassung. Die Sonderstellung der Mitglieder dieses Organs kommt auch darin zum Ausdruck, daß sie im Parlament erscheinen können. Sie sitzen auf der Regierungsestrade links vom Präsidenten und müssen auf Verlangen wie die Mitglieder der Zentralregierung jederzeit gehört werden.

I

Wie ist es zu dieser sonderbaren Institution gekommen? Jahrzehntelang hatte sich vor der Reichsgründung 1867/71 die Staatsrechtslehre mit dem Problem von Fürstensouveränität und bundesstaatlicher Organisation beschäftigt. Der Bundesstaat mußte die Souveränität der Fürsten der Gliedstaaten einschränken, wenn nicht gar aufheben. Bisher gab es nur republikanisch-demokratische Bundesstaaten wie die Schweiz und die Vereinigten Staaten von Amerika. Für Bismarck sollte der Bundesrat die Lösung dieses Problems bringen. Dessen Konstruktion beruhte im wesentlichen auf seiner Konzeption. Die Fürsten sollten im Bundesrat durch ihre Regierungen, die sie allein ernennen und abberufen konnten, vertreten sein. Der Bundesrat war als das Organ gedacht, »wo die Souverainetät der Einzelstaaten fortfährt, ihren Ausdruck zu finden«. Der Bundesrat sollte Träger oder Teilhaber der Reichssouveränität sein. Er galt neben dem Kaiser als oberstes Reichsorgan.

Bismarck wollte einmal durch die Einrichtung des Bundesrates das Standesbewußtsein der deutschen Fürsten im Interesse ihrer Reichsfreundlichkeit und damit der Reichsintegrierung respektieren. Das kommt schon in der Reihenfolge der Abschnitte in der Bismarckschen Reichsverfassung zum Ausdruck. Der Bundesrat rangierte vor dem »Präsidium« des Reiches, dem Kaiser, dann folgte der Reichstag. In der Weimarer Verfassung stand an erster Stelle der Abschnitt über den Reichstag, dann kamen die über den Reichspräsidenten und über die Reichsregierung. Darauf folgte erst der Reichsrat. Im Grundgesetz steht wie in der Weimarer Verfassung das Parlament, der Bundestag, an erster Stelle. Es folgt der Bundesrat. Hinter diesem stehen die Abschnitte über den Bundespräsidenten und über die Bundesregierung.

Zum anderen sollte der Bundesrat als föderalistisch-monarchisches Organ das Gegengewicht und Korrektiv zu der aus direkten und gleichen Wahlen hervorgegangenen Nationalvertretung, dem unitarischen Reichstag, bilden. Er sollte die unübersteigbare Schranke gegen von Europa nach Deutschland eindringende parlamentarisch-demokratische Tendenzen darstellen. Waren im Reichstag die Formen und Methoden der Geschäftserledigung parteipolitischer Art, so sollten sie im Bundesrat föderalistisch-diplomatischer Natur sein.

Deshalb war Modell für den Bundesrat nicht das »Staatenhaus« der Frankfurter Reichsverfassung von 1848; dessen Mitglieder sollten nämlich je zur Hälfte von den Regierungen und Parlamenten der Gliedstaaten gewählt werden. Vorbild war vielmehr der Frankfurter Bundestag, der Gesandtenkongreß der deutschen Fürsten und der Senate der freien Städte des vom Wiener Kongreß 1815 errichteten Deutschen Bundes. Er galt als die Fortsetzung des »ewigen Reichstages von Regensburg« von 1663, der mit dem Erlöschen des Heiligen Römischen Reiches Deutscher Nation 1806 sein Ende gefunden hatte. Dessen Einrichtungen und Verfahren lassen sich auf frühere Reichstage zurückführen. Wie sehr Bismarck die Übernahme der Tradition des Frankfurter Bundestages demonstrieren wollte, zeigt, daß er im neugegründeten Reich den Bundesratsmitgliedern, damit auch den Gesandten der deutschen Länder in Berlin, die in der Regel stimmführende stellvertretende Bevollmächtigte waren, »den üblichen diplomatischen Schutz« zugestanden hat, was in der Reichsverfassung ausdrücklich festgelegt wurde. Wie die ausländischen Missionschefs gleichen Ranges führten sie den Titel »außerordentliche Gesandte und bevollmächtigte Minister« mit dem Prädikat »Exzellenz«. Sie sollten nicht schlechter gestellt sein als die früheren Bundestagsgesandten in Frankfurt am Main. Auf dieses Recht hatten 1919 die Länder zwar formal verzichtet, aber faktisch blieb es bis 1933 weitgehend bei dem diplomatischen Status.

Die Genealogie des Bundesrates war eine völlig andere als die des Reichstages. Dieser wie auch die Volksvertretungen der deutschen Länder lassen sich auf das englische Unterhaus zurückführen. Einige deutsche Monarchen hatten bei Gründung des Norddeutschen Bundes die Bildung eines »Fürstenhauses« gewünscht, wobei Modell, wenn auch mit starken Abwandlungen, das englische Oberhaus war, das bereits zusammen mit den alten deutschen Ständevertretungen das Vorbild für die ersten Kammern in den Ländern abgegeben hatte. Von einer auch von Fürsten besetzten Pairskammer wollte Bismarck aber nichts wissen. Er fürchtete, diese könnten mit den Parlamentariern paktieren. Der Regensburger Reichstag hingegen war ein Organ der Reichsstände, der Kurfürsten, Fürsten und Ratskollegien der freien Städte gewesen und entsprechend, wenn auch mit Einschränkungen, der Frankfurter Bundestag, der kein Gesetzgebungs-, sondern nur ein Gesetzempfehlungsrecht gehabt hatte. Ihm wurde der Bundesrat nachgebildet. Man hat diesen daher ein »Verfassungserbgut« genannt.

Aber der Bundesrat war nach Huber nur »dem Schein nach der Träger der Bundessouveränität«. Deutscher Kaiser war der König von Preußen, und in der Regel war der Reichskanzler preußischer Ministerpräsident. Der Reichskanzler war Vorsitzender des Bundesrates. Er hatte zwar als Vorsitzender kein Stimmrecht, verfügte aber über die preußischen Stimmen, die allerdings vom Kollegium des preußischen Staatsministeriums instruiert wurden. Das hat zeitweise zu Konflikten zwischen der in ihrer Selbständigkeit wachsenden Reichsleitung und der stark konservativen preußischen Regierung geführt.

Das Königreich Preußen umfaßte zwei Drittel des Reichsgebietes und der Reichsbevölkerung. Es hatte jedoch, um die anderen Länder nicht majorisieren zu können, nur 17 von insgesamt 58 Stimmen, also ein Drittel, erhalten. Dank seiner Größe war es ihm freilich administrativ-, finanz- und wirtschaftspolitisch möglich, gegebenenfalls durch Druck die Stimmen anderer, besonders kleinerer Länder zur Erreichung der Mehrheit zu gewinnen. Tatsächlich ist Preußen im Kaiserreich nur einmal überstimmt worden.

Der Reichskanzler war Chef der Reichsverwaltung, der Bundesrat hatte keine eigene Apparatur. Vertreter des Reichskanzlers im Bundesratsvorsitz waren in der Regel ihm formell unterstellte Reichsstaatssekretäre, die Leiter der Reichsämter, die den späteren Reichsministerieren entsprachen. Sie waren vielfach zugleich preußische Staatsminister ohne Portefeuille. So hat der Bundesrat eine entscheidende Stellung in der Reichsexekutive nicht erreicht. Er war, wenn man von seinen Gesetzgebungsfunktionen absieht, nur, wie Ernst Rudolf Huber in seiner »Deutschen Verfassungsgeschichte seit 1789« sagt, »mitwirkendes und kontrollierendes Exekutivorgan«.

Aber es war ein regierungsgleiches Recht des Bundesrates, daß nur mit seiner Zustimmung Vorlagen des Reichskanzlers, also dessen Gesetzentwürfe, an den Reichstag gehen durften. Daß die vom Reichstag beschlossenen Gesetze der Zustimmung des Bundesrates bedurften, entsprach den üblichen Rechten einer Ersten Kammer.

Durch die Personalunion von Reichskanzler, preußischem Ministerpräsidenten und Bundesratsvorsitzendem sollte die Sicherung der indirekten Hegemonie Preußens erreicht werden. Das war nach Vorstellung Bismarcks die dritte elementare Funktion des Bundesrates neben der Reichsbejahung der Fürsten und neben dem Schutz des konstitutionellen monarchischen Systems. Die Bismarcksche Konstruktion beruhte auf der Verbindung von »föderativem Prinzip mit dem Hegemonialprinzip«.

Der Bundesrat war »keine Erste Kammer des Reichs. Er war«, um nochmals Huber zu zitieren, »kein Teil einer parlamentarischen Körperschaft, wie dies zum Wesen der Ersten Kammer gehört«. Er hat aber ähnlich wie eine Erste Kammer fungiert, mit einer starken, allerdings im wesentlichen prohibitiv wirkenden Vorrangstellung gegenüber dem Reichstag. Im Ersten Weltkrieg sind seine Kompetenzen erheblich erweitert worden. Er wurde ermächtigt, die für die Kriegsführung notwendigen gesetzlichen Maßnahmen auf wirtschaftlichem Gebiet unter vorübergehender Ausschaltung des Reichstages anzuordnen. So war er schon damals eine Art »Legalitätsreserve«. Aber einen Einfluß auf die Reichspolitik hat er kaum gehabt. Eine Regierung neben dem Kaiser, wie es sich nach der

Verfassung vorstellen ließ, ist er nicht gewesen. Das hat Bismarck, der in der Verfassungsgestaltung nicht Begriffsjurist, sondern in erster Linie Diplomat war, wohl auch nicht gewollt. In dieser Einschränkung hat sich der Bundesrat als eine die konstitutionelle Monarchie bewahrende Erste Kammer mit zusätzlichen Verwaltungskompetenzen nach den damaligen Vorstellungen bewährt.

Der Bundesrat war in seiner Art ein einzigartiges Organ in der Welt, wie auch der Reichsrat und ebenso heute noch der neue Bundesrat. Die eigentümliche Konstruktion läßt sich nur verstehen, wenn man die Motivationen und die Verfassungstechnik Bismarcks kennt.

Eine vor und nach der Gründung des Kaiserreiches weit verbreitete, auch wissenschaftlich vertretene Auffassung war, daß Föderalismus und Parlamentarismus nicht in Einklang zu bringen wären, vor allem nicht in der Monarchie, wie gerade die Beispiele der Vereinigten Staaten und der Schweiz zeigten. Die Parlamentarisierung führe zur Lähmung des Föderalismus. Diese Auffassung hat noch 1917 Erich Kaufmann in seinem Aufsatz »Bismarcks Erbe in der Reichsverfassung« vertreten. Australien und Kanada waren parlamentarische Bundesstaaten; aber da sie damals noch als englische Dominions der englischen Krone unterstanden, hat man sie wohl zum Vergleich nicht beachtet.

II

Vor dem Problem Föderalismus und Parlamentarismus stand Deutschland an der Jahreswende 1918/19 nach dem Sturz der Monarchie. Der Staatsrechtslehrer Hugo Preuß, Linksliberaler, Staatssekretär des Innern in der provisorischen Revolutionsregierung der Volksbeauftragten 1918/19 und dann Reichsminister des Innern, hatte in seinem für die Nationalversammlung bestimmten Verfassungsentwurf die Umwandlung des monarchischen Bundesstaates in einen dezentralisierten, demokratischen Einheitsstaat vorgesehen. Das erforderte eine Neugliederung Deutschlands durch Aufteilung Preußens und Zusammenlegung von Ländern. Die neuen Länder sollten auf die »Funktion höchstpotenzierter Selbstverwaltung« beschränkt werden. Für einen Bundesrat, der ohnehin in das parlamentarische System nicht paßte, oder ein diesem ähnliches Organ war in dem Preußschen Verfassungsentwurf kein Platz mehr. Vielmehr sollte an dessen Stelle ein »Staatenhaus«, eine echte zweite Kammer, treten, dessen Mitglieder von den Landtagen zu wählen waren. Aber gegen den Preußschen Entwurf liefen die Länder Sturm. Zwar waren die Fürsten gegangen, doch die Länder waren geblieben. Eine Reichsrevolution hatte nicht stattgefunden. Durch Revolten in den einzelnen Ländern waren die Fürsten mehr oder minder gezwungen worden abzutreten, und an deren Stelle waren Revolutionsregierungen getreten. Am föderalistischen Zustand des Reiches hatte sich kaum etwas geändert. Preuß hatte die Macht der Länder nicht ebenso realistisch eingeschätzt, wie es Bismarck bei derjenigen der Fürsten getan hatte. Die Macht der Volksbeauftragten war relativ gering. Zwar hatten sie die Einberufung des Reichstages verhindert, aber der permanente Gesandtenkongreß des Bundesrates existierte noch, wenn auch ohne Gesetzgebungsbefugnisse. Die Revolutionsregierungen in den Ländern hatten die Berliner Gesandten weitgehend im Amt belassen, und diese waren auch bereit, ihnen zu dienen. Bei der geringen Anzahl der Gesandten, die alle ihren Wohnsitz in Berlin hatten, konnten sie unschwer miteinander in Verbindung treten, sogar informell zusammenkommen. Sie hielten die Kontakte mit der im Amt verbliebenen Reichsbürokratie aufrecht. Sie informierten ihre Landesregierungen und ließen sich von ihnen instruieren.

Als alleinige Konstituante war die Nationalversammlung vorgesehen. Aber die Landesregierungen setzten durch, daß sie an der Beratung des Entwurfs über ein vorläufiges neues Reichsgrundgesetz beteiligt wurden. Darauf hatte besonders der Chef der bayerischen Revolutionsregierung, der unabhängige Sozialist Kurt Eisner, gedrängt. Man sprach in der Konferenz der Reichs- und Ländervertreter vom »Bundesrat mit verminderten Befugnissen«. Es müsse »etwas vom Bundesrat übrig bleiben«. Den Landesregierungen kam es darauf an, ihre Vertretung im Reich zu erhalten, und die Reichsleitung wollte es in dieser Situation der gefährdeten Reichseinheit auf einen Konflikt mit den Ländern nicht ankommen lassen. So konstituierte sich mit Duldung der Volksbeauftragten ein vorläufiger »Staatenausschuß« nach der Art des früheren Bundesrates und mit dessen Stimmenverhältnis. Noch war die Nationalversammlung nicht zusammengetreten, da war das »Verfassungserbgut« schon gesichert. Georg Jellineks Wort von der »normativen Kraft des Faktischen« war wieder zur Geltung gekommen.

Im »Gesetz über die vorläufige Reichsgewalt« vom 10. Februar 1919 erhielt der Staatenausschuß für die Gesetzgebung eine ähnliche Stellung, wie der alte Bundesrat sie gehabt hatte, nur mit dem Unterschied, daß die Nationalversammlung allein über die Verfassung zu entscheiden hatte. Wohl aber mußte die Reichsregierung wie bisher ihre Vorlagen an die Nationalversammlung vorher dem Staatenausschuß unterbreiten. Wenn eine Übereinstimmung zwischen Reichsregierung und Staatenausschuß nicht erzielt wurde, konnten beide ihre Entwürfe bei der Nationalversammlung einbringen. Für den neuen Staatenausschuß blieben die alten Gesandten, sofern nicht neue ernannt waren, bevollmächtigt. Der Staatenausschuß war das einzige Reichsorgan, in dem die personelle Kontinuität sich zunächst hielt.

Dem Organ der Länder den Charakter eines Senates zu geben, wie es Hugo Preuß im ersten Entwurf beabsichtigt hatte, war die Nationalversammlung nicht bereit. Die Gliedstaaten fanden einen Bundesgenossen in der Linken. Diese wollte eine zweite Kammer nicht aufkommen lassen. Sie hätte weitgehend mit dem Reichstag gleichberechtigt sein müssen und wäre dann nur ein Spiegelbild oder aber ein Gegenblock gewesen. Man hoffte zudem, durch ein bundesratsähnliches Organ die partikularistischen Strömungen der Länder auffangen zu können. Das war auch die Bismarcksche Motivation gewesen.

Ein wesentliches Argument für die Aufrechterhaltung der Bundesratsform war in den Verhandlungen der Nationalversammlung, daß man in der Gesetzgebung den Sachverstand von

Beamten aus Behörden, die die Reichsgesetze auszuführen hatten, nicht entbehren könne und ebenso nicht die Bürokratie der Länder als Gegengewicht gegen die des Reiches. Trotz aller Gegensätze hatte der alte Reichstag mit dem Bundesrat *cum grano salis* gute Erfahrungen gemacht. Auf das Experiment eines Senates wollte man sich nicht einlassen.

So wurde aus dem Provisorium des Staatenausschusses ein Definitivum. Man änderte den Namen Bundesrat in Reichsrat. Schon 1871 hatte man – nach Anschütz' Verfassungskommentar – »erwogen, das föderalistische Hauptorgan nicht ›Bundesrat‹, sondern ›Reichsrat‹ zu nennen«. Aber dieser Name war durch den »Reichsrat der Krone Bayerns«, der ersten bayerischen Kammer, blockiert gewesen.

In der Gliederung des Reiches änderte sich nach der neuen Verfassung nichts Wesentliches. Nur die thüringischen Länder vereinigten sich zu einem Land. Damit sank die Zahl der Länder von 25 auf 17. Der Reichsrat glich »in seiner Formation weitgehend seinem Vorgänger«, aber seine Rechte waren eingeschränkt, und zwar sowohl durch die Ausdehnung der Reichskompetenzen als auch durch die Reduzierung seiner Befugnisse. Er war nur der »Reichsregierung an die Seite gesetzt, als ein Faktor, der die Tätigkeit dieser Regierung, teils helfend, teils hemmend, begleitet, etwa einem (mit starken beschließenden, nicht nur beratenden Zuständigkeiten ausgestatteten) Staatsrat unter anderen Verhältnissen vergleichbar«.

Die beiden grundlegenden politischen Unterschiede ergaben sich einmal aus der Parlamentarisierung von Reich und Ländern und zum anderen aus der Auflösung der institutionalisierten Verbindungen zwischen dem Reich und Preußen. Die Verbindung von »föderativem Prinzip mit dem Hegemonialprinzip« bestand nicht mehr. An die Stelle des Hegemonialprinzips war das parlamentarisch-demokratische getreten. Aber allein durch Preußens überragende Größe war ein beachtlicher Rest von faktischer Hegemonie geblieben. Dadurch, daß ein monarchisch-föderalistisches Hegemonialinstrument in das parlamentarisch-demokratische System hinübergerettet wurde, mußten konstruktionspolitische Probleme entstehen.

Im Kaiserreich war der Bundesrat dank der Fürstensolidarität trotz der Länderrivalität ein konservativ gestimmter, homogener Gesandtenkongreß gewesen. Die parteipolitisch unterschiedlich zusammengesetzten und mehr oder minder wechselnden Koalitionsregierungen der Länder bewirkten eine heterogene Zusammensetzung des Reichsrates. Dazu kamen die parteipolitischen Unterschiede zwischen der Reichsregierung und einzelnen Landesregierungen. Die Änderung ergab sich daraus, daß man ein spezifisch für die föderalistische Monarchie bestimmtes Organ in ein parlamentarisches, wenn auch abgeschwächt bundesstaatliches, System gestellt hatte.

Die institutionelle Personalunion zwischen Preußen und dem Reich war im republikanisch-parlamentarischen System nicht mehr möglich. Das bedeutete auch, daß dem Reichsrat »die bündisch-hegemonische Präponderanz und Führung Preußens« fehlte. Dadurch wurde andererseits die Selbständigkeit der Länder im Reichsrat gestärkt. Preußen verlor nicht nur das Präsidium im Reich, sondern wurde außerdem durch die Teilung seiner Reichsratsstimmen geschwächt. Es verfügte im Reichsrat zwar über zwei Fünftel der Stimmen statt wie bisher im Bundesrat nur über ein Drittel. Aber das preußische Staatsministerium instruierte nur die Hälfte dieser 26 Stimmen. Die restlichen Vertreter Preußens wurden von den Provinzialausschüssen bestellt, die aus den preußischen Provinziallandtagen, den Vertretungskörperschaften der preußischen Provinzen, hervorgegangen waren. Diese Vertreter hatten freies Stimmrecht. Im Gegensatz zu den Regierungsbevollmächtigten konnten sie innerhalb der Wahlperiode ihrer Provinziallandtage nicht abberufen werden. Es ist vorgekommen, daß bis zu zehn Provinzialvertreter gegen die preußische Regierung gestimmt haben. Dann kamen zugunsten der preußischen Regierung nur noch drei ihrer Stimmen zur Geltung, was der Stimmenzahl Badens entsprach. So ist die preußische Regierung im Reichsrat auch nicht selten überstimmt worden. Die Preußen betreffende Regelung der Weimarer Verfassung entsprach dem Frankfurter Verfassungsentwurf von 1848. Das alte Prinzip der weisungsgebundenen und einheitlichen Stimmabgabe war nunmehr bei

13 von 66 Reichsratsmitgliedern durchbrochen worden. Man sprach von der *lex antiborussica*. So hatte der Reichsrat einen dem Senatsprinzip entsprechenden Einschlag erfahren. Den Antrag auf Teilung der preußischen Stimmen hatte die Sozialdemokratie gestellt. Aber gerade sie war von 1919 bis 1932 mit kurzen Unterbrechungen die stärkste Regierungspartei in Preußen. Im Parlamentarischen Rat hat Heuss die Kombination von instruierten und freien Stimmen für eine zweite Kammer als Kompromiß zwischen Senats- und Bundesratsprinzip vorgeschlagen. Er fand damit keine Resonanz. Manche mögen sich an die preußische Stimmenteilung erinnert haben.

Der neue Dualismus zwischen dem Reich und Preußen, ohne institutionelle Verbindungen, aber mit häufig unterschiedlichen, wenn nicht gar gegensätzlich zusammengesetzten Regierungen in der gleichen Hauptstadt, wurde zu einer schweren politischen Belastung. Im ganzen war jedoch die preußische Regierung in ihrer Reichsratspolitik behutsam.

Nach wie vor mußten alle Regierungsvorlagen an den Reichstag über den Reichsrat gehen. Aber sie bedurften nicht mehr seiner Zustimmung. Die abweichende Auffassung des Reichsrates zu einer Vorlage der Regierung mußte diese dem Reichstag zuleiten. Das hat den gesetzgebungspolitischen Einfluß des Reichsrates auf den Reichstag gestärkt. Die alte Regelung, daß die Reichsratsbevollmächtigten an den Sitzungen des Reichstages teilnehmen konnten und auf Verlangen jederzeit gehört werden mußten, blieb.

Der Reichsrat hatte nur noch ein Einspruchsrecht gegen vom Reichstag beschlossene Gesetze. Der Einspruch mußte begründet werden, was im Fall unterschiedlicher oder gegensätzlicher Motive nicht immer leicht war. Den Einspruch konnte der Reichstag mit Zweidrittelmehrheit überwinden. Wurde diese nicht erreicht oder kam eine Einigung nicht zustande, so war das Gesetz abgelehnt, sofern nicht der Reichspräsident einen Volksentscheid herbeiführte, was nie geschehen ist. Wohl sind einige wenige Gesetze infolge Einspruchs nicht zustande gekommen. In einigen anderen Fällen hat der Reichsrat sich mit Zweidrittelmehrheit durchgesetzt, aber meist verständigten sich die beiden gesetzgebenden Körperschaften. Der Bundesrat war nämlich berechtigt, jederzeit seinen Einspruch zu widerrufen. Dieser richtete sich gegen das ganze Gesetz, auch wenn es nur um einzelne Bestimmungen ging. Das Risiko der Ablehnung infolge Einspruchs scheuten teils der Reichsrat, teils der Reichstag, manchmal auch beide.

Im Reich, in Preußen sowie in Hessen, Baden und Württemberg – in Gestalt der vom Zentrum abgespaltenen Bayerischen Volkspartei auch in Bayern – war das katholische Zentrum, die Mittelpartei zwischen rechts und links, die mit der einen wie mit der anderen Seite Regierungen bilden konnte, von 1919 bis 1932/33 ständige Regierungspartei. Durch die Verzahnung über das Zentrum konnte es zu einer ernsthaften, anhaltenden Konfrontation zwischen Reichsrat und Reichstag schwerlich kommen. Im Gegensatz zur Bismarckschen Reichsverfassung durften die Mitglieder des Reichsrates, also die Landesminister und Senatoren, sowie die preußischen Provinzialvertreter auch Abgeordnete im Reichstag sein, was nicht selten der Fall war. So war das Zentrum dank jener Abgeordneter, die Inhaber eines Doppelmandats waren, häufig informeller, nichtinstitutionalisierter Vermittler. Eine sehr einflußreiche Stellung im Reichsrat hatte von 1923 bis 1932 Weissmann, ein parteiloser Staatssekretär beim Ministerpräsidenten im preußischen Staatsministerium, der ein versierter Beamter von großem Verhandlungsgeschick war. Daß er in dieser Eigenschaft regelmäßig an den Sitzungen des Reichskabinetts, ungeachtet dessen wechselnder Zusammensetzung, teilnehmen konnte, bot mannigfache Möglichkeiten der Vermittlung. Abgesehen von diesen mehr persönlichen Vermittlungen wurden auch besondere Gremien mit Ausgleichsverhandlungen betraut.

Die Verwaltungskompetenzen des Reichsrates waren gegenüber denen des Bundesrates erheblich eingeschränkt. Andererseits hat der Reichsrat im Laufe der Zeit seine Mitwirkungsbefugnisse beim Erlaß von Ausführungsverordnungen und Verwaltungsvorschriften ganz erheblich auszudehnen vermocht.

Vorsitzender des Reichsrates war ein Mitglied der Reichsregierung ohne Stimmrecht, meist der Reichsminister des Innern.

Da dieser nicht mehr über die preußischen Stimmen verfügte, fungierte er nur noch als Sitzungsleiter. Das Büro des Reichsrates, wie das des Bundesrates, bestand aus zwei Ministerialräten und einem Bürodirektor. Die beiden Ministerialräte fungierten in erster Linie als Protokollführer. Sie wurden mit Zustimmung des Reichsrates bestellt. Ihre Tätigkeit war nur nebenamtlich. Alle drei Beamten taten zugleich Dienst im Reichsministerium des Innern.

Der Weimarer Reichsrat verhandelte wie der Bundesrat in seinem Plenarsaal im Reichstagsgebäude an einem großen hufeisenförmigen Tisch, was den Sitzungen einen intimen Charakter gab, zumal die Teilnehmer auch in der Weimarer Zeit relativ selten wechselten. Arnold Brecht spricht von einer »klubähnlichen Atmosphäre des Reichrates«. Die Sitzungen des Reichsrates fanden im Gegensatz zu denen des alten Bundesrates öffentlich statt, aber man hatte nur wenige Stühle im offenen Teil des hufeisenförmigen Tisches aufgestellt. Im Bedarfsfall wurden sie durch einige weitere an der Wand vermehrt. Gewöhnlich war nur ein einziger gemeinsamer Pressevertreter anwesend.

Im Reichsrat ging es nicht mehr nur um bundesstaatliche Gegensätze, um Föderalismus und Gesetzgebung, um die Problematik praktischer Verwaltung, sondern auch um parteipolitische Rivalität. Man sprach »vom Parteienbundesstaat«. »Die Zersplitterung zeigt sich in erster Linie bei spezifisch-politischen Entscheidungen ... und bei Fragen, die mit parteipolitischen Prinzipien zusammenhängen ..., aber auch in wirtschaftspolitischen Fragen, soweit sie eben unter dem Einfluß der Parteipolitik beurteilt werden«. Als gewisse Kompensation »zugunsten rein sachlicher, gleichmäßiger Funktion« wirkte »die Anwesenheit technisch geschulter und personell relativ beständiger Beamtenkräfte im ›permanent versammelten‹ Reichsrat«.

Die maßgebliche Rolle in den Beratungen des Reichsrates spielten, wie bisher im Bundesrat, hohe Landesbeamte, die Gesandten, von denen einige schon im alten Bundesrat gesessen hatten. Sie waren, von einigen wenigen Ausnahmen abgesehen,

Berufsbeamte, von denen viele ihre Karriere in der Monarchie begonnen hatten. Auch die überzeugt Verfassungstreuen lebten in den Vorstellungen eines demokratisch organisierten Obrigkeitsstaates, wie ihn die meisten – auch sozialdemokratische – Minister ebenfalls vertraten. Die Länder pflegten ihre Berliner Vertreter im allgemeinen sehr sorgfältig auszusuchen. Nicht nur wegen der Bedeutung der Reichsratssitzungen, sondern auch, weil sie die Länderinteressen gegenüber den Reichsbehörden zu vertreten hatten. Die Ländervertreter waren im allgemeinen sehr gut informiert und informierten entsprechend ihre Regierungen. »Obwohl die Bevollmächtigten der Länder – außer denjenigen der preußischen Provinzen – theoretisch und rechtlich an Instruktionen durch ihre Landesregierung gebunden waren, lief die praktische Handhabung darauf hinaus, daß die Bevollmächtigten sich vielfach selbst instruierten oder doch ihren Regierungen schriftlich oder telefonisch vorschlugen, wie sie instruiert werden wollten. Das setzte ein enges Vertrauensverhältnis zu der Landesregierung voraus. Oft spiegelten Abstimmungen mehr die politischen Ansichten der Bevollmächtigten als ihrer Regierungen wider« (Arnold Brecht).

Zu einer führenden Erscheinung im Reichsrat wurde seit 1927 mehr und mehr der preußische Ministerialdirektor Arnold Brecht, der aus dem Reichsdienst kam. Er vertrat keineswegs nur die spezifisch preußischen Interessen, sondern sorgte mit überlegener Vermittlung für die Reichsbelange.

Trotz verminderter Befugnisse erwarb sich der Reichsrat wegen seiner sorgfältigen, gründlichen und verwaltungserfahrenen Arbeit sowohl beim Reichstag als auch bei der Reichsregierung ungeachtet ihrer wechselnden Mehrheiten, und selbst bei der Reichsbürokratie, wachsendes Ansehen. Ministerialdirektor Poetzsch-Heffter, Bevollmächtigter Sachsens im Reichsrat, aber doch zu ihm kritisch eingestellt, schreibt in seinem ersten Aufsatz über das Staatsleben unter der Weimarer Verfassung: »Das politische Gewicht des Reichsrats und sein Einfluß auf die Führung der Reichsgeschäfte hat sich stärker entwickelt, als bei der Schaffung der Verfassung angenommen wurde... Die Stärkung des Reichsrates wurde dabei durch den äußeren

Umstand erleichtert, daß er sich nicht auf periodisch einberufene Sitzungen beschränkte, was der Wortlaut der Verfassung nahelegte, sondern tatsächlich als dauernd tagende Körperschaft eingerichtet wurde... In Zeiten rasch wechselnder Reichsregierungen ist er auch sonst für die Kontinuität der Reichsgeschäfte ein wichtiger Faktor. In ihm mußte sich nach und nach ein Stück Regierungstradition verkörpern. Und gerade hierfür kam ihm zustatten, daß seine tägliche Erscheinungsform nicht die im verfassungsurkundlichen Bilde hervortretende Versammlung von wechselnden Landesministern ist, sondern ein in seiner Zusammensetzung ziemlich konstanter Beamtenkörper, der in zahlreichen persönlichen und kollegialen Beziehungen mit der Reichsbeamtenschaft verbunden ist. Dem Reichstage gegenüber konnte der Reichsrat an Einfluß dadurch gewinnen, daß jener ihm selten als geschlossene Einheit gegenübertrat und daß mit Zweidrittelmehrheit in Konfliktsfällen nicht ohne weiteres zu rechnen war. Dadurch konnte sich gelegentlich sein Einfluß bis zum Grade einer mitbeschließenden Körperschaft, deren Zustimmung zur Gesetzgebung erforderlich ist, steigern. Dazu kam, daß in den langen Zeiten der vereinfachten Gesetzgebung ihm regelmäßig die Rolle der gesetzgebenden Körperschaft neben der Reichsregierung zufiel.«

Unter der »vereinfachten Gesetzgebung« wurden Ermächtigungsgesetze im ersten Jahrfünft der Weimarer Republik verstanden. Sie ermöglichten es der Regierung, nach Kriegsende sowie während der Ruhrbesetzung und Inflation gesetzesvertretende Verordnungen vorwiegend nur mit Zustimmung des Reichsrates zu erlassen. Die Ermächtigungsgesetze waren jeweils befristet. Innerhalb dieser fünf Jahre hat die Regierung während einer Gesamtzeit von zwei Jahren und fünf Monaten »außerordentliche Vollmachten zur Gesetzgebung gehabt«. Heute ist verfassungsrechtlich die Übertragung der Gesetzgebungsbefugnisse an andere Gremien ausgeschlossen, abgesehen vom Gesetzgebungsnotstand nach Artikel 81 des Grundgesetzes und der Einschaltung des Gemeinsamen Ausschusses im Verteidigungsfall nach Artikel 115e. Damals fungierte nicht kraft Verfassung, sondern aufgrund von Ermächtigungsgesetzen der Reichsrat als »Legalitätsreserve«, wie es der Bundesrat im Ersten Weltkrieg gewesen war.

Am Notverordnungsrecht des Reichspräsidenten war der Reichsrat dagegen ebensowenig wie der Reichstag beteiligt, es sei denn, daß er vor Erlaß in Einzelfällen informell gehört wurde. Mißt man die Tätigkeit des Reichsrates an den Vorstellungen der Verfassung, so hat er seine rechtlichen Möglichkeiten nicht nur ausgeschöpft, sondern in deren Rahmen erheblich ausgedehnt. Dadurch war er dem alten Bundesrat nähergerückt, als die Verfassungsgeber ursprünglich gewollt hatten. Große politische Impulse sind von ihm ebensowenig ausgegangen wie von seinem Vorgänger. Das wäre beim Bundesrat möglich gewesen, hätte aber nicht der Anlage des Reichsrates entsprochen. Dieser fungierte, wie immer man es verwerten mag, als Hüter eines, wenn auch geminderten Föderalismus. Dadurch, daß er existierte und wirkte, hat er den seit 1919 einsetzenden »Entstaatlichungsprozeß der Länder« gehemmt, mehr als es die Länderregierungen bei einem Senat wohl vermocht hätten. Rückwirkend wird man sagen können: Der Reichsrat mit seiner Abwandlung des monarchisch-konstitutionellen Bundesrates hatte seinen Platz im föderalistischen Parlamentarismus praktisch gefunden.

Durch das »Gesetz über den Neuaufbau des Reichs« vom 30. Januar 1934 unterstellte Hitler mit Zustimmung des rein nationalsozialistisch gewordenen Reichsrates die Landesregierungen der Reichsregierung. Am 14. Februar folgte die Auflösung des Reichsrates.

III

Die Reichsgewalt war durch Hitlers Selbstmord und durch die Gefangennahme seines von ihm bestellten Nachfolgers, des Großadmirals Dönitz, einerseits und durch die bedingungslose Kapitulation andererseits beseitigt. Deutschland war, in vier Besatzungszonen eingeteilt, ein Viermächtekondominium. Durch die Auflösung Preußens war dessen Hegemonialstellung fortgefallen. Die Länder waren nunmehr in ihren Größenordnungen einander stärker angenähert; sie waren nach administrativen Interessen der neuen Zonenherren vielfach neu eingeteilt und umgebildet worden und stellten die obersten Verwaltungseinheiten in den Besatzungszonen dar. Eine gesamtdeutsche Verwaltung war alliierterseits zwar vorgesehen, aber sie wurde nicht eingerichtet. Überzonale Institutionen der Länder gab es zunächst nicht.

Die vier Länder in der amerikanischen Zone, Bayern, Württemberg-Baden, Hessen und Bremen, bildeten durch die Institution des Länderrates einen Staatenbund. Modell für den Länderrat waren Bundesrat und Reichsrat. Aber der Länderrat übte im wesentlichen gesetzesvorbereitende und gesetzgeberische Koordinationsfunktionen aus. Er bestand aus den vier Regierungschefs, die in letzter Instanz, und zwar einstimmig, entschieden. Der Länderrat erließ einerseits zoneneinheitliche Gesetze, die den früheren Reichsgesetzen entsprachen, und machte andererseits den Landesparlamenten Vorschläge im Interesse der Vereinheitlichung der Gesetzgebung innerhalb der Zone, wie es der Frankfurter Bundestag getan hatte.

Dem Reichsrat ähnlich war der Länderrat des Vereinigten Wirtschaftsgebiets der englischen und amerikanischen Besatzungszone. Jedes Land hatte zwei Vertreter, von denen einer meist der Regierungschef war. Die Bindung an Instruktionen der Landesregierungen war nicht vorgeschrieben, wurde aber faktisch eingehalten. Der Länderrat konnte Einspruch gegen Beschlüsse des »Wirtschaftsrates«, des Parlaments, das von den Landtagen beschickt wurde, einlegen. Diesen Einspruch vermochte der Wirtschaftsrat mit absoluter Mehrheit zu überwinden. Im größten Teil des Gebietes der künftigen Bundesrepublik bestand also noch vor deren Gründung eine Nachfolgeeinrichtung von Bundesrat und Reichsrat; das »Verfassungserbgut« war wieder in Erscheinung getreten. Trotzdem ist im Parlamentarischen Rat ein erbitterter Streit um die Wiederbelebung des Bundesrates oder die Neueinführung eines Senats entbrannt.

Die Landesvertretungen wurden in Bonn sehr schnell wieder

errichtet, aber ohne das frühere Gesandtschaftsrecht. Bismarck hatte schon die »Macht der Geheimräte« im Bundesrat beklagt. Vergeblich hatte er eine häufigere Teilnahme von Ministern an den Sitzungen zu erreichen versucht. Das Übergewicht der Beamten war im Reichsrat trotz des parlamentarischen Systems geblieben. Nach dem Grundgesetz jedoch durften nur noch Regierungsmitglieder das Stimmrecht ausüben. Die Einrichtung des stimmführenden stellvertretenden Bevollmächtigten wurde aufgegeben. Damit sollte eine stärkere Politisierung erreicht werden. Das hat zur Folge, daß die meisten Länder besondere Landesminister oder Senatoren für Bundesratsangelegenheiten, vorwiegend mit Sitz in Bonn, bestellen. Mindestens diese nehmen in der Regel an den Sitzungen des Bundesrates teil. Einige wenige Ländervertretungen werden von Staatssekretären geleitet. »Bevollmächtigte der Länder beim Bund« ist die offizielle Bezeichnung. Bei gewichtigen Entscheidungen treten die Regierungschefs stärker in Erscheinung, als es früher geschehen ist.

Das Ausmaß der Interessenvertretungen nicht nur für die Länder, sondern auch für die heimischen Organisationen und die heimische Wirtschaft, soweit es überhaupt angängig ist, hat gegenüber der Weimarer Zeit erheblich zugenommen. Man kann geradezu von einer Länderlobby reden. Die alten Gesandtschaften hielten auf Distanz wie die ausländischen Missionen, während manche Ländervertretungen heute eher zum Gegenteil neigen.

Raum und Sitzordnung des neuen Bundesrates entsprechen denen eines Parlaments – mit ausreichendem Platz für Presse und Zuhörer. Das mag auch den Charakter der Beratungen bestimmen. Der Wechsel der Teilnehmer ist größer, weil die Regierungschefs und Minister häufiger erscheinen. Aber ein Elan kommt auch jetzt kaum auf, wiewohl streitbare Reden bei wesentlichen Fragen öffentliches Interesse finden.

Der Bundesrat wählt einen Vorsitzenden aus dem Kreis der Regierungschefs der Länder. Aber da der Bundesratspräsident lediglich auf ein Jahr turnusmäßig, und zwar in der Reihenfolge der Länder nach ihrer Einwohnerzahl, gewählt wird, hat er nur sehr begrenzte Wirkungsmöglichkeiten. Mehrere Präsidenten haben bei Amtsantritt eine verstärkte politische Aktivität angekündigt, doch dabei ist es geblieben. Die eigentliche Stütze aller Präsidenten ist der Direktor des Bundesrates. Ihm untersteht die Bundesratsverwaltung. Er wird als Beauftragter des jeweiligen Präsidenten tätig. Heinz Laufer schreibt in seinem Band »Der Bundesrat«: »In der Praxis der täglichen Bundesratsarbeit ist der Direktor der eigentliche Herr des funktionalen Geschehens ... Der Präsident wäre ohne den Direktor ein bedauernswerter Vollinvalide – um einen Vergleich von Wilhelm Hennis zu übernehmen –, besonders wenn man bedenkt, daß der jetzige Direktor des Bundesrates eine schon mehr als 20jährige Erfahrung in diesem Amt hat.«

Das Schwergewicht der Arbeit liegt nach wie vor in den Ausschüssen. Auch deren Mitglieder sind zur Zeit ausschließlich Minister und Senatoren. Sie werden aber überwiegend von Ministerialbeamten vertreten. Das Wort vom »Parlament der Oberregierungsräte« wird Heuss oder Adenauer zugeschrieben. Deren Bonmots waren meist bestechend, aber nicht immer zutreffend. Die bürokratische Fundierung bleibt auch ein Charakteristikum des neuen Bundesrates, wie es eines des alten Bundesrates und des Reichsrates war. Jeder der zur Zeit vierzehn ständigen Ausschüsse hat ein eigenes Büro. Das wird von einem Sekretär, der zur Bundesratsverwaltung gehört, geleitet. Meist ist ein Beamter für mehrere Ausschüsse zuständig. Es handelt sich um einen Ministerialdirektor, einen Ministerialdirigenten und vier Ministerialräte. Den Sekretären stehen eine Reihe von Mitarbeitern ebenfalls aus dem höheren Dienst zur Seite.

Die personelle Tradition ist abgebrochen. Nur ein Mitglied des alten Reichsrates gehörte zu Beginn dem Bundesrat an. Aber Erfahrungen und Erkenntnisse über Bundesrat und Reichsrat waren für die Grundgesetzberatung zusammengetragen und ausgewertet worden. Einige Teilnehmer am Herrenchiemseer Konvent und Mitglieder des Parlamentarischen Rates kannten den Reichsrat, sei es als frühere Mitglieder, sei es mehr oder minder aus der Nähe.

Der wesentliche Unterschied des neuen Bundesrates gegenüber dem Reichsrat ist, daß die alten Rechte des kaiserlichen Bundesrates, wenn auch nur zum Teil und in andersgeartetem Rahmen, wiederhergestellt sind. Das gilt vor allem für die Zustimmungsgesetze, die gegenwärtig etwa 55 Prozent ausmachen. Bei den übrigen Gesetzen ist Einspruch, ähnlich der früheren Reichsratsregelung, möglich. Ob ein Gesetz als Zustimmungsgesetz zu behandeln ist, bestimmen zunächst Bundestag und Bundesrat. An diese vorläufige Entscheidung ist jedoch der Bundespräsident bei der Ausfertigung und Verkündung nicht gebunden. Im Streitfall kann das Bundesverfassungsgericht angerufen werden. Bei der Ausdehnung der Bundeszuständigkeiten durch Grundgesetzänderungen haben sich die Zustimmungskompetenzen des Bundesrates erweitert; dafür hat der Bundesrat gesorgt.

Im alten Bundesrat befand über Gesetzesvorlagen die einfache Mehrheit. Nichtvertretene oder nichtinstruierte Stimmen wurden nicht gezählt. Gleiches galt für den Reichsrat. Im neuen Bundesrat entscheidet die absolute Mehrheit der Mitglieder, also 21 von 41 Stimmen, sofern nicht Zweidrittelmehrheit vorgeschrieben ist. Aber da beim Erfordernis absoluter Mehrheit Enthaltungen und Fernbleiben wie Ablehnung wirken, werden dadurch Einspruch, Anrufung des Vermittlungsausschusses, aber auch Zustimmung erschwert, was unterschiedliche Wirkungen haben kann. Das hat gerade beim Einspruch schon praktische Bedeutung gehabt.

Die Vermittlung zwischen Bundesrat und Reichsrat einerseits, der Reichsregierung und dem Reichstag andererseits war mangels Institutionalisierung von der jeweiligen Aktivitätsbereitschaft und Gelegenheit abhängig. Bei der Schaffung des Grundgesetzes machten jedoch die Unterscheidung von Zustimmungs- und Einspruchsgesetzen, das Interesse an einer möglichen Milderung des absoluten bundesrätlichen Vetorechts bei Zustimmungsgesetzen und das Bedürfnis nach Beschleunigung der Gesetzgebung eine Institutionalisierung der Vermittlung erforderlich. Als Modell, wenn auch mit Abwandlungen, boten sich die in den Vereinigten Staaten von Senat und Repräsentantenhaus gemeinsam gebildeten »Conference Committees« an.

Durch die Institutionalisierung der Vermittlung im Vermittlungsausschuß hat die Stellung des Bundesrates, der an diesem Ausschuß gleichberechtigt beteiligt ist, im Verhältnis zum Reichsrat eine wesentliche Stärkung erfahren. Der Bundesrat wirkt in diesem Verfahren »nicht nur hemmend, sondern positiv gestaltend« bei Feststellung des Gesetzesinhaltes mit. Das war im Reichsrat an sich auch möglich, jetzt aber ist es rechtlich gesichert. Mit Recht sagt Gerhard Stoltenberg über den Vermittlungsausschuß: »Er hat zwar kein schiedsrichterliches Entscheidungsrecht, sondern lediglich eine vermittelnde Funktion. Aber da seine Empfehlungen nur unverändert angenommen oder verworfen werden können, haben seine Vorlagen in gewissem Umfange eine rechtliche präjudizierende Wirkung.« Im legislativen Bereich hat der Vermittlungsausschuß sich als außerordentlich ergiebige Einrichtung erwiesen. Das ist einerseits auf die kontinuierliche Mitgliedschaft während der Legislaturperiode, andererseits auf die Unabhängigkeit auch der bundesrätlichen Mitglieder von Weisungen und auf die strikte Nichtöffentlichkeit der Sitzungen zurückzuführen. In der Zeit von 1949 bis 1972 wurden 259 Gesetze nach erfolgreichem Vermittlungsverfahren verkündet, nur 19 traten infolge Scheiterns des Vermittlungsverfahrens nicht in Kraft.

Die Stimmenverteilung im alten Bundesrat war der des Frankfurter Bundestages nachgebildet. Dafür hatte Bismarck um des Friedens willen gesorgt. Im Weimarer Reichsrat richtete sich die Bemessung des Stimmgewichts nach der Einwohnerzahl in den Ländern. Jedes Land hatte mindestens eine Stimme. Kein Land durfte mehr als zwei Fünftel aller Stimmen haben. Im Grundgesetz wurde das Prinzip des abgestuften Stimmrechts aufrechterhalten, aber in Form eines Schemas. Jedes Land hat mindestens drei Stimmen. Länder mit mehr als zwei Millionen Einwohner haben vier, mit mehr als sechs Millionen fünf Stimmen. Die Stimmen der bevölkerungsreichen Länder wurden reduziert, um deren Übergewicht zu vermeiden. Diese Art von Schematisierung kann zur parteipolitischen Bevorzugung oder Benachteiligung führen. Die Sozialdemokraten hatten im Parlamentarischen Rat eine Stimme für jedes Land verlangt. Das würde wohl noch zu größeren Ungerechtigkeiten dieser Art geführt haben.

Nach den Erfahrungen mit dem Reichsrat hat in den Beratungen des Parlamentarischen Rates im Hinblick auf den Bundesrat das Argument seines Sachverstands als Gegengewicht zum Parlament und als Grundlage für eine wirksame Kontrolle über die Bundesbürokratie wieder eine erhebliche Rolle gespielt. Vielleicht hat der Parlamentarische Rat weniger an die Möglichkeiten ernsthafter, parteipolitisch bestimmter Konflikte zwischen den beiden gesetzgebenden Körperschaften infolge unterschiedlicher Mehrheitsverhältnisse in Bundes- und Länderkoalitionen gedacht.

Ein schwerer Konflikt zwischen Bundesrat einerseits, Bundestag und Bundesregierung andererseits drohte erstmals aus Anlaß der Beratung und Entscheidung über den Vertrag zur Gründung der Europäischen Verteidigungsgemeinschaft. Diesen Konflikt hat der Regierungschef von Baden-Württemberg, Reinhold Maier (FDP), damals Präsident des Bundesrates, mit überlegener Geistesgegenwart im letzten Augenblick verhindert, wie immer man die Wirkung beurteilen mag. Die Stimmen der neugebildeten sozial-liberalen Koalition in diesem Land gaben den Ausschlag zwischen Anhängern und Gegnern des Vertrages. Reinhold Maier stimmte im Bundesrat entgegen dem Beschluß der sozialdemokratischen Mehrheit in der Landesregierung ab, indem er sich auf seine Richtlinienkompetenz als Regierungschef berief, was er seinerseits noch konnte; auf diese Weise sicherte er die Annahme des Vertrages. Das hat allerdings keine reale Bedeutung erlangt, weil Frankreich den EVG-Vertrag später nicht ratifiziert hat.

Die erbitterten Auseinandersetzungen über die europäischen Verträge und die Wehrgesetzgebung im Bundestag wirkten sich auch auf den Bundesrat aus, und zwar in sehr viel stärkerem Ausmaß, als es im Reichsrat der Fall gewesen wäre. Aber wegen der für die Regierung Adenauer vorteilhaften Mehrheitsverhältnisse im Bundesrat kam es nicht zu für diese ungünstigen Entscheidungen.

Die Frontbildung im Bundesrat änderte sich Ende 1969 durch die sozial-liberale Bundesregierung mit ihrer geringen Majorität, die durch den Mandatswechsel einiger Koalitionsabgeordneter im Laufe der Zeit äußerst knapp wurde. Die CDU-Länder verfügen jetzt mit einer Stimme Vorsprung über die Mehrheit im Bundesrat. Unter Adenauer hatte die FDP mit Unterbrechungen, unter Erhard ständig der Bundesregierung angehört; andererseits war sie – wie stellenweise sogar auch die CDU – an Koalitionen mit der SPD in einigen Landesregierungen beteiligt. Deshalb bestanden parteipolitisch noch Verbindungen zwischen der Bundesregierung und diesen Landesregierungen. Seit 1972 aber regiert die CDU in fünf Ländern allein. Das Proporzsystem der Weimarer Zeit erzwang damals geradezu die Bildung von Koalitionsregierungen, während das personalisierte Verhältniswahlrecht im Dreiparteiensystem der Bundesrepublik eher die Bildung von Einparteienregierungen zuläßt. In der möglichen, nunmehr realen, verschiedenartigen Zusammensetzungsstruktur der Regierungen liegt ein grundlegender politischer Unterschied zur Weimarer Zeit. Dadurch wandelt sich die Position des Bundesrates im Gesetzgebungsgefüge. Die Oppositionsminderheit im Bundestag verfügte nunmehr über eine mehrheitliche Oppositionsreserve im Bundesrat. Unter den Regierungen Adenauer und Erhard hatten die sozialdemokratisch regierten Länder im Bundesrat ihrer Bundestagspartei Oppositionshilfe geleistet, aber im wesentlichen ohne Erfolg, weil sie in der Minderheit waren. Setzt sich jetzt die CDU-Opposition im Parlament nicht durch, so kann sie immer noch Hoffnung haben, daß sie durch die CDU-Majorität im Bundesrat das erreicht, was ihr im Bundestag versagt war.

Bismarck konnte dem Bundesrat dank der preußischen Hegemonie und als homogenem monarchisch-konservativem Gesandtenkongreß eine starke Stellung gegenüber dem Reichstag geben. Die Weimarer Nationalversammlung hatte die Gefahr eines heterogen zusammengesetzten parlamentarischen Systems gesehen und deshalb die Befugnisse des Reichsrates erheblich reduziert. Der Parlamentarische Rat hat im neuen

Bundesrat, obwohl dieser das Organ der Landesregierungen in einem parlamentarischen System ist, die Rechte des alten in erheblichem Ausmaß wiederhergestellt. Aus dieser kombinierten Konstruktion können sich schwere parteipolitisch orientierte Konflikte zwischen den beiden gesetzgebenden Körperschaften ergeben. Für Fraktionen des Bundestages und der Landtage, die von derselben Partei gebildet werden, gilt nämlich im Prinzip der mathematische Satz: Sind zwei Größen einer dritten gleich, so sind sie untereinander gleich.

Die Kehrseite der Bundesratskonstruktion ist in der Praxis schnell erkannt worden. Bundesregierungen, Bundestagsfraktionen und Bundesparteien haben mehr oder minder massiv je nach Interessenlage die Landtagswahlen und die Bildung von Landesregierungen zu beeinflussen versucht, wenn auch meist ohne Erfolg, was die Zusammensetzung der Landesregierungen angeht. Aber gerade die Landtagswahlen seit 1970 zeigen immer stärker den Charakter von gleichsam mittelbaren Bundestagswahlen. Die Folge ist, was schon vorher in Erscheinung getreten war, daß bevorstehende Landtagswahlen, vor allem, wenn sie zur Änderung des Stimmenverhältnisses im Bundesrat führen könnten, die aktuelle Politik der Bundesregierung und auch des Bundestages und der Fraktionen zu beeinflussen vermögen. Um dem zu begegnen, ist immer wieder der Plan aufgetaucht, alle Landtagswahlen innerhalb einer Legislaturperiode auf einen Tag zusammenzulegen. Das aber stößt auf kaum überwindbare verfassungsrechtliche Schwierigkeiten.

Die, wenn auch eingeschränkte, Rekonstruktion des alten Bundesrates hat somit unitarische Tendenzen der Bundesinstitutionen zur Beeinflussung der Wahl- und Regierungsbildungsentscheidungen in den Ländern ausgelöst. Das zeigen auch folgende zwei Beispiele. Reinhold Maier hat im Sommer 1952, als die FDP der Koalition in Bonn noch angehörte, vereinbart, daß in der Regierung von Baden-Württemberg bei Bundesratsinstruktionen die SPD die FDP nicht überstimmen dürfe. Wenn aber die kleinere Partei in der Regierung bei Instruktionen der Bundesratsstimmen nicht überstimmt werden darf, so würde das wohl kaum bedeuten, daß sie im Fall der Überstimmung den Ausschlag zu geben hat. Dann bleibt nichts anderes übrig als Stimmenthaltung. Stimmenthaltung wirkt aber der vorgeschriebenen absoluten Mehrheit wegen im Bundesrat wie Ablehnung. Das Beispiel zeigt also die Fragwürdigkeit einer solchen Vereinbarung. Sie wurde im entscheidenden Augenblick von Reinhold Maier auch nicht praktiziert. Vielmehr hat er nach seiner eigenen Entscheidung gestimmt. Ende des Jahres 1973 hat ferner in Niedersachsen die CDU der FDP eine Koalition nach den Landtagswahlen im Jahre 1974 angeboten mit der Maßgabe, daß die niedersächsischen Bundesratsvertreter nicht gegen die Bundesregierung stimmen dürften. Ob das in einer Regierungskoalition mit CDU-Mehrheit und FDP-Minderheit durchzuhalten gewesen wäre, muß selbst der anbietenden Partei wohl als problematisch erschienen sein. Deshalb sollte der Vertreter Niedersachsens im Vermittlungsausschuß, in dem keine Weisungsgebundenheit besteht, jeweils ein FDP-Mitglied sein. Dieses Angebot bringt keine Lösung, zeigt aber die Problematik.

Man darf jedoch aufgrund der Erfahrungen der vergangenen 25 Jahre die Parteipolitisierung des Bundesrates in den Jahren seit 1970 nicht überschätzen. Sobald es um Belange der Länder und um Verwaltungserfahrung, vor allem hinsichtlich der Praktikabilität und Durchführung von Gesetzen, geht, hat vielfach die Frontstellung der Parteien im Bundestag den Bundesrat nicht zu bestimmen vermocht. Typisches Beispiel sind unter anderen die Auseinandersetzungen zwischen Bund und Ländern über die Finanzverfassung, die 1954 begannen. Gerhard Stoltenberg hat die erste Auseinandersetzung im Bundestag und Bundesrat sowie im Vermittlungsausschuß, gestützt auf die Protokolle, in allen Stufen und Etappen plastisch dargestellt und dabei gezeigt, daß der Bundesrat »bei der Finanzverfassung nicht die Bühne für ausgeprägte Parteigegensätze« war.

Der Anspruch des alten Bundesrates, vom Reichskanzler über die Führung der Geschäfte auf dem laufenden gehalten zu werden, war rechtlich in der alten Reichsverfassung nicht fixiert; er ergab sich aber aus deren System. In der Weimarer Verfassung war dieser Anspruch ausdrücklich festgelegt. Das

Grundgesetz hat die Informationspflicht der Bundesregierung beibehalten, aber mit dem wesentlichen Unterschied, daß der Bundesrat bei Verweigerung der Unterrichtung das Bundesverfassungsgericht anrufen kann.

Nach der Bismarckschen Reichsverfassung übte der Kaiser, praktisch der Reichskanzler, die Reichsaufsicht über die Ausführung von Reichsgesetzen durch die Länder aus. Aber die »Mängel« hatte der Bundesrat festzustellen. Über eine Reichsexekution gegen die Länder hatte der Bundesrat zu beschließen; zu vollstrecken hatte sie der Kaiser. Bei Bedrohung der öffentlichen Sicherheit im Reich konnte der Kaiser den Kriegszustand (Staatsnotstand) erklären. Nach der Weimarer Verfassung übte die Reichsregierung die Reichsaufsicht ohne den Reichsrat aus. Die Reichsexekution lag in den Händen des Reichspräsidenten, der, ebenso wie früher der Kaiser, der Gegenzeichnung des Reichskanzlers bedurfte. Das betroffene Land konnte den Staatsgerichtshof anrufen. Die Reichsexekution ist nur in der Weimarer Republik verhängt worden, und zwar 1920 gegen den damals noch bestehenden kleinen Staat Gotha, 1923 gegen Sachsen und 1932 gegen Preußen zur Absetzung der Regierung. Bei der Gefährdung der öffentlichen Sicherheit und Ordnung (Staatsnotstand) konnte der Reichspräsident nach Artikel 48 die nötigen Maßnahmen in gleicher Weise treffen. Allerdings mußten diese in beiden Fällen auf Verlangen des Reichstages außer Kraft gesetzt werden.

Nach dem Grundgesetz wurden die entsprechenden Kompetenzen des alten Bundesrates im Rahmen der neuen Konstruktion wiederhergestellt. Die Bundesaufsicht übt nunmehr die Bundesregierung aus. Sie kann aber Beauftragte zu den nachgeordneten Landesbehörden gegen den Willen der Regierung des betroffenen Landes nur mit Zustimmung des Bundesrates entsenden, eine Regelung, die die beiden vorhergehenden Verfassungen nicht kannten. Werden Mängel, welche die Bundesregierung festgestellt hat, nicht beseitigt, so entscheidet auf Antrag der Bundesregierung oder des betroffenen Landes der Bundesrat, ob das Recht verletzt ist. Im Streitfall kann auch hier das Bundesverfassungsgericht angerufen werden. Zur Ausübung des Bundeszwanges bedarf die Bundesregierung der Zustimmung des Bundesrates, und dieser kann sie wieder zurücknehmen. Die Bundesregierung kann außerdem »zur Abwehr einer drohenden Gefahr für den Bestand oder die freiheitliche demokratische Grundordnung des Bundes oder eines Landes« (Staatsnotstand) in dem bedrohten Land, sofern dieses zur Bekämpfung weder bereit noch in der Lage ist, von sich aus Polizei aus diesem Land und aus anderen Ländern sowie den Bundesgrenzschutz, in besonders bestimmten Fällen auch die Bundeswehr, einsetzen; aber die Maßnahmen sind jederzeit auf Verlangen des Bundesrates aufzuheben. Der Bundespräsident hat im Unterschied zum Reichspräsidenten in allen diesen Punkten keine Befugnisse mehr. Die entsprechenden Kompetenzen der Zentralregierung wurden stark eingeschränkt und dementsprechend die des neuen Bundesrates gegenüber dem alten erweitert.

Die Auflösung des alten Reichstages konnte nur im Einvernehmen von Kaiser, Reichskanzler und Bundesrat erfolgen. Der Reichspräsident brauchte hierzu lediglich die Zustimmung des Reichskanzlers. Nach dem Grundgesetz ist die Auflösung des Bundestages nur in zwei Fällen durch den Bundespräsidenten möglich. An diesen Entscheidungen ist der Bundesrat nicht beteiligt. Wenn aber der Bundespräsident unter bestimmten Voraussetzungen auf Antrag der Bundesregierung mit Zustimmung des Bundesrates für eine Gesetzesvorlage den Gesetzgebungsnotstand erklärt, dann kann der Bundesrat als »Legalitätsreserve« alleiniger Gesetzgeber sein. Der Vergleich bezüglich der Mängelfeststellung und der Exekutivmaßnahmen gegen die Länder in den drei Organen zeigte bereits das Bemühen des Parlamentarischen Rates, durch ein wenn auch umständliches Verfahren eine dem parlamentarischen System angepaßte Konstruktion zu erreichen. Auch die Rolle des Bundesrates als »Legalitätsreserve« scheint keine völlige Neuerung zu sein. Vielmehr hat man sich an Modellen des Kaiserreichs und der Weimarer Republik orientiert.

Nach der alten Reichsverfassung konnte bei Verfassungsstreitigkeiten zwischen den Bundesstaaten und innerhalb eines

Bundesstaates der Bundesrat angerufen werden. Dieser hatte aber nicht über Streitigkeiten zwischen Reich und Bundesstaaten sowie innerhalb des Reiches zu befinden. Die Weimarer Verfassung schuf einen besonderen Staatsgerichtshof beim Reichsgericht, der für die eben genannten Streitigkeiten zuständig war und außerdem für solche, die sich aus der Reichsaufsicht über die Länder ergaben, sowie für die Minister- und Reichspräsidentenanklage. Diese Kompetenzen hat der Staatsgerichtshof in seiner Praxis ausgedehnt. Der bekannteste Prozeß war der zwischen dem Reich und Preußen wegen der Absetzung der preußischen Regierung im Sommer 1932.

Das vom Grundgesetz neu eingerichtete Bundesverfassungsgericht hat wesentlich weitergehende Zuständigkeiten, und denen entspricht das Anrufungsrecht des Bundesrates.

Die Mitglieder des Reichsgerichts wurden auf Vorschlag des alten Bundesrates oder Reichsrates vom Kaiser oder Reichspräsidenten ernannt. Heute wählt der Bundesrat die Hälfte der Bundesverfassungsrichter. Über die Berufung der Mitglieder der obersten Bundesgerichte entscheidet der jeweils zuständige Bundesminister zusammen mit einem Richterwahlausschuß, der aus den zuständigen Landesministern und einer gleichen Zahl von Bundestagsabgeordneten besteht.

Die Kompetenzen des alten Bundesrates waren, vielleicht von Bismarck bewußt, zu weit gefaßt. Er hat sie daher in der Praxis nicht ausschöpfen können, was aber nicht als Mangel empfunden wurde und starke Kritik nicht erregt hat. Der Reichsrat hat seine rechtlich eingeschränkten Befugnisse faktisch zielbewußt, aber doch behutsam und noch im Rahmen der Verfassung auszudehnen vermocht. Der jetzige Bundesrat hat seine Kompetenzen in der Gesetzgebung und im Bereich der Bundesverwaltung extensiv ausgenutzt, wobei – so Konrad Hesse in den »Grundzügen des Verfassungsrechts der Bundesrepublik Deutschland« – »sein Anteil an der politischen Gesamtleitung sich nicht starr und meßbar festlegen läßt«. Auf Reformüberlegungen und -vorschläge kann in diesem Zusammenhang nicht eingegangen werden.

Wie ehedem sitzen im Parlament auf der Regierungsestrade,

links vom Präsidenten, die Vertreter der Länder. Sie können in den Ausschüssen und im Plenum des Bundestages jederzeit das Wort ergreifen. Das ist ein Stück Tradition. Nicht aus Pietät wurde sie bewahrt, sondern aufgrund von Erfahrungen. Die Stellungnahme zu den Regierungsvorlagen im ersten Durchgang und die Möglichkeit zur Auseinandersetzung mit Abgeordneten, Bundesministern und Ministerialbeamten in allen Stufen und Etappen parlamentarischer Beratung gewährt dem Bundesrat mit der Entscheidung im zweiten Durchgang einen Einfluß auf den Gesetzgebungsprozeß, wie sie zweite Kammern kaum haben. Aber das ist nicht die einzige Traditionserscheinung. Man kann nicht sagen, der Staat habe sich zwar grundlegend gewandelt, aber der Bundesrat sei der gleiche geblieben. Wohl aber lassen sich in diesem Bundesrat manche Züge des alten Bundesrates und des Reichsrates erkennen. Ohne den alten Bundesrat hätte es keinen Reichsrat und ohne diesen nicht den neuen Bundesrat gegeben. Wenn man von der Technik der Gesetzgebung und der Mitwirkung in der Verwaltung ausgeht, dann beruht auf Bewährung des alten Bundesrates in der Vorstellung kompetenter Zeitgenossen die Wiederherstellung dieser Einrichtung in der abgewandelten Gestalt von 1919, und auf deren Bewährung die Rekonstruktion von 1949. *(1974)*

Zur Geschichte des deutschen Beamtentums seit dem Preußischen Allgemeinen Landrecht von 1794

Eine Revolution in Deutschland lohnte
sich anscheinend auch nicht
wegen der relativ guten Verwaltung.

Der Schweizer Staatsrechtslehrer Fritz Fleiner, überzeugter Anhänger des genossenschaftlichen Herrschaftssystems seines Heimatlandes, hat einmal als »beste Verfassung« eine »gute Verwaltung« bezeichnet. In der Tat gehört die Schweiz zu den gut verwalteten demokratischen Staaten.

Den Weg zu einer guten Verwaltung zu bahnen, hat Preußen vor bald 190 Jahren versucht, und zwar nicht durch eine Reform der Amtsverfassung, sondern durch rechtliche Sicherung jener, die die Verwaltung ausüben, der Beamten. Im Preußischen Allgemeinen Landrecht von 1794, der Kodifikation des Staats-, Verwaltungs-, Straf- und Privatrechts, wurde der Beamte gegen willkürliche Absetzung geschützt. Nur auf Beschluß des Geheimen Staatsrates, dem Kollegium der Chefs der Zentralbehörden, konnte er vorbehaltlich der Prüfung und Bestätigung des Königs entlassen werden.

Bisher konnten Beamte wie Privatbedienstete jeglichen Ranges jederzeit davongejagt werden. Die lebenslängliche Anstellung war für die damalige Zeit eine ganz ungewöhnliche Neuerung. Sie entsprach den Vorstellungen des aufgeklärten Absolutismus: Der Staat hatte dem Wohl und der Sicherheit der Untertanen zu dienen, nicht mehr dem Vergnügen der Fürsten. Friedrich der Große, unter dem das Gesetz entstanden ist, hatte bei der Königsberger Huldigung 1740 gesagt: »Die Politik verlangt, daß nur einer Herr im Lande ist«, aber 1777 sagte er: »Er ist nur der erste Diener des Staates, verpflichtet, mit Rechtschaffenheit, mit Weisheit und mit völliger Uneigennützigkeit zu handeln, wie wenn er in jedem Augenblick seinen Mitbürgern Rechenschaft über seine Verwaltung ablegen müßte.« Die Beamten, seine Diener, sollten in seinem Sinne walten. Ihren Amtspflichten sollte als Staatspflicht die Sorge für ihre materielle Sicherung, deren Treue-, Gehorsams- und Hingabepflicht die Treue des Königs entsprechen. Zugleich sollte der Beamte vor der Versuchung der Korruption, der Nachgiebigkeit gegenüber fremden Einwirkungen bewahrt bleiben. Diese Regelung war eine rechtliche Einschränkung der unumschränkten Herrschaft des Monarchen.

Die Sicherung war keine Wohlfahrtsmaßnahme, sie sollte vielmehr der Qualität der Verwaltung dienen. Wenn für das absolutistische Regime die »Unentbehrlichkeit des Genies« besteht und dieses keineswegs ständig zur Stelle sein kann, sollte die Elite der Beamten der Staatskontinuität auch gegen Schwäche und Willkür einzelner Monarchen dienen, also dem institutionellen Schutz des Absolutismus. Sie sollte, wie der Geheime Oberjustiz- und Tribunalrat Carl Gottlieb Suarez, ein gelehrter Jurist, gesagt hatte, »im Staat ohne Grundverfassung« diese repräsentieren.

Die Kehrseite der Regelung war das Risiko der Energieschwäche, Arbeitsunlust, philisterhafte Gleichgültigkeit und Laxheit. Die Erschütterung über die Niederlage 1806/07, der passive, aber kreative Widerstand gegen die Napoleonische Herrschaft und die Stein-Hardenbergschen Reformen ließen eine neue Beamtengesinnung aufkommen. Es bildete sich eine Elite von hohen Beamten, die auch das Niveau der nachgeordneten Stufen wesentlich hoben. Diese Beamten zeichnete »Unbestechlichkeit, hohe Bildung, Sorgfalt und Zuverlässigkeit« aus. Im aufgeklärten Absolutismus mit drei schwachen Königen nach Friedrich dem Großen 1786 bis 1858, nämlich Friedrich Wilhelm II., Friedrich Wilhelm III. und Friedrich Wilhelm IV., füllten sie deren Herrschaftsvakuum aus. Sie bildeten das Schwergewicht des Staates und verkörperten die Staatsidee. Man hat damals vom »Beamtenabsolutismus« gesprochen. Wirtschaftsliberale Vorstellungen und Ziele wurden durch autokratisch erlassene Gesetze realisiert. Ihre Obrigkeit wollten die Beamten mit ihrer patriarchalischen Einstellung nicht durch ein Parlament einschränken lassen.

Liberale waren in der Revolution von 1848 Minister und hatten für die hohen Stellungen liberale Beamte eingesetzt. Diese wollten die zurückgekehrten konservativen Beamtenminister wieder absetzen können. Durch ein Gesetz von 1852 konnten bestimmte Beamte, nämlich »politische«, vorzeitig ohne Begründung in den einstweiligen Ruhestand versetzt werden, so Minister, Staatssekretäre, Ministerialdirektoren, Ober- und Regierungspräsidenten wie Polizeidirektoren in erster Linie. Diese Einschränkung der Beamtenbestimmungen des Preußischen Landrechts gilt im Prinzip noch heute.

Durch die preußische Verfassung von 1850 entstand die konstitutionelle Monarchie, nämlich die durch die Verfassung vor allem durch das gewählte Parlament beschränkte. In dem Dualismus von König und Landtag war der König der Stärkere. Er allein blieb Herr von Militär und Verwaltung. Beide intakt und fest geformt, waren schon vor dieser Zeit die starken Stützen der Monarchie. An der rechtlichen und gesellschaftlichen Stellung der Beamten änderte sich kaum etwas durch die Verfassung. Die Beamten waren der herrschende Stand, eine »bürgerlich-adlige Amtsaristokratie« mit dem Monarchen als einzigem obersten Vorgesetzten. Sie waren miteinander verbunden durch diese Staatsauffassung, wie sie durch die Politik der von ihm gebildeten Regierungen, die überwiegend aus Beamten bestanden, zum Ausdruck kam, und durch ihre eigene ausgeprägte Amtsehre. Diese Pyramide vom König über die Regierung bis zu den Beamten stellte ohne Knick und Bruch eine Einheit dar.

Auf die Personalpolitik hatten die Parteien keinerlei Einfluß, auch nicht die Konservativen. Aber Beamte saßen im preußischen Abgeordnetenhaus, wie schon im Badischen Landtag von 1820. Ihre Kritik an der Regierung mißfiel dieser. Aber die Aberkennung des passiven Wahlrechts der Beamten wäre nur durch ein Gesetz möglich gewesen, was am Widerstand der Liberalen scheiterte. Bismarck wollte bei den Verfassungsverhandlungen im Reichstag von 1867 den Beamten das passive

Wahlrecht entziehen, vermochte sich aber gegenüber der Parlamentsmajorität nicht durchzusetzen. Man sprach zu Unrecht von der Neutralität des Beamtentums; es war parlaments- und parteiunabhängig.

Durch das Disziplinargesetz von 1852 trat an die Stelle der Entscheidung des Staatsrates über eine vorzeitige Entlassung das Urteil eines Disziplinargerichts. Das Gesetz führte besondere Strafen wegen Beamtenvergehens ein, so wegen des amtswidrigen Verhaltens der Beamten, wozu auch die Kritik der Regierung gehörte ebenso wie die Unterstützung einer gegnerischen Partei, so Linksliberaler, des Katholischen Zentrums und der Sozialdemokratie. Politische Rechte der Beamten wurden wesentlich beschränkt. Meinungsfreiheit im Parlament und Amtsgehorsam standen im Widerspruch zueinander.

In der konstitutionellen Monarchie hat das passive Beamtenwahlrecht keine große Rolle gespielt. Es genügten administrative Schikanen, wie Versetzung auf unerwünschte Stellen oder an unerwünschte Orte, und Nichtbeförderung, um Kandidaturen für Parteien, die als gegnerisch galten, zu verhindern. Das Beamtentum in Preußen, das vier Siebtel des Reiches umfaßte, wurde nach Einführung des Konstitutionalismus in ihrer Haltung konservativer, was aber nicht partei-konservativ bedeutete. Dafür wurde schon bei der Einstellung gesorgt. Gesinnungsschnüffelei wurde nicht betrieben. Man hatte genügend Kriterien zur Hand. Offiziers- und Beamtenstellen waren nur bestimmten sozialen Schichten vorbehalten. Bei den Wahlen in Preußen war die Stimmabgabe öffentlich. Die Wahllisten, nach Nummern geordnet, gaben Auskunft. Wer aus irgendwelchen Gründen, vielleicht mit Ausnahme von gesundheitlichen, nicht zum Reserveoffizier ernannt war, hatte keine Aussicht, und ebenso, wer von einer studentischen Korporation ausgeschlossen war. Trotz der Begrenzung war die Auswahl weit genug, um eine strenge Befähigungsauslese treffen zu können. Die Beamtenschaft ergänzte sich selber. Bei den hohen Beamten, vor allem den Ministern, behielt sich der Monarch die Entscheidung vor. Das höhere Beamtentum war, von wenigen Ausnahmen abgesehen, das Reservoir des Ministernachwuchses.

Die Stellen der unteren und zum Teil auch der mittleren Beamten wurden von Militäranwärtern, ausgeschiedenen Unteroffizieren, besetzt, aber auch nur nach besonderen Prüfungen. Das war eine Versorgungsmaßnahme im militärischen Interesse, um den Unteroffiziersnachwuchs sicherzustellen. Auch hier entstand Homogenität. Was die Militäranwärter im Truppendienst an Disziplin gelernt hatten, brachten sie für das zivile Amt mit. Das galt vor allem für die Polizeibeamten.

Das Beamtentum, in erster Linie das hohe und höhere, verdankte sein Ansehen nicht nur seiner durch die politische Entwicklung und den gesellschaftlichen Status bedingten Stellung, sondern auch seiner vielgerühmten Tüchtigkeit und seiner Integrität. Die Amtsehre leistete dem Beamtendünkel Vorschub. Der englische Historiker James Bryce und der sozialdemokratische preußische Ministerpräsident Otto Braun in der Republik haben der monarchischen Bürokratie trotz ihrer Einseitigkeit großes Lob gezollt. Der Heidelberger Soziologe Max Weber und der österreichische Nationalökonom Schumpeter, der seit 1932 an der Harvard-Universität gelehrt hat, haben von der »höchst stehenden Bürokratie der Welt« oder »der besten, die die Welt je gesehen hat«, gesprochen. Dem entsprach die Geltung der deutschen Verwaltung im internationalen Maßstab. Für die gern gerügte Tatsache, daß Deutschland eine Revolution nicht erlebt hat, mag die politische Apathie des Bürgertums als Erklärung nicht ausreichen. Es lohnte sich anscheinend auch nicht wegen der relativ guten Verwaltung.

Am 9. November 1918 hatte nach Abdankung des Kaisers der Sozialdemokrat Friedrich Ebert, einen Tag lang Reichskanzler, dann faktischer Vorsitzender der provisorischen Revolutionsregierung, des Rates der Volksbeauftragten, an die Bürokratie in einem Aufruf appelliert, »aus Liebe zu unserem Vaterland auf ihrem Posten zu bleiben. Ein Versagen der Organisation in diesen schweren Stunden würde Deutschland der Anarchie und dem schrecklichen Elend ausliefern.« Der Kaiser und auch der Reichstag konnten entbehrt werden, aber das dringendste erschien, den Staatsapparat weiter intakt zu halten. Die zahllosen Beamten, denen die Revolution zuwider war, hörten den Appell gern. Von einer Einschränkung der Beamtenrechte war nicht die Rede. Gehalt und Pensionen wurden also fortgezahlt. Verfassungsrechtliche Bedenken bestanden nicht, da der Kaiser und die meisten Landesfürsten die Beamten vom Eid entbunden hatten. So übernahm die Revolutionsregierung und später die Republik das Beamtentum, das durch Absolutismus und konstitutionelle Monarchie geprägt war. Das geschah nicht aus Wohlwollen für die Beamten, sondern aus Staatsraison, wie im 18. Jahrhundert die Einführung der lebenslänglichen Einstellung. Diese Maßnahme in der Ordnung des öffentlichen Dienstes war aber auch im neuen Staat der parlamentarischen Republik die einzig grundlegende. Die Weimarer Nationalversammlung wäre schon aus zeitlichen Gründen nicht in der Lage gewesen, eine den neuen demokratischen Ansprüchen angemessene Beamtenreform in die Reichsverfassung einzubauen.

Vielmehr verbaute sie die Möglichkeiten einer solchen Reform in der Verfassung, die nur mit Zweidrittelmehrheit geändert werden konnte. Nach Artikel 129 waren die »wohlerworbenen Rechte der Beamten« unverletzlich. Der vielversprechende, aber auch mehrdeutige pathetische Satz stammte vom Deutschen Beamtenbund. Wenn es nur um die Einstellung auf Lebenszeit gegangen wäre, so war sie im ersten Absatz von Artikel 129 garantiert. Die faktische Begrenzung des passiven Wahlrechts in der Monarchie, die durch administrative Praxis und Disziplinargerichtsbarkeit erfolgte, war jetzt aufgehoben. »Allen Beamten wird die Freiheit ihrer politischen Gesinnung und die Vereinigungsfreiheit gewährleistet« (Art. 130).

Nachdem aber das monarchisch-bürokratische Kabinett durch eine parlamentarische Parteienregierung abgelöst war, hätte die verfassungsrechtliche Frage nach Aberkennung des passiven Wahlrechts der Beamten zumindest gestellt werden können. Doch der demokratische Missionarismus war stärker als die verwaltungspolitische *ratio*. Die Einheit von monarchischer Beamtenregierung und Beamtentum ließ sich nicht mehr aufrechterhalten. Vielmehr entstand ein Gegensatz innerhalb der Exekutive zwischen wechselnden parlamentarischen Regierungen und ständiger Beamtenschaft. Die einem mehr oder minder häufigen Wechsel unterworfenen Koalitionsregierungen und Parteiminister ernannten und beförderten Beamte, die bis zur Erreichung der Altersgrenze eingestellt waren. Das monarchische Beamtentum mit ausgesprochenem Korpsgeist war ein Produkt der absoluten und konstitutionellen Monarchie. Seine Homogenität und Disziplin beruhten nicht nur auf rechtlichen Normen, sondern auf einer beständigen politischen und administrativen Praxis und waren gesellschaftlich bedingt.

Die Parteien, also Deutsche Demokratische Partei, Zentrum und Sozialdemokratische Partei, begehrten aus Mißtrauen gegenüber den aus der Monarchie übernommenen Beamten, die freien Stellen mit ihren Anhängern zu besetzen. Entsprechend reagierten Minister der Rechtsparteien, der Deutschnationalen und der Deutschen Volkspartei. Das Problem der Dynamik einer Demokratie im Gegensatz zu der vorwiegenden Statik der konstitutionellen Monarchie wurde in der Weimarer Nationalversammlung kaum gesehen. Die parteienstaatliche Verfassung setzte sich in der Praxis der Beamtenpolitik nach und nach durch. Die Ämterpatronage der Parteien erschien den Verfassungsloyalen als legitime Reaktion auf die Übernahme des Beamtentums der Monarchie und als ebenso legitim die Deckung des Nachholbedarfs, der dadurch entstanden war, daß deren Anhänger, insonderheit die Sozialdemokraten, vom Staatsdienst vor 1918 ausgeschlossen waren. Wo Ämterpatronage einsetzt, ersteht unter rivalisierenden Parteien der Drang zur Ausdehnung. Es geht nicht nur darum, durch Patronage Einfluß auf die Exekutive zu gewinnen oder zu steigern, sondern auch um Prämierung und Versorgung aus den Reihen der Klientel. Ämterpatronage ist auch ein begehrtes Handelsobjekt innerhalb der einzelnen Parteien, zwischen einer Partei und deren Ministern sowie zwischen den Koalitionsparteien. Man tauscht Konzessionen in Entscheidungen gegen Posten. Es kann eine vornehme und humane Form des Menschenhandels sein, aber ist auf jeden Fall Handel.

Wenn Richtung und Leistung die vorrangigen Kriterien der Einstellung und Beförderung im öffentlichen Dienst sind, so besteht bei der Patronage von Parteien eine Tendenz zur Übergewichtigkeit der Richtung. In der Monarchie hatte der Wechsel von Regierungschefs und Ministern parteipolitisch keine oder höchstens ganz geringe Bedeutung, im Gegensatz zum parlamentarischen System. Jetzt vermochte ein Minister Anhänger seiner Partei auf Lebenszeit zu ernennen oder zu befördern, obwohl über kurz oder lang das Mitglied einer anderen, vielleicht sogar gegnerischen Partei sein Nachfolger werden konnte. Die Anstellung von Beamten auf Lebenszeit und das ausschließliche oder überwiegende Entscheidungsrecht parlamentarischer Minister in der Personalpolitik standen so im Widerspruch zueinander, daß sie einander ausschlossen. Aber auch die Vollpolitisierung des Beamtentums befand sich im Widerspruch zum parlamentarischen System.

England, das Mutterland des Parlamentarismus, hatte es verstanden, das Problem in der Mitte des vorigen Jahrhunderts zu lösen. Bis dahin wurden Posten ohne Rücksicht auf Eignung und Befähigung weitgehend an Nachkommen und Günstlinge von Mitgliedern des Ober- und Unterhauses als Prämien für deren parlamentarisches Wohlverhalten, eben als Pfründe, vergeben. Darunter litt schwer die Administration, gerade auch die des Kolonialreiches. In England galt damals die Verwaltung und Beamtenschaft Preußens als Vorbild. Aber die personalpolitische Macht des englischen Königs, die seit mehr als einem Jahrhundert auf die parlamentarische Regierung verlagert worden war, wollte man nicht wiederherstellen. So wurde eine neue parlamentsunabhängige Instanz geschaffen, die Civil Service Commission, für die Personalpolitik gefunden, wie sie bisher in keinem Verfassungsstaat bestanden hatte. Die Einstellung von Beamten erfolgte nunmehr auf der Grundlage eines freien Wettbewerbs durch diese Kommission. Sie nimmt von sich aus Aufnahmeprüfungen vor. Ebenso ist die Beförderung parteipolitischer Einwirkung, also auch der des Premierministers und des Kabinetts, entzogen. Sogar die hohen Beamten bleiben bei einem Regierungswechsel im Dienst. Die parteipolitische Akzentierung der jeweiligen Regierungspraxis erfolgt durch parlamentarische Staatssekretäre und Privatsekretäre der

Minister, die Abgeordnete sind. Schon seit Anfang des 18. Jahrhunderts durften Beamte dem Parlament nicht angehören, um die Abhängigkeit der Abgeordneten vom Monarchen im Sinne der Gewaltentrennung zu verhüten. Jetzt sollte die der Beamten von Parteien verhütet werden. Beamte, die kandidieren, werden entlassen; parteipolitische Aktivität im Dienst ist ihnen nicht erlaubt. Allerdings bestehen Differenzierungen nach Beschäftigungsgrad und -art. In England wurde erkannt, daß eine komplementäre Institution des Parlaments die parteipolitische Neutralität des Beamtentums ist. Tatsächlich ist es gelungen, die Patronage im öffentlichen Dienst nicht nur kurzfristig, sondern für mehr als ein Jahrhundert zu brechen.

Der amerikanische Präsidentschaftsstaat folgte, wenn auch zögernd und weniger streng, mit einigen Abweichungen, dem britischen Beispiel. Der dreigliedrigen Civil Service Commission untersteht eine sich über das ganze Bundesgebiet erstrekkende Behörde mit Distriktsekretariaten und lokalen Ämtern. Befähigung und Leistung werden nach Punkten bewertet. Für eine offene Stelle werden dem Behördenleiter drei Bewerber mit der jeweils höchsten Punktzahl benannt, unter denen dieser einen auswählt. So ist die »Civil Service Commission« in Amerika der ausschließliche »gesetzliche Stellenvermittler für die Beamtenschaft«. Ausgenommen von dieser Regelung sind diejenigen Beamten, die in gewissem Sinne den politischen in Deutschland entsprechen.

Die englische und die nachfolgende amerikanische Beamtenreform schufen für eine brauchbare, wenn nicht gute Verwaltung im Prinzip auf ihre Art personelle Voraussetzungen, wie es auf seine Art der Absolutismus versucht hatte. In den drei Fällen handelt es sich, trotz der Unterschiede, um Akte der Selbstbeschränkung von Staatsorganen im Interesse der Funktionsfähigkeit des Systems. Dabei darf nicht übersehen werden, daß die rechtliche Regelung dieser Selbstbeschränkung in England und in Amerika nicht vom Parlament, sondern von der Exekutive getroffen wurde.

Nach Artikel 130 Absatz 1 der Weimarer Verfassung sind die Beamten »Diener der Gesamtheit, nicht einer Partei«. Dieser

Satz hat aber zumindest vorwiegend nur deklaratorische Bedeutung gehabt. Ein Minister ist mehr oder minder je nach Veranlagung und Konstellation auch Diener seiner Partei. Deshalb kann der mittelbare Dienst seiner Beamten an dieser Partei oder gegen eine andere Partei trotz der Bestimmung schwerlich verwehrt werden, oder aber die Beamten geraten in Konflikt mit ihrem Chef; es sei denn, es wären besondere institutionelle Sicherungen geschaffen. Das aber wurde weitgehend durch die Verfassung blockiert. Entscheidend ist, daß diese Chance der Weichenstellung von der Nationalversammlung nicht genutzt wurde, wenn es sich auch nur um eine Ermächtigung an den Gesetzgeber in der Beamtenpolitik gehandelt hätte.

Reformvorschläge namhafter Gelehrter hat es gegeben, vor allem Ausschluß der Beamten vom Parlament und die Schaffung einer parteiunabhängigen Instanz unter Staatssekretären im Amt des Reichspräsidenten. Bei diesem sollte für das Reich das Schwergewicht der personalpolitischen Entscheidung liegen. Diese Vorschläge stießen auf entschiedenen Widerstand von Parteien und der Beamtenverbände. Immerhin war die Verwaltung am Ende der Weimarer Republik im großen und ganzen intakt.

Der Form nach war die Ernennung Hitlers zum Reichskanzler am 30. Januar 1933 legal. Der Beamte durfte rechtlich seinen Dienst nicht verlassen. Die Nationalsozialisten mißtrauten der Bürokratie mit ihrem strengen rechtspositivistischen Denken, ihren von Kompetenzen und einer Amtshierarchie bestimmten Vorstellungen, zutiefst. Hitler haßte die Beamten in ihrer Eigengesetzlichkeit und Schwerfälligkeit, aber er fürchtete die Unterbrechung der administrativen Kontinuität. Das geschulte Beamtentum glaubte er nicht entbehren zu können, zunächst bei seinem Start, dann wegen der administrativ-ökonomischen Kriegsvorbereitung und zuletzt im Krieg selber; die sogenannte Säuberung durch das Gesetz »zur Wiederherstellung des Berufsbeamtentums« war, gemessen an der Gesamtzahl der Beamten, relativ gering. Dazu kam allerdings die Zahl der Beamten, die willkürlich in irgendeiner Form mattgesetzt wurden. Das Beamtenrecht blieb, aber die, denen es galt, standen unter einer rigorosen und verschlagenen Parteikontrolle durch schikanierende, wenn nicht sogar terrorisierende Gleichschaltung. In Wirklichkeit hat das Hitler-Regime, wenn auch wider Willen, zu einer Konservierung der Verwaltungsorganisation und der Bürokratie geführt.

Nach 1918 und seit 1933 stellt sich die Frage des Personals im öffentlichen Dienst ein drittes Mal seit Sommer 1945. Die von den Militärregierungen neu ernannten Bürgermeister, Landräte und Minister waren geradezu auf der Suche nach Berufsbeamten, die sich in der Verwaltung auskannten, und ebenso die alliierten Besatzungsbehörden trotz der gerade in der amerikanischen Zone außerordentlich weitreichenden Entnazifizierung. Allerdings resignierten die drei Alliierten 1948 und reduzierten die Entnazifizierung auf ein Minimum. Das Berufsbeamtentum behauptete zum dritten Mal im großen und ganzen seine Position. Von dessen politischer Macht konnte unter alliierter Herrschaft zunächst keine Rede sein. Mag sein, daß man damals das Fachwissen des Berufsbeamtentums unangemessen hoch einschätzte, aber dessen Ruf wirkte. Die Homogenität im Sinne der kaiserlichen Zeit hatte in der Weimarer nachgelassen und war im Dritten Reich fast geschwunden. Aber geprägt durch die Tradition der Verwaltungsorganisation und der Verwaltungsverfahren, die weithin seit der Monarchie unverändert geblieben waren, hatte sich eine Restsolidarität erhalten. Die Verwaltung im weitesten Sinn hatte sich gigantisch erweitert und dementsprechend das Dienstpersonal. Der Übergang vom Hoheits- zum Leistungsstaat hatte die wirtschaftliche und soziale Akzentuierung der Administration ungeheuerlich gesteigert. Aber das Recht dieses Beamtentums hatte sich nicht wesentlich geändert. Gewiß gab es auf deutscher Seite Ideen und Pläne zur Neuordnung und Umgestaltung der Verwaltung und des Beamtenrechts, aber ihnen fehlten Stoßkraft und Resonanz. Man wollte schnelle Erfolge, sah dringlichere Aufgaben und glaubte daher, für Reformen dieser Art keine Zeit zu haben.

In erster Linie den Amerikanern ging es nicht nur darum, durch Entnazifizierung das Beamtenpersonal zu säubern, sondern auch darum, eine der Demokratie angemessene, aber leistungsfähige Verwaltung zu schaffen, wie sie sie selber zu haben glaubten. Die Übernahme in den öffentlichen Dienst sollte nicht aufgrund sozialer Klassenmerkmale und akademischer Kriterien, womit vor allem das sogenannte Juristenmonopol gemeint war, sondern im Wege von Leistungswettbewerb erfolgen. Zur Kontrolle sollten Landespersonalämter als unabhängige Instanz wie die Gerichte eingerichtet werden. Sie hatten eine gewisse Ähnlichkeit mit den Behörden der amerikanischen Civil Service Commission. Sie sollten befugt sein, einen Einstellungs- oder Beförderungsvorschlag, der von den Prinzipien abwich, abzulehnen. Das bedeutete eine erhebliche Einschränkung der personalpolitischen Rechte von Regierung und Ministern, aber auch entsprechender Ansprüche von seiten der Parteien. Nach den Regelungen im eigenen Land und in Großbritannien sollte die Verwaltung im weitesten Sinn parteipolitisch neutral sein, was Ausschluß der Beamten vom passiven Wahlrecht sowie Einschränkung, wenn nicht Verbot parteipolitischer Aktivität bedeutete.

Die Amerikaner und nach ihnen die Engländer stießen mit diesen Vorschlägen auf starken Widerstand der Parteien und Beamtenverbände. Zwar wurde das Landespersonalamt eingerichtet, das wohl unabhängig von Weisungen, aber zu schwach war, um sich gegenüber der Regierung durchzusetzen. Die englische Militärregierung hatte in ihren Wahlgesetzen das passive Wahlrecht der Beamten stark eingeschränkt, die französische untersagte die Wählbarkeit von Landräten und Polizeibeamten. Merkwürdigerweise ließen die Amerikaner ihre Beamtenreform, die sie zunächst so energisch betrieben hatten, bei Beratung und Verabschiedung der Landesverfassungen schleifen.

Einen neuen, äußerst energischen Anlauf nahmen die Militärgouverneure des »Vereinigten Wirtschaftsgebietes« der englischen und amerikanischen Zone im Herbst 1947. Sie errichteten von sich aus, unabhängig vom Verwaltungsrat, der Wirtschaftsregierung der Bizone, ein Personalamt und besetzten es mit einem Sozialdemokraten, weil die Mitglieder des Verwaltungsrats der CDU und FDP angehörten. Die Militärgouverneure verlangten außerdem ein Gesetz, das zugleich als Modell für die Bundesrepublik und die Länder dienen sollte. Zu diesem Zweck übergaben sie ein amerikanisches Mustergesetz. Manche Bestimmungen erregten den Unwillen der Traditionalisten, vor allem der CDU und des Deutschen Beamtenbundes, und fanden bei den Progressiven der Sozialdemokratie und dem DGB Anklang, so die Anpassung des Angestelltenrechts an das Beamtenrecht, woraus sich ein einheitlicher Pensionsanspruch ergab, Durchlässigkeit der einzelnen Stufen des öffentlichen Dienstes nach Befähigung und Bewährung sowie Zugänglichkeit für Außenseiter. Auf gemeinsamen Widerstand der Traditionalisten und Progressiven von allen Parteien und Beamtenverbänden stieß die Errichtung eines von Regierung und Parlament unabhängigen Personalamtes, das nunmehr für die Einhaltung der personalpolitischen Grundsätze des Dienstrechts verantwortlich zu sein hatte. Noch stärker und einmütiger war der Widerstand gegen das Inkompatibilitätsgebot, die Trennung von Amt und Mandat.

Der Wirtschaftsrat, das Parlament der Bizone, verzögerte bewußt die Beratung, um die Verschiebung bis zur Gründung des neuen Staatswesens zu erreichen. Dann würde dessen Parlament zuständig sein. Clay drängte vehement, aber vergeblich. Im letzten Moment, sechs Wochen vor Verabschiedung des Grundgesetzes, wurde überraschend das Militärregierungsgesetz für Verwaltungsangehörige der Bizone bekanntgegeben. Allein die beiden Bestimmungen über die Inkompatibilität und das Personalamt bedeuteten eine revolutionäre Änderung des deutschen Beamtenrechts. Eigentlich war es eine Ineligibilität, eine Unwählbarkeit, weil der Beamte, der kandidierte, aus dem Dienst ausscheiden mußte, also nach deutschem Recht seinen Pensionsanspruch verlieren würde.

Für alle Parteien war dies Gebot und die Einschränkung der parteipolitischen Aktivität gleichsam ein rotes Tuch. Sie wollten die Sachkenntnisse der Beamten im Parlament, wie schon die badischen Parteien 1820, nicht entbehren. Die Parteien schätzten den Beamten-Abgeordneten. Von ihm könnte erwartet werden, daß er sich voll der Parlaments- und Parteientätigkeit widmen würde, weil er sein Gehalt weiterbezog und sein Lebensabend durch Pensionsanspruch gesichert war. Damals zählte man ungefähr 780000 Beamte. Das war ein ansehnliches Wählerpotential. Die einzelnen Parteien fürchteten, daß, wenn sie diese politische Diskriminierung billigen oder nur dulden würden, sie den Beamten-Wähler im Konkurrenzkampf mit anderen Parteien verlieren könnten. Die Beamtenorganisationen wünschten bei den zu erwartenden Interessenkämpfen im Parlament über eigene Vertreter zu verfügen. Das war für sie das entscheidende Motiv.

Von einer letztentscheidenden Kontrolle des Personalamtes wollten die Minister nichts wissen. Ebenso waren die Parteien nicht bereit, ihren Einfluß auf die Personalpolitik aufzugeben. Trotz des massiven Proteststurms wurde das Militärregierungsgesetz nicht zurückgenommen, lediglich relativ geringfügig geändert.

Der Parlamentarische Rat, der am 1. September 1948 zusammengetreten war und am 8. Mai 1949 das Grundgesetz verabschiedet hatte, also in der für die Beamtenrechte kritischen Zeit tagte, scheint von den beamtenpolitischen Intentionen und Maßnahmen der Engländer und Amerikaner kaum Notiz genommen zu haben. Lediglich nach Artikel 131 Absatz 1 kann die Wählbarkeit von Beamten im Bund, in den Ländern und Gemeinden »beschränkt« werden. Eine Einschränkung der parteipolitischen Aktivität der Beamten war ebensowenig wie eine der personalpolitischen Kompetenzen der Regierung und ihrer Mitglieder vorgesehen. Statt dessen bestimmte Artikel 33 Absatz 5 des Grundgesetzes: »Das Recht des öffentlichen Dienstes ist unter Berücksichtigung der hergebrachten Grundsätze des Berufsbeamtentums zu regeln.« Das war in weicherer Fassung die Wiederholung der Weimarer Garantie der »wohlerworbenen Rechte«. Damit waren in diesen beiden grundlegenden Fragen einer gesetzlichen Dienstrechtsreform schwer überwindliche Schranken gesetzt. Trotzdem erhoben die Militärgouverneure der Bizone wegen dieser offenkundigen Unterlassungen und Blockierungen keine entsprechenden Einwendungen in ihrem Schreiben zur Genehmigung des Grundgesetzes vom 12. November 1949. Wahrscheinlich standen sie so unter Zeitdruck, daß sie diese komplizierte Korrektur nicht wagten. In der Bundesrepublik wurde das Militärregierungsgesetz über die Beamten, das nur für die Bizone galt, nicht angewandt. Nach dem Bundesbeamtengesetz von 1953 hatten Beamte, die in den Bundestag gewählt waren, in den einstweiligen Wartestand zu treten. So wurden zwei offenkundige Mißstände beseitigt: Der Beamten-Abgeordnete durfte nicht mehr zugleich amtliche Funktionen ausüben und konnte nicht mehr befördert werden. Eine echte Trennung von Amt und Mandat wurde nicht geschaffen und ebensowenig der Entzug der Einstellungs- und Beförderungsentscheidungen aus dem parteipolitischen Einflußbereich. Damit waren die Beamtenbestimmungen des Allgemeinen Landrechts von 1794 erneut konserviert.

Der Absolutismus kennt keine politischen Rechte der Untertanen, also auch nicht der Beamten. Die Verfassung der konstitutionellen Monarchie gewährte zwar den Beamten die gleichen politischen Rechte wie allen Staatsbürgern, aber sie wurden zur Stärkung des Monarchen und seiner Regierung gegenüber dem Parlament faktisch gedrosselt. Diese Drosselung stand im Widerspruch zu demokratischen Gleichheitsprinzipien, sie wurden im Recht und in der Praxis aufgehoben. In der Entwicklung des Beamtenrechts seit Weimar verdrängen Rücksichten auf das Individualinteresse der Beamten die Verfassungsraison, lassen sie nicht aufkommen.

Ob die Übertragung des angelsächsischen Modells, ganz oder nur teilweise, auf Deutschland sinnvoll gewesen wäre, ist umstritten. Immerhin zeigt das Modell, daß es Möglichkeiten gibt, das Recht des öffentlichen Dienstes oder bestimmter Beamtenkategorien dem parlamentarischen System anzupassen. Ein ernsthafter Versuch von deutscher Seite ist nicht unternommen worden. Die Weimarer Nationalversammlung hat die Weichenstellung übersehen. War es 1948/49 ein Fehler, die von den Alliierten gebotene Chance ungenutzt zu lassen, oder wurde durch die bewußte Unterlassung, wie sie im Bundesbeamtengesetz zum Ausdruck kommt, konstruktiv dem parlamentarischen System gedient? *(1983)*

Anhang

Gedanken zum Staatsneubau vom Herbst 1945

Die Koalitionsdiktatur der Besatzungsmächte ist rechtlich noch uneingeschränkter als die persönliche Diktatur Hitlers.

Um die eigenen Gedanken zu ordnen und sich eine Vorstellung von den konkreten Möglichkeiten der Wiederherstellung eines deutschen Staates zu machen, sind die hier folgenden Aufzeichnungen im Oktober 1945 niedergeschrieben worden. Die Entwicklungsmöglichkeiten, die hier gezeigt sind, haben nur beispielhaften Charakter. Es gibt zahlreiche andere Möglichkeiten: Die Konkretisierung hängt jeweils von Faktoren ab, die sich heute noch nicht übersehen lassen. Hier kam es darauf an, überhaupt einmal eine Entwicklungsreihe von dem gegenwärtigen Zustand bis zur Vollendung des neuen Staatsaufbaus zu zeigen. Dabei ist ausgegangen von konkreten, aber realpolitisch erreichbaren Zielen Deutschlands einerseits, den Forderungen der Alliierten als Sieger und um ihrer Sicherung willen andererseits. In dem so gegebenen Funktionssystem die Punkte einer realpolitisch möglichen gemeinsamen Interessenbasis zu finden, soll hier versucht werden.

I

Die gesamte deutsche Staatsmacht ist durch die bedingungslose Kapitulation auf die Besatzungsmächte übergegangen. Das deutsche Reich, seine Untergliederungen und der einzelne Deutsche haben keinerlei Rechtsansprüche an ihre neuen Regenten; wo sie durch Gesetz gewährt werden, können sie jederzeit wieder aufgehoben oder brauchen nicht beachtet zu werden. Die Koalitionsdiktatur der Besatzungsmächte ist rechtlich noch uneingeschränkter als die persönliche Diktatur Hitlers.

Die Träger dieser Koalitionsdiktatur fremder souveräner Staaten über die deutschen Gebiete sind die vier Militärregierungen in den vier Besatzungszonen. Sie bewirken, daß innerhalb Deutschlands Grenzen zwischen den Zonen neu geschaffen wurden, die deren freien Verkehr beschränken oder gar verhindern. Die Behinderung ist teils größer, teils geringer als im Verkehr zwischen souveränen Staaten. Die Militärregierungen verwalten die Besatzungszonen nach den Methoden ihres Heimatlandes, was die Differenzen zwischen den Zonen verstärkt. Die Besatzungszone bzw. deren Gebiet ist weder souveräner Staat noch Mandatsland, weder annektiertes Land noch Gliedstaat. Es ist zunächst ein isoliertes Territorium besonderer Art, wie es in dieser Form bisher noch nicht bestanden hat.

Die meisten Funktionen der Reichsregierung sind nicht auf den Kontrollrat übergegangen, diese haben vielmehr die Militärregierungen übernommen. Der Kontrollrat scheint lediglich ein Koordinations- und Kodifizierungs-Ausschuß zu sein, tritt nur in Funktion, wenn Einigkeit unter den vier Mitgliedern erzielt ist. Insoweit hat er Ähnlichkeit mit dem alten deutschen Bundestag vor 1866. Er hat ebensowenig wie dieser die Macht, die Durchführung der von ihm erlassenen Gesetze zu erzwingen. Immerhin trägt er durch seine Existenz und seine Gesetze zur Vorstellung von einer deutschen Einheit bei. Den Mächten der Heiligen Allianz nach dem Wiener Kongreß entsprechen die Konferenzen der drei Weltmächte bzw. der Außenminister der vier Großmächte. Diese sollen die Grundsätze für die Behandlung des besiegten Deutschland aufstellen. Aber sie scheinen hierzu noch weniger in der Lage zu sein als seinerzeit die Heilige Allianz. Wiederum zeigt sich die Gegensätzlichkeit in materialen Interessen und in Ideologien als steigendes Hindernis, schnell und laufend gemeinsame Entschlüsse zu fassen. Wo sie sich aber zu gemeinsamen Beschlüssen zusammenfinden, sind sie nicht in der Lage, praktisch ihre einheitliche Durchführung, wie das Beispiel des Potsdamer Communiqués zeigt, zu erzwingen.

Die außenpolitische Behandlung der innerdeutschen Fragen hat zur Folge, daß diese nicht nach ihrer eigenen Wertbedeutung, sondern als Objekte im Tausch gegen andere außenpolitische Interessenobjekte der Großmächte behandelt und entschieden werden. Die Abgrenzung der Besatzungszonen zum Beispiel wird wahrscheinlich weniger nach administrativen und ökonomischen Zweckmäßigkeitsüberlegungen erfolgt sein, als vielmehr eine Regelung darstellen, die im Austausch gegen andere außenpolitische Interessenobjekte wie etwa die Lösung des syrischen Problems im Wege des Kompromisses gefunden sein dürfte.

Die großen Mächte haben sich die Behandlung der deutschen Frage und Deutschlands in Teheran und Jalta wohl wesentlich einheitlicher vorgestellt, als sie sie jetzt durchzuführen in der Lage sind. Dieses gegenwärtige Besatzungsregiment mit seinem umständlichen, schwerfälligen und langsam arbeitenden Instanzenzug und seinen zentrifugal wirkenden Militärregierungen ist das praktisch politische Ergebnis eines beendeten Koalitionskrieges mit dem sichtbaren Nachlassen der Einigungskräfte. Es ist ein staatsrechtliches und politisches Monstrum. Die Erklärung de Gaulles nach seinem letzten Besuch bei Truman, wo er vor einer allzu schnellen Aufhebung des Viermächte-Kondominiums gewarnt hat, zeigt, daß es nur als Provisorium gedacht ist.

1. Welches sind die Möglichkeiten der Ablösung dieses Zustandes, der für die Alliierten ein Gegenstand ständig zunehmender außenpolitischer Auseinandersetzungen ist und unter dem die deutschen Gebiete schwer leiden, ohne daß die Alliierten einen entsprechenden Vorteil haben?

a) Deutschland kann auf die angrenzenden Länder aufgeteilt werden, so daß ein oder zwei Gebiete mit ca. 10 bis 12 Millionen übrigbleiben, aus denen ein oder zwei selbständige Staaten entstehen. Die Bevölkerung der annektierten Länder muß von dem annektierenden Land übernommen werden. Es entsteht das Problem der Aufteilung der Reparationsschulden und der innerdeutschen Verpflichtungen, die bei dem unterschiedlichen Reichtum der Gebiete nicht ohne weiteres nach dem Kopf der Bevölkerung auf die einzelnen Staaten umgelegt werden können. Fraglich ist, ob die angrenzenden Staaten zur Angliederung zerstörter Gebiete und zur Aufnahme verarmter Bevölkerungen, die durch die Evakuierungen aus Polen und der Tschechoslowakei einen weiteren Elendszuwachs erhalten, bereit sein werden. Eine solche Regelung müßte schon aus wirtschaftlichen Gründen mit der Bildung einer europäischen Föderation verbunden sein, für die der Zeitpunkt im Augenblick noch nicht reif ist.

b) Das deutsche Staatsgebiet wird zu einem Mandatsland der »Vereinigten Nationen« erklärt. Ein »Hoher Kommissar« wird [Garant] der Deutschland auferlegten Pflichten und überwacht deren Ausführung. Die innerdeutsche Verwaltung wäre eine Angelegenheit einer demokratischen deutschen Regierung unter seiner Aufsicht. Die außenpolitischen Instruktionen und Approbationen würde er von den »Vereinigten Nationen« empfangen. Falls eine Intervention erforderlich ist, hätte er bewaffnete Hilfe von diesen anzufordern. Diese Regelung würde nur in veränderter Form die Fortsetzung des bisherigen Zustandes darstellen. Deutschland ist durch sein gegenwärtiges Besatzungsreglement gerade genügend ein Experimentierfeld für neue staatsrechtliche und politische Konstruktionen geworden, daß mit diesem verarmten und an Verpflichtungen überlasteten Land nicht noch einmal ein Versuch, für den keine Erfahrungen vorliegen, gemacht werden sollte. Die Vereinigten Nationen, bei denen in den elementarsten Fragen der Staats- und Wirtschaftspolitik so große Unterschiede und Gegensätze bestehen, würden ein solches Mandat kaum annehmen. Ihre mühsam erzielte Einigung würde dadurch eine unnötige Belastung erfahren.

c) Um diesen Schwierigkeiten zu entgehen, können von den Vereinigten Nationen Mandatare bestellt werden, die das Gebiet treuhänderisch verwalten. Würde etwa England der Treuhänder für das Gesamtgebiet, so hätte Deutschland ungefähr eine Stellung inne, die der der englischen Dominions, allerdings mit beschränkteren Rechten, entsprechen würde. Eine solche Regelung würde kaum die Zustimmung Rußlands und Frankreichs finden. Es würden also mehrere Mandatare in Betracht kommen; das hieße die Aufteilung Deutschlands auf die drei europäischen Großmächte England, Frankreich und Rußland. Amerika wird an einem europäischen Mandat kaum Interesse haben. Anscheinend ist eine ähnliche Regelung auf der Potsdamer Konferenz erörtert, aber verworfen worden.

d) Der bekannte amerikanische Journalist Walter Lippmann hat vor Beginn der Potsdamer Konferenz gewarnt vor einer Wiederherstellung der deutschen Einigung und vorgeschlagen, aus dem deutschen Staatsgebiet drei oder vier selbständige Staaten zu schaffen. Es sollte der Entwicklung überlassen bleiben, ob diese in einem späteren Zeitpunkt zu einem in den Besatzungszonen entscheidenden Machtfaktor geworden sind, so daß sich auch der neue deutsche Verwaltungsaufbau nach ihnen, nicht nach den bisherigen Grenzen der deutschen Länder richtet. Die Überlegung liegt nahe, daß diese Besatzungszonen die Vorläufer neuer selbständiger Staaten sind, die zunächst in mehr oder minder großer Abhängigkeit zu den Heimatstaaten der Militärregierungen stehen würden. Die Entstehung dieser Länder aus den Besatzungszonen erfolgt nicht durch Willensakt der Alliierten, sondern die Besatzungszonen entwickeln sich mit der Zeit zu selbständigen Ländern, weil sich die Alliierten über das Besatzungsproblem nicht zu einigen vermögen und es bei dem gegenwärtigen Zustand belassen. Das würde zum Beispiel die Wiederherstellung der alten Beziehungen zwischen England und Hannover und die Erfüllung eines alten französischen Wunschtraumes von der Abhängigkeit Südwestdeutschlands bedeuten.

e) Das Potsdamer Communiqué hält an einer wirtschaftlichen deutschen Einheit fest und stellt die Wiederherstellung einer staatsrechtlichen Einigung in Zukunft als möglich hin. Sie ist zweifellos auch heute noch der Wunsch der Mehrheit des deutschen Volkes. Das wichtigste und nächstliegende Ziel ist die Schaffung einer selbständigen Verwaltungsleitung, die zwar schwere Verpflichtungen auf sich zu nehmen hat, aber mit eigenem Verwaltungsapparat innerhalb ihres Verwaltungsbereichs ohne die Intervention ausländischer Mächte zu arbeiten in der Lage ist. Dies Ziel besteht sowohl für die einzelnen Besatzungszonen wie für die Gesamtheit des besetzten Gebietes. Eine sofortige Wiederherstellung der deutschen Souveränität ist ebensowenig zu erwarten, wie die gegenwärtige Besatzungsregelung als Dauerzustand angesehen werden kann. Es ist also zu überlegen, in welcher Form und welcher Reihenfolge sich der Abbau der totalen Gesetzgebungs- und Verwaltungsgewalt der Besatzungsmächte mit dem gleichzeitigen Aufbau einer deutschen Verwaltungsautonomie und späteren Staatsführung vollziehen wird.

2. Föderalismus und Demokratie sind allgemeine staatspolitische Begriffe, ihre konkreten Formen unterscheiden sich nach Zeit und Ländern stark voneinander. Allgemein gültige Rezepte für ihre Einführung und Anwendung gibt es nicht. Die besonderen Formen des deutschen demokratischen föderalistischen Staatsaufbaues müssen unter Beachtung der Erfahrungen der Weimarer Republik und im Einvernehmen mit den Besatzungsmächten gefunden werden.

3. Ebenso wie der Abbau der diktatorischen Gewalt, die anstelle Hitlers jetzt die Besatzungsmächte innehaben, nur in Etappen vorgenommen werden kann, wird sich der Aufbau eines neuen demokratischen föderalistischen deutschen Staates stufenweise vollziehen. Selbst aber, wenn die Besatzungsmacht in dieser Form nicht bestände, so könnte die Umschaltung von einer totalen zentralen Diktatur auf eine föderalistische Demokratie nur sofort revolutionär, ohne daß der Ausgang abzusehen wäre, oder allmählich, dann aber organisch erfolgen. Auch wenn Deutschland jetzt schon in der Gestaltung seiner Lebensform autonom wäre, so würde kaum einer an eine Wiederher-

stellung der Weimarer Verfassung schlechthin denken, nicht nur weil sie, in ihren Trägern, nicht in ihren Einrichtungen, versagt hat, sondern weil die vor allem durch den Zweiten Weltkrieg geänderten Verhältnisse andere demokratische Einrichtungen fordern, als sie vor dem Kriege bestanden haben. Viele demokratische Staaten arbeiten jetzt an ihrem Verfassungsumbau, selbst ein so konservatives Land wie die Schweiz. Dieser große demokratische Umwandlungsprozeß zwingt zu einem langsamen und bedächtigen Vorgehen im Neuausbau der eigenen Inneneinrichtung.

Der Prozeß der Liquidation der vergangenen 12 Jahre muß erst weiter fortgeschritten sein, bis für Gedanken einer politischen Neugestaltung wieder Raum ist. Noch lebt die Mehrheit des Volkes unter dem Eindruck des totalen Zusammenbruches und ist von der Sorge um Arbeit, Obdach und Nahrung voll in Anspruch genommen. Die freie Gestaltung des eigenen politischen Lebens hat zur Voraussetzung ein gewisses Maß von Autonomie, zu der sich die Besatzungsmächte erst mit der Zeit bereit finden werden.

So lassen äußere und innere Umstände die sofortige Inangriffnahme eines endgültigen Verfassungsneubaus nicht zu. Dies Ziel kann nur in Etappen erreicht werden.

II

1. Die Besatzung Deutschlands nach dem Zweiten Weltkrieg unterscheidet sich von der des Ersten Weltkrieges nicht nur dem Umfang nach, sondern auch dem Grade nach. Letztere beschränkte sich auf eine militärische Besetzung, mit Ausnahme des Ruhrgebiets 1923/24, und griff nur soweit in die Verwaltung ein, als es für die Sicherung der Truppen notwendig war. Die heutigen Militärregierungen haben die totale Macht inne. Sie haben zwar sehr schnell deutsche Verwaltungsbehörden wieder eingesetzt oder neu geschaffen, die ihnen aber in jedem Falle unterstehen.

Der totalen Macht der Besatzung entspricht ihr Recht auf

Intervention in allen Rechts- und Verwaltungsangelegenheiten, das heißt, es besteht ein zwar von Deutschen besetzter, aber völlig unselbständiger Verwaltungsapparat. Die Existenz dieses Verwaltungsapparates und sein Ausbau sind die Vorstufe und Voraussetzung für die allmähliche Schaffung einer deutschen Autonomie. In den einzelnen deutschen Ländern bzw. preußischen Provinzen haben die Militärregierungen neuerdings oberste Verwaltungsbehörden eingesetzt. Diese haben zwar Anweisungsbefugnis an die ihnen untergeordneten Behörden, für die sie der Militärregierung verantwortlich sind, sie werden aber von der letztgenannten kontrolliert, haben deren Intervention in jeder Stufe des Instanzenzuges zu dulden und deren Vorschriften durchzuführen. Sie regieren nicht, sondern verwalten im besten Fall. Der Name Regierung ist ein schlechtes Geschenk der Besatzungsmacht, seine Benützung heute könnte die späteren Institutionen gleichen Namens, aber selbständiger Funktionen diskreditieren. Zur Zeit muß die Verwaltung mehr oder minder Büttel der Besatzungsmacht sein. Diese ihre zwangsmäßig auferlegte Subordination unter fremden politischen Willen sollte aus politischen Gründen auch im Namen zum Ausdruck kommen.

Die oberste Verwaltungsbehörde hat drei wichtige Aufgaben:

a) *Den personellen und institutionellen Ausbau der eigenen Administration, die Erziehung zu einem sauber und gerecht arbeitenden sowie gut funktionierenden Apparat.* Durch die Denazifizierung besteht ein großer Bedarf an neuem Personal. Neben politischer einwandfreier Haltung ist persönliche und sachliche Eignung erforderlich. KZ-Gefangenschaft ist nicht ohne weiteres Qualifikation für die Verwaltungslaufbahn. Man sollte mit der Vergebung von Beamtenstellen sehr sparsam sein, es könnten bei dem Provisorium zunächst auch die Posten in den Hoheitsämtern auf dem Wege des Angestelltenvertrages besetzt werden. Die pflichttreue, gehorsame, aber kluge Verwaltung ist eine unbedingte Voraussetzung einer gesunden Demokratie. Die Erziehung ihrer Träger zu wahrhaften Betreuern des Volkes ist notwendig.

b) *Loyale Ausführung der Anweisungen der Besatzungsmächte.* Der Deutsche neigt häufig zu den beiden Extremen von Unterwürfigkeit oder Unterdrückung. Er verwechselt daher leicht Loyalität mit Unterwürfigkeit. Auch der Gefangene kann ein Herr bleiben und der Freie sich als Knecht benehmen. Die nicht erst seit dem Nationalismus vielen Deutschen tief im Blut sitzende Auffassung von der Politik als einer Methode der Übertölpelung des andern, die Carl Schmitt noch rechtsphilosophisch fundiert hat, muß überwunden werden. Wir Deutsche haben uns im Lauf der Zeit einen besonderen Gesetzeseklektizismus angewöhnt. Jeder wählt sich nach Haltung und Weltanschauung diejenigen Gesetze aus, die er auch innerlich bereit ist zu befolgen. Der Sozialdemokrat mißachtete die Gesetze des Kaiserreiches, und aus dieser jahrzehntelangen Einstellung fand er sich in die Ordnung des eigenen Staates nach 1919 schwer hinein. Die Deutschnationalen beobachteten dieselbe Haltung in der Weimarer Republik. Die Zuwiderhandlung gegen Bestimmungen des Versailler Friedensvertrages wurde zum Ausdruck nationaler Gesinnung. Die Nationalsozialisten trieben vor der Machtübernahme geradezu einen Kult mit dem Gesetzesbruch, der zur Gewohnheit wurde, so daß sich viele im Reich ihres eigenen Führers von ihm nicht lösen konnten. Die Erziehung zur sinngemäßen, sauberen Erfüllung der übernommenen oder auferlegten Bindung schlechthin ist daher eine staatspolitische pädagogische Aufgabe. Vielleicht werden die Westmächte zum mindesten die Bedeutung dieser großen Erziehungsaufgabe bei ihren eigenen Forderungen mehr und mehr berücksichtigen.

Gewiß wird Loyalität zunächst der obersten Verwaltungsbehörde bitter schwer gemacht bei den harten Forderungen des Feindes. Sie wird mit Klugheit und Phantasie versuchen, Wege geringerer Belastung für die Bevölkerung zu finden, die auch die Erfüllung der feindlichen Forderung gewährleisten, die aber dem administrativ unerfahrenen siegreichen Soldaten unbekannt sind. Sie wird um Milderung kämpfen, sie wird eventuell versuchen, der Besatzungsmacht die Exekutive zuzuschieben, oder sie wird abtreten. Wo sie aber die Durchführung übernimmt, da sollte sie administrativ und pädagogisch dafür sorgen, daß bis zur untersten Instanz loyal erfüllt wird. Loyalität ist die einzige und letzte Waffe des Unterworfenen unserer Lage. Auf lange Sicht werden die Westmächte diese Haltung anerkennen und würdigen. Das Funktionieren des am besten ausgedachten Verwaltungsinstrumentes ist abhängig von den Eigenschaften derjenigen, die es bedienen und denen es dient. Die Regierung eines besiegten und zudem so apolitisch oder politisch verdorbenen Volkes kann von diesem Volk nicht gleichzeitig Treue für sich, wahrhaften Bruch mit dem alten Regime und Hintergehung des Feindes, von dem sie innerlich und äußerlich abhängig ist, verlangen. Diesen Dreifrontenkrieg im Innern erträgt sie nicht. Sie muß rechtzeitig hier mit einer politischen Pädagogik der Massen einsetzen. Noch sind die Lehren des mephistophelischen Volksverführers den Deutschen nicht aus dem Herzen gerissen. Der große demokratische Massenpädagoge ist ein nicht zu unterschätzender Faktor im Ringen um die geistige Liquidation des Nationalsozialismus und die Fundamentierung einer neuen politischen Geistesausrichtung der Deutschen.

c) *Die Vertretung der Belange des eigenen Landes und Volkes gegenüber den Besatzungsbehörden.* Das Deutschland von 1918/19 hatte sehr schnell eigene Vertretungen in den Hauptstädten der Alliierten eingerichtet. Die Besatzungszonen hingegen sind abgeschnitten von der Außenwelt. Der feindliche Soldat untersteht in seinem Heimatland der Kontrolle von Parlament und Presse; im besetzten Gebiet ist er unumschränkt. Der deutsche Bürger ist rechtlos selbst gegenüber der untersten Instanz der Besatzungsmacht, für ihn gibt es im allgemeinen keine Berufungsmöglichkeit an die Militärregierung. Jede Bürokratie, noch mehr das in der Administration tätige Militär, neigt unkontrolliert zu Übergriffen und zur Vernachlässigung seiner Betreuungsaufgaben. Hierdurch treten in unendlicher Mannigfaltigkeit die vom Besatzungsstaat unbeabsichtigten Leiden der Bevölkerung in den Besatzungszonen, die allein durch die Anwesenheit fremder Soldaten und die unsinnige Konstruktion des Viermächteregimes ungewollt entstehen, auf. Hier tritt jener Zustand ein, der Karl Barth zu der Bemerkung veranlaßt hat, daß Besatzung »kein Unterricht zur Demokratie« sei. Die oberste Verwaltungsbehörde muß versuchen, die der Besatzungsmacht fehlende Berufungs- und Kontrollinstanz zu ersetzen, soweit sie es eben kann. Sie hat gleichsam die Funktionen der Gesandtschaft des eigenen Landes bei der Militärregierung. Sie muß der Sammelpunkt der Beschwerden werden, diese nach sachlicher Berechtigung und Wichtigkeit auslesen und auswerten. Sie muß die ihr unterstellten Verwaltungsbehörden veranlassen, sie frei von aller Nörgelei in diesen Fragen laufend zu informieren. Sie wird gegebenenfalls an die der Gebietsregierung übergeordnete Zonenregierung, ja an deren Staatsregierung appellieren. Diese Arbeit wird sich unter Ausschluß der Öffentlichkeit vollziehen müssen, aber es gibt auch andere Wege, insbesondere durch Erziehung der Behördenvertreter, daß die Verwaltung bei aller notwendigen Autorität die wahrhafte Betreuerin des Volkes ist.

Es ist verständlich, wenn eine Besatzungsmacht eine Kritik ihrer Maßnahmen und Einrichtungen durch die Presse des besetzten Landes nicht zuläßt. Aber würde es dem demokratischen Sinn der Westmächte für das Gegengewicht der Kontrolle nicht entsprechen, wenn in einer deutschen Zeitschrift, die nur den Angehörigen der Besatzungsmacht zugänglich wäre, die Haltung der Zonenbevölkerung zu ihr in Anstand und mit Takt, aber offen, zum Ausdruck kommen würde?

2. Den ersten Ansatz zum demokratischen Aufbau stellen die Wahlen der Gemeindevertretungen in Stadt und Land dar. Eine Ausarbeitung einer neuen Wahlordnung ist nicht erforderlich. Für diese erste Wahl kann man sich der vor 1933 gültigen Wahlordnung für die Gemeindewahlen bedienen. Eher soll man die

bekannten Nachteile der Listenwahl nach dem Proporz in Kauf nehmen, als den in seiner Konsequenz unübersehbaren Versuch einer neuen Wahlordnung, für die noch keine Erfahrungen vorliegen, zu beginnen. Es genügt festzusetzen, daß für die ersten Gemeindevertretungswahlen die in dem betreffenden Land vor 1933 angewandte Wahlordnung gilt. Die Verfassung der Städte und Gemeinden wird nach dem Stand der Zeit vor 1933 zunächst wieder hergestellt, entsprechend der in dem betreffenden Land derweils gültigen Städte- bzw. Gemeindeordnung. Städte, Kreise und Landgemeinden wählen zu einem festgesetzten Zeitpunkt ihre Vertretungen.

3. Zu diesem Zweck erteilt die Besatzungsmacht das Recht zur Bildung genehmigungspflichtiger politischer Vereine. Die Tätigkeit dieser politischen Vereine beschränkt sich auf die Vorbereitung der kommunalen Wahlen in ihrem Wahlbezirk. Nicht wahlberechtigt sind dieselben wie nach den vor 1933 gültigen Bestimmungen. Das aktive Wahlrecht beginnt mit dem vollendeten 25., das passive Wahlrecht mit dem vollendeten 30. Lebensjahr. Ausgeschlossen vom passiven Wahlrecht sind die Mitglieder der NSDAP sowie alle Personen, denen die Bekleidung öffentlicher Ämter untersagt ist. Die politischen Vereine können die Finanzierung ihrer Tätigkeit lediglich aus freiwilligen Spenden bestreiten, eine Beitragserhebung ist nicht zulässig, ebensowenig eine Mitgliedschaft. Die Diäten müssen so festgesetzt sein, daß später auch die notwendigen Kosten der Organisation bestritten werden können. Ein Zusammenschluß der politischen Vereine in den Gemeinden zu Landesorganisationen ist nicht erlaubt. Vom passiven Wahlrecht suspendiert sind die Inhaber von Ämtern, denen wesentliche Entscheidungsbefugnisse zustehen, zum Beispiel Mitglied der obersten Verwaltungsbehörde, der Polizeipräsident, die Leiter des Arbeits-, Finanz- oder Wirtschaftsamtes, außerdem die rechtsprechenden Richter und die Angehörigen der Polizei sowie Angestellte und Beamte von Behörden, die mit der Prüfung der Kommunalfinanzen betraut sind.

Die Zeit bis zu den Kommunalwahlen ist noch zu kurz, als

daß die Parteien schon ihre Programme ausgearbeitet haben können. Zum ersten Mal nach 12 Jahren treten die Parteien wieder an die Öffentlichkeit, und zwar zu einem Zeitpunkt, wo durch Zensur und Papierknappheit diese starken Beschränkungen unterworfen ist. Im allgemeinen öffentlichen wie im eigenen Interesse begnügen sich die Parteien mit der nächstliegenden Aufgabe. Die Parteifinanzierung hat zu einer unerwünscht starken Abhängigkeit von Interessenorganisationen geführt und der Parteiapparatur eine über Gebühr große Stellung im öffentlichen Leben gegeben. Es wird daher schon beim organisatorischen Aufbau der Parteien darauf hingewiesen, daß eine saubere, klare Trennung zwischen politischer und beruflicher Vertretung besteht. Die Jugend steht noch zu stark unter dem Einfluß der nationalsozialistischen Erziehung und Propaganda, sie braucht Zeit, um sich von diesen Eindrücken zu lösen. Deshalb ist das aktive und passive Wahlalter heraufgesetzt. Die Ausschließung sämtlicher Mitglieder der NSDAP vom aktiven Wahlrecht, wie es der bayerische Ministerpräsident Dr. Hoegner vorgesehen hat, bedeutet die Ausschaltung vieler, die, durch Erfahrung und eigenes Leid bekehrt, sich zu einer gemäßigten Richtung bekennen würden.

Sollte die Besatzungsbehörde weitere Personenkategorien vom passiven Wahlrecht außer den Mitgliedern der NSDAP ausschalten wollen, so muß sie diese angeben. Man sollte den Kreis der Diskrimierung nicht zu groß werden lassen, weil sie neue Unzufriedenheit schafft.

Das passive Wahlrecht der Beamten, das in den meisten demokratischen Ländern wesentlich beschränkter war als in der Weimarer Republik, muß im Interesse der Autorität der Beamten eingeschränkt werden. Der Beamte soll nach seinen Fähigkeiten, nicht nach seiner politischen Haltung beurteilt werden. Auch der Anschein der Parteipfründe muß vermieden werden. Diese Beschränkung des passiven Wahlrechts in Exekutive und Judikatur dient auch der sauberen Kompetenz- und Verantwortungsabgrenzung. Es ist widersinnig, wie es zum Beispiel in der Weimarer Republik vorgekommen ist, daß ein Beamter, der sich auf dem Verwaltungsweg gegenüber seinem Vorgesetzten nicht durchsetzen kann, das Ziel als Volksvertreter zu erreichen sucht. Wir müssen die Möglichkeit zur doppelspurigen Verwaltung soweit wie möglich ausschalten. Viele demokratische Länder haben mit der Ausschließung der Beamten vom passiven Wahlrecht gute Erfahrung gemacht.

4. Am Ende der ersten Etappe sollte der Verwaltungsapparat in den Ländern und Gemeinden im wesentlichen wiederhergestellt sein und eine Regelung zwischen den Besatzungsmächten und den obersten Verwaltungsbehörden über die gegenseitige Abgrenzung der Funktionen erzielt werden. Es sollte klar, wahrscheinlich für jede Besatzungszone gesondert, festgelegt werden, in welchen Verwaltungsgebieten sich die Besatzungsmacht Gesetzgebungs- und Anweisungsbefugnis vorbehält, wo sie sich mit der Aufstellung von verbindlichen Verwaltungsgrundsätzen begnügt, wo sie die Kontrolle behält und wo sie das Recht der Intervention bzw. das Recht der Beamtenernennung oder des entsprechenden Konsenses weiterbeansprucht.

Am möglichst weitgehenden Abbau der Ausübung des Interventions- und des Beamtenernennungsrechtes (einschließlich Abberufungen) sollte das größte Interesse bestehen. Dann an dem Verzicht auf die Entscheidungen und Maßnahmen verzögernde Kontrolle des Verkehrs zwischen oberster Verwaltungsbehörde mit der mittleren und untersten Instanz. Dieser Abbau zum Beispiel in der Beamtenernennung setzt eventuell voraus, daß an dessen Stelle Verwaltungsgrundsätze von der Militärregierung aufgestellt werden, die klar und präzise gefaßt sein müssen, damit Mißverständnisse und Differenzen vermieden werden. Lieber wird auf einen zu weitgehenden Abbau verzichtet, zumal wenn die oberste Verwaltungsbehörde nicht die Verantwortung übernehmen zu können glaubt, als daß eine rückläufige Bewegung eintritt. Das Ziel muß sein, daß die Besatzungsmacht (Militärregierung und taktische Einheit) lediglich noch mit der obersten Verwaltungsbehörde arbeitet, ohne Inanspruchnahme der oberen und mittleren Instanzen.

5. Die zivile Gerichtsbarkeit sowie die Strafgerichtsbarkeit, soweit es sich um Vergehen auf Grund deutscher Strafgesetze handelt, werden wieder hergestellt. Hier tritt das Problem der Unabsetzbarkeit des Richters auf. Dies an sich notwendige Privileg kann zunächst noch nicht gewährt werden, und zwar nicht aus politischen Gründen, sondern lediglich wegen der noch mangelnden Beurteilungsmöglichkeit des neuen Richters.

6. Der Verkehr zwischen den Zonen, mindestens in den Zonen der Westmächte, sollte eine wesentliche Auflockerung erfahren. Zum Beispiel Aufhebung des Passierscheinzwanges bei Aufrechterhaltung des Zuzugverbotes und des gleichzeitigen An- und Abmeldezwanges, freier Verkehr der Post und der zugelassenen Zeitungen sowie freier Verkehr der unbewirtschafteten Waren.

7. Die Militärregierung wird durch eine Zivilverwaltung abgelöst, sukzessive beginnend mit dem Abbau in den unteren Verwaltungsinstanzen, so daß am Ende in jedem Lande nur noch eine oberste Zivilverwaltung der Besatzungsmacht besteht.

Ist eine Besatzungszone in mehrere Länder aufgegliedert, so bilden die Chefs ein gemeinsames Gremium beziehungsweise eine ständige Chefkonferenz mit einem Sekretariat zum Zwecke der Koordinierung. Die Chefkonferenz kann einen ständigen Delegierten zu einem gleichgearteten Gremium der anderen Besatzungszonen entsenden. Die obersten Verwaltungsbehörden tauschen ständig Verbindungsmänner untereinander aus.

8. Der Kontrollrat bzw. die Chefs der nichtrussischen Besatzungszonen bilden einen deutschen Zentralausschuß. Dieser besteht aus neun Staatssekretären, eine Amtsbezeichnung die zunächst den obersten Beamten dieser Einrichtung vorbehalten bleibt, mit folgenden Ressorts:

Finanzen, Information, Transport, Justiz, Wirtschaft, Ernährung, Sozialpolitik, Außenhandel, Wiedergutmachung.

Jeder Staatssekretär ist für sein eigenes Ressort verantwortlich. Der Zentralausschuß kann zu gemeinsamen Beratungen zusammentreten. Es wird ein Staatssekretär für Koordination bestellt, der gleichsam Generalsekretär des Zentralausschusses ist. Der Zentralausschuß hat drei Aufgaben:

a) Koordinierung der Aufgaben und Arbeiten der obersten Verwaltungsbehörde zum Zweck der Zusammenarbeit der Besatzungszonen. Daß der Zentralausschuß schon gleich als Oberverwaltung der Landesverwaltungen wirken kann, ist kaum anzunehmen, weil er keine reale Möglichkeit hat, sich durchzusetzen, vor allem nicht gegenüber den von ihren Staatsregierungen abhängigen Besatzungsbehörden. Er kann aber mit der Einrichtung der Zentralverwaltung, zum Beispiel Post, Eisenbahn, Statistik, alsbald beginnen, ebenso hat er einheitliche Verwaltungsgrundsätze aufzustellen.
b) Uneingeschränkte Inspektion aller Besatzungszonen (lediglich der deutschen Behörden, Information bei den Militärbehörden), um sich ein Bild von der Lage zu machen. Es fehlt zur Zeit vollständig die vergleichende Übersicht über die Zustände in den Besatzungszonen. Ihre Kenntnis ist eine wesentliche Voraussetzung, um eine Zusammenarbeit der Besatzungszonen und ein erträgliches Verhältnis zu den Besatzungsmächten zu erreichen. Eventuell muß sich diese Arbeit nur auf die nichtrussischen Besatzungszonen beschränken.
c) Vertretung des gesamtdeutschen Volkes gegenüber den Besatzungsmächten und den Alliierten. Die mangelnde Macht des Kontrollrats beruht zum Teil auf dem bisherigen Fehlen des deutschen Partners. Der Kontrollrat selbst hat ein Interesse an der Existenz eines deutschen Partners. Aber auch deutscherseits besteht ein Interesse. Der Besiegte hat viel zu erdulden. Der darüber hinaus noch Abwesende noch mehr zu leiden.

9. Die Denazifizierung bedarf, um eine neue Völkerwanderung und eine gefährliche Rechtsunsicherheit zu vermeiden, schnellstens einer einheitlichen Ausrichtung. Überhaupt ist es eine

Aufgabe des Zentralausschusses, die durch die unterschiedliche Gesetzgebung der Militärregierungen in den einzelnen Besatzungszonen entstandenen Gefälle zu beseitigen bzw. darauf zu achten, daß nicht neue Gefälle entstehen.

Das ungeschriebene Privileg und dementsprechend die nicht durch Gesetz vorgesehene Diskriminierung haben in der deutschen Personalpolitik seit 1880 eine ständig steigende Erweiterung erfahren. Nach 1933 drangen diese illegalen Institutionen immer mehr auch in die Verwaltungs- und Gerichtspraxis ein. Der Nationalsozialismus hat diese Institutionen, deren Existenz wenigstens vorher schamhaft geleugnet wurde, durch Gesetze und Verordnungen legalisiert. Ihre Existenz widerspricht allen demokratischen Grundsätzen. Sie sind gefährlich, weil sie eine völlig vom Staat unkontrollierte Entwicklung nehmen und die Ermessensentscheidung, die ein unausbleibliches Übel der totalen Verwaltungspolitik ist, in eine Richtung drängen, die jedes Gemeinschaftsleben zur Auflösung bringen muß. Wenn die alliierten Besatzungsmächte sich heute in einigen Fällen, so auch in dieser Frage nationalsozialistischer Methoden bedienen, so lediglich zur Liquidierung der Hitlerschen Diktatur. Diese kann vielleicht nach Auffassung der Besatzungsmächte auch auf die Gefahr hin eines höchst unerwünschten pädagogischen Effektes nur mit denjenigen Mitteln zerstört werden, die sie selbst angewandt hat. Um den Grad des Effektes möglichst zu mildern, muß also die Anwendung zeitlich begrenzt sein. Die Denazifizierung ist jetzt schon zum Teil Angelegenheit der deutschen Verwaltung und wird es eines Tages ganz sein. Die obersten Verwaltungsbehörden müssen darauf achten, daß die Institution der Diskriminierung nicht zu einer ständigen Staatseinrichtung wird. Die Rache, die Anwendung des Grundsatzes, Gleiches mit Gleichem zu vergelten, ist für eine Staatsführung ein gefährliches Mittel. Sie hat in der Geschichte oft den bekämpften und scheinbar besiegten Methoden zu neuem Leben verholfen. Ihre Anwendung ist ein Beispiel dessen, was Hegel die Ironie der Geschichte nennt. Das Argument, der Nationalsozialismus hat es genauso oder schlimmer gemacht, sollte zumindest öffentlich nicht zugelassen und privat bekämpft werden. Der Nationalsozialismus ist nicht nur um seiner Ziele, sondern ebensosehr um seiner Methoden willen bekämpft worden. Es heißt diesen Methoden neue Lebenskraft durch deren Anwendung zuzuführen, selbst wenn sie gegen die Träger dieser Methoden angewandt sind. Es geht hier nicht um eine unangebrachte Milde gegenüber den Nationalsozialisten, sondern um die endgültige Ausrottung eines verwerflichen Prinzips.

Wenn eine Diskriminierung noch notwendig ist, dann muß sie gesetzlich klar umschrieben in ihrer Einleitung und Durchführung befristet und es muß das Verfahren besonders eingesetzten Stellen vorbehalten sein. Grundsätze der Denazifizierung müssen daher festgelegt werden:

a) Jede Person, die Mitglied der NSDAP, der SS, des NSKK, des NSDOB und des NSDStB oder der NSF vor dem 1. Mai 1937 war bzw. zweien oder mehreren Organisationen nach 1937 beigetreten ist bzw. der SS angehört hat, ist vom passiven Wahlrecht sowie von der Bekleidung folgender öffentlicher Ämter und Stellungen ausgeschlossen:

   Oberste und obere Behörden des Zentralausschusses und der Länder, Leitung der Städte, Landgemeinden und Kreise, Polizei und Rechtsprechung, Presse und Unterricht.

   Einem öffentlichen Amt dieser Art gleichzusetzen ist ein leitendes oder seelsorgerisches Amt der Kirche sowie ein leitendes Amt in den Selbstverwaltungskörperschaften in den Berufsorganisationen, in den Parteien und Vereinen.

b) Jede Person, die Mitglied der Partei vor dem 1. März 1933 war bzw. welche Amtsträger der unter a) genannten Organisationen im Range eines Ortsgruppenleiters bzw. Truppführers und höher bzw. welche Amtsträger in anderen Organisationen der NSDAP im Range eines Kreisleiters bzw. Sturmführers jemals war, ist von einer leitenden oder aufsichtführenden Stellung in der Verwaltung und Wirtschaft, auch wenn sie nicht unter a) genannt ist, sowie von einer der Zulassung unterworfenen Stellung ausgeschlossen.

c) Die Regelungen gemäß a) und b) gelten für die Dauer von 5 Jahren. Die Dauer des Ausschlusses von Ämtern, Stellung und Wahlrecht gilt für alle übrigen Personen, soweit eine solche Ausschließung von der Militärregierung ausgesprochen ist und sofern die betreffende Person nicht unter a) und b) fällt, für die Dauer von 2 Jahren. Ausgenommen von den Bestimmungen zu a) und b) sind diejenigen Personen, die vor 1940 aus allen unter a) genannten Organisationen bzw. die unter b) aufgeführten, sofern sie die unter b) genannten Ämter innehatten, aus eigener Initiative ausgetreten und einer anderen dieser Organisationen nicht wieder beigetreten sind, bzw. solche Personen, die nachweislich wegen Widerstandes gegen die Parteigrundsätze im Ganzen vor 1943 ausgeschlossen worden sind.

d) Die obersten deutschen Verwaltungsbehörden bzw. der Zentralausschuß können durch Gesetz die unter a) und b) aufgeführten Stellungen erweitern oder einschränken.

e) Ausnahmen von den Bestimmungen gemäß a) und b) kann der Chef der obersten Verwaltungsbehörde eines Landes in besonders begründeten Fällen in eigener Verantwortung zulassen, soweit zwei einwandfreie politische Personen für die betreffende Person zu bürgen und haften bereit sind. Dasselbe Recht haben die Mitglieder des Zentralausschusses für diesen Bereich.

f) Mitglieder der Hitlerjugend und des BDM sowie Angehörige des Jahrgangs 1924 und jünger, die auf Grund ihrer Zugehörigkeit automatisch in die Partei aufgenommen worden sind, können, sofern sie nicht anderen unter a) angeführten Organisationen angehört oder unter b) angeführte Ämter bekleidet haben, in Abweichung der Bestimmungen von a) und b) in Behörden usw. angestellt werden, mit der Maßgabe, daß sie nur die hier in der entsprechenden Kategorie vorgesehene Anfangsstellung erhalten. Sie können im Rahmen der bestehenden Vorschriften, aber ohne jegliche Bevorzugung, befördert werden, sie bleiben aber im Angestelltenverhältnis, auch wenn für die betreffende Position eine Beamtenstellung vorgesehen ist. Handelt es sich um einen zulassungspflichtigen Beruf, so erfolgt die Zulassung nur auf Widerruf. Ausgenommen von dieser Regelung sind

Amtsträger der HJ und des BDM im Range eines Stammführers und einer Ringführerin und höher.

Diese Regelung ist notwendig, um den Nachwuchs in der Verwaltung und in den freien Berufen einreihen zu können.

g) Einen Monat nach Verkündigung dieses Gesetzes kann jeder Deutsche für die Dauer eines halben Jahres jedes Mitglied der Partei oder einer ihrer Organisationen anzeigen wegen Amtsmißbrauch, Verleumdung, Erpressung, Mißhandlung, Eigentumsvergehen, Betruges, wegen Handlung gegen die guten Sitten und gegen Treue und Glauben, sofern Vergehen in der Eigenschaft als Parteimitglied oder eines [Mitglieds] der angeschlossenen Organisation erfolgt und nicht durch Bestrafung entsprechend gesühnt ist. Er kann ihn weiterhin anzeigen wegen Inanspruchnahme von Vorteilen, auf Grund der Mitgliedschaft zur Partei oder wegen Belastung anderer mit Nachteilen wegen deren Nichtzugehörigkeit zur Partei sowie wegen nachhaltigen und anhaltenden Eintretens für die Partei.

Die Anzeige hat unter Angabe von Zeugen und Unterlagen zu erfolgen mit namentlicher Unterschrift und unter Angabe der Adresse des Anzeigenden. Die Anzeige erfolgt beim zuständigen Landgericht, das für diesen Zweck eine oder mehrere Denazifizierungskammern nach Bedarf einsetzt. Jede Kammer besteht aus einem ordentlichen Richter als Vorsitzenden und zwei Beisitzern; alle drei werden von dem Leiter der obersten Landesjustizbehörde ernannt.

Der Anzeigende muß auf Verlangen des Gerichtes bei dem Verfahren erscheinen, tritt als Zeuge auf und kann als Zeuge vereidigt werden. Sein Name wird dem Angezeigten auf Wunsch nicht bekanntgegeben. Das Gericht kann die Anzeige der örtlichen Gemeindeverwaltung zwecks weiterer Zeugenbenennung und Bereitstellung etwa noch vorhandener Unterlagen noch zuleiten.

Das Verfahren kann sein

a) strafrechtlicher

b) zivilrechtlicher

Natur. Falls der Angeklagte noch nicht unter die Bestimmungen a) und b) fällt, kann im Urteil eine entsprechende Feststellung getroffen werden. Eine Berufung ist nicht zulässig. Alle Verfahren gegen eine Person werden jeweils nur vor einem Gericht behandelt. Die Verfahren und Maßnahmen gegen die Kriegsverbrecher, die Sache der Alliierten sind, werden von dieser Regelung nicht betroffen.

Das Landgericht ist nicht Berufungsinstanz für Ausschlüsse, die seitens der Militärregierung erfolgt sind.

Verleumdungs- und Beleidigungsklagen gegen einen Anzeigenden auf Grund der Anzeige sind nicht zulässig.

Das Gericht setzt die Kosten des Verfahrens fest und entscheidet, wer die Kosten zu tragen hat. Es kann den Anzeigenden zur Tragung der Kosten verurteilen, wenn dieser grobfahrlässig oder vorsätzlich falsche Anzeige erstattet hat. Den Anzeigenden dürfen Vorteile aus der Anzeige, sofern es sich nicht lediglich um Schadenersatz handelt, nicht erwachsen. Anonyme Anzeigen oder Mitteilungen zu Anzeigen werden grundsätzlich nicht beachtet und bearbeitet. Ebenfalls nicht Anzeigen, die nach der vorgesehenen Frist erstattet sind. Im übrigen wird das Verfahren durch Gesetz besonders festgelegt.

h) Der Zentralausschuß kann die Auslieferung solcher Kriegsverbrecher, für deren innerpolitische Straftaten das internationale Gericht sich als unzuständig erklärt hat, erbitten zwecks Aburteilung vor einem besonderen deutschen Gericht.

i) Jeder Deutsche erhält vom zuständigen Oberbürgermeister bzw. Landrat eine Karte, aus der hervorgeht, daß er entweder unter die Bestimmungen zu a), b), c) oder zu e) fällt oder daß er Mitglied der Partei oder einer ihrer Organisationen war, ohne daß die Bestimmungen von a), b), c) und e) zutreffen, oder daß er der Partei usw. überhaupt nicht angehört hat. Diese Karte hat er dann der örtlichen Polizeibehörde zwecks Eintragung vorzulegen sowie bei Bewerbungen um Ämter und Stellungen, die unter die Beschränkungen der Bestimmungen von a), b), c) und e) fallen, dem Arbeitgeber vorzuzeigen. Desgleichen können Polizei und

Gericht die Vorlegung der Karte bei politischen Vergehen verlangen. In allen anderen Fällen ist das Vorzeigen der Karte sowie das Verlangen nach derselben unzulässig. Die Zugehörigkeit zur Partei wirkt bei politischen Vergehen strafverschärfend bzw. erleichtert die Amtsentsetzung oder den Widerruf der Zulassung. Die Strafverschärfung besteht mindestens in der Verurteilung zu einer höheren Strafstufe, als grundsätzlich für die Straftat vorgesehen ist. Ein strafverschärfendes Urteil auf Grund der Parteizugehörigkeit können nur die Gerichte aussprechen, dasselbe gilt für die Amtsentsetzung und den Widerruf der Zulassung.

k) Der Termin des Ablaufes der Auslassungsfrist gemäß c) wird durch die obere Zentraljustizbehörde für das Gesamtgebiet festgesetzt.

l) Alle Mitglieder der Partei [bzw.] der unter a) und e) angeschlossenen Organisationen zahlen für die Dauer von 5 Jahren ihre Beiträge, die sie bisher für diese Organisationen geleistet haben, entsprechend der Höhe ihres Einkommens an die Landesfinanzkasse weiter.

Ebenso wie die Diskriminierung bedarf die Privilegierung einer geordneten Regelung mit dem Ziel des Abbaues. Ein Privileg beanspruchen werden alle irgendwie von der Partei Geschädigten. Eine scharfe Auslese muß hier getroffen werden. In Betracht kommen in erster Linie die KZ-Gefangenen, von denen wiederum diejenigen ausgeschaltet werden müssen, die wegen krimineller Vergehen oder unpolitischer Verstöße gegen die Parteidisziplin ins KZ gesperrt worden sind. Die übrigen können je nach Bedürftigkeit festzulegende Entschädigung oder andere materielle Vorteile erhalten, die in Form eines Gesetzes bestimmt werden. Andere Vorzüge und Vorteile haben sie weder zu beanspruchen, noch können ihnen diese gewährt werden.

Dieser Regelung zur Liquidierung und Diskriminierung und Privilegierung haften zahlreiche Mängel und Ungerechtigkeiten an. Es kann bei der großen Zahl der Betroffenen aber nur eine relative Gerechtigkeit erreicht werden, um eine allzu komplizierte Regelung zu vermeiden und den Verwaltungsaufwand auf ein Mindestmaß zu beschränken. Der Hauptzweck ist, möglichst schnell unter Vermeidung allzu harter Ungerechtigkeiten und unter Anwendung der nach dem Volksempfinden erforderlichen Sühne- und Strafmaßnahmen eine Befriedung der Bevölkerung zu erreichen. Der vom Opportunismus weitgehend ausgenützte, auf das politische Bekenntnis ausgerichtete Ausleseprozeß, der einen wesentlichen Beitrag zum Nihilismus der Deutschen geleistet hat, verbunden mit der parteipolitischen Inquisition, gleichgültig ob diese durch Portiersauskünfte oder durch Fragebogen erfolgt, muß schnellstens einer sauberen Leistungsauslese weichen.

10. Bekanntlich besteht ein Waffenstillstandsabkommen zwischen Alliierten und Deutschland noch nicht, es ist fraglich, ob in so kurzer Zeit eine Einigung zwischen den Alliierten erzielt werden wird. Aber vielleicht können zumindest die Westmächte bei Umwandlung der Militär- in eine Zivilverwaltung eine einseitige verbindliche Erklärung über die Grenze der Befugnisse der Besatzungsmächte abgeben, aus der sich dann die Rechte der deutschen Verwaltung ergeben. Das wäre der erste rechtliche Schritt zum Abbau der bedingungslosen Kapitulation.

Die Entwicklung wird sich in den einzelnen Besatzungszonen in verschiedener Reihenfolge und zu verschiedenen Zeitpunkten vollziehen. Ob sie in der russischen Besatzungszone überhaupt möglich sein wird, ist zweifelhaft. Immerhin sollte alles getan werden, um die Beziehung zwischen der russischen Besatzungszone und den anderen Besatzungszonen nach Möglichkeit, wenn auch unter Umständen locker zu erhalten, ohne daß dadurch die westlichen Besatzungszonen in die Abhängigkeit der östlichen Besatzungszone geraten. Wo aber durch Gesetz der Besatzungsmächte der deutschen Verwaltung Rechte eingeräumt, den Militärregierungen Beschränkungen auferlegt sind, sollte der obersten Landesverwaltungsbehörde das Recht anerkannt werden, bei Nichteinhaltung des Gesetzes durch die Besatzungsbehörden sich direkt an deren Regierung beschwerdeführend zu wenden.

III

In der zweiten Etappe treten Gemeindeverwaltung und Gemeindevertretung in volle Funktion. Der demokratische Ausbau der Länder und deren Vereinigung zu einem Gesamtstaat setzt ein. Es erfolgt eine allgemeine Verwaltungsregelung, und dementsprechend wird die Regierungsmacht der Besatzungsmacht abgebaut.

1. Spätestens drei Monate nach der Wahl treten die Gemeindevertretungen zusammen. Sie haben zunächst lediglich beratende Funktionen, die Gemeindeverwaltungen sind aber zur Berichterstattung und Auskunft verpflichtet. Über die Sitzung wird ein Protokoll aufgenommen.

Nach Ablauf eines Jahres spätestens wählen sie entsprechend der in ihrem Land gültigen Städte- bzw. Gemeindeordnung anstelle der von den Militärregierungen eingesetzten eine eigene Gemeindeverwaltung und treten damit wieder im Rahmen ihrer Städte- und Gemeindeordnung in volle Funktion.

Die Leiter der Gemeindeverwaltung, auch Mitglieder des Magistrats, können nicht gleichzeitig Mitglieder der Gemeindevertretung sein. Sind sie aus der Gemeindevertretung gewählt, so ruht ihr Mandat. An ihre Stelle tritt der erste nächste gewählte Kandidat auf ihrer Wahlvorschlagsliste.

Grundsätzlich sollte zunächst an den vor 1933 gültigen Stadt- und Gemeindeordnungen nichts geändert werden. Es verbleibt auch bei der hier vorgesehenen Staatsaufsicht. Die Ordnungen haben sich im allgemeinen bewährt. Trotzdem wird eine Neuregelung im Rahmen eines organischen Neubaus des deutschen öffentlichen Lebens notwendig sein, sie ist aber nicht sofort erforderlich.

Lediglich das Problem der Leiter der Kreise bedarf einer sofortigen Regelung. In den meisten deutschen Ländern wurden die Leiter der Kreise, im allgemeinen Landräte genannt, von den Regierungen mit Zustimmung der Kreisausschüsse oder auf deren Vorschlag ernannt. Wenn jetzt eine stärkere Betonung des föderalistischen Charakters und damit der Selbstverwaltung gewünscht wird, so liegt es nahe, den Kreisen dasselbe Recht zu geben, das die städtischen Gemeinden hatten. Die Ernennung des Landrates durch die Staatsregierung, eine Einrichtung aus der Zeit des preußischen Absolutismus zur Niederhaltung der Landstände, ist seinerzeit in die preußische demokratische Verfassung wohl übernommen worden, um in den Landkreisen über einen Beamten des eigenen Vertrauens gegen die Macht des Großgrundbesitzes zu verfügen. Diese Einrichtung ist heute nicht mehr erforderlich. Gerade weil das Volk in seinen demokratischen Rechten gegenüber der Landes- und Zentralregierung noch beschränkt ist, muß man seine Rechte um so stärker in der lokalen Instanz zur Geltung kommen lassen. Die Wahl des Landrates durch den Kreistag erscheint daher berechtigt und zweckmäßig. Sie gibt auch den Wahlen zu den Kreistagen ein größeres Gewicht.

Es bleibt die Frage, ob der Landrat gleich wie der Leiter der städtischen Selbstverantwortung nach vielen Städte- und Gemeindeordnungen der Bestätigung der Landesregierung bedarf. Die Bevölkerung hat vor allem in der Übergangszeit gelernt, was für sie von der Befähigung des Bürgermeisters oder Landrates abhängig ist. Sie werden schon vorsichtig bei der Auswahl verfahren. Dann soll man auch den Gemeinde- und Kreisvertretern die volle Verantwortung für ihre Entscheidung geben.

Bei der Bestätigung besteht immer die Gefahr, daß von ihr kein Gebrauch im negativen Sinne gemacht wird oder sie Anlaß zu mißbräuchlicher Ausnutzung bietet. Die Bestätigung ist eine in ihrer prophylaktischen Wirksamkeit höchst begrenzte Maßnahme, weil der bestätigenden Stelle im allgemeinen die Befähigung zur Beurteilung des zu Bestätigenden im neuen Amt noch fehlen muß. Viel zweckmäßiger erscheint die Anwendung der Schweizer Methoden der Staatsintervention und Staatsaufsicht im Falle mangelnder Befähigung oder Zuwiderhandlung.

2. Die Gemeindevertretungen eines Landes, das heißt die Kreise und kreisfreien Städte, wählen spätestens nach dem ersten Zusammentreten einen Landesausschuß als beratendes

Organ der Landesregierung. Auf eine bestimmte Anzahl von Einwohnern, von Wahlberechtigten oder von Wählern, was im einzelnen von der Militärregierung oder je nachdem von der Landesregierung festgelegt wird, fällt ein Ausschußmitglied. Die Vertretungen mehrerer Gemeinden und Kreise können, falls eine von ihnen zur Wahl eines Ausschußmitgliedes nicht ausreicht, die Wahl gemeinsam vornehmen. Dem Landesausschuß gehören ferner an je ein Vertreter der Handelskammer, der Landwirtschaftskammer, der Arbeitskammer bzw. der Gewerkschaften, der Kirchen und Hochschulen. Diese Landesausschüsse bilden die beratende Kontrollinstanz der Landesregierung.

3. Der Landesausschuß wählt seinen Vorsitzenden selbst. Die oberste Verwaltungsbehörde ist verpflichtet, diesem Ausschuß alle Gesetzentwürfe zur einmaligen beratenden Lesung vorzulegen, einschließlich des Etats, sie ist zur Berichterstattung und Auskunft verpflichtet. Über die Sitzung wird ein Protokoll abgefaßt. Die Sitzungen sind nur insoweit öffentlich, als die Presse im allgemeinen zugelassen ist. Der Landesausschuß tritt zusammen, wenn die oberste Verwaltungsbehörde es wünscht, wenn der Vorsitzende sie einberuft oder wenn ein Drittel der Mitglieder es verlangt. Die Landesausschüsse können für einzelne Verwaltungsgebiete Kommissionen bilden.

4. Die Berufsorganisationen, soweit sie noch nicht bestehen oder zugelassen sind, werden eingerichtet beziehungsweise zugelassen. Dabei soll für jeden Beruf oder jede Berufsgruppe nur eine Vertretung bestehen. Die Berufsorganisation hat das Monopol für die Wahrnehmung ihrer Interessen. Es soll nicht einen christlichen und einen demokratischen Bauernbund zugleich geben, nicht eine christliche und eine sozialistische Gewerkschaft. Die Berufsorganisation ist bewußt unpolitisch und unkonfessionell, sie bedarf keiner politisch fundierten Machtstellung oder politischen Anlehnung, da sie jeweils von Regierung und Gesetzgebung in ihren Angelegenheiten direkt gehört wird. Partei, Berufsorganisation und Kirche sollen sich

auf ihre ureigensten Aufgaben beschränken. Ebensowenig wie die Partei eine Jugendorganisation haben darf, kann sich die Kirche direkt oder indirekt in die Berufsorganisationen einschalten. Die Mitgliedschaft zu den Berufsorganisationen ist grundsätzlich freiwillig, ihr Aufbau demokratisch. Eine Zwangsmitgliedschaft kommt nur da in Betracht, wo sie aus Verwaltungsgründen unerläßlich ist, zum Beispiel wahrscheinlich in der Landwirtschaft, da bei deren Organisationen das Schwergewicht der Bewirtschaftungsmaßnahmen liegen wird.

5. Der Zentralausschuß wird umgewandelt in eine Bundesregierung. An der Spitze der Regierung steht der Bundeskanzler, er bestimmt die Richtlinien der Politik und wird vom Kontrollrat beziehungsweise den Chefs der nichtrussischen Besatzungszonen ernannt. Auf seinen Vorschlag ernennen diese die übrigen Mitglieder der Bundesregierung, die Bundesminister. Sie sind gleichzeitig Chef einer obersten Bundesbehörde und für diese verantwortlich. Kein Mitglied der Bundesregierung kann ein Amt in der Länder- oder Selbstverwaltung innehaben. Ist ein Mitglied der Bundesregierung gleichzeitig Mitglied eines Landesausschusses oder einer Gemeindevertretung, so ruht sein Mandat. Es gelten die für die Mitglieder der Gemeindeverwaltung entsprechenden Bestimmungen für ihre Nachfolge in der Volksvertretung. Die Bundesregierung entscheidet durch Mehrheitsabstimmung. Bei Stimmengleichheit gibt die Stimme des Bundeskanzlers den Ausschlag.

Die Bundesregierung ernennt die Beamten der ihr unterstellten Verwaltungsbehörden. Bei den obersten Beamten ruht das Wahlrecht.

6. Gleichzeitig mit der Bundesregierung wird ein Bundesausschuß gebildet, der sich aus je einem Vertreter jedes Landes zusammensetzt. Dieser wird von der obersten Verwaltungsbehörde ernannt. Mitglieder und Beamte der Bundesregierung können nicht Mitglied des Bundesausschusses sein. Dieser Bundesausschuß hat zunächst nur beratende Funktionen, er ist über alle Gesetzgebungsmaßnahmen und Administrationsmaß-

nahmen rechtzeitig zu unterrichten sowie laufend über die Politik und die Verwaltung zu informieren. Der Bundesausschuß wählt sich einen Vorsitzenden und zwei stellvertretende Vorsitzende. Sind diese Mitglieder des Bundesausschusses, so werden sie durch neue von den betreffenden Landesregierungen zu ernennende Mitglieder ersetzt. Die Bundesregierung setzt mit Zustimmung des Bundesausschusses die Kompetenzabgrenzung zwischen ihr, den obersten Verwaltungsbehörden der Länder und den kommunalen Selbstverwaltungen fest. Die Bundesregierung hat zunächst Zentralverwaltungsbefugnisse bezüglich der Post, der Eisenbahn, der Außenpolitik einschließlich der Beziehungen zu den Besatzungsmächten und der Erfüllung der Forderungen der Alliierten, des Außenhandels und der Behandlung von Ausländern im Inlande sowie des gewerblichen Rechtsschutzes. Diese Verwaltungsbefugnisse können sukzessive auf weitere Gebiete mit Zustimmung des Bundesausschusses ausgedehnt werden. Im übrigen hat die Bundesregierung das Recht der Gesetzgebung und der Anweisungen an die Landesregierung. Wo sie Bundesgesetze erläßt, kann sie die betreffenden Landesgesetze ganz oder teilweise aufheben. Die Sitzungen des Bundesausschusses sind nur insoweit öffentlich, als die Presse zugelassen ist, sofern nicht die Bundesregierung ihren Ausschluß wünscht oder der Vorsitzende auf Wunsch von einem Drittel des Bundesausschusses diesen bestimmt.

7. Die zukünftigen deutschen Länder als die Träger des föderalistischen Staatsaufbaus sollen nicht weniger als 2 Millionen und nicht mehr als höchstens 3,5 Millionen Einwohner umfassen. Die Neugliederung erfolgt unter Berücksichtigung der historischen, wirtschaftlichen und geographischen Verhältnisse sowie der Stammeszugehörigkeit der Bevölkerung, im Rahmen der obengenannten Einwohnerzahlen. Sie wird aber vorgenommen unabhängig von der gegenwärtigen Einteilung der Besatzungszonen. Diese Abgrenzung der Länder ist maßgebend für alle Behörden, auch die der künftigen Zentrale. Überschreitungen in den Verwaltungsbezirken sollen vermieden werden.

Die Frage ist berechtigt, ob man ausgerechnet dem Feind die Regelung dieser innerdeutschen Angelegenheit, die jahrhundertelang hart umkämpft war, überlassen soll. Materiell wäre es besser, die Bundesregierung wird zu dieser Regelung ermächtigt, formell sollte man nicht allzu empfindlich sein. Auch Napoleon hat einen wertvollen Beitrag zur Beseitigung der deutschen Kleinstaaterei geleistet. Ist die Regelung nicht durchzuführen, so muß man es bei der nationalsozialistischen Einteilung in Gaue lassen. Die Einteilung der deutschen Länder in Gaue nach 1933 war ein ernsthafter Versuch, die unausgeglichene Größenordnung der deutschen Länder zu überwinden. Deren nachteilige Wirkung auf die gesamtdeutsche Innenpolitik war schon seit langem erkannt worden. Hugo Preuß hatte sich bei der Schaffung der Weimarer Verfassung in dieser Richtung nicht durchgesetzt.

Der Zweck der Zerschlagung Preußens und damit die Beseitigung der Vormachtstellung eines einzigen Landes im deutschen Staatsaufbau ist nur bedingt erreicht, wenn an seine Stelle eine andere Vormacht treten kann. Je ungleicher aber die Länder im Gebiets- und Bevölkerungsumfang sind, desto eher besteht die Möglichkeit einer neuen Vormachtbildung. Gerade die größenmäßige Ausgeglichenheit der Länder der Vereinigten Staaten hat sich für deren politische Entwicklung als sehr bewährt erwiesen. Bei größeren Ländern besteht nach Erfahrung die Gefahr, daß die Vormacht versucht, den Föderalismus über ihre stärkste Partei auf demokratischem Wege aus den Angeln zu heben, oder daß, wenn eine revolutionäre Organisation in dieser die Oberhand gewonnen hat, sie sich damit auch leicht im Gesamtstaat durchsetzen kann, wie das Beispiel Preußen 1932/1933 zeigt. Die Ausgeglichenheit der Länder und ihres Einflusses im föderativen Aufbau wird sich als Beitrag für die Garantie einer Friedenspolitik auswirken können. Die Erfüllung der Forderung nach einer föderalistischen Staatseinrichtung bedeutet nicht nur die hierzu erforderlichen Einrichtungen, sondern auch die materiellen Voraussetzungen zu schaffen.

Aber auch die Wahrnehmung der voraussichtlich in nächster

Zeit immer zahlreicher auftretenden Verwaltungsaufgaben verlangt die Schaffung übersichtlicher Verwaltungseinheiten. Je volksnaher eine Verwaltung ist, desto unpolitischer, nach sachlichen Gesichtspunkten arbeitet sie. Je größer ein Land ist, desto eher neigt es zur Politisierung. Die Erhaltung von großen Ländern bedingt die Belassung der zweigliederigen Mittelinstanz von Regierungspräsident und Landrat, wie sie in Bayern und in preußischen Provinzen noch besteht. Aus Gründen der Verwaltungsvereinfachung, im Interesse der Übersichtlichkeit und zur Vermeidung der doppelgleisigen Verwaltung, wie sie im Verhältnis Oberpräsident und Regierungspräsident in Preußen bisher bestand, sollte man sich auf eine Mittelinstanz nach dem Vorbild der württembergischen Kreise beschränken. Ein so armes Land wie Deutschland hat allen Anlaß, sich eine möglichst einfache und übersichtliche Verwaltung zu schaffen.

Von der hier vorgeschlagenen Regelung würden nur wenige Länder betroffen werden. In den Besatzungszonen der Westmächte müßte eine Aufteilung wahrscheinlich nur bezüglich Bayerns, Westfalens und der Rheinprovinz, eine Zusammenfassung im nordwestdeutschen Küstengebiet und in Hannover erfolgen. Bremen und Oldenburg könnten mit einem Teil des hannoverschen Küstengebietes, Braunschweig mit Hannover vereinigt werden. Bayern würde die Pfalz verlieren und in zwei oder drei Gebiete, wie es schon nach der Gaueinteilung der Fall war, die Rheinprovinz würde in zwei Länder aufgeteilt werden, falls sie Deutschland im Ganzen erhalten bleibt, ebenso Westfalen, Baden würde die Pfalz erhalten, beziehungsweise diese würde zum Saargebiet kommen, sofern jenes nicht von Deutschland abgetrennt wird. Die endgültige Festsetzung der gesamtdeutschen Landesgrenzen darf nicht die unbedingte Voraussetzung für diese Neugliederung sein. Sollte diese Frage auf Jahre hinausgeschoben werden, so müßte die Neugliederung der deutschen Länder als wesentlich für den neuen deutschen Staatsaufbau vorweggenommen werden, selbst auf die Gefahr hin, daß eine Korrektur bei einzelnen Landesgebieten, die von der neuen Außengrenze betroffen sind, nachträglich vorgenommen werden muß.

8. Sobald die Neugliederung der Länder festgelegt ist, wird die oberste Verwaltungsbehörde in eine Landesregierung umgewandelt. Diese besteht aus dem Staatsminister, dem Landespräsidenten oder Landeshauptmann bzw. bei freien Städten dem Regierenden Bürgermeister als Vorsitzenden und fünf bis sieben Staatsräten oder Landespräsidialräten bzw. bei freien Städten Senatoren als Mitgliedern. Jedes Mitglied ist zugleich Chef mindestens einer Landesbehörde, der sogenannten Landesämter. Der Vorsitzende der Landesregierung soll möglichst gleichzeitig Chef des Landesverwaltungsamtes (Ministerium des Innern) sein. Die Landesregierung ist eine Kollegialbehörde, in der der Vorsitzende bei Stimmengleichheit die Entscheidung hat. Sie wird ernannt und abberufen von der Besatzungsmacht, während die Ernennung und Abberufung aller übrigen Beamten durch sie erfolgt.

Die Landesregierung ist die einzige Hoheits- und Selbstverwaltung des Landes. Ihr unterstehen sämtliche Landesbehörden. Sie übt die Aufsicht über die Kommunalverwaltung aus, entsprechend den Städte- und Gemeindeordnungen vor 1933.

Die Funktionen des Landesausschusses in den neugegliederten Ländern bleiben dieselben. Es erfolgt lediglich eine Vergrößerung oder Verminderung, je nachdem ob und wie der Umfang des neugebildeten Landes sich geändert hat.

9. Zur Vorbereitung der in der dritten Etappe erfolgenden Landtagswahl wird die Bildung von politischen Vereinen in den Ländern grundsätzlich freigegeben. Ihre Bildung bedarf in jedem Falle der Genehmigung der Besatzungsbehörde. Eine Ausdehnung der Landesvereine über die Landesgrenzen hinaus bleibt nach wie vor verboten.

Die jetzt vorzeitig in Angriff genommene Parteibildung erweckt den Anschein, daß die alte politische Gruppenbildung, wie sie in der Bismarckschen Zeit entstanden ist und in der Weimarer Republik fortgesetzt wurde, lediglich unter Wegfall der Rechten (Deutschnationale und Deutsche Volkspartei) wieder aufgenommen wird. Die Parteien hatten schon in der Republik mit Ausnahme der Sozialdemokratischen Partei in bestimmten Bezirken und vom Zentrum im Süden und Westen sowie der Demokraten in Württemberg kein aktives politisches Leben gekannt. Sie waren Residuen des Bismarckschen Konstitutionalismus. Würde man ihre Entwicklung jetzt forcieren, so würden sie da wieder anfangen, wo sie unter Hitler aufgegeben haben. Die starke allgemeine Interessenlosigkeit der Bevölkerung, der die Neubildung der Parteien zur Zeit begegnet, zeigt, daß der Boden noch nicht reif ist. Den Parteien fehlt gegenwärtig noch das politische Fundament für die künftigen Aufgaben. Sie würden Gefahr laufen, blutleere Gebilde zu werden und von Geldern der Berufsorganisationen zu existieren. Sie wären nur geeignet, das demokratische Leben schnellstens wieder zu diskreditieren.

Der Deutsche wurde durch die Methode des Nationalsozialismus und des Denazifizierungsprozesses im Kampf um seine Existenz zur politischen Haltlosigkeit gedrängt, er neigt zur Zeit zu sehr zum Nihilismus, als daß er für eine politische Meinungsbildung schon reif ist. Er muß erst die eigene Not wenigstens in ihren elementarsten Erscheinungen überwunden und Zeit zur Besinnung und neuen politischen Gedankenentwicklung gefunden haben. Seine politische Sehnsucht strebt heute zunächst nach Ordnung und Gerechtigkeit, deren Erfüllung er in einer integer, beziehungsfrei und schnell arbeitenden Verwaltung sucht. Diese ist zunächst die Erzieherin zu einer neuen Staatsbildung, wenn sie es versteht. Die nächstliegende Aufgabe der Gemeindevertretungen und Landesausschüsse ist daher nicht die Bestimmung der Grundlagen der Politik, sondern die Kontrolle der Verwaltung und die Anregung für Gestaltung und Ausrichtung von deren Aufgaben.

Die junge deutsche Demokratie in ihrer Traditionsarmut muß sich entwickeln und ausrichten an den sachlichen Aufgaben des kleinen Bezirks. Diese Ausrichtung wird unter Umständen im kommunalen Bezirk in ganz anderen Gruppen führen, als sie die Vergangenheit zeigte. Ein tüchtiger, erfolgreicher Oberbürgermeister wird zum Beispiel seine eigene Wahlliste aufstellen und damit bei der Bürgerschaft mehr Erfolg haben als irgendeine renommierte Partei. Der kleine

Bezirk wird zunächst auch eher die Möglichkeit bieten, daß die Persönlichkeit gegenüber dem Parteiapparat in [den] Vordergrund des politischen Lebens treten kann.

Diese Überlegungen sprechen für einen künstlich zu verlangsamenden Ausbau der Parteientwicklung. Bei den ersten Wahlen können die Parteien mit freiwilligen Spenden arbeiten, in Zukunft werden ihre Büroorganisationen von Diäten der Abgeordneten finanziert werden. Damit hört die Abhängigkeit der Abgeordneten von den Parteien, die der Parteien von den Berufsorganisationen auf. Die Parteien können Kandidaten aufstellen, sie können sie auch aus ihrer Organisation ausschließen, aber nicht zur Mandatsniederlegung zwingen. Eine Mitgliedschaft zur Partei gibt es nicht. Das Mitgliedsbuch hat genügend Schaden angerichtet. Es führt nur zur Korrumpierung der Parlamente und der Verwaltung. Die Parteien können Fachausschüsse bilden, aber keine Nebenorganisationen, wie es früher üblich war, zum Beispiel Frauenvereine und Jugendbünde. Die Jugend wird grundsätzlich vor der parteipolitischen Beeinflussung bewahrt.

Es besteht jetzt schon Angst, daß eine Vielzahl neuer Parteien entstehen könne. In der Öffentlichkeit hat man sogar davon geredet, künstlich ein Zweiparteiensystem zu schaffen. Praktisch ist eine Imitation des englischen Zweiparteiensystems nicht zu realisieren. Es würde in Deutschland zu einer Hemmung und Erstarrung des neu einsetzenden demokratischen Lebens führen. Die Angst vor einer Vielzahl neuer Parteien beruht auf den Erfahrungen der erschwerten Koalitionsbildung in der Republik. Diese Erschwerung war aber weniger durch die Vielzahl der Parteien als durch die Stärke und Starrheit des Parteiapparates bedingt. Die Notlage wird die Parteien zur Kooperation jetzt zwingen, der Wegfall des Parteiapparates wird ihnen eine größere Elastizität geben. Eine größere Anzahl kleinerer Parteien kann zur Intensivierung des politischen Lebens führen und bietet dem politischen Dynamismus eine natürliche Schranke. Es ist ebensowenig notwendig, daß zwischen den Kommunal- und Landesparteien eine Identität besteht, wie daß in allen Ländern dieselben Parteien existieren. Ein der Größenordnung nach ausgeglichenes Vielparteiensystem einerseits, eine größere Anzahl von ungefähr gleichgroßen Ländern andererseits bieten eine institutionelle Friedensgarantie.

Ein schwieriges Problem ist die wirksame und anhaltende Ausschaltung der nationalsozialistischen Gruppen- und Meinungsbildung aus dem künftigen deutschen politischen Leben. Den Grundsätzen der westlichen Demokratie widerspricht an sich die Ausschaltung und Unterdrückung einer Partei, die im Rahmen der Legalität ihr Programm vertritt. Italien ist jetzt zum ersten Mal praktisch von diesem Grundsatz abgewichen. Die östliche Demokratie will zur Zeit nur die besonders zugelassenen Parteien anerkennen. Rußland, das auf diplomatischem Wege die Aufhebung des Einparteiensystems in der Türkei als mit den demokratischen Grundsätzen in Widerspruch stehend verlangt hat, duldet in seiner inneren Politik die Entstehung einer weiteren Partei neben der kommunistischen nicht. Jugoslawien, Bulgarien, Rumänien und Ungarn mußten von den angelsächsischen Mächten auf diplomatischem Wege gezwungen werden, Oppositionsparteien aufkommen zu lassen. Die tschechoslowakische Regierung hat für die Wahlen nur vier Parteien zugelassen. Es tritt hier eine neue Erscheinungsform der Demokratie auf, die die öffentliche Meinungs- und Willensbildung auf diejenigen beschränkt, die grundsätzlich ihre Anhänger sind.

Praktisch ist es sehr schwer, einer Partei in Deutschland die Übernahme von Zielen der NSDAP schlechthin zu verbieten. Das Verbot der Warenhäuser zum Beispiel, das einen Programmpunkt der NSDAP darstellt, kann ebenso das Ziel einer Handwerks- oder Kleingewerbepartei sein, ohne daß es zu beanstanden wäre. Andererseits ist der Antisemitismus ein den demokratischen Grundsätzen widersprechendes Ziel, das daher auch nicht vertreten werden darf. Strittig hingegen ist die politische Stellung zur Kirchenfrage. Die Forderung der völligen Trennung von Kirche und Staat, wie sie der bayerische Ministerpräsident Dr. Hoegner verlangt hat, ist nicht undemokratisch. Die Unterdrückung der Kirche durch Verfolgung der Geistlichen oder gar deren Verbot widerspricht demokratischen Grundsätzen ebenso wie das Gegenteil, nämlich der Versuch zur Errichtung einer theokratischen Staatsführung. Die Versuche der aus der Widerstandsbewegung hervorgegangenen Parteien, vor allem in Frankreich und Italien, alle ihnen unbequemen Politiker und Gruppen, unter der Beschuldigung Faschisten zu sein, auszuschalten, selbst wenn sie überzeugte, allerdings konservative Demokraten sind, zeigt, wie leicht mit einem solchen Verbot im antidemokratischen Sinn Mißbrauch getrieben werden kann.

Alle gesetzgeberischen und administrativen Maßnahmen zur Verhinderung der Wiederkehr des Nationalsozialismus, seiner Einrichtungen und Methoden, sind nur Hilfsmittel und als solche in ihrer Wirkung beschränkt. Nur praktische Politik und politische Pädagogik, um nicht das nationalsozialistische Wort Propaganda zu gebrauchen, vermögen im wesentlichen eine innere Lösung und Absage der Deutschen von Hitler auf die Dauer zu bewirken. Sie sind die Voraussetzung für die Wiedergewinnung einer dauerhaften deutschen Selbständigkeit. Diese Aufgabe nimmt einer deutschen Staatsführung keine auch noch so mächtige Besatzungsmacht trotz aller Verhaftungen, Absetzung und Fragebogen ab. Gewiß wird man allgemein verbindliche Grundsätze für die Parteienbildung nicht aufstellen können. Zunächst haben es die Besatzungsbehörden in der Hand, die Bildung von Gruppen, bei denen der Verdacht einer offenen oder getarnten nationalsozialistischen Zielsetzung besteht, nicht zuzulassen. Der primitiver als Europäer denkende Amerikaner macht sich die Aufgabe durch seine schematische Radikalität etwas zu leicht. Er sieht nur den aktuellen Effekt, nicht die langfristige Auswirkung seiner Maßnahmen. Als Soldat ist er geneigt, in Befehl und Statistik die alleinigen Mittel der Menschenführung und -kontrolle zu sehen, seine Weisungen empfängt er von Washington, das den in der Geschichte oft genug gescheiterten Versuch der Fernlenkung einer inneren Verwaltung eines fremden Landes wieder aufgenommen hat.

Die Franzosen und Engländer scheinen hier politischer zu denken, selbst die Russen. Hingegen haben alle vier Mächte in einer anderen nicht minder gefährlichen Methode eine große, wenn auch ungleich erfolgreiche Praxis, nämlich in der Beeinflussung innerpolitischer Strömungen fremder Völker. Eine Beeinflussung der politischen Gruppenbildung und -entwicklung durch die Besatzungsbehörden in der Form, daß bestimmte Parteien gefördert, andere gehemmt werden, wäre der Ruin unseres neu entstehenden demokratischen Lebens. Die deutsche Verwaltung ist zu schwach, um sich gegenüber einem solchen Einfluß der Weltmächte zu wehren. Bei der ideologischen und praktisch politischen Gegensätzlichkeit der Alliierten mit ihrer verschiedenen Auswirkung auf die einzelnen Besatzungszonen könnte eine derartige Beeinflussung zu einer für die europäische Einheit gefahrvollen Sprengung der schmalen ideologischen Brücke zwischen Ost und West führen. Ohnehin wird durch diese Spannung die politische Entwicklung des Geistesbildes der deutschen Parteien, selbst wenn die Alliierten jede Einwirkung unterlassen, beeinflußt werden. Es bedarf hier einer großen Loyalität der Besatzungsbehörden. Zum Abbau der politischen Macht der Besatzungsbehörden gehört, daß sie sich jeder positiven oder negativen Beeinflussung der zugelassenen politischen Gruppen und ihrer Träger enthalten. Einen bestimmten, wenn auch nur begrenzten Schutz würde ein Gesetz gewähren, das den politischen Gruppen und Parteien sowie den Zeitungen die Annahme von aus dem Ausland stammenden finanziellen Mitteln direkt oder indirekt verbietet.

10. Ein grundsätzliches allgemeines Spendenverbot, wie es bisher schon bestanden hat, würde überhaupt der innerpolitischen Befriedung dienen. Die Spende für Institution und Organisation an Personen zu deren Gunsten ist für den, der sie gibt und der sie empfängt, von einer staatlichen Genehmigung, in der der Zweck festgelegt wird, abhängig. Die Verwendung der Spenden für den genehmigten Zweck kann nachgeprüft werden. Den Selbstverwaltungs-Organisationen der Wirtschaft, der Arbeit und der Kirche ist die Hergabe von Organisationsmitteln an Dritte, auch wenn die Spende an sich genehmigt ist, ohne Zustimmung des zuständigen Bundesministeriums nicht erlaubt.

11. Das Tragen von Abzeichen oder ähnlichen Gegenständen, die die Zugehörigkeit zu einer politischen Organisation, die Verbundenheit in einer politischen Haltung oder in der Vertretung politischer Ziele zum Ausdruck bringen, ist verboten. Dies gilt auch für etwaige Umgehungshandlungen. Der Bundesminister des Innern kann auf Grund des Gesetzes auch das Tragen von Abzeichen usw., die ursprünglich keinen politischen Zwecken gedient haben, verbieten. Die Vereine und deren Vorstände können bei Zuwiderhandlung haftbar gemacht werden. Außerdem kann neben der Bestrafung ein Verbot solcher Vereine erfolgen. Diese Regelung dient nicht nur der politischen Befriedung, sondern ist zugleich ein pädagogischer Beitrag zur Desuniformierung des Deutschen.

12. Bei Amtsantritt der Bundesregierung werden die wesentlichen Gesetze des Zentralausschusses, der Landesregierungen und der Militärregierungen sowie die noch in Geltung verbleibenden Gesetze aus der Zeit vor der bedingungslosen Kapitulation, soweit sie für das Gesamtgebiet gültig sind, vereinheitlicht und kodifiziert. Die Bundesregierung hat die Wahl, entweder diejenigen Gesetze der Militärregierungen, auf deren Gültigkeit sie für die Zukunft Wert legen, als ihre eigenen zu übernehmen, oder aber die Besatzungsmächte können die betreffenden Gesetze in Form von besonderen Vorschriften eventuell im Rahmen der Friedensbestimmungen erlassen. Die Zuständigkeit der Strafgerichte wird auf sämtliche Zuwiderhandlungen der Gesetze, auch der neuen Bestimmungen, ausgedehnt. Ausgenommen hiervon sind Verstöße gegen die Sicherheit der Besatzungstruppe, die nach wie vor Sache des Militärgerichts bleiben. Beschränkungen der Freiheit und des Eigentums der Bürger sowie seines Verkehrs im Inlande werden ausschließlich zu Angelegenheiten der deutschen Verwaltung, es sei denn, daß der Täter auf frischer Tat bei Gefährdung der Sicherheit oder des Eigentums der Besatzungstruppe von dieser ertappt wird. Exterritorialität genießen nur die dienstlich in der Besatzungszone anwesenden Angehörigen der Besatzungsmacht und der Besatzungsbehörde.

Die Bestimmungen gemäß 1.–11. werden in einem provisorischen Verwaltungsreglement vom Kontrollrat oder den Chefs der nichtrussischen Verwaltungszonen zusammengefaßt.

13. Das Ziel der zweiten Etappe ist, den Abbau der Besatzungsmacht in Gesetzgebung und Verwaltung insoweit zu erreichen, als deren Befugnisse auf die Regierung des Bundes und der Länder übergehen. Die Zivilverwaltungen werden aufgelöst. Grundsätzlich verkehren die Besatzungsmächte nur noch mit der Zentralregierung. Die Konferenz der Chefs der obersten Verwaltungsbehörden in den Besatzungszonen stellt mit der Auflösung der Zivilverwaltung ihre Tätigkeit ein. Die deutsche Hoheits- und Zivilverwaltung wird damit vollständig wiederhergestellt. Die Besatzungsmächte beschränken sich auf die Befugnisse, die die französischen Truppen im Rheinland nach Abschluß des Dawes-Abkommens bzw. des Locarno-Vertrages innegehabt haben.
Beim Kontrollrat verbleiben folgende Funktionen:

a) die Sicherung der Besatzungstruppen,
b) die Ernennung von Regierungsmitgliedern des Bundes und der Länder bis zur Bildung der neuen Regierungen auf Grund der provisorischen Verfassung, die im Verlauf der dritten Etappe erlassen wird,
c) die Behandlung der außerpolitischen Fragen und der Rüstungswirtschaft.

Soweit Gesetzgebungs- und Verwaltungsmaßnahmen im Verkehr mit dritten Ländern erforderlich sind, erfolgt jeweils von Fall zu Fall eine Verständigung zwischen dem Kontrollrat bzw. (den) Chefs der nichtrussischen Besatzungszone einerseits und der Bundesregierung andererseits, solange, bis die Aufstellung verbindlicher Grundsätze möglich ist. Mit Amtsantritt der Bundesregierung sind alle außenpolitischen Angelegenheiten, auch die wirtschaftlichen, soweit sie erlaubt sind, ausschließlich Sache der Bundesregierung.

Für die Kontrolle des Abbaus der Rüstungswirtschaft bzw. für die Unterlassung der Rüstung gemäß den Bestimmungen der Alliierten verbleibt eine Kontrollinstitution in der Bundeshauptstadt mit Mittelinstanzen in den Landeshauptstädten eventuell mit bestimmten Kommissaren bei einzelnen Betrieben, soweit es die obersten Kontrollstellen für erforderlich halten. Grundsätzlich sollen die Kontrollen der industriellen Abrüstung auf deutsche Stellen selbstverantwortlich übergehen.

Die von Deutschland zu leistenden Wiedergutmachungskosten sollten inzwischen festgelegt sein sowie möglichst der Anteil, der davon auf die russische Besatzungszone entfällt. Ebenfalls sollten festgelegt sein diejenigen Rüstungsbetriebe, die abgebaut werden müssen. Außerdem sind festzulegen Zahlungsdauer und Zahlungsmodalitäten sowie die jährlichen Besatzungskosten, letztere in je einer Pauschalsumme für jede Besatzungsmacht. Überschreitet eine Besatzungsmacht diese Kosten, so geht der Differenzbetrag zu ihren eigenen Lasten. Die Besatzungsmacht kann nur noch durch Zahlung Besitz erwerben oder Leistungen beanspruchen.

Die Bundesregierung erhält das Recht, eigene Vertretungen mit allen diplomatischen Privilegien in den Hauptstädten der Besatzungsmächte zu erhalten.

Über dieses so geschaffene Rechtsverhältnis erfolgt eine rechtsverbindliche Erklärung der Alliierten mit der Maßgabe, daß nunmehr über alle Streitigkeiten, die aus dieser Regelung entstehen, der Internationale Schiedsgerichtshof auf Antrag entscheidet.

14. Bei diesen Überlegungen ist zunächst davon ausgegangen worden, daß die vorgeschlagenen Regelungen das Gesamtgebiet der Besatzungszonen einschließlich des von Rußland besetzten Territoriums umfassen. Ob die Sowjetunion sich zu einer solchen Regelung bereit finden wird, ist fraglich. Ist Rußland nicht bereit, dann sollten die übrigen Besatzungszonen, wenn die anderen Mächte zustimmen, nicht unter der Haltung Rußlands leiden. Es sollte der Zusammenschluß unter ihnen erfolgen. Um nicht ganz die Beziehung zu dem deutschen Gebiet der russischen Zone aufzugeben, müßte zwischen der deutschen Zentralverwaltung, der russischen Besatzungszone und zwischen der Bundesregierung eine Vereinbarung über die

Bildung eines gemeinsamen Verbindungskomitees getroffen werden. Seine Aufgabe wäre, die Einheitlichkeit in Gesetzgebung und Verwaltung überall dort herzustellen, wo es möglich ist, und die Beziehungen zu der russischen Besatzungszone und dem deutschen Bundesgebiet soweit zu pflegen, als es irgend zulässig ist. Auf diese Weise werden immerhin die Vorbereitungen getroffen und die Voraussetzungen geschaffen, um beide Gebiete bei Räumung der russischen Besatzungszone zu einem einheitlichen Staatsgebilde souveränen Charakters wieder zu vereinigen. Würde Rußland einer Wiederherstellung der Souveränität Deutschlands zustimmen, so wäre der Name dieses Staates wohl Deutschland oder Deutscher Bund. Würde sich diese Regelung nur auf die nichtrussischen Zonen erstrekken, so könnte sich der so geschaffene Bund »Westdeutscher Bund« nennen, während die russische Besatzungszone den Namen »Ostdeutschland« hätte.

Der Westdeutsche Bund und Ostdeutschland würden also gleichsam einen übergeordneten Bundesstaat bilden. Dessen oberste und einzige Instanz wäre dieses Verbindungskomitee, das in seinen Funktionen mit dem Frankfurter Bundestag zu vergleichen wäre. Es kann jeweils nur Entscheidungen treffen, wenn Einstimmigkeit erzielt ist. Politisch wie staatsrechtlich ist es keine glückliche Konstruktion. Sie scheint aber die einzige Möglichkeit zu sein, um die Voraussetzungen für die Einheit Deutschlands zu erhalten und gleichzeitig der westlichen Hälfte Deutschlands die Souveränität wieder zu geben. Autonomie und Souveränität bilden aber für die deutsche Entwicklung so wichtige Faktoren, daß auf ihre Rückgewinnung zum frühest möglichen Zeitpunkt nicht, um eine scheinbar von Tag zu Tag weniger existierende Einheit zu erhalten, verzichtet werden darf.

Es ist nicht die Aufgabe dieses Verbindungskomitees, nun in jedem Fall, auch auf die Gefahr hin eines für einen Teil ungünstigen Kompromisses, einen gemeinsamen Beschluß herbeizuführen. Wo keine Einigung erzielt wird, bleibt es bei den getrennten Regelungen. Sinn und Zweck dieses Komitees ist, die Einheit von Land und Volk zu erhalten, soweit es möglich ist, nicht aber, den Westdeutschen Bund in die russische Einflußsphäre zu drängen.

IV

In der dritten Etappe erhalten der Bund und seine Länder eine vorläufige Verfassung. Die endgültige bleibt der Gesetzgebung einer vom Volk gewählten Nationalversammlung vorbehalten. Die Alliierten werden ihre endgültigen Friedensbestimmungen erlassen, und damit hat auch der Kontrollrat seine Funktion beendet.

Die Legitimität zum Erlaß einer neuen Verfassung ist durch die bedingungslose Kapitulation zunächst auf die Alliierten übergegangen. Sie können eine Verfassung oktroyieren, sie können deutsche Einrichtungen mit ihrer Ausarbeitung und Einführung selbständig oder unter dem Vorbehalt ihrer Genehmigung beauftragen. Sie können auch Wahlen zu einer verfassunggebenden Nationalversammlung ausschreiben. Der dritte Weg der Verfassungsbildung aus eigenem revolutionärem Recht ist eine Illusion, weil die Selbständigkeit fehlt, ist verwerflich, wenn die Beschreitung dieses Wegs von einer Besatzungsmacht betrieben und gefördert wird. Eine Nationalversammlung sollte erst gewählt werden, wenn die elementarsten Erscheinungen der materiellen Not überwunden sind, die deutsche Hoheitsverwaltung Zeit gefunden hat, sich frei und ungehindert zu entfalten, das deutsche Volk sich an die Freiheit der Rede und des geschriebenen Worts wieder gewöhnt hat. Vermutlich und hoffentlich hat das deutsche Volk in dieser Zeitspanne vom Standpunkt der politischen Psychiatrie den Zustand der seelischen Rekonvaleszenz soweit überwunden, daß es über jenes Maß geistiger Selbständigkeit und politischer Urteilsbildung verfügt, das zur eigenen Gestaltung seiner Gemeinschaft notwendig ist. Aus diesen Überlegungen ergibt sich die Notwendigkeit der Oktroyierung einer vorläufigen, befristet gültigen Verfassung. Sie wird durch eine von der Nationalversammlung ausgearbeitete und verabschiedete Konstitution abgelöst. Wenn die Freiheit der Deutschen durch eigene Schuld und fremde Macht stark beschränkt ist, so sollten sie aus der Ungunst dieser Lage den Vorteil ziehen, die Möglichkeit eines organischen Neuaufbaues ihres Staates wahrzunehmen.

Der Kontrollrat bzw. die Chefs der nichtrussischen Besatzungszonen können entweder als letzte Funktion eine vorläufige Verfassung erlassen oder die Bundesregierung beauftragen und ermächtigen, diese eventuell mit Zustimmung des Bundesausschusses, sei es mit ihrer Genehmigung, sei es unter Verzicht darauf, zu verkünden.

Diese Verfassung muß einmal auf die besonderen Forderungen der Alliierten nach Sicherung Rücksicht nehmen, was vor allem in den besonderen Bestimmungen über den Bundespräsidenten zum Ausdruck kommt, und andererseits die Gewähr für Aufrechterhaltung der administrativen Ordnung sowie der freien Entfaltung eines demokratischen Lebens bilden. Sie muß so einfach wie möglich gehalten sein und darf der Aufgabe der Nationalversammlung nicht vorgreifen. Mit dieser vorläufigen Verfassung ist durch die in ihr enthaltenen Bestimmungen über die Wahl einer Nationalversammlung die Legitimität des deutschen Volkes zur eigenen Verfassungsgestaltung wieder hergestellt.

1. Der wesentliche Inhalt dieser vorläufigen Verfassung wird in folgendem kurz angegeben. Er beschränkt sich auf die Charakterisierung der wichtigsten Einrichtungen. In der Reihenfolge ist der Übersichtlichkeit halber möglichst nach den gleichen Einteilungsgrundsätzen verfahren, wie sie bei der Weimarer Verfassung, auf die jeweils verwiesen ist, bestehen.

a) Der Name »Deutsches Reich« ist bei der Beratung der Weimarer Verfassung zunächst umstritten gewesen (Art. 1). Die überwiegende Mehrheit hat sich dann aus historisch-traditionalistischen Gründen für diesen Namen entschieden. In der Präambel ist dafür gesorgt, daß aus dieser Namensgebung nicht eine imperialistische Zielsetzung hergeleitet werden konnte. Für die Bismarcksche Verfassung hatte Kaiser Wilhelm I. in seiner Thronrede bei Eröffnung des ersten

Reichstages auf die Wiederaufnahme der mittelalterlichen Kaiserpolitik ausdrücklich verzichtet. Hitler hatte in seinen Reden nach Möglichkeit diesen Namen vermieden, sondern meist vom deutschen Volk und später vom Großdeutschen Reich, eine Bezeichnung programmatischen Inhalts, gesprochen. In der ausländischen Literatur hatte man sich mehr und mehr daran gewöhnt, das Wort »Reich« wörtlich zu übernehmen und die irreführende Übersetzung »Empire« aufzugeben.

Das neue Deutschland hat einen großen Teil seiner Gebiete verloren. Ob ein Verlust weiterer Landesteile zu erwarten ist, ist noch nicht zu übersehen. Die mißverständliche Auslegung des Namens »Reich«, die umfangreichen Gebietsverluste und die Tatsache, daß dieses Staatsgebilde, sofern es überhaupt Außenpolitik betreiben kann, so nur die einer bescheidenen Ländermacht, sollte Anlaß sein, die Bezeichnung »Deutsches Reich« durch den Namen »Deutscher Bund« zu ersetzen. Erfaßt dieses Staatsgebilde die russische Besatzungszone nicht, so würde dies in dem Namen »Westdeutscher Bund« zum Ausdruck kommen, während der Name »Deutschland« den Oberbegriff für die Zusammengehörigkeit vom Westdeutschen Bund und Ostdeutschland darstellen würde.

b) Die Staatsform ist republikanisch, demokratisch und föderalistisch (Art. 1).

Wenn auch das Staatsoberhaupt das erste Mal durch die Besatzungsmächte ernannt wird anstelle der Wahl durch das Volk, durch Wahlmänner oder durch eine Institution, so ändert diese Tatsache, die lediglich einen außenpolitisch bedingten Ersatz für die Wahl darstellt, nichts an der republikanischen Staatsform, zumal die Funktionen des Staatsoberhauptes, seine Rechte und Pflichten nicht andere sind als die eines republikanischen Präsidenten.

Die Staatsform ist demokratisch, weil Regierungsbildung und Gesetzgebung abhängen von der Zustimmung einer Volksvertretung, die in den Ländern nach allgemeinem, gleichem und geheimem Wahlrecht gewählt ist und die an der Spitze aus indirekten Wahlen der Volksvertretungen in deren Ländern je zur Hälfte hervorgegangen ist.

Die Staatsform ist föderalistisch, weil die Länder weitgehend Selbständigkeit genießen und deren Regierungen dadurch, daß sie zur Hälfte das Bundesparlament mit eigenen Vertretern besetzen, einen maßgebenden Einfluß auf Regierungsbildung und Gesetzgebung haben.

c) Die Bundesfarben sind Schwarz-Rot-Gold (Art. 2). Durch Gesetz wird bestimmt, daß außer den Bundes- und Landesfarben auch die Privathäuser mit anderen Farben nicht beflaggt werden dürfen, um auf diese Weise von Beginn an jeden Flaggenstreit auszuschalten.

Die Farben Schwarz-Weiß-Rot kommen aus außen- sowie innenpolitischen Gründen nicht mehr in Betracht. Heuss hat mit Recht in seinem Rundfunkvortrag über die Demokratie in Deutschland darauf hingewiesen, daß unsere Zeit Wert, Bedeutung und Leistung der Weimarer Republik mit wesentlich größerer Anerkennung messen wird, als dies bisher der Fall war. Damit wird sich auch die Stellungnahme des deutschen Volkes zu den republikanischen Farben ändern, zumal die Nationalsozialisten die Farben Schwarz-Weiß-Rot praktisch preisgegeben haben. Die Deutschen, die zunächst für einige Zeit jegliches nationale Symbol entbehren mußten, werden dankbar sein, wenn sie wieder eine Flagge besitzen. Eine dritte Fahne sollte man aus traditionellen und nationalen Gründen dem deutschen Volk ersparen.

Das Bundeswappen bleibt der Adler der Weimarer Republik.

d) Eine vollständige Abgrenzung der Gesetzgebungs- und Verwaltungsbefugnisse zwischen Bund und Ländern (Art. 6–12) ist im Augenblick noch nicht möglich. Bis zum Zeitpunkt der Verabschiedung der neuen Verfassung werden Bundesregierung und Bundesausschuß hier wesentliche Vorarbeit geleistet haben. In jedem Falle ist nicht an die Wiederherstellung der Weimarer Verfassung und der sich aus ihr ergebenden, noch weitergehenden Zentralisierungstendenzen gedacht. Zu den Zuständigkeiten des Bundes gehören Post und Eisenbahn, das Münzrecht und die Währungspolitik, alle auswärtigen Angelegenheiten, die Kriminalpolizei und der gewerbliche Rechtsschutz, das Versicherungswesen und die Kontrolle der Ausgaben der Länder. Die Finanzhoheit wird im wesentlichen an die Länder zurückgegeben. Der Bund behält die Zollabgaben, die Verbrauchssteuern und bestreitet im übrigen seine Auslagen, soweit sie nicht durch die ebengenannten Steuern gedeckt werden können, aus Matrikularbeiträgen der Länder.

Der Bund soll sich weitestgehend auf Gesetzgebung und Herausgabe von Grundsätzen beschränken. Das Schwergewicht der Verwaltung liegt bei den Ländern.

e) Bundesrecht bricht Landesrecht (Art. 13).

Bei Zweifel oder Meinungsverschiedenheit kann die Bundes- oder Landeszentralbehörde die Entscheidung des Bundesgerichts anrufen. Die Bundesregierung kann Beauftragte zur Überwachung der Bundesgesetze entsenden (Art. 14). Die Landesregierungen sind verpflichtet, auf Ersuchen der Bundesregierung Mängel zu beseitigen (Art. 15).

f) Jedes Land muß eine republikanisch-demokratische Verfassung haben (Art. 17).

Die Verfassung der Länder wird [gestaltet] in Form einer Einheitsverfassung, die nur bestimmte kommunale Abweichungen für diejenigen Städte, die rechtlich einem Lande gleich stehen, enthält. In Betracht kommen wahrscheinlich nur Berlin, Hamburg und eventuell Bremen.

Die Länder erhalten das Recht, nach Verabschiedung der endgültigen Verfassung durch die Nationalversammlung sich in ihrer verfassunggebenden Landesversammlung eine eigene Ordnung im Rahmen der endgültigen Verfassung zu geben.

aa) Die Landtage müssen spätestens sechs Monate nach Inkrafttreten der vorläufigen Bundesverfassung gewählt werden. Sie treten drei Monate nach der Wahl zusammen.

Bezüglich des Wahlrechts gelten dieselben Bestimmungen wie für die Gemeindewahlen. Ob das Listenwahlrecht nach dem Proporz angewandt oder, wie nach dem Vorschlag von Heuss, kleine Ein-Männerwahlkreise, wo die relative oder absolute Mehrheit entscheidet, eingeführt werden, kann jetzt noch nicht gesagt werden. Hier müssen die Erfahrungen der inzwischen erfolgten Wahlen nach den verschiedenen Systemen abgewartet werden.

Die Wahlbestimmungen erläßt einheitlich für alle Länder die Bundesregierung mit Zustimmung des Bundestages. Die Legislaturperiode endet spätestens im vierten Jahr nach der Verabschiedung der endgültigen Verfassung durch die Nationalversammlung. Die Landtage sollen nicht mehr als 60–100 Mitglieder umfassen.

bb) Die Landtage wählen einen Präsidenten und zwei Vizepräsidenten. Deren Mandate ruhen für die Amtsdauer. Für die Nachfolger gilt dasselbe wie für die Mitglieder der Gemeindeverwaltung.

cc) Der Landtag wählt mit einfacher Mehrheit den Chef der Landesregierung auf die Dauer von vier Jahren. Dieser ernennt und entläßt Mitglieder der Landesregierung, die für ihren Amtsantritt des Vertrauens des Landtages bedürfen. Die Landesregierung bzw. eines ihrer Mitglieder kann nur vom Landtag mit Zweidrittelmehrheit abberufen werden.

dd) Die Landesgesetze einschließlich des Haushaltsplanes bedürfen der Zustimmung des Landtags. Er hat die Gesetzesinitiative mit Ausnahme der Ausgabenerhöhung und der Schaffung neuer Steuern. Die Gesetzesinitiative haben ebenfalls in dieser Begrenzung die großen Selbstverwaltungskörperschaften des Landes sowie die Städte und Kreise. Sie müssen die Vorschläge der Regierung einreichen, die sie mit ihrer Stellungnahme dem Landtag bzw. dem zuständigen Ausschuß vorlegt.

Die Regierung ist dem Landtag zur Rechenschaft Berichterstattung und Auskunfterteilung schuldig.

ee) Der Landtag wählt einen ständigen Landtagsausschuß, der die Regierungsgeschäfte laufend überwacht. Dieser bleibt jeweils in Tätigkeit, bis der neue Landtag zusammengetreten ist. Für die einzelnen Verwaltungszweige und für besondere Aufgaben können Kommissionen gebildet werden. Bei diesen ruht das Schwergewicht der Gesetzgebung, sie können zur Verabschiedung von Spezialgesetzen vom Landtag ermächtigt werden.

Die Kommissionen für die einzelnen Ressorts fungieren als dessen Landesräte und üben die laufende Verwaltungsaufsicht aus. Die Ausschüsse und Kommissionen können in eigener Zuständigkeit Sachverständige zur Beratung hinzuziehen. Der Landtagspräsident kann Nicht-Angehörige des Landtages zu ständigen oder zeitweise beratenden Mitgliedern der Ausschüsse benennen.

Die Selbstverwaltungskörperschaften bzw. ihre Landesorganisationen haben das Recht bei Gesetzesentwürfen, die ihre Aufgaben und [ihren] Betreuungsbereich betreffen, in den Ausschüssen vor der Verabschiedung gehört zu werden.

ff) Der Landtag entscheidet mit einfacher Mehrheit. Verfassungsänderungen bedürfen der Zustimmung durch eine Zweidrittelmehrheit. Verfassungsänderungen und verfassungsändernde Gesetze treten erst mit Zustimmung des Bundespräsidenten in Kraft, der darüber zu wachen hat, daß durch derartige Gesetze der verfassunggebenden Nationalversammlung nicht materiell vorgegriffen wird.

Zweidrittelmehrheit ist ebenfalls erforderlich für den Ausschluß der Öffentlichkeit bei einer Landtagssitzung. Erfolgt der Ausschluß auf Wunsch der Regierung, so genügt einfache Stimmenmehrheit.

Der Landtag kann mit Zweidrittelmehrheit sich selbst auflösen. Die Regierung kann ihn nur einmal aus demselben Grunde auflösen. Ein Auflösungsrecht mit besonderem Grund hat der Bundespräsident (siehe unten h ee).

gg) Der Landtag kann mit Zweidrittelmehrheit Klage gegen ein Mitglied der Landesregierung beim Bundesgericht erheben, wenn dieses schuldhafterweise die Bundes- oder Landesverfassung oder ein Landesgesetz verletzt hat (Art. 59).

hh) Der Abgeordnete erhält Diäten, die mit Rücksicht darauf, daß er hiervon gleichzeitig das Parteibüro mit finanzieren soll, entsprechend erhöht werden müssen.

Die Indemnitätsvorschriften der Weimarer Verfassung (Art. 36) bedürfen einer Einschränkung mit Rücksicht auf die Erfahrungen, die man mit dem Mißbrauch dieser Privilegien durch die nationalsozialistischen Abgeordneten gemacht hat. Der Oberbundesanwalt hat das Recht, einen Abgeordneten bei begründetem Verdacht, wegen Hochverrates, wozu auch die Zugehörigkeit zu illegalen Organisationen und deren Unterstützung gehört, und wegen Landesverrats, worunter auch die Annahme ausländischer Gelder fällt, zu verhaften, bei ihm Haussuchung und Beschlagnahme vorzunehmen. Er bedarf hierzu der Zustimmung eines besonderen Ausschusses, der aus den beiden Präsidenten des Bundesgerichts und des Bundesrats sowie dem Bundesjustizminister besteht. Das Mandat des Verhafteten ruht. Die Nachfolge wird in der gleichen Weise geregelt wie in den anderen Fällen des ruhenden Mandates, nur mit dem Unterschied, daß, wenn das Mandat wegen Annahme eines bestimmten Amtes ruht, der Abgeordnete weiter Diäten bezieht und das Recht der Indemnität hat, während der Verhaftete diese Rechte verliert.

Wird ein Abgeordneter auf längere Zeit durch den Landtagspräsidenten von Sitzungen ausgeschlossen, so kann die Partei dessen Mandat als ruhend bezeichnen. Die Nachfolge wird wie bei dem verhafteten Abgeordneten während des Ausschlusses geregelt.

ii) Für die Landesregierungen gelten dieselben Bestimmungen wie im provisorischen Verwaltungsreglement. Der Chef der Landesregierung bestimmt aus dem Kreis der Regierungsmitglieder seinen ständigen Stellvertreter, sofern dieser vom Landtag nicht besonders gewählt worden ist.

Die Vertreter der übrigen Regierungsmitglieder sind die obersten Beamten der Ämter, die sogenannten Landesdirektoren. Diese sollen grundsätzlich Beamte sein. Die neu aufgekommene Übung zum Beispiel in Bayern, auch die Staatssekretäre parlamentarisch zu ernennen, ist verfehlt. Es muß die Verwaltung darunter leiden, wenn auch der oberste Beamte unter dem Minister sich für seine Handlungen stärker dem Landtag als seinem Vorgesetzten verantwortlich fühlt. Es entsteht dadurch auch vom Standpunkt der Leitung und Verantwortung eine unerwünschte doppelte Spitze in der Verwaltungsspitze, zumal wenn Minister und Staatssekretär verschiedenen Parteien angehören.

Jeder Ressortchef ist für seine Verwaltung dem Landtag verantwortlich, der Chef der Landesregierung für die Gesamtpolitik.

Die Mitglieder der Landesregierungen sind verpflichtet, der Bundesregierung Auskunft zu erteilen sowie den Einladungen des Bundespräsidenten und der Bundesregierung zum Zwecke der Information Folge zu leisten.

Der Chef der Landesregierung wird in Gegenwart des Landtagspräsidenten vom Bundespräsidenten, die Mitglieder der Landesregierung vom Erstgenannten vereidigt.

kk) Die Landesregierung überwacht durch besondere Revisionsinstitute die Finanzgebarung der Selbstverwaltungskörperschaften öffentlichen Rechtes einschließlich der Gemeinden. Über die Aufteilung der Funktionen der in Fortfall kommenden Institutionen, zum Beispiel Provinziallandtag und Bezirksausschuß, entscheidet die Landesregierung.

Jedes Land hat ein eigenes Landesverwaltungsgericht, das zuständig ist in erster Instanz für alle Streitigkeiten der Selbstverwaltungskörperschaften öffentlichen Rechtes untereinander oder mit der Landesverwaltung sowie in zweiter Instanz für alle Verwaltungsstreitigkeiten zwischen Bürger und Verwaltung, für die in erster Instanz je nach Städte- und Gemeindeordnung die Gemeindevertretungen zuständig sind; ausgenommen von der Verwaltungsgerichtsbarkeit sind Steuerangelegenheiten und Arbeitsfragen, für die besondere Gerichte zuständig sind.

ll) Die Landesregierung kann die Leiter der Selbstverwaltungskörperschaften öffentlichen Rechtes wegen schuldhafter Verletzung der Bundesverfassung, der Landesverfassung und der Gesetze sowie wegen Zuwiderhandlungen gegen deren Anweisung vom Amt suspendieren. Sie hat diese Maßnahme schriftlich zu begründen und die Begründung dem Landtagsausschuß vorzulegen. Der Suspendierte beziehungsweise die dem Suspendierten unterstellte Körperschaft kann gegen diese Maßnahme beim Bundesgericht innerhalb von vier Wochen nach Suspendierung Revision einlegen, über die das Bundesgericht endgültig entscheidet. Das Urteil des Bundesgerichts wird veröffentlicht, das Urteil des Bundesgerichts vollzieht der Bundespräsident.

Die Polizei ist Sache der Landesregierung. Diese kann im Fall der Gefährdung der öffentlichen Ordnung und Sicherheit in der Gemeindeverwaltung einen Staatskommissar einsetzen, nicht aber länger als auf die Dauer eines Jahres. Das gleiche Recht hat sie, falls eine Gemeindeverwaltung trotz Warnungen sich nicht in der Lage erweist, Ordnung in ihrer Finanzgebarung zu halten, oder gegen die Grundsätze der öffentlichen Sparsamkeit verstößt. Die Landesregierung bedarf für diese Maßnahmen der Zustimmung des Landtages. Der Staatskommissar kann die Gemeindeverwaltung auflösen und Neuwahlen ausschreiben. Gegen die Bestellung eines Landeskommissars kann die Gemeindeverwaltung beim Bundesgericht Einspruch einlegen, das endgültig entscheidet. Im übrigen regeln die Gemeindeordnungen der Länder vor 1933 die Aufsicht der Länder über die Gemeinden.

mm) Über Verfassungsstreitigkeiten eines Landes entscheidet das Bundesgericht. Das Bundesgericht entscheidet ebenfalls über Streitigkeiten nicht privatrechtlicher Art zwischen zwei Ländern oder der Bundesregierung und einem Land auf Antrag (Art. 19).

g) Der Bundestag besteht je zur Hälfte aus Vertretern, die von den Landtagen gewählt werden, und solchen, die von den Landesregierungen ernannt werden. Auf eine bestimmte, noch festzusetzende Zahl von Wahlberechtigten fällt je ein gewählter und je ein ernannter Abgeordneter. Im Westdeutschen Bund soll der Bundestag nicht mehr als 150, im Deutschen Bund nicht mehr als 250 Mitglieder umfassen. Eine allgemeine Volkswahl der Bundestagsabgeordneten ist noch verfrüht (Art. 20).

aa) Der Bundestag hat die Rechte und Pflichten eines Parlaments. Für ihn gelten sinngemäß dieselben Bestimmungen wie für die Landtage. Einmal kann allerdings der Bundestag nicht aufgelöst werden, zum andern sind diejenigen Mitglieder des Bundestags, die von den Landesregierungen entsandt werden, von Instruktionen ihrer Landesregierung abhängig, während die indirekt gewählten Abgeordneten nicht den Landtagen verantwortlich sind. Die Landesregierungen können ihre Vertreter nach Bedarf auswechseln, die gewählten Abgeordneten können nicht abberufen werden.

Man hätte auch zwei Kammern bilden können, ein indirekt gewähltes Volksparlament und einen föderalistischen Bundesrat. Da es sich aber hier nur um eine vorübergehende Notverfassung handelt, in deren

Schutz die dringlichsten Aufgaben des Wiederaufbaues durchgeführt werden, ist ein Zweikammer-System zunächst nicht erforderlich. Der alte Reichsrat der Weimarer Republik hat gute sachliche Arbeit geleistet. Es ist zu erwarten, daß dieser Zwang zur Zusammenarbeit von Regierungs- und Volksvertretern zu einer Versachlichung der parlamentarischen Arbeit führt.

Hinsichtlich der Wahlen des Präsidenten, der Bildung und Erweiterung sowie der Aufgaben der Ausschüsse, der Gesetzesinitiative, der Rechte der Selbstverwaltungsorganisationen, der Diäten und der Indemnität gelten dieselben Bestimmungen wie für die Landtage.

bb) Ebenfalls gelten dieselben Bestimmungen für die Beschlußfassung über den Bundesvertrag und die Regierungsverantwortlichkeit. Der Bundestag kann auch gegen den Bundespräsidenten Klage erheben wie gegen die Mitglieder der Bundesregierung.

h) Der Bundespräsident wird auf die Dauer von längstens 6 Jahren von den vier Besatzungsmächten ernannt. Er braucht nicht ein Deutscher zu sein. Nahe liegt die Ernennung des Angehörigen eines neutralen Landes, zum Beispiel der Schweiz oder Schwedens. Der Bundespräsident ist nicht von ausländischen Instruktionen abhängig. Er ist weder dem Ernennenden noch seinem Heimatland gegenüber verantwortlich für seine Regierungshandlung, er ist nicht Hoher Kommissar, sondern echtes Staatsoberhaupt, sein Heimatland gibt ihm die Garantie, ihn weder direkt noch indirekt wegen seiner Regierungstätigkeit in Deutschland zur Rechenschaft zu ziehen. Der Bundespräsident erhält außer seinem Gehalt nach Ablauf der Amtsdauer beziehungsweise beim Ausscheiden eine Entschädigung und seine Ersparnisse aus seinen Bezügen in freien Devisen, sofern er ein Ausländer ist. Dasselbe Recht kann der von ihm ernannte Chef des Bundespräsidialamtes beanspruchen, falls er ausländischer Staatsangehörigkeit ist.

aa) Der Bundespräsident leistet vor dem Bundestag in Anwesenheit der Bundesregierung den Eid auf die vorläufige Verfassung.

bb) Der Bundespräsident kann nicht ein Mandat oder ein anderes Amt innehaben.

cc) Der Bundespräsident vertritt den Bund völkerrechtlich, er empfängt und beglaubigt die Gesandten, schließt Verträge mit Zustimmung des Bundestages im Namen des Bundes mit auswärtigen Mächten.

dd) Er verkündet die Bundesgesetze, ernennt und entläßt die Bundesbeamten (Art. 46).

Alle Anordnungen und Verfügungen des Bundespräsidenten bedürfen der Gegenzeichnung der Bundesregierung beziehungsweise des zuständigen Ressortchefs.

ee) Er hat das Notverordnungsrecht, das dem Reichspräsidenten gemäß Artikel 48 zustand, und hat das Recht, die Grundrechte, die in ihrer Fassung den veränderten Verhältnissen angepaßt sein müssen, ganz oder teilweise aufzuheben.

ff) Der Bundespräsident kann die Mitglieder der Landesregierung mit Zustimmung des Bundeskanzlers vom Amt suspendieren.

gg) Der Bundespräsident kann Gesetze und Verordnungen der Länder und Gemeinden spätestens am 7. Tage nach deren Verkündigung außer Kraft setzen, falls sie der Verfassung und den Gesetzen widersprechen. Der betroffene Gesetzgeber kann Revision beim Bundesgericht einlegen, das endgültig entscheidet.

hh) Der Bundespräsident übt das Begnadigungsrecht aus. Eine Bundesamnestie bedarf eines Bundesgesetzes.

ii) Verfassungsändernde Gesetze der Länder und des Bundes bedürfen der Genehmigung durch den Bundespräsidenten, um zu verhindern, daß den Aufgaben der Nationalversammlung vorgegriffen wird.

kk) Begeht der Bundespräsident schuldhaft Zuwiderhandlungen gegen die Friedensbestimmungen oder Gesetze beziehungsweise Verträge der Vereinigten Nationen, soweit sie auch Deutschland betreffen, so kann ihn der Sicherheitsrat der Vereinigten Nationen beziehungsweise ein Mitglied der Alliierten vor dem Internationalen Schiedsgerichtshof verklagen. Der Internationale Schiedsgerichtshof entscheidet, ob der Bundespräsident vom Amt zu suspendieren ist, sofern sich dieser nicht schon selbst suspendiert hat.

Für die Dauer der Suspension vertritt ihn der Präsident des Bundesgerichts.

Stellt der Internationale Schiedsgerichtshof eine Verfehlung fest, so kann dieser gleichzeitig mit Verhängung der Strafe denjenigen Staat bestimmen, dem die Exekution der Strafe obliegt. Deutschland ist verpflichtet, den Bundespräsidenten an diesen Staat auszuliefern.

Die Regelung über die Ernennung und die außenpolitische Verantwortlichkeit des Bundespräsidenten stellt bei dieser Verfassung den einzigen, aber auch den entscheidenden Einbruch in die deutsche Souveränität dar. Die Wahl des Bundespräsidenten durch den Bundesrat oder durch die vereinigten Landtage würde eine entscheidende Verbesserung dieser nichtbefriedigenden Lösung darstellen. Sie sollte angestrebt werden, aber ob sie erreicht werden kann, ist fraglich. Zwischen beiden Bestellungsformen liegt eine Fülle von Varianten.

Es ist hier versucht worden, Sicherungen einzubauen, um einen Mißbrauch durch die Alliierten zu verhindern. Deutschland würde einen hohen Kaufpreis für die möglichst schnelle Wiederherstellung seiner Selbständigkeit hier zahlen müssen. Unter allen in Betracht kommenden Lösungen erscheint dies immer noch als das geringere Übel. Es ist ein Experiment, aber zugleich vielleicht ein praktischer Beitrag in der Entwicklung zur europäischen Föderation. Sehr viel wird von der für das Amt des Bundespräsidenten gewählten Person abhängen.

i) Die Bundesregierung besteht aus dem Bundeskanzler und den Bundesministern. Für sie gelten die Bestimmungen, die für die ursprüngliche Bundesregierung schon festgelegt waren. Der Bundeskanzler und auf seinen Vorschlag die Bundesminister werden vom Bundespräsidenten ernannt und entlassen (Art. 53). Sie bedürfen des Vertrauens des Bundestages, jeder muß zurücktreten, wenn der Bundestag ihm durch ausdrücklichen Beschluß das Vertrauen entzieht.

aa) Mitglieder der Bundesregierung dürfen weder ein anderes Amt noch ein Mandat innehaben. Im übrigen gelten hier die entsprechenden Artikel der Weimarer Verfassung und die frühere Geschäftsordnung der Reichsregierung (Art. 55/58).

k) Der Bundespräsident hat die verfassungsmäßig zustande gekommenen Gesetze auszufertigen und binnen Monatsfrist zu verkündigen (Art. 70).

Er kann die Verkündung von verfassungsändernden Gesetzen ablehnen, wenn sie den Rechten der Nationalversammlung vorgreifen, das heißt durch sie ein Zustand herbeigeführt wird, der nicht oder nur teilweise von der Nationalversammlung unter erheblichen Mitteln an Zeit oder anderem Aufwand abgeändert werden kann. Der Bundestag kann mit Zweidrittelmehrheit hiergegen Einspruch einlegen beim Bundesgericht. Dies entscheidet endgültig, ob das Gesetz in jenem Sinn verfassungsändernden Charakter trägt. Das gleiche Recht steht dem Bundespräsidenten zu bei Gesetzen, die im Widerspruch zu den außenpolitischen Pflichten des Bundes stehen. Nur tritt hier anstelle des Bundesgerichts der Internationale Schiedsgerichtshof, der diese Frage negativ oder positiv entscheiden muß.

Zwar sollte der Grundsatz der Weimarer Verfassung, daß die allgemeinen Regeln des Völkerrechts als bindende Bestandteile des deutschen Reichsrechts gelten, dessen große strafrechtliche Bedeutung erst jetzt durch die Kriegsverbrecherprozesse in Erscheinung treten wird, auch vom Bund übernommen werden. Die Einschaltung des Internationalen Schiedsgerichtshofs in die Gesetzgebung erscheint daher überflüssig. Sie sollte daher nach Möglichkeit vermieden werden, sie könnte aber aus optischen Gründen den Alliierten die Wiederherstellung der deutschen Selbständigkeit erleichtern. Voraussichtlich wird der Schiedsgerichtshof in seinen Entscheidungen sehr vorsichtig sein, weil seine Urteile als Präzedenzentscheidungen auch von Bedeutung für die Politik der anderen Staaten sein werden, ebenso wie die Urteile des Nürnberger Kriegsverbrecherprozesses international exemplarische Wirkung ausstrahlen werden.

l) Beschließt der Bundestag ein Gesetz, das weder verfassungsändernden Charakter hat noch die außenpolitischen Beziehungen des Bundes betrifft, und lehnt der Bundespräsident die Verkündigung des Gesetzes ab, so muß er innerhalb 14 Tagen die vereinigten Landtage zu einer gemeinsamen Sitzung zusammenrufen. Diese treten innerhalb weiterer 14 Tage zusammen. Nehmen auch diese den Gesetzentwurf an, so kann der Bundespräsident die Landtage auflösen. Der Bundespräsident kann die Landtage nur einmal aus demselben Grund auflösen. Er kann sich auch nur für die Anwendung eines der beiden Verfahren entscheiden, nämlich entweder das Bundesgericht beziehungsweise den Internationalen Schiedsgerichtshof anzurufen oder die vereinigten Landtage einzuberufen. Das Gesetz wird dann neu beraten von dem auf diese Weise neugebildeten Bundestag. Dieselbe Regelung gilt, falls der Bundestag einen Gesetzentwurf der Bundesregierung ablehnt.

Diese Regelung ist notwendig, weil einmal die zweite Kammer fehlt als Ausgleich, und zum andern, weil Volksbegehren und Volksentscheid aus dem gleichen Grund vermieden werden sollen wie direkte Bundestagswahlen. Auf den Einbau dieser regulierenden Vorrichtung im Zusammenwirken der verschiedenen Gewalten kann daher kaum verzichtet werden.

m) Dem Bundesgericht kommt in dieser Verfassung besonders große Bedeutung zu. Geflissentlich ist bei allen verfassungsrechtlichen Überlegungen die Imitation ausländischer Einrichtungen vermieden worden. In diesem einzigen Fall ist durch Anlehnung an das amerikanische Vorbild eine Ausnahme gemacht worden. Die durch die besondere außenpolitische Lage Deutschlands bedingten weitgehenden Rechte des Bundespräsidenten erfordern als Gegengewicht die Möglichkeit der rechtlichen Nachprüfung seiner Entscheidungen durch das Bundesgericht.

Deutschland hat schlechte Erfahrungen mit oberstrichterlichen Urteilen in politischen Entscheidungen gemacht, wie das Beispiel der Behandlung der Absetzung der preußischen Regierung 1932 vor dem Staatsgerichtshof zeigt. Die deutsche Justiz war personell schon vor 1932 nicht mehr unabhängig. Sie wurde es dann auch institutionell auf Hitlers Befehl. Trotzdem ist diese Einrichtung notwendig, es ist zu hoffen, daß die Lehren der Vergangenheit Einsicht und Unabhängigkeit der künftigen Richter stärken werden.

Das Bundesgericht hat hier mehr den Charakter eines Senates, eines Ältestenrates, der in politischer Weisheit und richterlicher Objektivität untersuchen und entscheiden soll. Der Bundespräsident ist der Wächter der Verfassung, ihr Hüter soll das Bundesgericht sein. Ein schwieriges Problem stellt die personelle Auswahl dar. Der Bundesgerichtspräsident und seine beiden Vizepräsidenten werden vom Bundespräsidenten mit Zustimmung der Bundesregierung ernannt. Es sollen nach Möglichkeit Persönlichkeiten sein, bei denen das Schwergewicht in Ausbildung und Tätigkeit auf dem Gebiete des Staatsrechts lag. Je die Hälfte der Senatsmitglieder einschließlich der Senatspräsidenten sollen Richter gewesen sein, die andere Hälfte soll aus dem Kreis anerkannt rechtlich denkender Persönlichkeiten mit politischer oder administrativer Erfahrung ausgewählt sein, ohne daß diese über die Befähigung zur Bekleidung eines Richteramtes verfügen müssen. Sie werden vom Bundespräsidenten auf Vorschlag der Landesjustizminister zum größeren Teil, der Anwaltskammer zum kleineren Teil ernannt. Übernimmt der Bundesgerichtspräsident die Vertretung des Bundespräsidenten, so tritt an seine Stelle der erste Vizepräsident.

Die Gliederung des Bundesgerichts sollte weitgehend unter Berücksichtigung der Einteilung des Schweizer Bundesgerichts erfolgen. Die Mitglieder der Straf-, Zivil-, Beamten-, Wirtschafts- und steuerrechtlichen Abteilung werden vom Bundespräsidenten wie die übrigen Beamten ernannt. Für alle Richter, nicht nur für die des Bundesgerichts, gilt wieder der Grundsatz der Unabsetzbarkeit, wie er in der Weimarer Verfassung festgelegt ist.

Der Staatsgerichtshof nach deutschem Recht durfte nur ein Urteil auf Anrufung einer dazu befugten Institution hin fällen. Diese Beschränkung auf schiedsrichterliche Funktionen, wenn auch mit dem Recht der Bestrafung, hat dazu geführt, daß zum Beispiel der Verfassungsbruch Hindenburgs und der Reichsregierung bei der Absetzung der preußischen Regierung und dem Flaggenwechsel 1933 beziehungsweise bei der Massenverhaftung der kommunistischen Abgeordneten nicht verhindert und nicht gesühnt wurde. Es mag dahingestellt sein, ob zu einer solchen Anklage das Gericht damals überhaupt den Mut gehabt hätte.

Dieses Problem ist auch hier ungelöst geblieben. Wollte man dem Bundesgerichtspräsidenten oder einem besonders zu diesem Zweck eingesetzten Generalbundesanwalt das Anklagerecht geben, so würde man diesem eine politische Aktivlegitimation einräumen, die praktisch das Gericht zur politischen Entscheidungsinstanz machen würde. Der Ring der politischen Gewaltenteilung kann nicht geschlossen werden, oder seine Linien würden sich überschneiden. Es bleibt die Möglichkeit des Anklagerechts einer parlamentarischen und föderalistischen Minderheit. Aber auch diese Regelung ist nicht unbedenklich, ohnehin besteht, wie aus Erfahrung bekannt ist, in der Einschaltung der Gerichte in die Politik die Gefahr ihrer mißbräuchlichen Ausnützung. Diese Regelung würde eine solche Gefahr noch vermehren. Schon jetzt besteht die Befürchtung, daß mit der bundesrichterlichen Gewalt zu weit gegangen ist. Im Spiel der politischen Kräfte hat das Gericht nicht die Funktionen eines »deus ex machina«. *Plurimae leges pessima civitas!* Die meisten Gesetze hat der schlechteste Staat. Die unausbleiblichen Lücken jeder Verfassung können nur durch Sauberkeit und Disziplin in der Wahrung der Spielregeln geschlossen werden.

n) Mit Absicht ist über die Grundrechte hier nichts gesagt. Sie bedürfen einer zeitbedingten Neufassung. Hierzu ist es noch zu früh.

o) Innerhalb des fünften Jahres nach Inkrafttreten dieser vorläufigen Verfassung muß die verfassunggebende Nationalversammlung gewählt und zusammengetreten sein.

Die Wahl erfolgt auf Grund eines Bundeswahlgesetzes, sofern nicht Wahlkreiseinteilung und Wahlsystem in der vorläufigen Verfassung festgelegt sind.

Die Nationalversammlung tritt spätestens drei Monate nach der Wahl zusammen. Der Bundestag hört als verfassungsmäßige Einrichtung am Tage der Wahl auf zu bestehen. Die Nationalversammlung übernimmt die Funktionen des Bundestages. Gleichzeitig wird ein Länderausschuß gebildet, der nach denselben Grundsätzen zusammengesetzt ist, nach denen die Landesregierungen ihre Vertreter in den Bundestag geschickt haben. Dieser Länderausschuß hat das Recht, gegen von der Nationalversammlung beschlossene Gesetze, soweit sie nicht die Verfassung betreffen, ein Veto einzulegen mit der Wirkung, daß, wenn die Nationalversammlung den Beschluß mit Zweidrittelmehrheit nicht erneuert, die endgültige Entscheidung ausgesetzt wird und diese den neuen in der Verfassung vorgesehenen gesetzgebenden Instanzen nach Inkrafttreten derselben vorbehalten bleibt. Im übrigen sind die Funktionen des Länderausschusses auf Beratung der Gesetzentwürfe beschränkt. Er kann aber sowohl in den Ausschüssen wie im Plenum durch einen Sprecher seinen Standpunkt zur Geltung bringen. Die Mitglieder des Länderausschusses können an den Plenarsitzungen der Nationalversammlung teilnehmen und je zwei Vertreter in die Ausschüsse und Kommissionen entsenden. Der Länderausschuß ist laufend über die Verfassungsentwürfe zu unterrichten, zu denen er jeweils vor Verabschiedung im Ausschuß Stellung nehmen kann.

Die Bundesregierung stellt fest, ob sie das Vertrauen der Nationalversammlung besitzt, und wird erforderlichenfalls neu gebildet.

Im übrigen gelten für die Nationalversammlung dieselben Bestimmungen wie für den Bundestag. Die Nationalversammlung kann sich selbst mit Zweidrittelmehrheit auflösen. Dieselbe Möglichkeit hat der Bundespräsident, wenn nach Ablauf eines Jahres nach dem ersten Zusammentreten der Nationalversammlung sich herausgestellt hat, daß sich keine Mehrheit für die Verabschiedung einer Verfassung findet. Für die Beschlußfassung über die Verfassung genügt einfache Stimmenmehrheit.

Die Nationalversammlung wird vom Bundespräsidenten aufgelöst, sobald sie die Aufgabe der Verabschiedung einer neuen Verfassung erfüllt hat. Sie kann sich als Bundesparlament auf besonderen Beschluß, ähnlich wie die Weimarer Nationalversammlung, konstituieren, wenn die Methoden ihrer eigenen Wahl von den in der Verfassung für die Wahl eines Bundesparlaments vorgesehenen nicht wesentlich abweichen. Sie darf aber, vom Tage des Inkrafttretens der Verfassung an gerechnet, nicht länger im Amt bleiben, als die Zeit einer nach der Verfassung vorgesehenen Legislaturperiode beträgt.

Die Nationalversammlung bestimmt durch Gesetz die Wahltermine der Landesversammlungen. Während der ersten drei Jahre wählen in jedem Jahr je 4 Länder ihre Landesversammlung, im vierten Jahr erfolgen die Wahlen der restlichen Landesversammlungen. Die Reihenfolge richtet sich nach dem Alphabet der Namen. Auf diese Weise wird erreicht, daß sich die Landeswahlen auf mehrere Jahre verteilen und bei starken Änderungen in der Mehrheitsbildung dadurch eine ausgleichende Wirkung erzielt wird.

Der Bundespräsident beschließt seine Amtstätigkeit spätestens 4 Wochen nach der Verabschiedung der Verfassung durch die Nationalversammlung. Die Verfassung muß spätestens 8 Wochen nach Verabschiedung ausgefertigt und verkündet werden. Die Stellvertretung des Bundespräsidenten übernimmt der Präsident des Bundesgerichts.

2. Die Friedensbestimmungen stellen die endgültige Liquidation des Kriegsverhältnisses zwischen Deutschland und den Alliierten dar. Sie werden entweder durch die Alliierten nach vorheriger Verhandlung mit der Bundesregierung einseitig festgelegt oder durch Vertrag vereinbart. Deutschland erhält das Recht, diplomatische Beziehungen zu unterhalten, und wird als Staat international anerkannt. Es kann Mitglied der Vereinigten Nationen werden. Sollte Deutschland nicht aufgenommen werden, so muß es eine Garantie seiner Grenzen erhalten. Der Kontrollrat wird aufgelöst. Die Besatzungsmächte entsenden diplomatische Vertretungen.

Weder das Dogma einer neuen Verfassung sollte hier vertreten noch der vermessene Versuch einer politischen Prophezeihung unternommen werden. Nur nach einer Orientierung, wie bereiten die Deutschen die Chancen zu einem letzten politischen Start mit dem Ziel ihrer Selbständigkeit vor und nutzen sie aus, sollte gesucht werden.

Bei dieser Prognose über den Aufbau neuer deutscher Institutionen wurden alle ihre Entstehung und Existenz beeinflussenden oder gar bestimmenden Faktoren abstrahiert. Sie sind in ihrem Gewicht und in ihrer Wirkung unübersehbar.

Etappen mögen zusammengefaßt, Zwischenstufen eingelegt werden, die Reihenfolge mag sich ändern. Manches, was hier angeregt ist, ist während der Niederschrift schon durch die Ereignisse überholt. Trotzdem unterblieb eine Änderung, weil die Absicht bestand, eine geschlossene Entwicklungsreihe zu zeigen.

Die Institution ist Subjekt und Objekt der Politik zugleich in ständiger Wechselwirkung. Eine gute Verfassung ist in ihrem Wert stark gemindert oder gar wertlos in den Händen unzulänglicher oder verbrecherischer Politiker. Der große Staatsmann überwindet die Mängel schlechter Einrichtungen. Nur wenige Völker wie zum Beispiel die Engländer verfügen über das regulierende Mittel des in der Tradition gewachsenen und durch sie gepflegten politischen Instinktes als Ausgleich zwischen den Unwägbarkeiten der Führenden und den Unzulänglichkeiten der Einrichtungen. Den Deutschen fehlt diese Gabe. Um so größere Bedeutung kommt der deutschen Inneneinrichtung zu. Man kann nicht nach einem bestimmten Rezept Staatsmänner und politische Pädagogen heranbilden oder gar sie mit den Präparaten der aus Historie und zeitgenössischen Erlebnissen gewonnenen Erkenntnisse in der Retorte erzeugen. Man kann sich aber bemühen, Konstruktionsfehler in der Innenarchitektur des Staatsneubaus zu vermeiden. Gute Konstruktion und Ausführung der politischen Institutionen sind die Voraussetzung für eine bessere politische Entwicklung, nicht ihre Garanten. *(1945)*

Verzeichnis der Reden und Aufsätze

Spielregeln der Politik

Deutsche Staatssymbole

Zusammenfassung zweier Aufsätze in der Wochenzeitschrift *Die Zeit* vom 27. Juli 1962 und vom 3. August 1962.

Demokratie im Wahlkampf

Vortrag anläßlich der 12. Verleihung des Theodor-Heuss-Preises am 31. Januar 1976 in München, veröffentlicht in der Zeitschrift *Merkur* 1976, Heft 3, S. 201–212.

Die Bombe der Bischöfe

Aufsatz in der Wochenzeitschrift *Die Zeit* vom 19. September 1980.

Öffentliches Amt und private Moral

Aufsatz in der Wochenzeitschrift *Die Zeit* vom 11. Juni 1965.

Machtlos gegen die Korruption?

Aufsatz in der Wochenzeitschrift *Die Zeit* vom 22. Juni 1973.

Todsünde wider die Transparenz

Aufsatz in der Wochenzeitschrift *Die Zeit* vom 14. September 1973.

Die deutschen Kanzler und die Kultur

Brief in der Wochenzeitschrift *Die Zeit* vom 5. September 1980, der sich auf ein im August 1980 in der *Zeit* veröffentlichtes Gespräch von Günter Grass, Siegfried Lenz und Fritz J. Raddatz mit Helmut Schmidt bezieht.

Kurze Historie der Tischordnungsetikette

Aus der Festschrift »Stationen« zum sechzigjährigen Bestehen des Piper Verlages, herausgegeben von Klaus Piper, München 1964, S. 568–581.

Historische Schlaglichter

Die *Daily-Telegraph*-Affäre

Aufsatz in den *Preussischen Jahrbüchern*, Band 234 (1929), S. 199ff.

Die Entscheidung der Weimarer Nationalversammlung über den Versailler Friedensvertrag im Juni 1919

Rede auf der öffentlichen Sitzung des Kapitels des Ordens *Pour le mérite* für Wissenschaft und Künste in Bonn am 31. Mai 1972.

Regierung, Bürokratie und Parteien 1945–1949

Überarbeitete Fassung eines Vortrags, der bei dem Festakt anläßlich des 25jährigen Bestehens des Instituts für Zeitgeschichte in München am 17. Oktober 1975 gehalten wurde. Veröffentlicht (mit Anmerkungen) in den *Vierteljahrsheften für Zeitgeschichte* 1976, S. 58–74.

Anfänge der Politikwissenschaft und das Schulfach Politik in Deutschland seit 1945

Vortrag anläßlich der Verleihung der Ehrendoktorwürde durch die Philosophische Fakultät I der Universität Augsburg am 16. Juni 1985 (*Augsburger Universitätsreden* 7, 1986).

Politische Persönlichkeiten

Carl H. Becker – Wegbereiter der Bildungsreform

Aufsatz in der Wochenzeitschrift *Die Zeit* vom 16. April 1976.

Arnold Brecht – zwischen Verwaltung und Wissenschaft

Adresse anläßlich des 90. Geburtstags von Arnold Brecht am 26. Januar 1974.

Paul Scheffer – Journalist und Diplomat

Aufsatz in der Wochenzeitschrift *Die Zeit* vom 2. Oktober 1972.

Ludwig Erhard im Dritten Reich

Vorbemerkung zu dem Faksimiledruck der 1943/44 entstandenen Denkschrift »Kriegsfinanzierung und Schuldenkonsolidierung« von Ludwig Erhard, Frankfurt am Main/Berlin/Wien 1977, S. XV–XXI.

Theodor Heuss als politischer Schriftsteller

Festrede zur Überreichung der Heinrich-Heine-Medaille an Theodor Heuss am 3. Juni 1960 in Düsseldorf.

Hans Globke – Organisator der Kanzlerdemokratie

Aufsatz in der Wochenzeitschrift *Die Zeit* vom 20. Februar 1973.

Zur Verfassung der Republik

Das entbehrliche Amt?

Beitrag zu der Festschrift »Anstoß und Ermutigung. Gustav W. Heinemann, Bundespräsident 1969–1974«, herausgegeben von Heinrich Böll, Helmut Gollwitzer und Carlo Schmid, Frankfurt am Main 1974, S. 377–394.

Die Richtlinien der Politik im Verfassungsrecht und in der Verfassungswirklichkeit

Antrittsvorlesung an der Universität Tübingen am 11. Februar 1954, veröffentlicht (mit Anmerkungen) in: *Die öffentliche Verwaltung* 1954, Heft 7, S. 193–202.

Bundesrat – Reichsrat – Bundesrat

Aus: »Der Bundesrat als Verfassungsorgan und politische Kraft«. Herausgegeben vom Bundesrat. Bad Honnef/Darmstadt 1974, S. 35–62 (mit Anmerkungen).

Zur Geschichte des deutschen Beamtentums seit dem Preußischen Allgemeinen Landrecht von 1794

Rede aus Anlaß der Überreichung des Preises der Heinz-Herbert-Karry-Stiftung am 6. Mai 1983 in Frankfurt am Main.

Anhang

Gedanken zum Staatsneubau vom Herbst 1945

Erstmals unverändert veröffentlicht (mit Anmerkungen) in den *Vierteljahrsheften für Zeitgeschichte* 1985, S. 171–213.